新时代大国战略

新时代企业竞争战略

吴维海　著

中国城市出版社

图书在版编目（CIP）数据

新时代企业竞争战略 / 吴维海著 . -- 北京 : 中国城市出版社，2019.10
（新时代大国战略）
ISBN 978-7-5074-3232-9

Ⅰ.①新… Ⅱ.①吴… Ⅲ.①企业竞争-竞争战略-研究-中国 Ⅳ.①F279.2

中国版本图书馆 CIP 数据核字（2019）第 251916 号

责任编辑：张瀛天
责任校对：王 烨

新时代大国战略
新时代企业竞争战略
吴维海 著

*

中国城市出版社出版、发行（北京海淀三里河路9号）
各地新华书店、建筑书店经销
北京光大印艺文化发展有限公司制版
北京京华铭诚工贸有限公司印刷

*

开本：787×1092毫米 1/16 印张：24 字数：401千字
2020年1月第一版 2020年1月第一次印刷
定价：88.00元
ISBN 978-7-5074-3232-9
（904209）

《新时代大国战略》编委会

中国进入建设社会主义现代化强国的新时代。实现全党、全国各族人民的共同梦想，需要前瞻、可持续的发展战略。战略问题是一个政党、国家的根本性问题。以习近平同志为核心的党中央、国务院高瞻远瞩，树立全球视野、国际标准，通过实施“一带一路”倡议、京津冀协同发展战略等，积极参与全球治理，促进世界和平与繁荣，并对全球经济发展做出了巨大贡献。

中国地域辽阔，文化多元，地区之间发展不平衡，经济发展不平衡不充分的突出问题亟待解决，发展质量和效益亟待提高，创新能力亟待增强，民生领域的短板亟待解决。需要因地制宜地编制各类规划，明确发展方向，优化资源要素，集中智慧和能量，砥砺前行。各级党委、各级政府和企业家要牢固树立“四个意识”，立足各自岗位，撸起袖子，真抓实干，为实现中华民族伟大复兴的宏伟蓝图而不懈努力。

吴维海同志具有金融央企、工业和信息化部、国家发展改革委等工作经历，有跨域融合的实践研究。该同志汇集国家战略解读、政府规划编制、政企培训、金融信用、国际合作等研究成果，以“新时代大国战略”系列专著形式，分“新时代乡村振兴战略与案例、新时代强国复兴战略、新时代区域发展战略、新时代企业竞争战略、新时代金融创新战略”等分册，陆续出版发行。涵盖全球治理、强国战略、政府与产业规划、城市品牌、乡村振兴、特色小镇、企业战略、PPP 运营、部委资金申请和金融信用等重点领域，知识面广，应用性强，观点前瞻，值得政府、院校、学者和企业家阅读并借鉴。

张全景

中共中央组织部原部长

2018 年

前言

PREFACE

管理是一门艺术。管理指管理主体组织并利用各要素（人、财、物、信息和时空），借助管理的手段，完成该组织目标的过程。企业管理是公司法人和社会组织开展经营活动的核心。大凡成功的企业，必定有卓越管理的企业家在掌舵、在谋划。

华为成为世界一流企业，原因在于，通过制定前瞻战略，聚集全球资源与人才，构建国际营销网络，实施有竞争力的薪酬体系，激发内部活力和创新力，提高技术研发与营销能力，塑造行业品牌，构建国际竞争力。马云打造阿里巴巴，成功要素在于战略前瞻，营销有效，顺应行业规律、国家政策和管理精髓，聚集资源要素，构建了全流程策划、营销、金融、物流等服务平台，逐步形成了电商领域的寡头，马云也因此名扬全球。

古今中外，卓越组织大都有宏大愿景、清晰战略、有激情团队、有效管理以及高技巧的营销，因此，研究企业竞争战略，完善运营体系，规范薪酬激励，推动品牌建设等，有助于实现百年长青。

《新时代大国战略》系列专著之《新时代企业竞争战略》共分5章，从不同视角，分析研究了我国进入社会主义现代化强国的新时代，企业管理的重点领域和竞争策略。

第1章，企业战略。重点研究了国务院国资委编制中央企业五年规划、中央企业和地方企业转型战略、并购重组战略、市场竞争策略、电视购物产业、国际化战略、国际竞争策略等重点领域。

第2章，运营管理。重点阐述了规模经济、汽车营销战略、客户关系管理、企业成长战略、国企转型、并购重组、跨国收购和央企营销网络构建等。

第3章，人力资源。重点阐述了全球环境下，驾驶舱理论与人力资源、一分钟管理、薪酬管理、社团组织实践、组织架构和运营管理等。

第 4 章，品牌文化。重点阐述了品牌概念、品牌温度和加速度，文化自信、服务品牌内化、激励机制、品牌提升等。

第 5 章，内部控制。重点阐述了内部控制架构、上市公司内控、社会责任、投融资风险和内控评价等。

《新时代企业竞争战略》汇集了国家部委领导、专家学者等文章或研究成果，对全球形势、中美贸易、国家政策、产业趋势、企业战略、运营策略、产品布局、资源管控、组织体系、企业运营、薪酬管理、品牌塑造、企业文化、内部控制、数字经济、风险管理等进行了研究，对国家部委、地方政府、企业管理、项目投资、并购重组和风险控制等，有较强的借鉴作用。

吴维海

2019 年 7 月

目 录
CONTENTS

第 1 章　企业战略

党的十九大提出，到 2050 年，建成社会主义现代化强国。强国战略需要国家部委、地方政府、产业园和各类企业的参与、贯彻和落实。企业战略与一定历史时期的社会生产方式相联系，它依赖于社会物质生产、科学技术的发展水平和组织成员的自觉程度，为国家或社会组织确定的总体目标服务。企业战略包括发展战略、竞争战略、营销战略、品牌战略、融资战略、研发战略、人才战略、资源战略等。卓越企业如何抓住机遇，制定发展战略，优化资源要素，进行精细管理，是其重大经营管理工作。企业作为以营利为目的，从事生产、流通或服务活动的独立核算经济单位，需要与时俱进，进行战略修订和运营机制的深层变革。

国家与地方经济发展、产业园的功能定位、要素聚集提升，都依赖于具体产业、重大项目和骨干企业。核心产业链的培育、构建、调整，以及供应链的优化，需要企业的参与和支撑。企业战略能够为产业选择、产品组合、市场拓展和资源配置等提供决策依据和行动路径。

1.1 国资委中央企业新一代信息技术规划

国务院国有资产监督管理委员会是根据第十届全国人民代表大会第一次会议批准的国务院机构改革方案和《国务院关于机构设置的通知》设置的，为国务院直属正部级特设机构。国务院授权国有资产监督管理委员会代表国家履行出资人职责。国有资产监督管理委员会的监管范围是中央所属企业（不含金融类企业）的国有资产。受国务院国资委规划局委托，吴维海于2010年受托编制中央企业“十二五”时期的新一代信息技术规划，以下是部分规划示例。

1. 国内外新一代信息技术产业现状与趋势

（1）全球新一代信息技术产业概况

新一代信息技术产业是典型的资金、技术、人才密集型产业，具有技术、产品升级换代快等显著特征。近年来，在全球金融危机的冲击下，欧美发达国家和经济活跃地区凭借技术与资本优势，瞄准实体经济的价值链高端，集中在创新最活跃、附加值最高的新一代信息技术产业，开展技术创新，寻求产业突破，抢占产业发展的制高点。全球新一代信息技术产业发展迅猛，产业规模持续扩大，且呈现出集成化、规模化、融合化、绿色化的发展趋势。其中：

1）下一代通信网络领域：LTE成为全球移动通信技术的发展方向，并逐步进入商用阶段；IPv6国际标准制定工作基本完成，全球互联网正向下一代升级。

2）三网融合领域：美日欧等发达国家电信行业与广电行业早在21世纪初已实现了网络、业务、监管等多个层面的融合。

3）物联网领域：全球仍处于初级阶段，并具备一定的发展基础，未来5 ~ 10年全球物联网产业将实现跨越式飞跃。

4）新型平板显示领域：近年来全球新型平板显示产业规模始终保持在20%以上的高速增长，大尺寸生产线项目是发展趋势，但其边际产出效应在下降，行业整体利润率持续下滑。

5）高性能集成电路领域：全球产业步入复苏阶段，市场需求强劲。

6）高端软件领域：后金融危机时代，全球软件服务业规模稳步增长，软件服务业与经济社会各行业领域的融合渗透将不断增强，市场需求将扩大。

7）新兴信息服务业领域：随着全球经济回暖，信息服务业逐步回升，美欧日仍是全球三个主要的新兴信息服务业发达地区，移动互联网、物联网、云计算等新兴业态涌现将带来新兴信息服务业的全面革新，未来信息服务业发展将呈现融合化、网络化、社交化的明显趋势。

随着新一代信息技术和产品升级换代提速，新的产业组织形态和商业模式将不断涌现，产业市场空间将日益扩大，新一代信息技术市场将细分。以满足消费者“用户体验”为主业的新兴服务企业的蓬勃发展，产业竞争格局多元化。随着新一代信息技术产业发展规模持续扩大，涉及的领域不断拓展，相关企业的国际竞争合作将更加激烈和频繁。

（2）我国新一代信息技术产业发展现状

我国新一代信息技术产业保持了较快的发展态势，产业整体规模快速扩张，但在细分产业领域的发展不均衡：在下一代通信网络、三网融合、物联网等领域具有自主知识产权，部分技术甚至能够引领国际发展；在新型平板显示、高性能集成电路、高端软件及新兴信息服务业等领域，核心技术受制于人，大多企业处于组装加工等产业链低端环节，缺乏核心竞争力。

2. 中央企业新一代信息技术产业发展现状与问题

（1）中央企业总体情况

中央企业经过多年的发展，在新一代信息技术产业取得了一批领先的研发成果、积累了一定的产业化经验、培养了一批专业化人才，能够较好地支撑产业的后续发展。目前，从事新一代信息技术产业相关业务的中央企业，其技术研发和产业化工作涉及产业多个领域和环节，分布面较宽。

(2) 重点领域技术的研发与产业化进展情况

中央企业聚焦关键核心技术，加大资金和人才投入，积极推进产业重点领域的技术研发与产业化，取得了一批科技创新成果，取得了一些经济效益，科技创新水平和核心竞争力不断提升，为加快发展战略性新兴产业奠定了坚实的基础。

1）三网融合：中国电信、中国联通、中国移动中等3家电信企业加快网络基础设施宽带化改造的提升。随着广电企业和电信企业加大对光通信设备的采购力度，武汉邮科院、上海贝尔等光通信设备制造企业将具有广阔的市场空间。

2）物联网：中央企业积极开拓、重点布局物联网领域产业，在技术研发和行业应用等方面取得了一定成果。

3）新型平板显示：彩虹集团、中国电子等中央企业重点布局新型平板显示产业，具备一定的研发基础和产业化实力，在产业链某些关键技术方面取得了一定突破。

4）高性能集成电路：中国电子、电信科研院等中央企业在该产业中进行重点布局，产业应用和业务前景被看好。

5）高端软件：中国电子、中电科技、中国普天和航天科工、国家电网等中央企业在该领域内积极开展技术研发、拓展业务领域、开发产品系列，具备了一定的竞争力，但技术水平和整体规模仍有待提升。

6）新兴信息服务业：中国普天、中国华录、中国航信、中电科技等中央企业积极拓展新兴信息服务业市场，呈现多元化发展格局。

3. 中央企业发展新一代信息技术产业的重点任务

“十二五”期间，中央企业要紧密结合国务院《关于加快培育和发展战略性新兴产业的决定》以及《中央企业“十二五”发展规划纲要》的要求，围绕做强做优，世界一流的核心目标，加大研发投入，加快推进产业链上下游资源与企业资源的优化整合，重点提升技术研发、产业运作、人才培养、市场开拓、品牌打造和国际化经营六大能力，努力实现三大突破，即在下一代通信网络、三网融合、物联网等领域实现网络基础设施建设、国际主流标准制定的双突破；在新型平板显示、高性能集成电路等领域实现关键核心技术和制造工艺的突破；在高性能软件、新兴信息技术服务业等领域实现重点示范应用的规模化、产业化和市场化突破，确保“十二五”规划目标的顺利实现。

4. 政策与保障措施建议

（1）中央企业的保障措施

包括体制机制、产业链优化、资源分配等。

（2）国务院国资委的扶持政策

包括规划引领、激励考核、监督约束、协同发展、跨部委沟通等。

1.2　大型国有企业新兴产业转型战略

国务院推动实施战略性新兴产业，中央企业如何走？商业模式如何选择？体制机制如何设计？这是国务院国资委、工业和信息化部和国家智库要考虑的紧迫性问题。

1. 大型国有企业战略性新兴产业转型的主要特征

（1）拥有政策优势，但缺乏操作的灵活性

从现有的税收和金融政策看，国家重点扶持的高新技术企业按照 15% 的税率征收企业所得税，国家推动设立战略性新兴产业发展专项资金和产业投资基金，金融机构普遍对中央企业和大型国有企业的信用等级评级较高，这在一定程度上为大型国有企业融资提供了便利（图 1.2–1）。

从大型国有企业的业务调查看，很多企业在推进战略性新兴产业方面，缺乏实践操作的灵活性，一个重要原因在于国有企业的体制问题。以三网融合为例，

从 1998 年三网融合即被列入“九五”规划，到 2010 年国务院会议上明确三网融合的措施和阶段性目标，经历了十几年，目前仅基本实现了广电企业“一省一网”和双向改造，没有形成全国统一的广电网络。

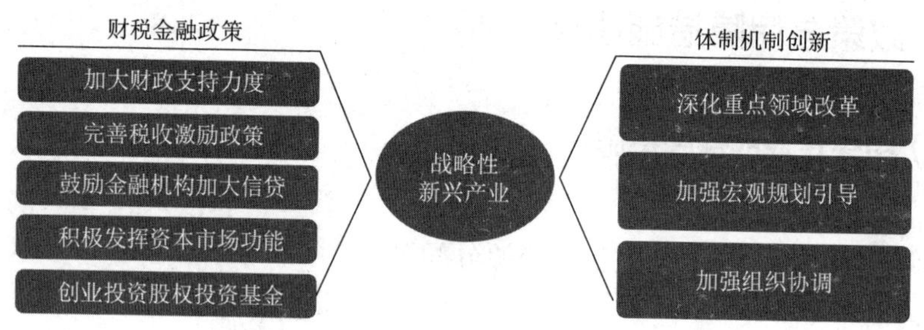

图 1.2-1　战略性新兴产业支持政策

（2）战略上较为重视，但实际执行力度不够

中央企业以及其他大型国有企业普遍重视战略性新兴产业的发展，并将其作为公司发展战略的重要内容。据对 50 家中央企业及重点大中型国有企业访谈和调研，将发展战略性新兴产业作为未来 3 ~ 5 年规划的被调查企业超过 95%。在这些企业中，实际进行战略实施的只有 63%，通过投资或项目研发等取得实质成果的企业仅占战略实施企业的 16% 左右（图 1.2-2）。

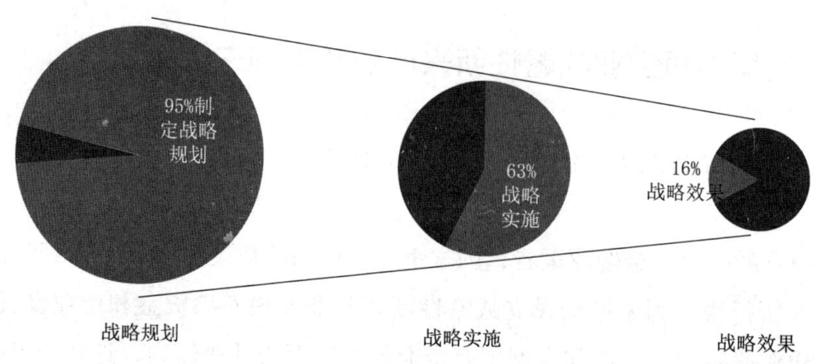

数据来源：国资委网站、上市公司年度财报等。

图 1.2-2　战略性新兴产业实施情况

战略规划指企业将战略性新兴产业明确列为未来重点发展或进入的领域；战

略实施指企业已经针对战略性新兴产业进行了实际投资；战略效果指企业针对战略性新兴产业的投资已经取得了效果，产生了实际的经济效益。

（3）存在产业选择雷同、项目重复建设的现象

总体来看，大型国有企业对于战略性新兴产业的发展十分重视，在新兴产业推进过程中，出现了部分企业盲目上马项目现象，造成了部分产业重复投资。

大型国有企业将战略性新兴产业的重点聚焦在节能环保、新能源、新一代信息技术和高端装备制造等领域（图 1.2-3）。

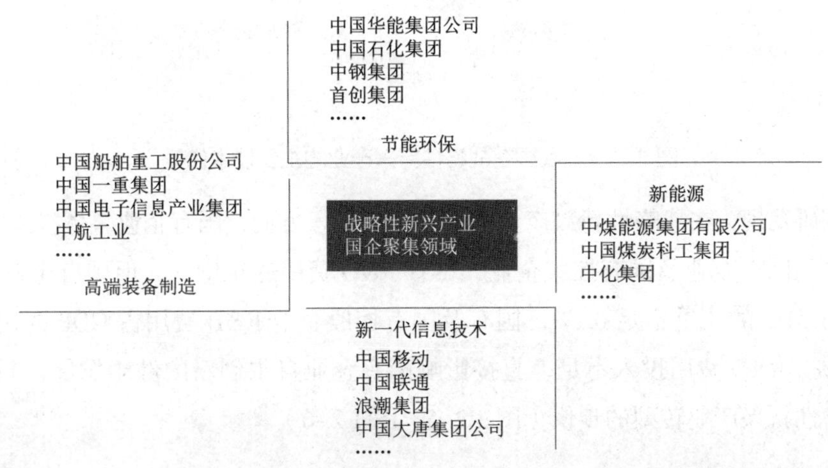

图 1.2-3　大型国有企业战略性新兴产业聚集情况

大型国有企业在投资战略性新兴产业过程中，在某些领域和地区出现了盲目过热的情况，如据国家能源局新能源司调研，经过几年的发展，全社会投资风电的积极性已经形成，但对于风电设备投资盲目过热，导致近期难以消化过多产能。当下我国有 70 多家风电设备制造企业（包括大型国有企业和民营企业等），真正具备生产能力的仅有 10 家左右，有能力形成批量生产的仅有 3 家左右。2007 年开始的多晶硅投资过热的调研与辩论，多次见诸报端。LED 产业被视为极有可能引发新一轮产业革命的战略性新兴产业，在我国出现了盲目规模投资的迹象，甚至出现局部投资过热的情况，在一定程度上印证了部分战略性新兴产业投资过热的观点。

（4）有局部的技术优势，整体技术研发投入不足

分析七大类近四十个小类的战略性新兴产业的核心技术，我国仅在锂电池、高端装备制造等少数领域具有一定的技术优势，而其他领域的技术发展则相对滞后（图 1.2–4）。

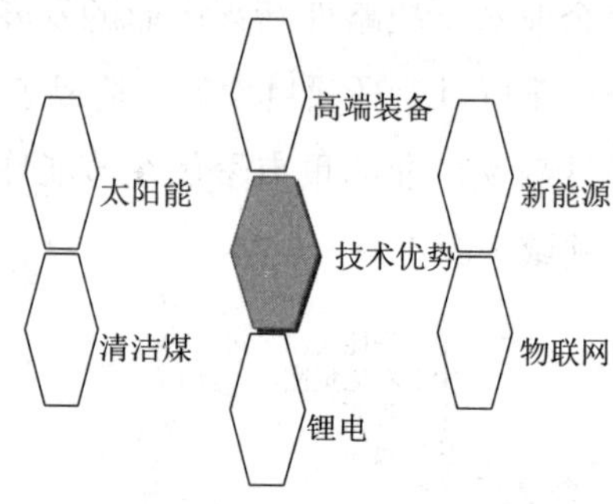

图 1.2–4　我国在战略性新兴产业的主要技术优势

调研发现，在战略性新兴产业的研发费用投入方面，国有企业整体投入不足。近年来，国有企业及国有控股企业，尽管 R&D 费用逐年增加，但国有企业 R&D 费用占 GDP 的比重不足 0.1%，国有及国有控股企业 R&D 费用占 GDP 的比重不足 0.5%。R&D 费用投入不足，直接影响国有企业自主创新的健康发展，制约其向战略性新兴产业转型的步伐（图 1.2–5、图 1.2–6）。

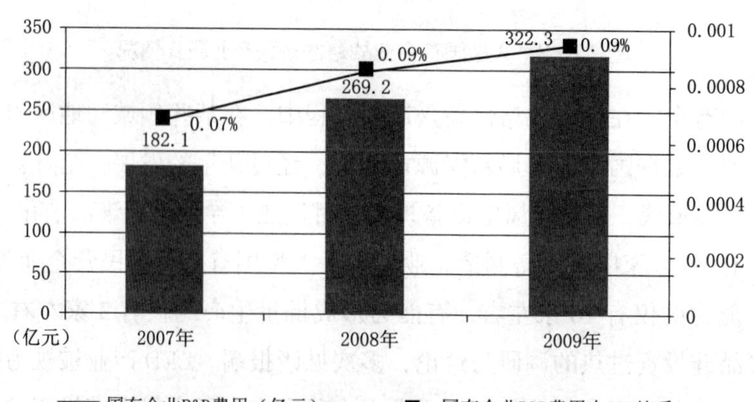

数据来源：中国知网、统计年鉴数据库。

图 1.2–5　国有企业 R&D 费用及占 GDP 比重

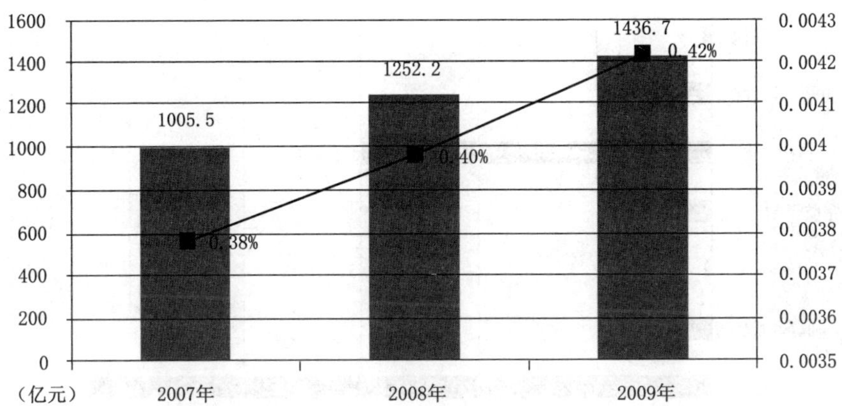

数据来源：中国知网、统计年鉴数据库。

图 1.2-6　国有及国有控股企业 R&D 费用及占 GDP 比重

目前，国有大中型高科技企业针对战略性新兴产业的创新研发主要集中在医药制造、电子元器件、通信设备和航空航天制造等产业，其研究机构和研究人员占比超过 90%，造成了项目盲目上马和重复投资等问题，相对而言，其他产业领域的研究则显得不足（图 1.2-7、图 1.2-8）。

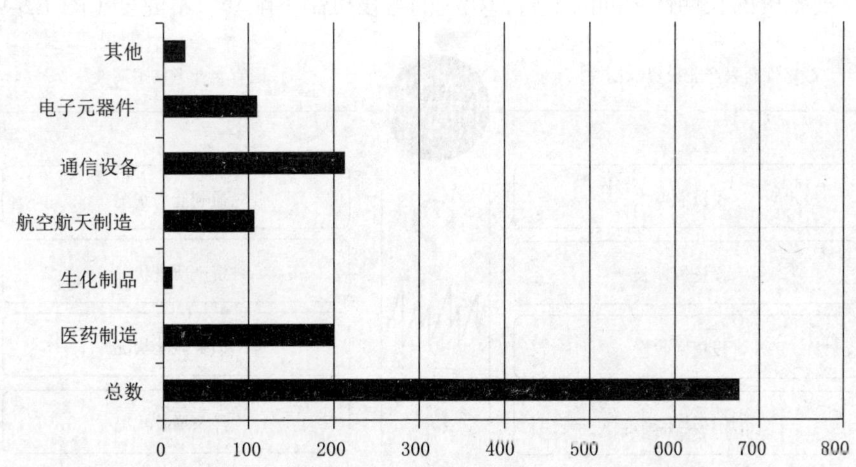

数据来源：中国知网、统计年鉴数据库。

图 1.2-7　大中型高科技国有及国有控股企业研发机构数

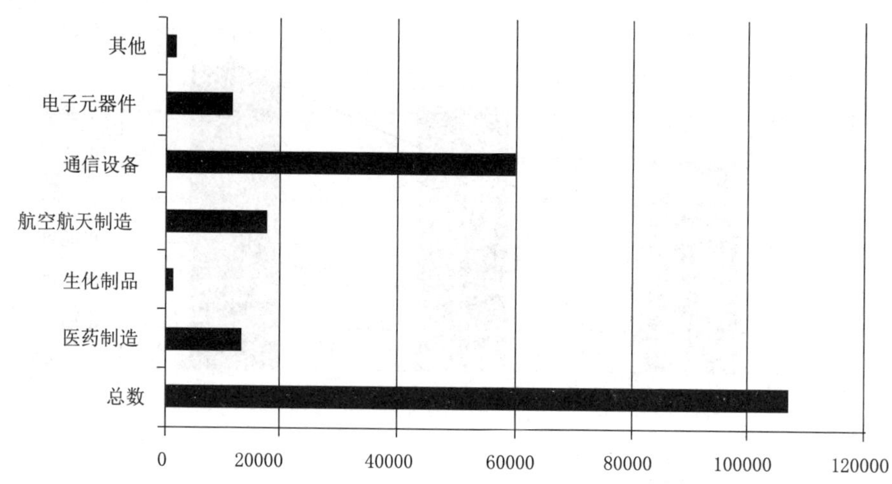

数据来源：中国知网、统计年鉴数据库。

图 1.2-8 大中型高科技国有及国有控股企业研发人员数

（5）短期行为明显，考核机制不配套

通过对 50 家大型国有企业的调研发现，在对战略性新兴产业的投资上超过 80% 的企业负责人存在顾虑，主要原因在于，对国有企业考核的短期机制与战略性新兴产业投资的长期性之间的矛盾，相应的考核机制不配套、不健全（图 1.2-9）。

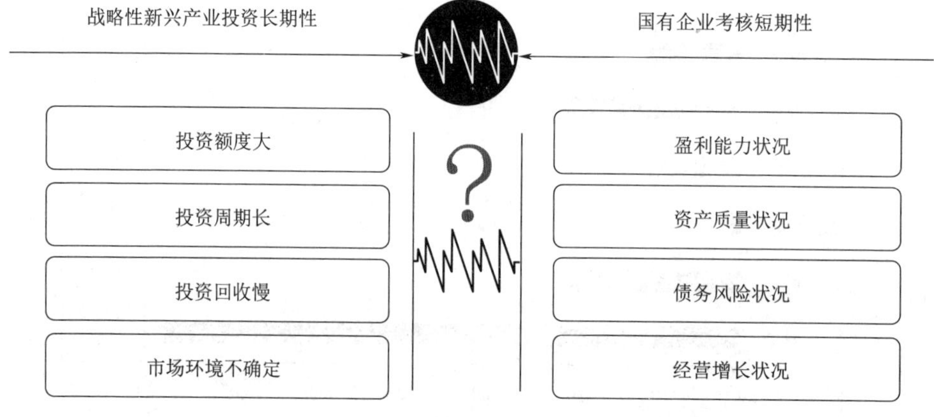

图 1.2-9 战略性新兴产业投资与国有企业考核矛盾示意图

2. 大型国有企业战略性新兴产业转型的主要模式

（1）基于产业价值链视角的三大转型模式

以七大战略性新兴产业的产业链为研究和分析的视角，对大型国有企业的战略性新兴产业转型战略和主营业务进行分析，初步归纳它们实施战略转型的三种基本模式。

1）点模式：即从产业链的某个环节切入，进而带动战略转型

“点模式”是大型国有企业探索战略性新兴产业初期，通常采取的一种谨慎的战略转型模式。重点聚焦在某一个或几个点，集中资源和资金，积极拓展，力图实现少数“点”的突破。

以发动机制造为例，研制飞机发动机可对产业链建设和经济拉动产生显著效应。为了参与我国大飞机制造工程，中航系统内的中航商用飞机发动机有限责任公司主动融入“世界航空产业链”，抓住“发动机”这个关键点，充分整合和利用全球资源，构建合作共赢格局，加快实现我国民用飞机发动机国产化和参与国际竞争的跨越式发展。

大型国有企业近年来通过采取“点模式”的经营策略，探索实施向战略性新兴产业的转型，取得了一定成效。部分企业案例分析，如表 1.2–1 所示。

大型国有企业“点模式”的应用示例　　表 1.2–1

企业名称	“点模式”的内容	主要应用领域	相关战略性新兴产业
中国华能集团公司	先进成熟技术	机组发电	节能环保
中国石化集团	清洁产品研发和生产	石油生产	节能
中国船舶重工股份公司	自主研发的高速离心式曝气鼓风机	能源交通装备	高端装备制造
中国一重集团	核电实验快堆的核心堆容器制造	核电领域	新能源、高端装备制造

注：本表所述模式只限于对某集团的特定业务模式研究，一个集团可能有几种模式。

2）线模式：即全产业链模式，实施全产业链的业务扩张战略

“线模式”是大型国有企业实施产业链延伸和战略性新兴产业转型的重要模

式。以中国电子信息产业集团CEC的海外军工贸易为例，该集团的海外军工贸易业务以进出口贸易的产业链环节为基础，积极推进高端装备制造产业的延伸，嫁接军品制造，实施贸易实体化，完善产业链的贸易、技术研发和制造环节，初步实现了军工产品的战略转型目的。

我国大型国有企业实施战略性新兴产业战略转型的线模式，目前逐渐成为主流的发展方向。具体分析如表1.2-2所示。

大型国有企业“线模式”的应用分析 表1.2-2

企业名称	“线模式”的内容	主要应用领域	相关战略性新兴产业
中国电子信息产业集团	军工贸易	雷达、舰艇等	高端装备制造、新材料等
中粮集团	射频技术应用	食物追溯	新一代信息技术等
浪潮集团	浪潮64位服务器	IT领域	新一代信息技术
中国移动	TD-LTE技术	移动话音、数据、IP电话和多媒体业务	新一代信息技术
中国煤炭科工集团	洁净能源技术等	工程建设、煤机装备、安全技术等	高端装备制造、新能源等
中煤能源集团有限公司	煤化工技术、干馏气技术	煤矿开发等	新能源

注：本表所述模式只限于对某一集团的特定业务模式研究，一个集团可能有几种模式。
数据来源：国资委网站，企业网站，媒体报道等。

3）网模式：即产业网络模式，实施跨产业链的战略转型

“网模式”是大型国有企业未来实现传统产业向战略性新兴产业转型的重要模式，它的一般特点是：这类国有企业原来已经在某些领域具有较好的生产或科研基础，已经有一定的研发力量或核心技术，相关产品的技术应用和产品升级的壁垒不大，容易形成相关多元化、重复性、多领域的商业应用业务。

中航工业作为中国航空领域的大型中央企业，以飞机制造等为主营业务，为了实现军民品的技术互补和全产业链打造的目标，近年来，以关键技术为研发重点，逐步构建由中国航空研究院、子公司、成员单位和外部战略合作伙伴的研究机构组成的科技创新体系，积极推进战略导向、基于全流程前沿探索的研究中心

（COR），市场导向、基于全流程系统集成的能力中心（COC）和效率导向、基于全流程核心公共部件的优异中心（COE）为主要内容的“3C”体系，努力组建若干飞机、发动机、机载专业化能力中心（COC），打造高效的设计、制造和服务一体化组织；依托新项目组建若干新机试制快速反应中心，健全知识产权转移、保护和利用机制，加快推动科技成果在军品、民机、非航空和现代服务业等细分产业的商业应用和技术转化，逐步推进传统制造等产业向高端装备制造、新材料等战略性新兴产业的基于“网模式”的战略转型。

对我国 120 家大型中央企业和部分省市大型国有企业的初步研究，对这些企业向战略性新兴产业战略转型的“网模式”进行案例分析和基础研究，如表 1.2–3 所示。

大型国有企业“网模式”的应用分析　　表 1.2–3

企业名称	“网模式”的内容	主要应用领域	相关战略性新兴产业
中航工业	动力关键技术	军用飞机、民用飞机、物流、新能源等	高端装备制造、新材料、新能源
中国石化	“开发一批、转化一批、准备一批”，解决共性的、关键性的技术难题	油气勘探开发、炼油、化工等	节能环保、新材料
中钢集团	节能技术	矿产开发、物流、技术服务、装备制造	节能环保、高端装备制造
中化集团	老化工，新材料	液体分离膜技术、水处理技术	新材料、节能环保等

注：本表所述模式只限于对某一集团的特定业务模式研究，一个集团可能有几种模式。

据对我国中央企业、省市大型国有企业在战略性新兴产业战略转型过程的主流模式和所处产业发展阶段的系统研究，企业在战略性新兴产业转型的初期，基本采取“点模式”的方式，随着产业的成熟度增加和业务规模的扩大，逐渐向战略性新兴产业的上下游延伸，呈现明显的“线模式”的特征；等到企业规模、技术和产业成熟度达到一定程度，初步进入跨产业、多领域应用的“网模式”。不同发展阶段的主要特征如图 1.2–10 所示。

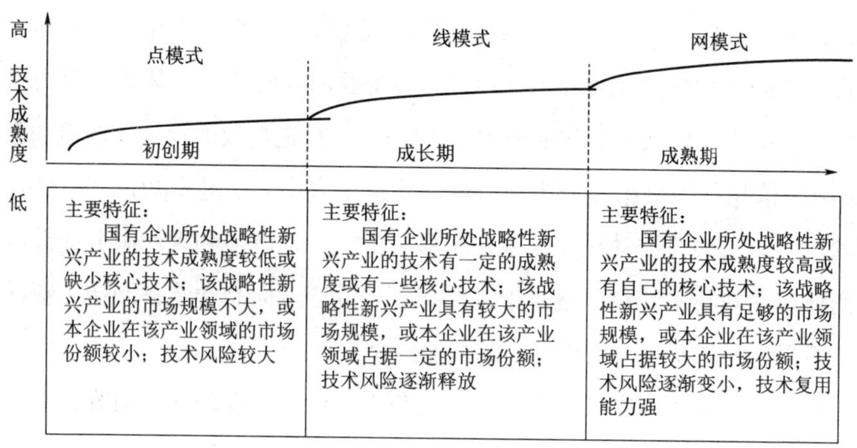

图 1.2-10　大型国有企业向战略性新兴产业转型战略的三种模式

（2）基于驱动力视角的四大转型模式

大型国有企业立足自身优势，实施各自战略转型，不断推进战略性新兴产业的技术研发和可持续发展，除了具有国家产业政策的激励因素之外，还具有相关外在、内在的驱动力。

1）技术驱动的转型模式

战略性新兴产业代表着科技创新产业升级的方向。由于新兴产业面临巨大的技术突破，云计算、物联网等新技术逐渐融合，战略性新兴产业呈现出高技术含量、高风险等产业特点，这也是一些大型国有企业偏爱核心技术驱动产业转型的重要原因。

中国电子科技集团公司（简称中国电科）是经国务院批准、在原信息产业部直属研究院所和高科技企业基础上组建的国有大型高科技企业集团。主要从事国家重要军民用大型电子信息系统的工程建设，重大装备、通信与电子设备、软件和关键元器件的研制生产。集团所属二级成员单位 55 家，上市公司 6 家，分布在全国 18 个省市区。现有职工 8 万余人。拥有 15 个国家重点实验室、4 个研究应用中心、9 个研发中心，有 20 个博士后科研工作站。拥有一批国内一流的中试线、生产线、装配线和机加工中心。集团采取技术驱动的发展模式，积极推进高端装备制造、新一代信息技术等战略性新兴产业的快速发展，在国务院国资委中央企业负责人 2004 ~ 2009 年度经营业绩考核中连续六次夺得 A 级和任期考核连续两次夺得 A 级（图 1.2–11）。

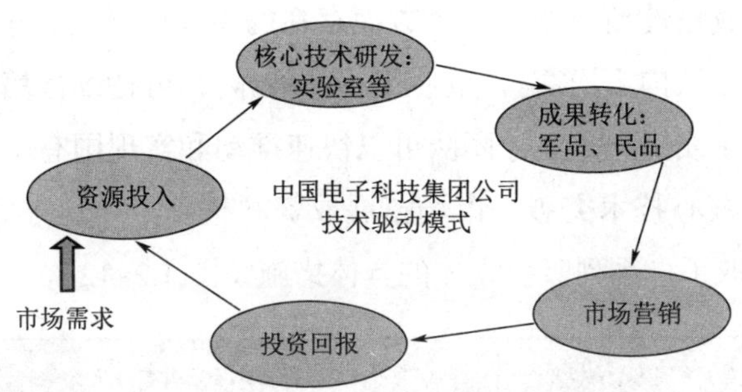

图 1.2–11　中国电子科技集团公司的技术驱动发展策略

技术驱动是当前战略性新兴产业发展的重要特征。大型国有企业在向战略性新兴产业转型的过程中，通过技术驱动的竞争策略，可以较好地培育核心竞争力，初步实现业务转型的战略定位，为下一步的市场、客户、渠道和实施路径提供决策基础。部分大型国有企业的技术驱动与所在产业、驱动效果的基本分析，如表 1.2–4 所示。

大型国有企业技术驱动的路径分析　　表 1.2–4

技术驱动内容	企业名称	所在战略性新兴产业	驱动效果
电子信息、软件	中国电子科技集团公司	高端装备制造、新一代信息技术等	业绩排名提升
TD–LTE技术	中国移动	新一代信息技术	业绩良好、品牌卓越
云计算技术	浪潮集团	新一代信息技术	中国行业领先品牌
飞机制造技术	中国商用机有限责任公司	高端装备制造	国产大飞机
核动力技术	中国核工业集团	高端装备制造、新能源	核能源、核设备
风力发电技术	中国船舶重工集团	新能源	新能源
煤层气、燃料乙醇和油砂等新能源	中国石油天然气集团	乙醇、油砂等	新能源
智能楼宇技术	首创集团	建筑楼宇、工程	节能环保

2）人才驱动的转型模式

21 世纪最宝贵的是人才。实施战略性新兴产业的转型，其人才驱动的主要体现为：核心技术人才、高级管理人才和高级资本运营人才等的重要驱动。通过引进、培育和稳定核心人才，构建强大的技术研发、商业应用、市场运营和资本运作的核心能力，体现出与竞争对手的差异性，实现预期的战略转型目标。

目前，我国战略性新兴产业人才方面存在的主要问题有：骨干人才缺乏、战略人才不足，人才结构不均衡。“重使用、轻培养”，可持续性培养机制缺乏。实践证明，关键人才或优秀的人才团队可以快速推动和实现国有企业在某些战略性新兴产业方面的核心技术突破、市场拓展或资本整合。在这方面，北京、上海、山东等地纷纷采取了一系列吸引人才的具体措施（图 1.2–12）。

北京：细化新能源等战略性新兴产业，以基地和产业聚集区吸引高端人才

山东：引导国有资本向战略型新兴产业和骨干人才聚集，增强人才聚集效应

浙江：“八八战略”和“两创”培育国有经济的战略型新兴产业的骨干人才

湖南：实施战略型新兴产业的人才开发“博士行”，大力吸引核心人才

上海：产业化、技术创新和市场培育“三驾马车”，引进高端专业人才

广东：投入万亿资金，粤港联手，凝聚高端海外战略性新兴产业顶尖人才

图 1.2–12　部分省市国有经济实施战略性新兴产业的人才驱动竞争策略

为了大力发展战略性新兴产业，各地政府、各地国资委和国有企业纷纷采取了一系列人才引进的政策，有效地推动了战略性新兴产业人才的合理流动和相对聚集（表 1.2–5）。

地方政府和国有企业人才驱动的路径分析　　表 1.2–5

人才驱动内容	国有企业所处地域	所在战略性新兴产业	驱动效果
“两高一低”（高学历、高级职称、低年龄）	北京市政府	电子信息、生物工程、新医药、光机电一体化、环境保护、新材料等新兴高技术产业；电子、汽车、机械装备等主导行业	战略性新兴产业基地发展迅速

续表

人才驱动内容	国有企业所处地域	所在战略性新兴产业	驱动效果
实施创新驱动战略，打造中国人才与科技名城	江苏省	技术人才、管理人才和高技能人才	增加了人才引进的政策激励
海外高层次人才居住证等政策、实施“海鸥计划”	浙江省	创新人才或浙江省科技、产业发展和学科建设急需、紧缺领域的领军人才或学术技术带头人等	增强了吸引力
高薪、培训、子女入学等	中国南方电网	海外高层次科技创新人才、实用性技术人才	引进了需要的人才
用 5 年时间建设 50 家国家级人才创新创业基地，引进 500 名列入中央“千人计划”的海外高层次人才	国资委	优秀人才、高层次人才	提升了管理和研发能力

3）资本驱动的转型模式

大型国有企业推动战略转型和实施战略性新兴产业的探索与发展，在一定时间、一定业务领域，需要进行兼并重组和资本运作，以更好地实现资源整合和技术研发等目标。各级国资委和国有企业立足本地和本企业的资源与特点，运用多层次的资本市场和资本运作手段，完善有利于创新的激励机制和风险分摊机制，加快推进金融产品和服务方式的创新，解决战略性新兴产业发展的资金难题。

以中国节能环保集团为例，阐述战略性新兴产业的资本运作思路。中国节能环保集团公司是国资委监管的唯一主业为节能减排、环境保护的中央大型企业，长期致力于推动节能环保技术进步与产业升级，公司围绕节能减排、环境保护、新能源和清洁技术三大主业方向，重点强化工程服务、运营管理服务、装备制造和科技研发孵化与产业化推广四大支撑，各主业板块已形成较强的核心竞争力和较大的产业规模。该集团经过了重组和整合，逐步构建了节能、环保、新能源等战略性新兴产业的业务板块。具体如图 1.2–13 所示。

目前，中国节能环保集团正在执行和实施新的发展规划，进一步推进各业务板块的资本运作和资源整合，积极推进核心技术研发，大力拓展节能环保业务，实现预期的发展战略。

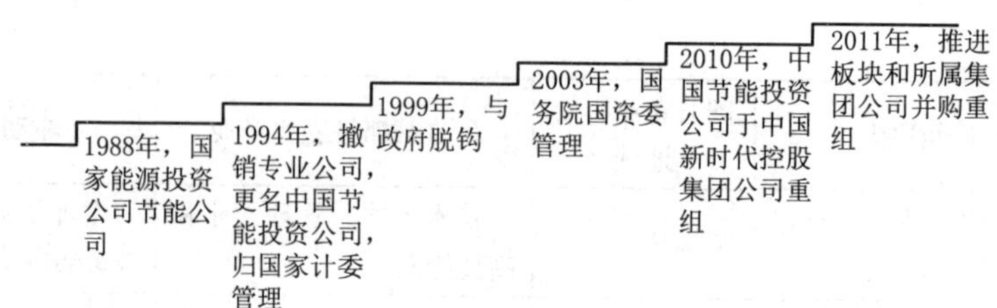

图 1.2-13　中国节能环保集团基于战略性新兴产业的资本驱动策略

我国部分大型企业资本驱动的路径，初步归纳如表 1.2-6 所示。

大型国有企业资本驱动的路径分析　　表 1.2-6

资本驱动内容	企业示例	所在战略性新兴产业	驱动效果
二级集团和板块重组	中国节能环保集团	节能环保、新能源	较少下属企业数量，提高管理效率
对外并购或控股，控股冠捷科技集团、控股贵州振华公司等	中国电子信息产业集团	高端装备制造、新一代信息技术等	提高核心技术，增强贸易实体化的能力
新建风电场、发电站、上市融资	大唐集团	新能源	收入和利润增加
机场并购、出卖、智能物流新建等	中国航空公司	新一代信息技术	服务功能增强
建新厂，改进工艺，更换设备等	武汉钢铁	节能环保	降低能耗

数据来源：国资委网站、国家统计局、企业上市财报等。

大型国有企业通过战略性资本并购、上市、业务扩张等，可以实现资源的优化和业务结构调整，能够显著提升市场竞争力，增强市场发展的后劲。以大唐集团为例，该集团属于中央企业，近年来，该集团实施了“把集团公司建设成经营型、控股型，市场化、集团化、现代化、国际化，具有较强发展能力、盈利能力和国际竞争能力的国际知名能源公司”的发展战略，积极推进业务结构优化和资本扩张。2009 年，大唐集团重组渝能集团，大唐电信科技产业集团引进中国人民保险公司 15 亿元投资等。一系列的资本运营策略，促进了业务收入持续增加，该集团的新能源等战略性新兴产业得到了较快发展。该集团 2002 ~ 2010 年的业务收入变化，如图 1.2-14 所示。

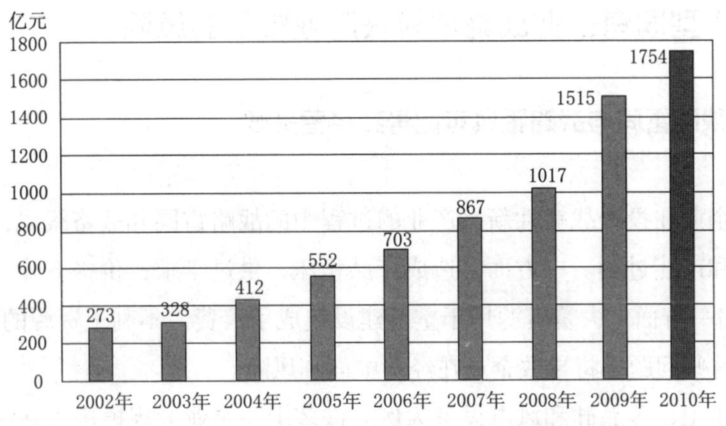

图 1.2-14　大唐集团 2002 ~ 2010 年收入增长

4）混合驱动模式

混合驱动模式指的是企业在战略性新兴产业的转型过程中，采取两种或以上的转型驱动模式，如采取技术驱动和人才驱动模式，采取资本驱动和技术驱动的模式等。该模式的企业比例逐渐增加（图 1.2-15）。

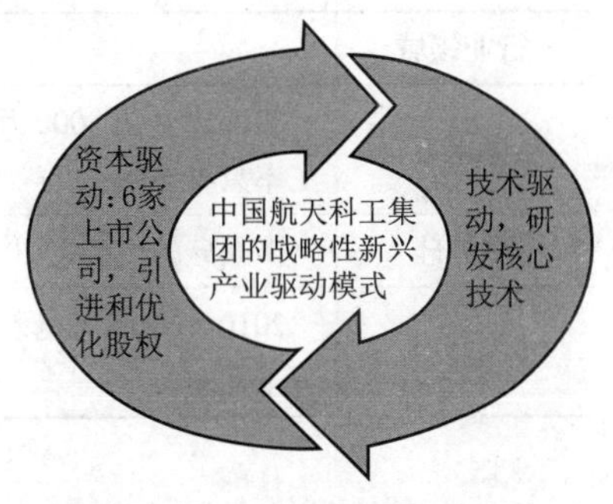

图 1.2-15　中国航天科工集团发展战略性新兴产业的混合驱动模式

混合驱动模式是大型中央企业经常采用的战略性新兴产业发展的重要驱动模式，也是国资委领导和国有企业高层应普遍关注的重点。具体分析如表 1.2-7 所示。

大型国有企业混合驱动的路径分析　　表 1.2-7

混合驱动内容	企业示例	所在战略性新兴产业	驱动效果
技术 + 资本驱动	中国航天科工集团	高端装备制造、新材料	核心能力显著提升
人才 + 资本驱动	联想集团	新一代信息技术	国际影响力增强
技术 + 人才驱动	海尔集团	新一代信息技术、高端装备制造	国际知名企业
技术 + 资本驱动	国家电网	新能源、节能环保	行业领先者
技术 + 资本 + 人才驱动	五矿	新能源、新一代信息技术	行业领先者

3. 大型国有企业战略性新兴产业转型的风险

（1）战略雷同与战略跟风可能导致经营失败

中央企业在投资战略性新兴产业的过程中的战略雷同和战略跟风，将会导致重复建设和产能过剩。一方面，造成产品积压，供过于求，价格下降，降低了投资收益；另一方面，大量资源用于重复建设造成了浪费，不利于资源的最优配置。战略上的这些问题都将导致企业在经营中面临风险。

以煤化工、多晶硅和风电设备为例，许多中央企业大规模进入新能源产业领域，结果造成行业产能过剩，如表 1.2–8 所示。

煤化工、多晶硅和风电设备产能过剩情况　　表 1.2–8

行业领域	行业产能过剩的相关数据
煤化工	目前，全国 3000 万吨以上大型煤炭企业几乎都涉及煤化工，全国甲醇装置开工率只有 50% 左右
多晶硅	多晶硅的产能在 2010 年达到 5 万 ~ 6 万吨，几年后则将达到 17 万 ~ 18 万吨
风电设备	2010 年我国风电装备产能超过 2000 万千瓦，而每年风电装机规模仅为 1000 万千瓦左右

（2）高端人才与核心技术匮乏制约央企转型升级

中央企业进入战略性新兴产业的一个重要瓶颈就是高端技术和技术人才的缺乏，导致企业对于核心技术存在较大的外部依赖性，产业技术水平较低，企业被迫锁定在价值链的低端，中央企业实现转型升级困难。

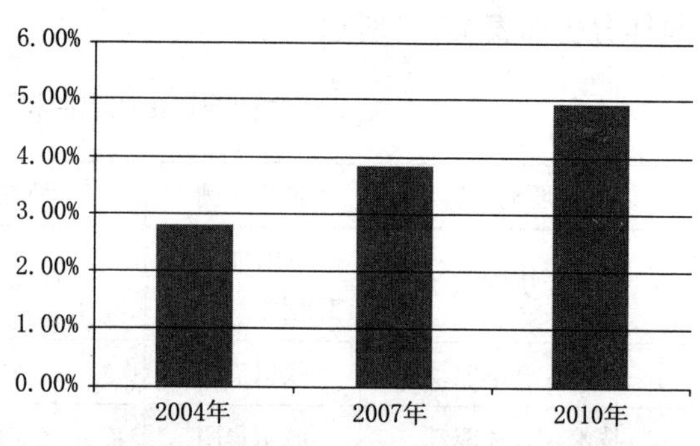

数据来源：国资委网站，国家统计局等。

图 1.2–16　中央企业高层次人才总量占科技人才总量比例

目前，在中央企业拥有的科技人才中，高层次人才数量虽然总体呈现增长趋势，但所占的比例仍然偏小，如图 1.2-16 所示。

以科技部联合国资委和中华全国总工会发布的 50 家创新型中央企业为例，它们代表着我国中央企业创新的最高水准，它们发明专利的申请量占国内申请总量的比例虽然已从 2005 年的 4.4% 提升到 2009 年的 8.8%，但仍不足 10%，在国内申请中并没有占据主导优势。如图 1.2-17 所示。

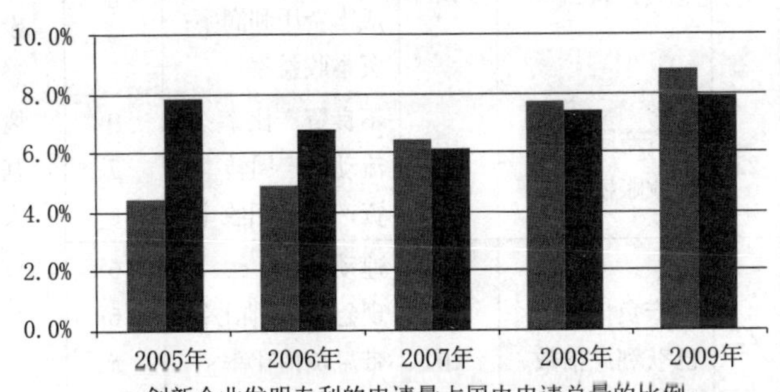

数据来源：国资委网站、中国专利数据库。

图 1.2-17　2005 ~ 2009 年度创新企业发明专利申请和授权的份额

（3）考评体系缺失影响转型战略实施

原有考评体系在考核中央企业战略转型升级方面针对性不强，没有相应的指标进行测量和评估，因此在引导中央企业转型升级方面的拉动力不够。这些指标的缺失，导致企业经营管理者在进行决策和管理活动时，缺乏足够的激励推动和发展战略性新兴产业，较大地影响了转型战略实现。

国资委对中央企业领导人的经营业绩考核非常重视，颁布了《中央企业负责人经营业绩考核暂行办法》，并设计了相应的任期经营业绩考核综合得分等计算公式。但对于中央企业领导人在战略性新兴产业转型方面的考核较弱，缺乏类似、规范的考核细则，不利于在这方面引导中央企业转型战略的实施。

这种针对性不足的业绩管理现状，可以从中央企业综合绩效评价指标及权重表中看出。在这一指标体系中，管理绩效所占比重 30%，其中发展创新的权数 15 分，总权数只有 4.5 分，权重比例相对偏小（表 1.2-9）。

中央企业综合绩效评价指标及权重表　　表 1.2-9

评价内容 / 权数		财务绩效（70%）				管理绩效（30%）	
		基本指标	权数	修正指标	权数	评议指标	权数
盈利能力状况	34	净资产收益率 总资产报酬率	20 14	销售（营业）利润率； 盈余现金保障倍数； 成本费用利润率； 资本收益率	10 9 8 7	战略管理 发展创新 经营决策 风险控制 基础管理 人力资源 行业影响 社会贡献	18 15 16 13 14 8 8 8
资产质量状况	22	总资产周转率 应收账款周转率	10 12	不良资产比率； 流动资产周转率； 资产现金回收率	9 7 6		
债务风险状况	22	资产负债率 已获利息倍数	12 10	速动比率； 现金流动负债比率； 带息负债比率； 或有负债比率	6 6 5 5		
经营增长状况	22	销售（营业）增长率 资本保值增值率	12 10	销售（营业）利润增长率； 总资产增长率； 技术投入比率	10 7 5		

数据来源：国资委《中央企业综合绩效评价实施细则》等。

4. 大型国有企业向战略性新兴产业转型的趋势

（1）大型国有企业在战略性新兴产业中的地位和作用增强

战略性新兴产业要求进入企业必须获得较强的技术研发能力、资金实力和市场化水平，在这些方面，大型企业尤其是大型国有企业有着天然的优势。国资委已明确提出，要进一步推动国有经济向战略性新兴产业集中。未来，大型国有企业将继续在战略性新兴产业上重点投入、积极推进，并承担主力军的角色。

随着新型产业自身的快速发展和进一步成熟，品牌和市场的集中度水平将不断提高，大型国有企业的地位和作用将日益增强。

目前，中央企业纷纷抢滩战略性新兴产业，积极表示将进入该领域的中央企业约有 100 家，约有六成的中央企业实际投资战略性新兴产业，发展势头方兴未艾。如图 1.2–18 所示。

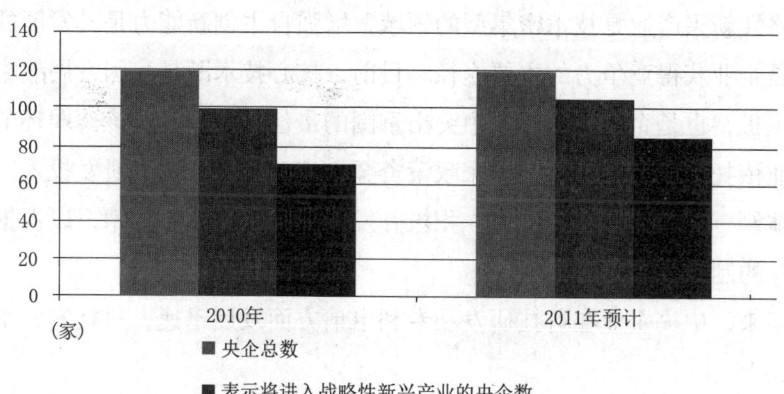

数据来源：国资委网站、上市公司年度财报等。

图 1.2–18　中央企业进入战略性新兴产业情况

(2) 基于禀赋优势的战略方向理性调整将成为转型企业的必然选择

随着战略探索期的结束，大型国有企业在战略性新兴产业领域中的发展方向和发展路径将逐渐明确和稳定，禀赋优势将成为战略选择的重要依据。大型国有企业将在此前探索的基础上，积极借鉴国内外战略性新兴产业的发展经验，通过整合自身在技术、资金、人才和体制等方面的优势，对自身的战略方向进行理性调整和准确定位，逐步将有限的优势资源投入最有效益的产业领域，积极优化产业结构，打造企业的独特的核心竞争力（图 1.2–19）。

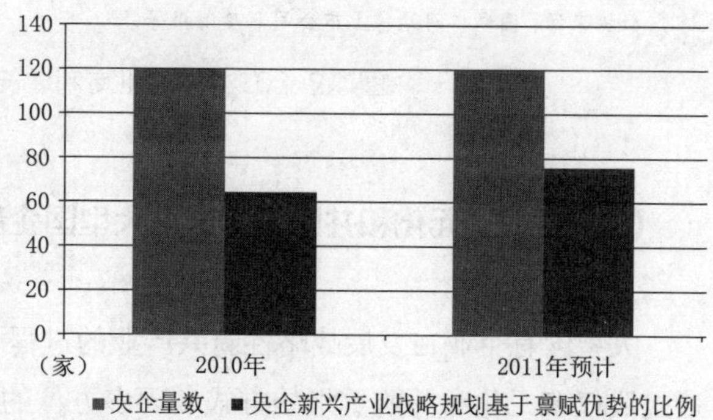

数据来源：国资委网站、上市公司年度财报等。

图 1.2–19　中央企业战略方向调整及预测

（3）核心技术将成为大型国企新业务主要的市场竞争力

战略性新兴产业是技术密集型的领域，增强自主创新能力是其发展的中心环节，也是企业获得竞争力的主要途径。目前，核心技术既是我国发展战略性新兴产业的短板，也是企业在该行业中突出重围的最佳点位。针对该薄弱环节，大型国有企业依托自身技术积累和国家政策资金支持，将加大技术研发投入，完善科技创新体制，增强技术创新能力，积极开发和掌握关键核心技术，以占据战略性新兴产业的制高点。

近年来，中央企业在科技研发和专利申请方面发展迅速，科技实力增强，如图 1.2-20 所示。

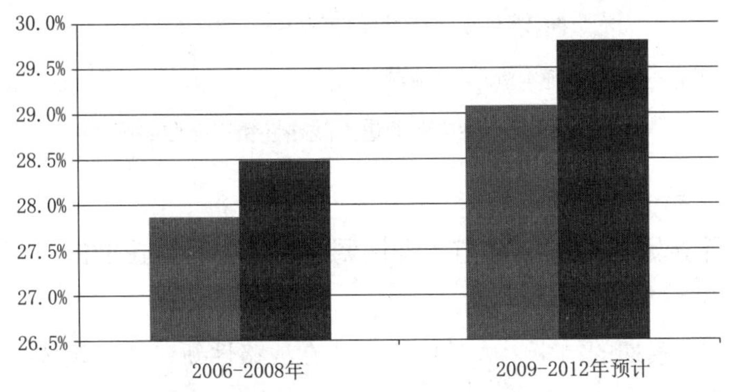

数据来源：国资委网站、上市公司年度财报等。

图 1.2-20　中央企业专利增长情况及预计

（4）股权多元化和并购重组成为大型国企新业务开拓的重要手段

大型国有企业在发展战略性新兴产业的过程中，将积极整合各种内外部资源，通过股权多元化和并购重组的方式实现多方位的战略协同和战略联盟。在技术研发方面，为吸引和激励技术人才，将引入技术期权和技术入股方式；在投融资领域，将充分利用多层次资本市场的融资功能，积极开展并购重组，发展创业投资和股权投资基金；在国际技术交流与合作领域，为吸引国外风险投资和先进技术，将积极运用各种参股合资的方式。

以电子信息行业为例，近年来并购案例不断增加，年并购总金额一直高于150亿元，并购重组已经成为相关企业重要的发展战略，如图1.2-21所示。

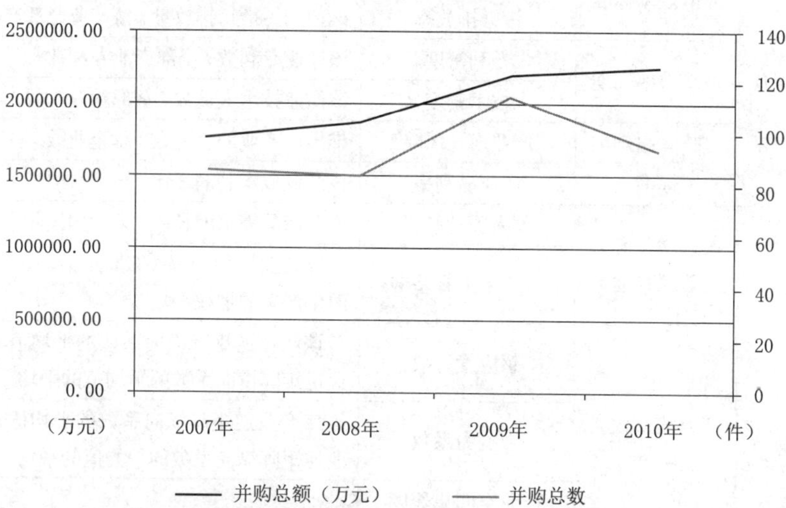

数据来源：国资委网站、上市公司年度财报等。

图 1.2-21　电子信息制造业 2007-2010 年并购案例与金额

5. 大型国有企业转型策略

（1）业务策略：建立科学的业务选择体系，找准突破口，把握进入时机

战略性新兴产业是一个庞大和复杂的领域，发展尚不够成熟，蕴含着许多未知的风险。大型国企在进入这些行业之时，应当通过建立科学的业务选择体系，认真分析和研判各类业务领域，以规避风险，获得收益。构建科学的业务选择体系，需要对新业务的环境和技术效率、产业增长潜力、产业波及效应、自主创新能力等进行评估，在空间上找准突破口，在时间上把握最佳机会，并随时跟踪项目的进展状况和市场的变动，对既有的业务体系进行及时的调整。业务选择指标体系可从产业发展力、产业主导力和产业竞争力等方面构建，初步思路如表1.2-10所示。

战略性新兴产业考核指标体系　　表 1.2–10

一级指标	二级指标	三级指标	指标描述
产业发展力	环境效率标准	资源消耗率	原材料、能源消耗量 / 该产业全部产值
		污染排放率	该产业污染物排放量 / 该产业全部产值
	技术效率标准	专利密度	该产业专利数 / 全部产业专利数
		技术密度	该产业技术人员数 / 全部就业人数
	风险 – 赢利率标准	产业成长风险	推出该产业的企业数 / 总企业数
		产业赢利率	该产业成本利润之比
产业主导力	产业增长潜力（筱原基准）	收入弹性基准	产业产品需求增长率 / 人均国民收入增加率
		生产率上升基准	综合要素生产率（TFP）：劳动、资金、能源生产率的加权平均
	产业波及效应标准	感应度系数	该产业逆矩阵横向系数的平均值 / 全部产业逆矩阵横向系数的平均值的平均
		影响力系数	该产业逆矩阵纵向系数的平均值 / 全部产业逆矩阵纵向系数的平均值的平均
		产业空间集聚度系数	EG 指数
	就业效应标准	就业吸纳力	产业每年增加的就业人数 / 总就业增加人数
		就业人员素质	就业人员中高学历和高技术人才比例
		就业环境	就业人员对就业环境的满意度
产业竞争力	自主创新力标准		该产业 RD 投入额 / 全部产业 RD 投入额
	产业需求力标准	市场占有率	该产业的 CR3、CR8 值
		最终依赖度	该产业各个最终需求项目的生产诱发额 / 该产业各个最终需求项目的生产诱发额合计
	出口带动力标准		该产业出口额 / 全部出口总额

（2）人才策略：创新人才培养，完善激励机制，营造卓越创智环境

大型国企向战略性新兴产业的成功转型离不开核心技术的突破和掌握，而技术研发的成功依赖于创新激励机制的完善和创新人才的培养。

首先，在人才引进上，大型国企需要在内部培养和外部引进两方面着手，充分集聚高端人力资源和技术力量；

其次，在人才使用和激励上，需要改变不适应创新人才和技术精英成长和发

挥作用的旧体制，大胆尝试多种形式的激励制度，充分利用多种激励资源，最终实现人得其所，人尽其用。

实例：中国核工业集团公司实施人才战略发展战略性新兴产业

中国核工业集团公司不遗余力，通过相应的人才招聘优惠政策来吸引青年才俊，通过公开选拔、成员单位提拔等方式来引进管理干部。以 2010 年为例，中国核工业集团公司公开招聘的集团公司党组管理干部就多达 12 名。而且在外部积极加强与东华理工大学、清华大学等高校的合作，充分借助外脑，加速人才培养，加强人才队伍建设。

中核集团人才战略的落地保证了我国大型商用核电站实现四个自主，取得了杰出的成就和发展。在管理层和两院院士的带领下，中国核工业集团公司对人才的教育培训工作也一直走在央企前列。

（3）资本策略：加强资本运作，降低投资风险

战略性新兴产业对资本有着较高的需求，同时又具备较大的风险。大型国有企业在实施战略转型时既需要加大资本投入，以支撑新业务的拓展，又需要分散投资风险，确保投资回报。为此，在资本策略方面，企业需要积极进行资本运营，努力探索和尝试各种投融资形式，充分利用多层次的资本市场。直接融资、间接融资等多种融资方式并举，股票、债券等多种投资手段相结合，调动整个社会资源的积极参与，形成强大的资本支持，分摊投资的风险和成本。

以上市融资为例，根据对 A 股上市公司统计，中央企业利用上市融资方式，获得大量现金，又有效分散风险。如图 1.2-22 所示。

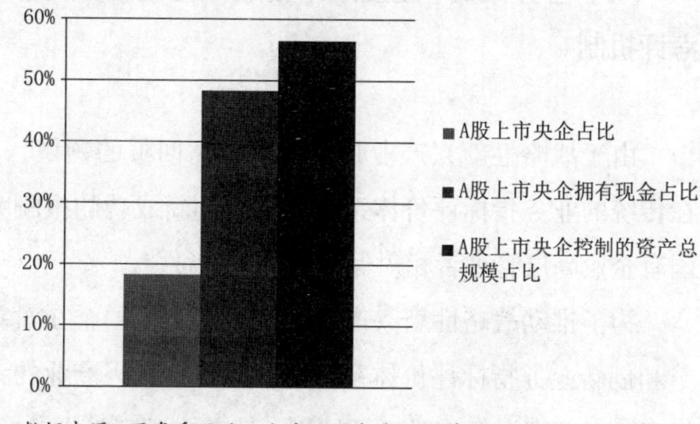

图 1.2-22　A 股上市中央企业资本运作状况

（4）创新策略：引进内部风投等创新机制，倡导创新文化，打造企业创新力

成功实现向战略性新兴产业的转型，需要强化创新机制，增强自主创新能力。为此，大型国企需要引进和完善各种内部风投、内部创业形式，积极调动创新人员的积极性、主动性和创造性，既赋予创业团队以一定的创业资源和自主权利，但同时要求成果责任并进行必要的监管。容忍创新时的犯错，鼓励创新的成果，在企业内部形成创业的文化，使得大型企业大而不僵，大而灵活，从而造就大型国有企业的创新能力。

实例：中国船舶重工集团引进内部风投创新机制发展战略性新兴产业

中国船舶重工集团公司于 2003 年成立了自己的投资公司，负责航运、游艇、医疗器械、精密机电、电子信息等行业领域的投资业务，参股并拥有两家上市公司股份。通过内部风投，激励创新人员的积极性和能动性，鼓励创新和创业的文化和机制。

截至 2010 年末，公司总资产达到约 8.7 亿元，净资产约 8.6 亿元，净利润超亿元。内部创新机制对于央企向战略性新兴行业转型具有重要战略意义，战略性新兴产业存在诸多市场的不确定性，借助内部风投等创新机制可以有效降低经营风险，加强集团公司的管控能力。

（5）考评策略：建立以市场绩效为出发点的新业务指标评价体系，完善考评机制

由于战略性新兴产业是高风险、高回报的领域，其中蕴含着许多不确定性。在传统的业务指标评价体系下，冒险创新成功的报酬太低，失败惩罚重，形成了国有企业高层管理者相对保守的决策特征。

为了推动战略性新兴产业的发展，大型国企在对新业务进行考评时，建议变革和创新业务指标评价体系，增加战略性新兴产业的考核比重，以市场绩效为出发点，以权责对等作为考评原则，改善内部考核评价机制，鼓励适当的风险经营，激发企业内部活力，促进战略转型。

1.3　经济新常态与央企战略转型

经济新常态下，我国经济由高速增长进入中高速增长，要求对产业结构进行调整，由粗放式向精细化、集约式等方向转变。这就对企业产业布局和发展战略提出了新的要求。中央企业作为国民经济的支柱性产业和经营载体，需要因地制宜，进行战略转型的评估和研究。这里以中国机械集团（以下简称“国机集团”）为例，进行战略转型的专题分析。

1. 新常态

（1）世界各国形势分析

1）美欧与俄罗斯继续角力，俄罗斯与西方的矛盾升格为大国关系的主要矛盾。

2）中东大乱局，美国被迫“重返”中东和反恐，美日加强同盟关系。美国“亚太再平衡”战略，继续干涉南海问题。

3）亚太安全环境充满变数，逆流暗涌。中国、东盟、印度等新兴力量崛起。

4）中俄共同维护“战后国际秩序”，俄罗斯反法西斯 70 年阅兵，中国抗战大阅兵。

世界经济总体复苏，但并不明朗。世界各国物价稳中有降，公共债务水平总体稳定，国际贸易与对外直接投资低速增长，部分国家对外投资有所下降。

美国货币政策产生了溢出效应，发达国家货币政策分化，新兴市场国家经济增速放缓，原油价格持续暴跌，俄罗斯遭到西方制裁，中国“一带一路”倡议和亚投行启动，国际经济形势变幻莫测。亚洲经济温和增长成为新常态：亚洲新兴经济的增长受到石油价格下跌与美国退出量化宽松政策的影响。

（2）中国统计局对外公布世界经济形势与未来展望

全球货币政策总体宽松，原油价格大幅下跌，发达国家去杠杆化力度继续减弱，全球外需逐渐回暖。

我国“十二五”期间，存在的主要问题和挑战：结构优化升级进展缓慢，环境污染形势严峻，财政金融风险增大等。

中国经济新常态的三大特点：

1）速度——“从高速增长转为中高速增长”；

2）结构——“经济结构不断优化升级”；

3）动力——“从要素驱动、投资驱动转向创新驱动”。

新常态带来的新机遇：

1）经济增速虽然放缓，实际增量依然可观。

2）经济增长更趋平稳，增长动力更为多元。

3）经济结构优化升级，发展前景更加稳定。

4）政府大力简政放权，市场活力进一步释放。

2. 新战略

（1）“一带一路”倡议

“一带一路”指丝绸之路经济带和21世纪海上丝绸之路。初步估算，“一带一路”沿线总人口约44亿，经济总量约21万亿美元，分别约占全球的63%和29%。

“五通”：政策沟通、设施联通、贸易畅通、资金融通、民心相通。

（2）京津冀协同发展战略

1）加强顶层设计，明确三地功能定位、产业分工、城市布局、设施配套、综合交通体系等重大问题，并从财政政策、投资政策、项目安排等方面形成具体措施。

2）加大对协同发展的推动。

3）加快推进产业对接协作，理顺三地产业发展链条，形成区域间产业合理分布和上下游联动机制，对接产业规划，不搞同构性、同质化发展。

4）调整优化城市布局和空间结构，促进城市分工协作，提高城市群一体化水平，提高其综合承载能力和内涵发展水平。

5）扩大环境容量生态空间，加强生态环境保护合作。

6）构建现代化交通网络系统，把交通一体化作为先行领域，加快构建快速、便捷、高效、安全、大容量、低成本的互联互通综合交通网络。

7）加快推进市场一体化进程，下决心破除限制资本、技术、产权、人才、劳动力等生产要素自由流动和优化配置的各种体制机制障碍，推动各种要素按照市场规律在区域内自由流动和优化配置。这是各地区需要系统研究和贯彻落实的。

（3）长江经济带战略

发展长江经济带作为国家新战略下的重大区域联动，长江沿线省市积极寻求对接长江经济带战略突破口。

上海、浙江和江苏省政府工作报告中均指出，积极融入长江经济带建设，拓展对内开放。

江苏省着力建设“五个区”，即长江南京以下江海联运港区、全球先进制造业和现代服务业集聚区、长江流域内外开放合作先导区、长三角城市群北翼核心区、全国生态文明建设先行示范区。

湖北省政府工作报告对长江经济带战略做了重点部署，具体措施包括建立综合交通运输体系、推进长江中游航运中心等相关项目建设等。湖北省确定的 279 个长江经济带重大工程中，基础设施工程占三成以上，其中交通基础设施工程最为集中，包括蒙华铁路湖北段、荆江河段的航道整治工程、武汉天河机场三期工程等一系列重大工程。

贵州、云南和重庆 2015 年工作重点涵盖利用长江经济带大通关体制，加强与沿线省市合作，服务长江经济带。

重庆出入境检验检疫局和两江新区管委会联合推出 43 项举措推动内陆检验检疫改革创新示范区建设，将建设长江经济带检验检疫一体化通关数据交换平台项目，实现货物在口岸“一路冲关”，节省企业通关的时间和成本。

（4）对中国经济的判断

1）中国有能力实现 7% 左右经济增长目标。

2）中国经济向好，产业在升级，增长动能在转换。

3）中国经济仍面临下行压力，但这是“成长中的烦恼”。

4）资本市场和货币市场要公开透明，长期稳定健康发展。

5）中国仍是世界最大发展中国家。

6）危机之时往往是改革之机。

7）中国经济具有巨大的韧性、潜力和回旋余地。

8）城镇化将成为中国经济增长和现代化建设提供持久动力源泉。

3. 新思考：国机集团战略突围

（1）国机集团为什么要研究新战略

1）明确新方向、新思路

对于中央企业的国机集团：明确发展的方向、方位和方法。

对于国机集团的员工：统一行动的思想、行动、资源和动力。

对于国资委：经济新常态的工作要求，监督考核中央企业的重要标准与尺度。

对于社会各界：对国机集团进行监督、评估和项目合作等。

2）把握战略新特征

企业战略指企业为了适应环境的变化，寻求长期生存和稳定发展而制订的总体性和长远性的谋划。

企业战略的基本特征：

①全局性，经营战略具有全局性的特征。它指以企业全局为研究对象，来确定企业的总体目标，规定企业的总体行动，追求企业的总体效果。

②长远性，指企业战略的着眼点是企业的未来而不是现在，是为了谋求企业的长远利益而不是眼前利益。

③纲领性，指经营战略所确定的战略目标和发展方向是一种原则性和总体性的规定，是对企业未来的一种粗线条设计，是对企业未来成败的总体谋划，而不是纠缠于现实的细枝末节。

④竞争性，指企业在竞争中为战胜竞争对手，迎接环境的挑战而制订的一整套行动方案。

⑤风险性，指战略考虑企业的未来而未来具有不确定性，因而战略必然具有风险性。

3）做出战略新选择

战略需要做的选择：

①目标，选择什么样的目标和目标体系。

②路径，选择以何种方式达到目标。

③手段，选择如何调配资源以保障达到目标。

（2）国机集团的战略实施

1）可能的挑战

全球经济复苏缓慢；国内经济下行压力；主业盈利性低；缺少关键核心技术；高端人才相对不足；资源环境约束大；产业转型升级模式单一；历史包袱重，社会责任的压力重等。

2）深层矛盾

①实现战略目标的制约因素多。

传统产业升级困难，原有收入模式不可持续；盈利过度依赖房地产、金融和海外工程等；国资委年度考核与战略转型的内在矛盾；专业管理和运营水平不高等。

②新产业比重低且结构不合理。

战略性新兴产业、高新技术产业等规模小、投入少、盈利低等。

③机制体制不够灵活且改革阻力大。

央企固有的观念、现代管理理念落后，创新动力较低，改革面临的各种矛盾和阻力很大。

④适应经济新常态的战略研究和竞争策略调整相对滞后。

“十三五”时期，国机集团的战略思考（图 1.3–1）。

基于经济新常态下的企业战略顶层设计和总体目标，运用积分平衡卡分析，确立中国机械集团的财务、客户、内部运营和鳕鱼与成长目标，如图 1.3–2 所示。

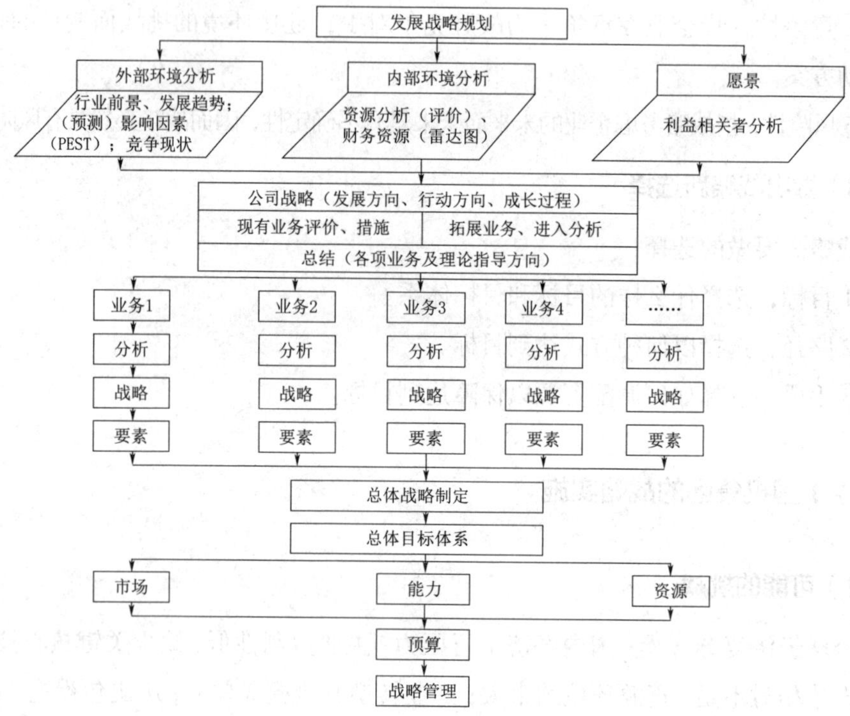

图 1.3-1　国机集团战略制定框架

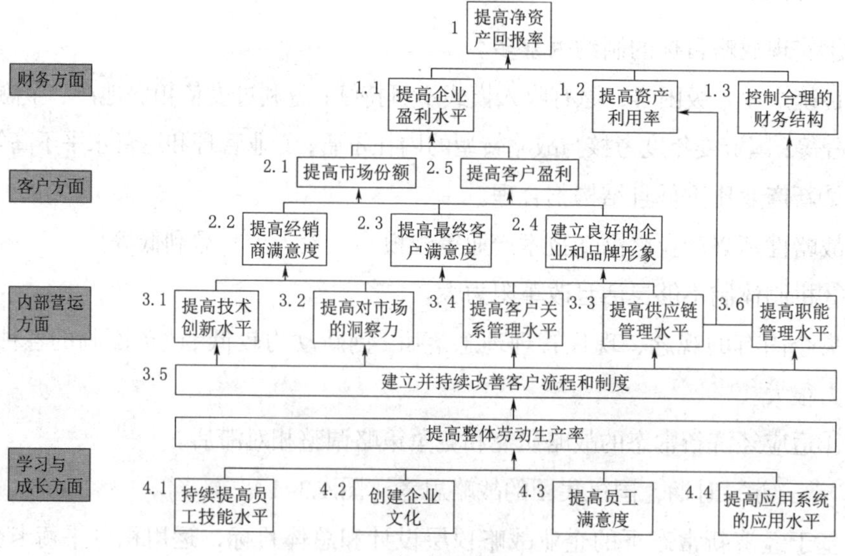

图 1.3-2　国机集团战略分解

研究并厘清国机集团战略各层级之间目标体系的逻辑关系（图 1.3–3）。

国机集团战略实施保障。国机集团实施公司战略，需要明确包括组织保障、制度和流程、信息系统、人力资源、资本、计划等要素在内的保障机制（图 1.3–4）。

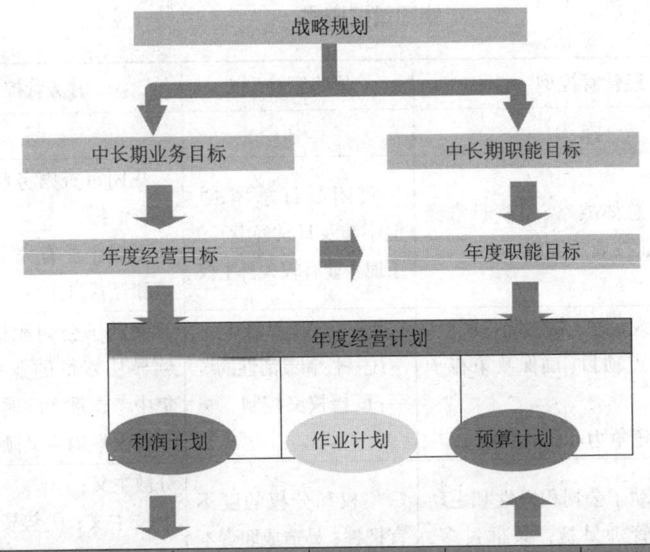

图 1.3–3　国机集团战略各层级之间目标体系

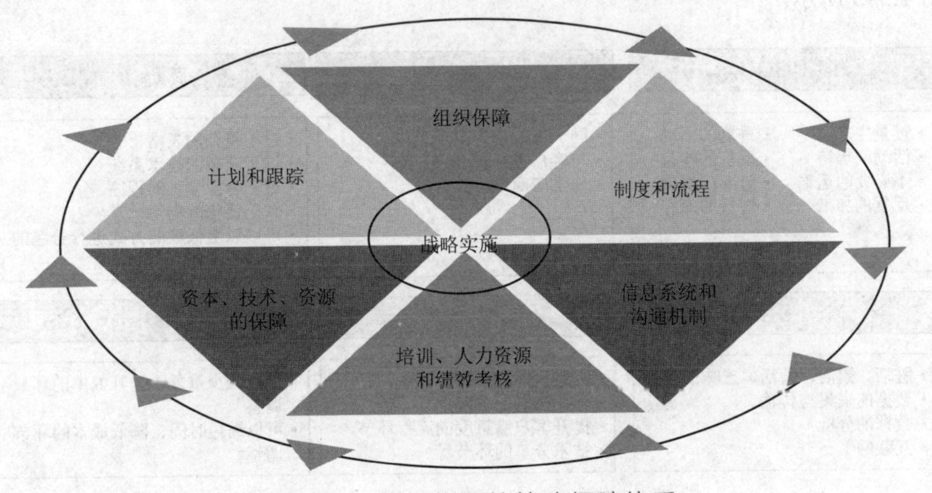

图 1.3–4　国机集团的战略保障体系

（3）公司管理与治理

未来几年，国际集团需要构建完善的集团管控模式，如表 1.3–1 所示。

集团管控模式　　表 1.3–1

类型	经营管控型	战略管控型	财务管控型
控制	强	中	弱
特点	集团制订总体战略，负责日常经营；下属企业按要求实施	集团制订总体战，但不涉及日常经营；下属企业有较大自主权	集团审查财务状况，要求投资汇报；下属企业有完全的战略决策和经营自主权
优点	利于集团人、财、物的统一调度，集中开展重点项目；确保政策在子公司执行；增强集团竞争力和团队意识	统一性和灵活性的统一；既授权又控制	调动子公司积极性；企业领导从繁忙的业务中解脱，集中考虑重大问题；克服平均主义倾向
弊端	不利于调动子公司积极性和主动性；易造成管理呆板，条框过多，影响经营有效性	集权和分权的度不宜把握；易造成职责不清，扯皮	分散主义；本位主义；优势资源集中困难；可能出现局部利益与长远目标冲突
案例	华润集团等	多数集团如海尔集团	IBM 公司、万科集团等

对企业进行流程诊断和优化，有助于提升企业管理水平和运营效率。具体如图 1.3–5 所示。

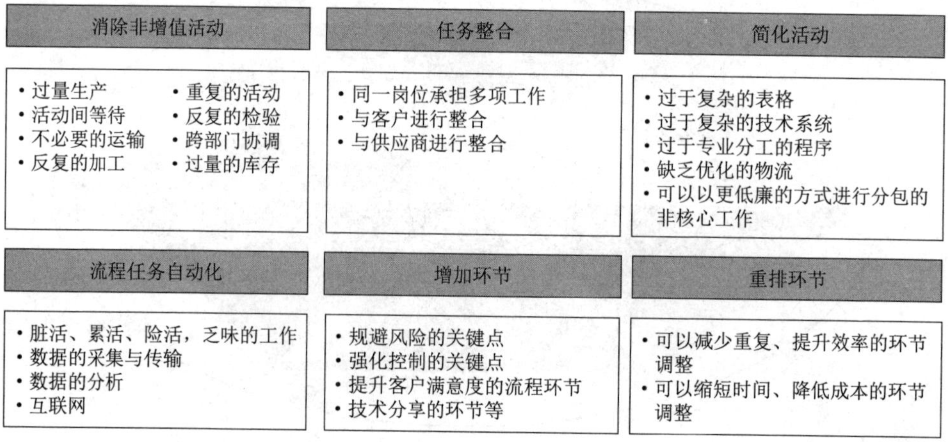

消除非增值活动	任务整合	简化活动
• 过量生产 • 活动间等待 • 不必要的运输 • 反复的加工 • 重复的活动 • 反复的检验 • 跨部门协调 • 过量的库存	• 同一岗位承担多项工作 • 与客户进行整合 • 与供应商进行整合	• 过于复杂的表格 • 过于复杂的技术系统 • 过于专业分工的程序 • 缺乏优化的物流 • 可以以更低廉的方式进行分包的非核心工作
流程任务自动化	**增加环节**	**重排环节**
• 脏活、累活、险活，乏味的工作 • 数据的采集与传输 • 数据的分析 • 互联网	• 规避风险的关键点 • 强化控制的关键点 • 提升客户满意度的流程环节 • 技术分享的环节等	• 可以减少重复、提升效率的环节调整 • 可以缩短时间、降低成本的环节调整

图 1.3–5　企业流程诊断与优化

（4）国机集团面向“一带一路”与全球化的竞争战略

在全球新的宏观形势下，企业必须认清大势，顺势而为，才能立于不败之地。具体思路如图 1.3–6 所示。

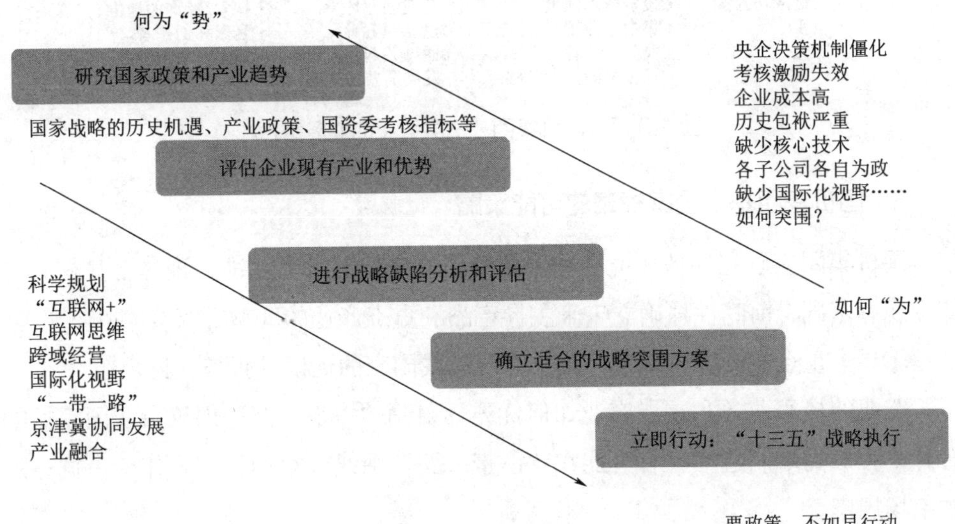

图 1.3–6　国机集团顺势而为的实施路径

简要解读如下：

1）顺势而为

中国机械集团作为经营领域覆盖面很大的中央企业，各类业务的政策环境不同，面临的国际、国内经营形势复杂，内部改革与转型的压力较大。需要持续研究宏观形势，进行科学决策。

2）产业组合

国机集团可能的产业组合分析主要有三个层次的分析模型：

国机集团未来的产业组合：进行科学的业务组合优化与设计。既要有现金回流较快的传统业务，如贸易类；也要有技术含量较高或未来潜力较大的成长性业务，如高端装备制造、新能源；还应该有处在培育期，未来较长时期内形成较强盈利能力的业务，如智慧养老产业、现代物流等。具体如图 1.3–7 所示。

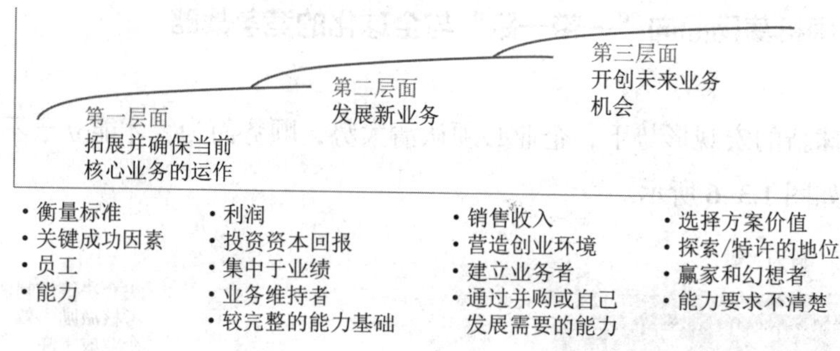

图 1.3-7　国机集团“三层级”的业务组合

3）国机集团基于国家战略的可能策略

国机集团应研究外部环境和国家政策，以市场需求为基准，聚焦自身核心优势和现有基础，前瞻性地确立未来主导产品和重点产业的转型升级战略：

①寻求重点产业在“一带一路”倡议沿线国家的规模扩张与项目合作。

企业的核心业务和重点产业如何优先辐射到“一带一路”倡议沿线国家。如海外工程、高端制造等，有可能在“一带一路”沿线国家的长期合作中占据一定的市场规模。

机械装备领域，“一带一路”推动了我国基础设施建设、机械装备行业的建设与出口。可以探索重点产品或整体解决方案销往海外，或者在当地设厂。

商贸方面，“一带一路”推动我国与沿线国家的相互投资、旅游、文化产品等深度交流。国机集团可以整合域内外优质工业和服务业供应链，谋划跨境贸易，推动电子商务、跨境交易、信息服务、物流配送等海外输出。

②谋求京津冀协同发展战略的重大突破。

京津冀协同发展战略将给包括国机集团在内的中央企业和重点产业带来巨大的机会。国机集团应该研究京津冀协同发展战略的产业布局和投资政策，在总部基地迁移、分子公司空间与产业布局、公司主营业务与地方产业园的融合等方面，加大力度和研究，尽快制定切实可行的国机集团京津冀协同发展“十三五”战略的行动方案等，把战略机遇转变为集团的战略意志和具体行动。

③主动聚集部分优势产业到周边省份、长江经济带、“一带一路”沿线国家和地区。

抓住国家战略、区域性战略和全球产业大调整的机遇，主动研究集团战略和产业环境，研究竞争形势，研究未来五年的发展方向，确立集团中长期产业链构建、产业组合、资源匹配、主要任务，以及具体行动路径，实现京津冀、长三角、珠三角等重点经济区域，“一带一路”沿线国家和欧美国家等重点市场的产业突破与市场扩展。通过产业聚集和市场重新组合，优化战略方向，规避发展陷阱，提高国际国内竞争力。

④力争在新技术、新产业、新市场实现局部突破。

探索基于大数据、互联网 +、区块链等技术应用的海外工程、现代物流、跨境电商、现代农业、风能等清洁能源的规模化和海外输出，不断拓展经济增长点。

⑤主动改革创新，向市场和客户要效益、要生存的空间。

妥善处理和国务院国资委、社会利益攸关者、消费市场等关系，强调社会责任与企业发展并重，创新思维模式，研究工作策略，强化市场创新与适应能力，加强各方交流与合作，推动国机集团与国内各省、重点区域，海外重点国家和地区的产业合作与战略融合，实现企业预期的战略目标。

1.4　央企重组战略制定

中央企业和其他国有企业的战略制定是实现可持续发展的保障。企业板块之间进行并购重组，有助于整合资源，减少管理层级，提高管理效能和市场竞争。吴维海 2009 年受中国电子信息产业集团委托，编制提交了集团商贸板块重组战略，对企业并购模型、并购优势、并购依据、并购目标、并购操作、并购策略等进行了研究和设计。主要思路摘要如下：

1. 发展背景与环境

系统分析了我国电子信息产业宏观形势和发展特征等。具体如下：

电子信息产业规模快速扩张，产业转移趋势日趋明显，要求打造承接产业转移和产业输出能力。

进出口贸易长期向好与贸易体制剧烈变革，要求进行业务模式创新。

国家服务业战略与集团战略进入实施阶段，要求通过打造生产型服务业全面提升集团战略支撑能力。

服务业马太效应与整体解决方案需求剧增，要求借助整合和资本运作实现跨越式发展。

工程业务前景广与产业带动效果佳，要求以重大工程为抓手带动产业应用。

重点细分行业呈现不同特点，要求采取有针对性的业务发展策略。

2. 重点行业分析

对企业涉及的电子信息、招标、船舶贸易等传统业务和未来可能培育的智慧城市、公共安全等新兴产业进行了综合分析，具体如图 1.4-1 所示。

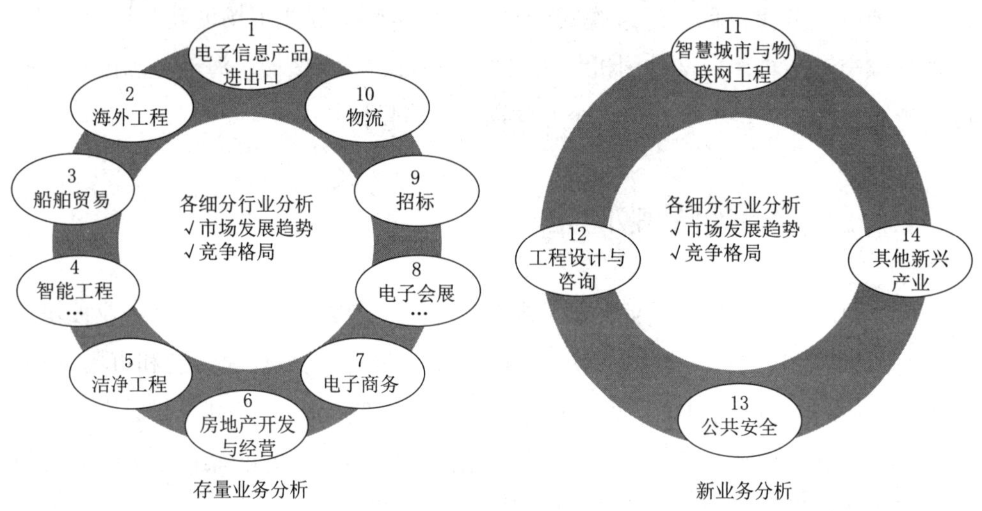

图 1.4-1 重点产业环境分析

运用 SWOT 分析模型，进行企业的优势、劣势、机会和威胁等分析，有助于发现发展的机会，确定存在的挑战，采取针对性措施。针对特定企业，重点分析优势、劣势、机会和威胁等四个维度。

3. 企业战略编制步骤

企业制定发展战略，应该进行背景分析、研究企业产业基础和自身能力，进行战略目标的定位和重点产品设计，同时，对未来一定时期主要产业和产品空间布局、重点实施的工程与任务，重点拓展的市场或技术等进行布局。在此基础上，优化组织体系、部门架构、核心资源、财务风险、生态建设、服务配套和激励机制。具体如图 1.4–2 所示。

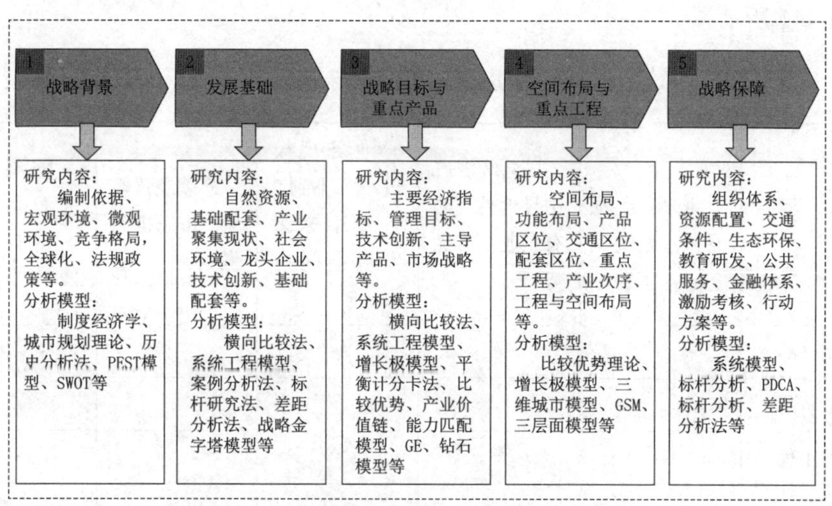

图 1.4–2　企业战略编制主要架构和步骤

4. 主业选择标准

确定企业的主营业务，是制定企业发展战略的基础性工作。主要从销售收入、盈利能力、行业竞争力、资源掌控、集团战略一致性等维度进行企业主导产业的评估和筛选，确定主营业务。具体如图 1.4–3 所示。

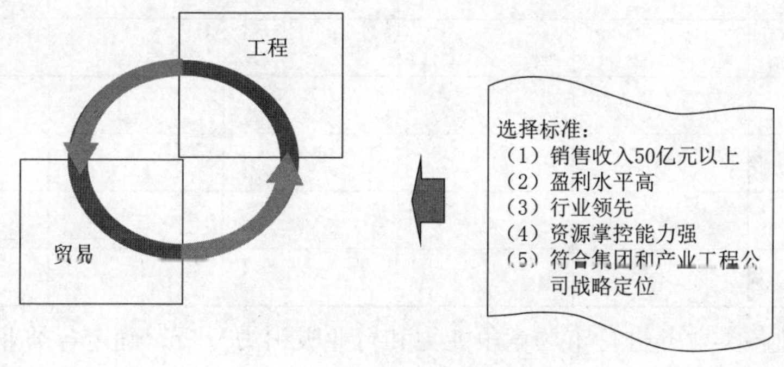

图 1.4–3　主导业务选择架构

对企业现有业务，按照是否亏损、有无优势、业务规模、市场排名、资源消耗等指标，进行评估和综合抉择，确立哪些业务需要继续发展，哪些业务需要收缩，哪些业务需要培育等，进而形成公司业务组合定位。存量业务退出筛选标准如表 1.4–1 所示。

存量业务退出筛选标准　　表 1.4–1

业务 \ 标准	长期亏损且扭亏无望	民营经济占主导地位，国有企业不占优势	业务规模过小（不到 2 亿），且未来发展空间有限	连续经营多年，市场排名低	需要巨大资源和资金支持且产出低
军工产品					
一般贸易		√			
海外工程					
船舶贸易					
元器件		√			
手机	√			√	√
广电					
个人消费	√	√		√	
房地产				√	
洁净工程					
智能工程					
会展			√		
招标					
移动增值	√		√		
代建工程	√		√	√	
工程监理			√		

对企业各类业务进行市场竞争能力和行业吸引力分析，确定各类业务的市场定位，为下一步的产业布局提供科学的决策依据。具体如图 1.4–4 所示。

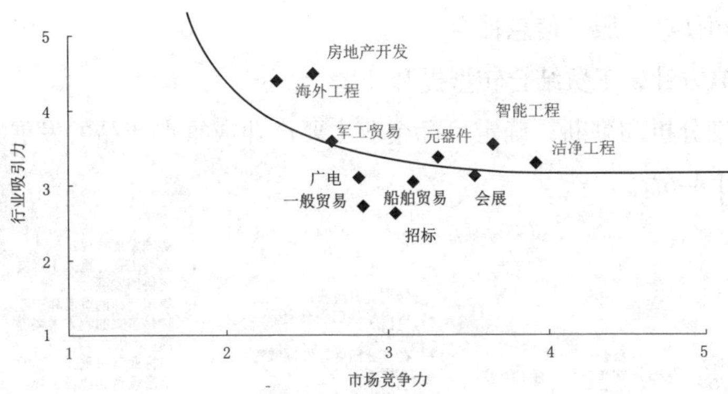

图 1.4-4　业务定位分析

产业价值链分析有助于清晰地把握集团产业布局，本公司集团的业务板块在上级集团战略中的地位和相互关系，以及现有业务、培育新业务对集团战略的影响程度和发展潜力（图 1.4-5）。

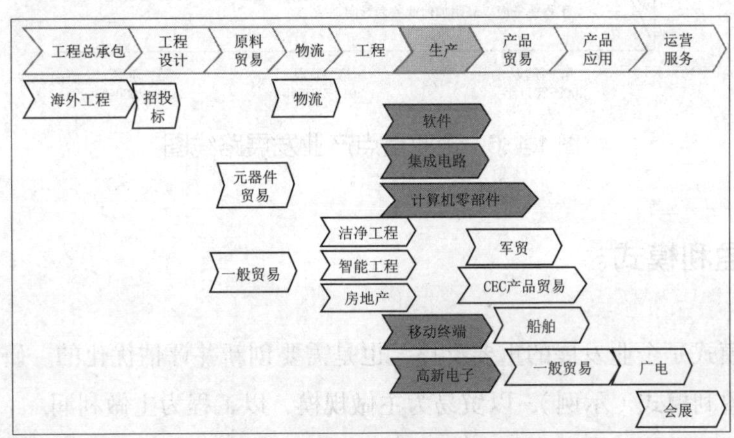

图 1. 4-5　产业价值链分析

5. 战略定位

根据企业面临的宏观形势、集团战略、产业基础和未来判断，确定公司使命和愿景、战略方针。

根据综合分析和行业调研，确定公司的使命和战略方针。公司的使命和愿景，具体示例如下：

（1）公司使命，服务信息社会。

（2）战略方针，工贸结合转型提升。

根据详细分析和判断，确定目标企业主要产业或重点产品的发展路线图，示例具体如图 1.4–6。

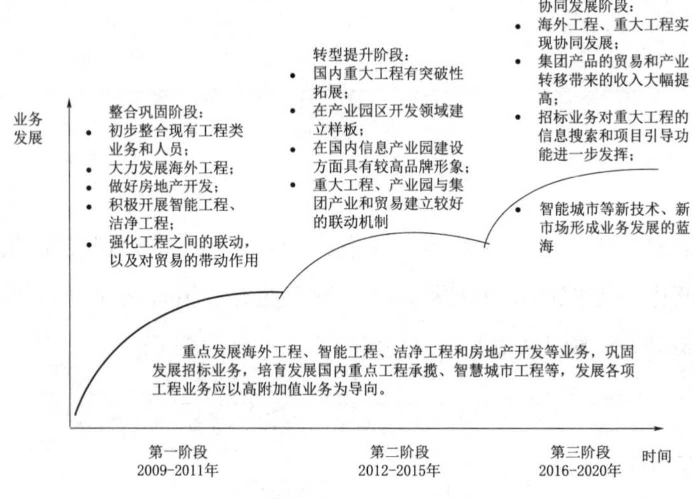

图 1.4–6　企业重点产业发展路线图

6. 盈利模式

盈利模式是企业发展的重要支撑，也是需要创新并评估优化的。研究并确定的公司的盈利模式（示例），以贸易为主做规模，以工程为主做利润。

7. 业务整合思路

一般来说，公司业务要有如下发展顺序和资源优先级，才能把资源和人力投入到做有价值的方面，实现最好的经营效果。我们研究确定的某公司的业务组合架构是：

（1）重点发展类业务和巩固发展类业务进入主板块；

（2）培育发展类业务，在评估和阶段性培育基础上，根据规模、利润、成长性等指标，评估确定是否纳入产业工程平台主业；

（3）相机退出业务，微利或不盈利、非主营、缺少发展潜力和竞争力，应退出；

（4）特定企业的主要产品和重点市场布局预测，具体如图 1.4-7 所示。

		国内市场				海外市场			
	市场 产品	环渤海	长三角	珠三角	中西部	欧美	亚洲	非洲	拉美
现有产品	军工贸易	◕	◕	◕	◕		◕	●	◑
	一般贸易	◕	◕	◕	◑	◑	◕	◑	◔
	船舶与融资租赁	◑	◕	◑		◕	◑		◑
	元器件	◑	◕	◕	◔		◔		
	广电	◕	◑	◑	◔				
	光端机	◑	◑	◑	◕				
拓展产品	行业电子	◕	◕	◑	◑				
	新能源产品贸易	◕	◕	◕	◑		◑	◔	
	CEC产品贸易	◕	◕	◕	◑	◔	◑	◑	◑

◔ 1/4参与　◑ 不完全参与　◕ 3/4参与　● 完全参与

图 1.4-7　主要产品国内国际市场预测

8. 完善公司治理结构，构建高效的组织运作机制

组织架构和部门设置是实现公司战略的人力资源支持与架构设计，也是实现人力优化和资源配置的基本条件。图 1.4-8 是某公司组织架构。

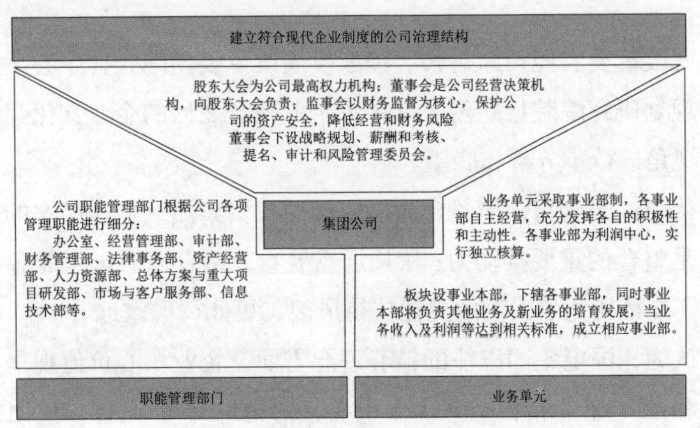

图 1.4-8　集团公司治理结构

以上是企业战略制定和运营策划的基本思路。具体企业和不同行业应因地制宜，开展系统调研并针对性设计。

1.5 央企整合成功的标志

大型中央企业混合所有制改革牵动了党中央、国务院、国家部委和各级政府的心，也涉及千百万家庭和企业职工的切身利益。同时，国有企业改革措施是否成功，事关国有资产保值增值和国家财产安全，也关系执政党的地位和国家经济稳定与民生问题。中央企业改革已经全面铺开，年内要达到预期目标。央企如何深化改革？重组后的特大型中央企业的体制机制如何设计？整合后的企业文化是否能够融合？央企改革过程中的资产估值和股权评估等是否科学合理？央企整合之后的部门和人员是否大量冗余？整合后的职位紧缩和缺口是否能够平稳过渡？企业改革的步骤和操作流程等是否公开、公平、公正，并经得起历史的检验？中央企业整合与混改成功的标志是什么？这些严肃的话题，值得认真深思和超前预判。

国家发展改革委农经司原司长高俊才、国家发展改革委国际合作中心研究员吴维海，中国人民大学国企研究中心李锦，分别就国电与神华整合为国家能源投资集团新闻，从央企整合与混改成功的视角，谈了各自思考。

1. 高俊才：从文化角度看国电与神华的合并重组

国家发展改革委农经司原司长、国家发展改革委国际合作中心学术委员、国合华夏城市规划研究院院长高俊才从中央企业整合之后的企业文化建设与价值观深度融合的视角进行了分析和展望。

高俊才认为，国电与神华整合为国家能源投资集团，从深层次的原因看，文化基因相近是整合的重要推动力；从长远发展看，整合以后国家能源投资集团这艘能源巨轮，在市场竞争大潮中更能抗御风浪，更能行稳致远。

高俊才认为，国电集团以往的核心理念方面，企业核心价值观是“严格、高效、正义、和谐”；企业精神是“永无止境、创建一流”。而神华集团的核心价值观是“科学和谐、厚德思进”；企业愿景是，走新型工业化道路，发展成为具有国际竞争力的一流大型能源企业。

通过对比不难看出，两大企业的文化基因都有“和谐”与“一流”这两个重要理念，这是企业整合的必然性和重要推动力。

两大企业整合之后，各自优势将得到“和而不同”、更好的发展，把“和谐”提升到更高、更新层次，可使煤企与电企长期以来在价格、利润等方面的一系列矛盾得到有效缓解，并可防止同业过度竞争；同时，国家能源投资集团成为能源行业“一流”的“巨无霸”，在煤炭产销量、发电装机总容量、煤制油化工产量等领域居全球第一，必将大大提升国际竞争力，为建设社会主义现代化强国做出更大的贡献。

2．吴维海：央企整合的核心是重塑“能”与“源”

国家发展改革委国际合作中心研究员，国合华夏城市规划研究院执行院长吴维海，2011 年受国务院国资委委托，编制国务院国资委中央企业“十二五”时期新一代信息技术规划和国务院国资委中央企业“十二五”时期战略性新兴产业规划，并长期服务于中央企业战略定位、政府规划、产业园开发等课题研究，吴维海博士重点从两大中央企业整合为国家能源投资集团之后的“能”与“源”两个维度进行了观点分析。

在吴维海看来，中央企业的并购重组既有其现实背景和国际竞争的需要，也有国有企业适应供给侧结构性改革的总体需求，通过组织变革与机制体制优化，实现产业结构优化和资源结构重组的现实压力和必然选择。吴维海提出，我国 100 多家中央企业在保障民生和国家安全等支柱性领域发挥了巨大的作用，它也是保障执政党的核心领导地位的重要经济基础，同时也是最大限度地保障国家经济安全、政策落实和最大多数人民群众根本利益的重要载体，并且在国家税收、社会就业、产业引领等方面发挥了突出、积极的作用。近年以来，随着我国“一带一路”倡议的顺利推进，中央企业在国际竞争中的地位和影响力不断提升，中央企业的海外工程、国际贸易份额、比重和话语权不断提升，我国国有企业的海外竞争力有所增强。但是，应该看到，由于国有企业数量较多，同类企业的同一市场的利益之争和项目（工程）竞争等突出问题长期没有得到解决，中央企业受到自身利益和业绩考核等因素的影响，在海外项目和市场竞争中存在相互压价、相互贬低等不利于全球发展和行业协调的弊端，突出表现在：一些企业的海外业务同质化、客户重叠，企业相互之间在同一国家、地区和同一项目上容易出现恶性竞争，相互压价、相互拆台，一方面降低了企业盈利和项目效益的下滑，同时给海外其他国家的竞争对手可乘之机，造成了不好的国际影响，进而导致国内企业整体上、行业性的国际竞争力下降和品牌受损，不但是重大工程或项目拿不到，即使拿下项目也可能亏损运营，这样很不利于维护中央企业应有利益和国家经济安全。从国内看，中央企业数量多，同质化严重，容易出现为了抢占市场和客户，相互压价，盲目大量借款，盲目跟风地成立财务公司、投资集团、证券公司等，喜欢高杠杆地建设大项目、大投资，不注重投资回报和项目风险，在一定程度上干扰了国内经营环境和金融市场，导致了金融资本的成本体系内空转，房地产投机和金融机构投机现象大量存在，使得中小企业获得低息资金困难重重，削弱了国务院和中央银行支持实体经济、培育和扶持中小企业的政策效力，导致了社会资金成本虚高，增加了实体经济的经营难度，导致了实体经济投资热情不高和整体不景气的困境。另外，中央企业部门设置过多，“官本位”意识浓厚，企业内部行政化、官僚化、等级化等现象突出存在，少数企业内部帮派林立、人浮于事，无效、低效的工作和流程过多，容易造成企业经营成本居高不下、决策效率低，经营机制不灵活等国有企业的“通病”，影响了企业社会责任、经营效益的提升，也容易导致监管部门、社会各界和普通群众的不满，这些弊端和问题，必须清醒地认识并主动改革。

吴维海认为，从管理的效率看，两大企业整合为国家能源投资集团，是我国中央企业实施混合所有制改革的重大战略布局和改革新举措，也是新组建集团企业抛下包袱，正视存在的问题和风险，“迈步从头越”的新起点、新征途。它对新组建集团的决策层是严峻的经营管理领域的挑战，对国务院国资委也是监管能力和政治修养高低的实践检验。国资委和央企必须高度重视，加强协调和沟通，提前做好课题研究和专题分析，采取问题导向，研究和优化整合方案，考虑到各种可能和改革中的风险，采取必要的风险防控与转移机制。如果整合之后的集团战略、企业文化、管理流程、组织架构、客户资源、营销网络、内部流程、激励机制和组织保障等提前规划和科学优化，并且能够实现平稳地过渡与衔接，就可以发挥“1+1 ＞ 2”的聚集和提升作用。同时，促成集团企业在某些领域或发展的新阶段，可能出现管理质量的提升和质的飞跃。这时，集团企业就会产生新的“能（量）”与动能，就可能激发整合之后的集团的整体优势、巨大潜力和后续爆发力，形成集团新的优势资源和高端人才的“源（泉）”。在集团企业管理方面，国务院国资委、整合之后的国家能源投资集团高层，应该提前进行央企整合后的战略诊断与评估，重构整合之后集团战略目标与组织架构。根据国家能源投资集团新的战略定位，进行所有分支机构、部门和岗位的定编定员，确定需要的机构、部门和员工职数，根据整合进度与业务需求，适当进行岗位竞聘和业务流程的再造，形成新的“（动）能”，培育新的动力“源”。吴维海强调，整合后的企业集团的内部战略优化、流程再造、部门整合和人员压缩、优化、结构优化等是必须考虑的重大决策。如果集团企业只是简单实现了两个集团的人员和业务的简单相加，如果整合之后集团的人数不变、机构不变、机制不变，那就失去了大范围整合与混合所有制改革的真正意义，也就不会产生巨大的管理提升和竞争力提高等积极的变化，充其量只是企业规模大了，表面上竞争少了，反而削弱了集团企业的发展活力和危机感。

关于国家能源投资集团的整合风险与预警，吴维海从“能”“源”两个维度的负面影响和风险控制的视角，进行了预测和分析。吴维海认为，国家能源投资集团成立之后，最大的整合风险可能集中表现在三个方面：一是“负能”的积聚和蔓延。主要是企业整合之后战略目标不明晰、企业文化不兼容等带来的可能冲突和资源浪费，乃至资源消耗和内耗；二是“动力源”的低效、无效整合。由于央企整合过程中可能存在的原有机构人情关系、帮派利益、价值观认同，以及整合之后集团高层、中层变动与调整等方面可能出现与新组建的国家能源投资集团战略目标相冲突，或者因利益受到损害而带来的负面力量或反向行动，如原有企业骨干人员大量流失、原有企业重点客户大量流失，以及集团企业内部非组织对集团变革的抵触和利益之争加剧，可能部分抵消企业改革与整合的正向作用。三是“（资）源”的贬值和非正常转移。国有企业混合所有制改革，带来的是资源和人才、资金等整合与重组。由于原有的两个集团下级层级很多，人员数量庞大，各级机构股权和资产等关系错综复杂，在两大机构重组和几百个独立法人进行组合与整合的过程中，资产、资金、人才、客户、网络等，可能由于人员变动、利益关系复杂、企业文化冲突、战略变化，以及混合所有制改革过程中新加入股东等的利益之争，容易出现资源、资产或人才、客户等的贱卖、流失、截留、转移或者抵消，如果不做好科学预案及相应的道德监控、政策规范与风险预警机制，还有可能造成较大的区域性、行业性的社会矛盾与各种冲突，甚至形成某些恶性事件，进而造成资源、客源、资金源等衰减、贬值、流失或贱卖，极易发生经济案件或机制性、道德性、操作性风险，这也是国家部委和资产监管者、普通老百姓和智库等不愿意看到的结果，更是社会各界担忧的。因此，如何聚集正面的"能量"与"动力源"，如何消除负面的风险与问题，避免能量消减、资源流失和资产转移等，是摆在国务院国资委和国家发展改革委面前的首要任务，也是整合之后的集团企业、国家部委智库，以及行业学者应该主动思考和提前分析、积极研究的。

3. 李锦：五大发电业绩向下，国能集团能解困否？

中国人民大学国企研究中心李锦认为，国电与神华整合为国家能源投资集团，二者合并涉及资产超过 1.8 万亿元，成为目前中国最大的矿企和最大的发电集团。两大能源央企的重组开启了国内煤电央企重组的先河，大家对这次重组寄予了重托。拥有了四个世界之最的中国能源集团，能扭转煤电行业急转直下的形势，这是人们的期待。

2017 年形势直下，2018 ~ 2020 年发电企业面临的形势不容乐观。刚刚成立的中国能源"二次转型"。这个事情比重组更为紧迫。

截至 2017 年三季度末，五大发电集团的利润总额仅为 258 亿元。经历了 2015 年的置顶、2016 年的腰斩，2017 年马上要掉到地板上了。包括华电集团、华能集团、国电集团（2017 年 11 月正式与神华集团重组成立、大唐集团、国电投集团，2015 年由中电投与国家核电重组而来）在内的五大发电集团，曾在 2003 ~ 2008 年以 20% 左右的年均增长率扩张规模，在全国装机容量中的比重从 1/3 迅速发展到近 45%。在这一阶段，发电集团的跑马圈地解决了全社会缺电，但也滋生出结构单一、煤电矛盾、负债率高企等问题。

从行业自身来说，目前重要的是推进供给侧结构性改革，严控煤电装机规模扩张，减少发电设备闲置。目前煤电行业约有 1/3 陷入亏损，其中山西的亏损面已达 88%。煤炭市场高位震荡，发电成本高，系统性风险大幅增加，不是单个发电企业能够抗衡的。

华电集团、华能集团、大唐集团、国电投集团几家亏损的可能性是非常大的，几家大集团何去何从，也到了生死关头。

期待新生的中国能源集团能在这方面发挥顶梁柱作用。这一次合并重组的意义不仅在于能源行业和企业内部，更在于鼓励国企、能源行业进行企业整合、产业链互补，促进企业内部发展的同时帮助去产能。

在国际化上，由国内发电集团向国际化的世界一流能源集团转型，加快海外能源项目的投资开发和工程承包、技术服务，提高境外资产比重等，借鉴国网等央企经验，成立专门的并购小组，加速海外资产并购力度等。

从商业模式上，由生产型发电（能源）集团向综合能源供应商转型。“十三五”期间，发电集团要抓住新电改机遇，突破单一发电业务的束缚，坚持多元清洁供能、向“下”延伸，进入配售电领域、供冷供热供气领域，实现发（配）售一体、冷热电水多联供、热力源网一体。

李锦认为，供给侧结构性改革下的能源央企重组，有着明显的新特征，包括：更加重视化解过剩产能，更加重视煤电产业链的一体化，更加重视与混合所有制改革结合等。

李锦认为，能源央企重组工作有望体现“五个聚焦”，即聚焦深化供给侧结构性改革、聚焦突出精干主业、聚焦做强做优做大、聚焦行业健康发展，以及聚焦创新能力提升。

李锦对第一财经表示，神华与国电最终联手，将使得产业链优势互补。煤炭企业与发电企业重组，形成同一主体煤电联营的较好形式，能够形成全产业链竞争优势，发挥协同效应。

上述专家分别从集团企业文化、整合之后的“能”与“源”，以及改革风险控制，整合之后的产业变化等方面进行了分析。这些分析既涉及整合之后企业的决策与战略，也涉及企业文化和价值观的融合与冲突，更涉及企业组织变革、流程再造、资源整合，以及风险管理等重大管理话题。相信上述观点和研究将会对国务院国资委正在推动的央企整合，以及整合之后集团企业的战略修正与内部管理等起到积极的借鉴、警示和决策参考的目的。

1.6 国有企业瘦身健体、提质增效成功模式研究

国有企业瘦身健体、提质增效影响深远、意义重大、任务艰巨，党中央、国务院高度重视，多次进行研究部署。针对国有企业普遍存在的管理层级多、经营成本高、主业不突出、创新能力不强、核心竞争力不足等突出问题，很多中央企业制定工作方案、采取多种措施积极推进相关工作，并取得一定成效。对现有相关做法和经验进行系统研究、提炼总结，可以大体划分出压减管理层级人员、降本增效、聚焦主业、创新创业、联合重组五种成功模式。国有企业需要结合自身实际，灵活借鉴现有成功经验和做法，加快推进瘦身健体相关工作，切实提高企业经营效率、发展质量和核心竞争力。

长期以来，国有企业以做大规模为企业发展的主要目标，但是规模的扩张并没有带来企业实力尤其是核心竞争力的增强，随之而来的是企业资产、人员规模的持续膨胀，企业经营效率和总资产收益率下降。以规模为核心的扩张，还加剧了国有企业盲目投资、项目重复建设现象，使钢铁、煤炭、水泥、光伏、风电、船舶、机械等众多行业都出现了产能过剩的问题。党中央、国务院要求对国有企业“瘦身健体、提质增效”，这无疑找到了问题的症结，抓住了问题的关键。国有企业必须通过深化改革，解决大而不强、风险隐患大、运行效率不高、适应市场能力不强、内在发展动力不够、市场竞争力不足的问题，从而真正成为合格高效的市场竞争主体。要深入推进和落实党中央、国务院改革任务部署的要求，在新一轮国企改革中着力解决好为改革而改革的问题，把瘦身健体、提质增效、做强主业作为国企改革的主要目标，通过改革增强企业的自主创新能力和市场竞争力，彻底治愈国有企业的虚胖症、肥胖症。

1. 国有企业瘦身健体、提质增效势在必行

十六届三中全会以来，特别是去年以来，随着国有企业改革“1+N”系列配套文件的出台，国有企业改革进程明显加快，并取得明显成效。但是国有企业长期以来存在的经营摊子过大、管理层级过多、法人链条过长、运营效率不高、创新能力和市场竞争力不强的问题依然非常突出。国有企业亟须瘦身健体、提质增

效，大幅提高企业管理能力和经营效率。

（1）国有企业管理层级多、链条长、效率低

国有企业的肥胖，不仅体现在体量、规模和业务范围上，更是体现在内部治理机构上，管理人员过多、管理层级过密、决策效率低下、内部摩擦过多，这些都是国有企业肥胖症的典型表现。目前，大多数央企的管理层级都超过了 5 级，最多甚至达到了 9 级，法人层级达到了两位数，最多达到 11 级甚至更多，法人单位总数达到 4 万多家。这些重重叠叠的子公司、孙子公司、重孙子公司，股权关系、隶属关系复杂，有些甚至处于缺乏有效监督约束的失控状态。国有企业管理层级多、链条长，导致企业冗员过多、人浮于事，企业内部激励约束机制不健全。激励机制作用发挥不明显，企业家精神没有被充分释放和激发出来，缺乏激发企业家精神、发挥企业家创新创业作用的激励保障机制，企业经营效率低。

现在国务院国资委所属央企有 100 多家，但是子公司、孙公司、重孙公司等各级各类法人单位有 4 万多家，有很多可能连股权关系都搞不清楚，这严重影响了央企的经营效率和市场竞争力，给中央企业集团管控能力带来极大挑战，对国有资产保值增值带来风险，甚至会造成国有资产流失。因此，国有企业改革必须要痛下决心彻底解决国企肥胖症问题，削减管理层次，压缩法人链条，减少管理人员，提高企业的运行效率和决策水平，特别要解决管理层次过多、职能交叉现象严重带来的管理效率低下等问题。

（2）有些国有企业主业不强、投资过于分散

当前国有企业主业不强、投资过于分散、同质化经营、“大而全”的问题比较突出，该退出的没有退到位、该集中的没有集中，结构调整的任务艰巨繁重。特别是经过金融危机以来的快速扩张，很多国企都出现了规模越来越大、主业越来越弱、副业越来越杂的现象。仅房地产这一个行业，就有近 80 家中央企业涉足。在国民经济的 95 个大类行业中，三级以上央企涉足 86 个行业，分布面达 90% 以上，加上地方国有企业，国企几乎涉足国民经济的所有大类行业。国有经济行业

分布过宽过散、资源配置效率不高、结构不合理等问题仍然突出。

很多国有企业甚至把理财、放贷、物业出租等当作“主业”来做，而真正的主业则被搁置一边，被当作副业对待。有些国有企业存在“企业办社会”“厂办大集体”等历史遗留“包袱”；有些国有企业存在投资行业过多、过宽等问题，造成“主业不主、副业不副”，主业盈利、副业亏损；有些国有企业虽然主业盈利，但副业几乎把主业的盈利亏掉，国有资产存在被“啃光”的风险；也有一些企业把副业做得很强，真正的主业却严重亏损，出现本末倒置。很多企业“三供一业”分离移交、剥离企业办医疗和教育等机构、退休人员实行社会化管理以及厂办大集体改革等任务还十分艰巨。国有企业整合资源、聚焦主业、提升核心竞争力，已是迫在眉睫、势在必行。新一轮改革，必须把做强主业作为国有企业的主要目标，抓紧转让退出非主业、盈利能力弱的资产，清理低效、无效、闲置资产，高效集约利用资源，增强国有企业主业的市场竞争力和行业领导力。

（3）化解产生过剩和持续增盈压力大

随着经济增速下行压力加大，国有亏损企业扭亏增盈、化解过剩产能、处置“僵尸企业”等任务繁重。2015 年中央企业整体利润出现负增长，为 –6.9%。2016 年前几个月全国国有及国有控股企业收入、利润同比继续下降，石油、煤炭、钢铁和有色等行业继续亏损，中央企业利润降幅也有所扩大。在国内外经济深刻调整、国内经济增速下降的大背景下，国有企业经营成本高、盈利能力不强的问题进一步放大，企业持续发展和盈利压力陡增。国有企业仍将面临经济下行压力加大、部分行业产能过剩、石油等大宗商品价格持续走低等不利因素。当前国有企业特别是中央企业产业结构偏重，重化工领域资产总额接近 70%，供给侧结构性改革任务艰巨。

目前，尽管国有企业化解产能过剩、亏损企业扭亏增盈、处置僵死企业的任务非常艰巨，但是这对于国有企业提质增效，提升盈利能力、市场竞争力和可持续发展能力的意义重大。进一步深化国企改革，瘦身健体、提质增效，加快推进降本增效，提高运营效率，突出做强做优国有企业势在必行。要加快推进管理创新、技术创新，加大系统降本、技术降本力度，优化生产工序和作业流程，推行产品全生命周期成本管控。继续加大一般性管理费用和非生产性开支的压降力度，大力压减应收账款，缩减库存规模和亏损面，大幅提高资金集中度，管控债务风险，提高资金管理水平和利用效率。

（4）党中央国务院高度重视国有企业瘦身健体

2015 年 12 月，国务院常务会议部署促进央企提质增效，强调“今后两年要以提质增效为重点”。党中央国务院高度重视国有企业瘦身健体、提质增效的工作。习近平总书记多次做出重要讲话和批示指示，为国有企业改革发展提供了应该遵循的根本原则。李克强总理在今年的《政府工作报告》中指出以改革促发展，让国有企业瘦身健体，增强核心竞争力。2016 年 5 月，国务院第 134 次常务会议审议通过《中央企业深化改革瘦身健体工作方案》，会议提出，以改革促发展，坚持以企业为主体，充分发挥市场配置资源的决定性作用和更好地发挥政府作用，促进央企“瘦身健体、提质增效”，以促进改革调结构，增强企业竞争力，以创新促健体，结合“互联网 +”行动和大数据发展战略，不断提高产业的先进水平和产品竞争力，压缩管理层级，推进降本增效。

国有企业瘦身健体、提质增效势在必行，针对国有企业存在的突出矛盾和问题，按照党中央国务院的决策部署，从中央到地方的众多国有企业进行了针对性的改革和创新，并在实践中形成了一批具有典型代表性的成功做法和经验，主要包括压减管理层级、精减人员，降低运营成本、提高运营效率，整合资源、聚焦主业，创新创业、发展新经济，联合重组、优化布局等。这些成功模式和经验都值得深入地进行研究和分析，并在众多国有企业中进行相互借鉴和推广，进而进一步加快推进国有企业瘦体健身、提质增效，大幅提高国有企业的经营效率和市场竞争力。

2. 国企瘦身健体、提质增效的成功模式总结

（1）压减模式：压缩管理层级，精简机构人员

国有企业管理层级过多和法人链条过长的问题由来已久。层级太多、机构分

散，导致国有企业决策链条延长，既造成决策效率下降，企业难以对市场变化做出及时有效的反应，同时也增加了企业日常运营的成本。国企不同管理层级之间的机构重复设置、管理人员过多、决策流程复杂等情况比较普遍。国企集团公司总部普遍对管理层级较低的企业管控不够到位、风险隐患较多。有的企业涉足行业过宽，造成法人数量极其庞大，催生了大量低效无效资产和“僵尸企业”。由此导致的“肥胖症、迟钝症、失调症、衰老症”，成为制约国有企业健康发展的重要症结。针对这些问题，中国航天科技集团公司、中国铁路通信信号集团等央企结合企业自身特点和需求，通过压缩管理层级、限定法人层级、精简机构和人员等措施进行改革和创新，大幅减少机构、降低冗员，提高企业经营决策效率。

2013年以来，中国航天科技集团公司针对科研生产、经营管理中的薄弱环节和突出问题，大力开展“瘦身健体”工作，采取“缩、控、扭、清”等改革措施，压缩管理层级、控制法人单位数量、提升盈利能力，持续增强竞争优势。有选择性地退出部分低附加值、盈利能力较差，且管理链条较长的传统非核心业务。基本完成民用产业领域四级以上单位主业核定工作，完成二级单位航天技术应用及服务产业主业核定及审批工作。严控新设公司，现有公司管理层级已经压缩至5级以内。围绕主业发展目标和资源重组整合需求，对二级单位所属的经营性公司，明确法人层级和管理层级，通过“关停并转”等方式，全面清理、整合不符合集团主业方向、规模小、盈利能力差的公司和资产，缩短投资链条和管理层级。采取多种手段缩小亏损面，控制亏损规模，坚决清理退出不符合保留标准的空壳公司，清理了一批长期扭亏无望、资不抵债的公司，同时努力减少亏损公司户数。

中国铁路通信信号集团在瘦身健体、提质增效过程中探索出了压缩层级的“四条法则”，严格限制管理层级，退出参股企业，减少或消灭亏损企业。从2013年起，集团采取“新的控、旧的并、长的压、弱的退”四种改革手段，实现了管理层级压缩到三级、法人层级限制到四级的目标。“新的控”就是严控新设子企业，从源头避免法人层级增多。“旧的并”就是存量企业按照业务板块合并，实现扁平化管理。集团已将21家二级子分公司重组整合为7家二级集团。“长的压”就是管理层级三级以下、法人层级四级以下的一律压减。“弱的退”，就是针对长期亏损企业、监管缺乏控制力的参股企业以及不符合集团战略方向的企业，及时清理退出。

（2）降本增效模式：降低经营成本，提高运营效率

由于深层次的体制原因，国有企业经营目标多元化，对企业的效率、盈利、产品、服务、创新等目标关注不够，甚至会片面追求规模扩张，导致企业管理行政化、官僚化，机构臃肿、人浮于事、内耗严重、信息传递迟缓、成本意识淡薄、责任归属不明确、不重视组织创新和技术创新，进而导致国有企业经营成本较高，盈利能力不强，甚至还存在一些长期无法盈利、业务处于停滞半停滞状态的所谓“僵尸企业”。国有企业经营成本高、经营效率低、盈利能力弱的问题长期以来饱受社会各界诟病。针对这一突出问题，中国五矿、中煤集团等央企挖掘企业内部潜力，千方百计控制和降低采购、营销、生产、物流、财务等各种成本，全力提高经营效率和盈利能力。

当前矿业企业普遍受市场价格影响，出现了大面积亏损和价格成本严重倒挂的现象，扭亏增效已成为现阶段矿业企业保生存、求发展的关键。中国五矿、中煤集团等矿业企业以成本管控为抓手，持续推进降本增效。

中国五矿以金属矿产品的勘探、开采、冶炼、加工业务起家，现在业务已经拓展至金融、房地产等领域。尽管中国五矿业务范围很宽，但是作为主业之一的稀土业务却连续亏损，上市公司五矿稀土已被实行“退市风险警示”（股票简称变更为“*ST 五稀”）。为了扭亏增盈，五矿集团深入推进生产全过程、全环节降成本，2015 年人工成本同比下降 5.2 亿元，同比下降 9%；期间费用减少 11.7 亿元，下降 7%；严控应收账款和存货规模，“两金”占用余额全年目标实现零增长，亏损额大幅减少。

中煤集团通过生产系统技术改造、精简管理及辅助人员、加大薪酬分配制度改革、压缩外包费用、大力推进节支降耗等措施，全力降低企业经营成本，提高企业盈利能力。2016 年上半年，原煤生产成本同比下降 19.3%，烯烃完全成本每吨下降 1022 元，尿素每吨下降 344 元，甲醇每吨下降 301 元。各业务公司明确存货管控目标，细化应收账款清欠方案，存货同比下降 32%，其中煤炭库存同比

下降50%，应收账款同比下降11.8%，财务成本大幅降低，资金周转率和利用效率大幅提高。

（3）聚焦主业模式：整合集中资源，做强做优主业

对于一个企业而言，主业决定了方向，决定了企业的发展重心和未来可能的成就。国有经济布局虽然经过多次调整，但仍不够集中，国有企业尤其是子公司、孙公司以及地方国有企业小而散的状况尚未根本改变，国有经济布局和结构仍需优化。核心竞争力是企业能够长期获得竞争优势并长盛不衰的根本保障。国有企业业务分散、主业不突出、创新能力不强严重制约了企业核心竞争力的持续提升。国企聚焦主业、坚守正道才能更好地服务于国家发展战略，否则就是不务正业。精干主业也是市场致胜正道，精干主业就是为了防止企业眉毛胡子一把抓，明确发展战略，集中资源、集中精力，心无旁骛地打造企业核心竞争力，成为引领行业发展的重要骨干力量。中国能建集团、国家开发投资公司等央企积极整合资产、聚焦主业，分离副业和企业办社会职能，清理长期亏损企业和僵尸企业，集中优势资源，做优做强主业，提升主业市场竞争力和企业核心能力，取得明显成效。

中国能源建设集团针对所属企业数量过多、规模偏小、同质化竞争、困难企业较多等问题，通过重组整合提升一批、关闭注销退出一批、清理规范分离一批等多种方式，"一企一策"主动压减企业组织数量、优化企业组织架构、有效化解企业负担，压减非主体企业和亏损企业，聚焦主营业务，提升企业核心竞争力。对尚有市场发展前景和一定资源基础的困难企业，采取委托管理的改革方式，由优势企业带动困难企业发展；对市场信誉基本丧失、组织管理涣散且员工较多的困难企业，采取人资分离、员工分流的方式进行改革；对基本停产停业、员工较少的困难企业，采取重组整合或关闭清算的方式进行处理。目前，通过一系列的内部重组和资源整合，公司主业更加明晰，市场竞争力明显增强。

国家开发投资公司针对业务范围宽泛、所属子企业众多的现状，积极做"减法"、推动业务转型聚焦。国投公司面对下属电力、煤炭、交通等业务市场需求大幅下滑的严峻形势，扎实推进国有资本投资公司改革试点工作，持续做足做好产业布局的"减法"。大力推进业务结构调整，优化资源配置。国投公司结合国

有资本投资公司功能定位，制定了 2015 ~ 2017 年全级次结构调整规划，计划退出不符合公司发展方向的 245 个项目，占公司全部投资项目的 45%。积极化解煤炭过剩产能，减亏增效。通过关闭撤销、退出转让、强化管理等方式，着力推动 3 家“僵尸企业”、10 家特困企业，使他们在三年内实现扭亏脱困，合计分流安置人员达 2.4 万人。

（4）双创模式：创新创业，发展新经济

在现代市场经济条件下，面对激烈的全球化市场竞争，变革创新是企业持续发展的永恒主题，失去创新能力、墨守成规，必然会被竞争对手超越、打败，被市场所淘汰，最终只能是死路一条。如果说 20 世纪初，经济增长很大程度上依赖于能源消耗，20 世纪中期，粗放型制造业、加工业还有很大市场的话，那么进入 21 世纪，经济则必须依靠创新、创造与创业紧密结合。随着信息时代、知识经济、互联网 + 的飞速发展，全球经济发展更加开放透明，各类企业随时都在创立，也随时都有可能戛然而止，持续变革、创新创业决定企业的未来，是企业持续发展、经久不衰的根本生命线。为加快企业创新转型，提升市场竞争力和持续发展能力，中国移动等中央企业加大“双创”工作力度，持续加大研发投入，开发新产品，创新业务模式，扩大竞争优势和市场份额。

面对传统业务萎缩、提速降费冲击等多重挑战，中国移动通信集团公司着力业务转型突破，围绕“移动改变生活”的战略愿景，深入实施科技创新战略。以“引领标准、引领产业、引领发展”的工作方针，大力推进科技创新和“双创”工作。近年来，年均研发投入超过 200 亿元，2016 年研发投入预计达 226 亿元，同比增长 7.7%，占营业收入比重的 3.4%。通过产研的有机结合和全面对接，中国移动推动了我国 4G 通信技术标准（TD-LTE）的国际化、全球化。

中国移动敏锐把握移动互联网时代客户爆发式增长的流量需求，持续推进供给侧业务结构调整，加快从传统语音业务向流量经营和数字化服务转型。短短两年时间，4G 业务带动流量收入的翻倍增长，年复合增长率超过 35%，成为拉动收入增长的主要动力。此外，持续提升业务结构对客户需求变化的适应性和灵活性，推出手机支付、视频、阅读、游戏、音乐等系列数据增值业务。2015 年中国

移动数据业务收入规模首次超过语音业务，2016 年上半年，数据业务收入占比超过 50%，收入结构不断优化。

中国移动以 4G 发展为契机，平衡好降资费、提用量、稳价值之间的关系，通过三个“最短时间”举措，探索实践供给侧改革，努力激发增收潜能。全力加快技术创新和服务模式创新，最短时间建成全球最大 4G 网络，最短时间推动 4G 客户规模发展，最短时间实现了收入结构优化。自 2014 年推出 4G 业务以来，短短两年多时间，中国移动发展了超过 4 亿的 4G 客户，成为全球规模最大的 4G 运营商，有力地带动了我国移动通信行业设备、终端、芯片及仪器等全产业链的发展，有力支撑了我国“互联网 +”行动计划和“中国制造 2025”战略的实施。目前，中国移动正牵头 5G 通信技术标准的研发和推进，努力实现我国“5G 引领”的战略目标。

（5）联合重组模式：优化国有资本布局结构

在国民经济的快速发展时期，我国各行各业都经历了快速扩张期，全社会投资规模巨大，国有企业投资项目众多，导致一些国有企业投资项目重复建设、资源浪费、产能过剩、同业恶性竞争，企业效率低下，影响行业健康发展和企业的国际竞争力。在国际国内经济深刻调整，全球经济竞争日益激烈，国有企业利润同比下滑的大背景下，国有企业，特别是行业内的超大型龙头企业之间同业恶性竞争的问题显得更加突出。中国远洋、中船重工等一些中央企业通过联合重组、同类业务整合、合并同类项等方式，优化国有资本布局结构，避免项目重复建设、同业过度竞争、国内国际市场恶性竞争等，努力构建企业竞争新优势，取得明显成效。

中国远洋海运集团加快联合重组、全力提升综合竞争能力。2016 年 2 月，原中国远洋运输（集团）总公司与中国海运（集团）总公司正式合并成立中国远洋海运集团有限公司以来，按照国资委工作要求，将改革重组和提质增效紧密结合，基本完成了新集团的平稳组建和主要业务板块的深度重组整合。重组后新集团综合运力超过 8500 万载重吨，跃居全球航运公司之首，航运业务规模优势凸显。在世界航运业非常不景气的情况下，2016 年上半年实现盈利 98.4 亿元，优势叠加效应逐步显现。远洋海运集团明确各板块功能定位，集团下属上市公司重组，没有采用简单的吸收合并方案，而是对四家上市公司进行重新定位，确定了集装箱运输、码头经营、航运金融、油气运输四大上市平台。集团将总部管理职能和服务支持相分离，组建职能部门和共享中心，分别承担运营决策和功能保障职能，既达到精简总部的目标，又妥善安置了人员。通过强强联合重组，公司的全球竞争力显著增强，为公司长远可持续发展打下了坚实的基础。

中船重工推动内部联合重组、优化资源配置。经历了 10 年左右的跨越式发展，我国造船产能迅猛扩张，已跃居世界第一，但这些造船产能主要集中在中低端船舶领域，在散货船、油轮和集装箱船三大主流船型中也以散货船为主。我国造船产能的过剩实质上是一种结构性过剩，即中低端产能严重过剩，而高端产能则远远不足，例如大型液化天然气（LNG）船、豪华邮轮、冰区极地运输船等供应严重不足。中船重工深入推进供给侧结构性改革，加快内部联合重组，优化资源配置，有序推进“去产能”。统筹军民船舶建造能力，以资源共享、综合利用、满足急需、优势互补为目标，在所属上市平台“中国重工”内实施造船、修船资源重组整合和国有资本优化布局，将大连船舶重工与山海关船舶重工、武昌船舶重工与青岛北海船舶重工四大船厂两两整合，重组成为两大造船集团。截至目前，中船重工造船重组率达到 80%，核减产能目标 500 万载重吨，削减产能 33.3%，企业核心业务市场竞争力显著提升。

3. 国企瘦身健体、提质增效政策建议

（1）加强方案研究设计和监督考核

国有企业瘦身健体、提质增效关系国有经济运行效率、国民经济发展质量，关系国有企业自身经营效率和市场竞争力，影响深远、意义重大，党中央国务院高度重视，多次进行工作部署并出台了工作方案。然而，国有企业瘦身健体牵涉的面比较宽，涉及企业、管理层、职工等多方面的切身利益。同时，国有企业成立背景、经营范围、资产人员规模等各不相同，需要解决的突出问题也各不相同。推进瘦身健体、提质增效，需要紧密结合企业实际，加强研究和方案设计，注重综合平衡和统筹协调，针对存在的最突出的问题和瓶颈障碍，一企一策，有选择、有重点地采用最适合的模式稳步推进。

要加强对瘦身健体、提质增效各项政策措施落实情况的跟踪监测、监督检查，对重大问题、重点工作及时协调、有效纠偏。加强专项督导，重点督查相关政策措施和工作方案的落实情况以及取得的实效，及时交流反馈督导情况。完善国有企业和国有企业负责人激励考核体系，加入瘦身健体、提质增效工作推进情况的考核制度和指标，考核结果纳入企业负责人年度评价考核。

（2）突出重点瘦身健体，一企一策推进改革

做强做优做大是国企改革的最终目标，但在不同阶段、不同领域、不同企业，侧重点应有所不同。既要做“加法”，通过兼并重组、创新创业、提升国有资本整体功能和运行效率，打造一批具有较强国际竞争力的跨国公司，即重点是要“健体”。同时，也要做“减法”，压减管理层级和法人层级，精简管理机构和人员，剥离社会职能和辅业，加快处置“僵尸企业”，清理低效、无效资产，解决历史遗留问题，让企业轻装上阵，提高市场竞争力，也就是重点要“瘦身”。

化解过剩产能、处置亏损落后的企业要针对不同的情况一企一策，既不能简单采取“一刀切”的处置办法，大量破产清算，也不能优柔寡断、徘徊不前。对于所处行业产能过剩严重、亏损落后的企业，要针对不同情况抓住重点、分类化解、精准施策、协调推进。尽可能多兼并重组，少破产清算。对于不符合国家能耗、环保、安全、质量标准的落后产能企业，绝对产能过剩和衰退产业中长期亏损和停产的国有企业，该断贷的就断贷，坚决拔掉“输液管”和“呼吸机”，从而为优势产业和企业腾出更多的发展空间，以便更有效地利用土地、能源、资源和信贷等稀缺资源，增加有效供给，提高企业国有资产的运营效率。

（3）多措并举瘦身健体，组合拳提质增效

很多国有企业都对瘦身健体、提质增效高度重视，积极推进相关工作，大胆进行探索，取得了很多成功的经验，总结出的压减管理层级人员、降本增效、聚焦主业、双创、联合重组等成功模式都是相对的，不是绝对的，也不是一成不变的。很多国有企业都是多种模式并进，甚至是几种模式同时应用，只是根据企业

的不同情况，针对不同的问题有所侧重而已。国有企业瘦身健体、提质增效涉及面广、意义重大、任务艰巨，不同的企业必须要根据各自的具体情况和面临的不同问题，灵活选择和组合相关政策措施。

对于机构臃肿、冗员较多、成本较高的传统国有企业，重点是要压减机构人员，切实降本增效，提高经营效率和资产收益率。业务范围过宽、资产过于分散、主业不够突出的国有企业，重点是要进行资产重组、业务整合、聚焦主业，提升企业国际竞争力。要构建以精益思维为导向的企业文化，形成改革内生动力，把精益管理文化上升到公司长远的战略管理层面上加以高度重视，全面持续推进精益管理，落细落小落实，从而更好地适应经济发展新常态，积极化解经济下行压力的困扰，促进国有企业提质增效艰巨任务的顺利完成。

1.7　中国航天科工集团国际化战略

国有企业走出去，融入“一带一路”倡议，积极拓展国际市场，是我国经济转型和国际化发展的重要路径。吴维海受中国航天科工集团委托，研究编制了国际化战略。以下是初步思路。

1. 外部环境分析

（1）国际环境分析

中国航天科工集团的国际环境：

1）政治：全球政治形势影响国际化进程和地域选择，并且影响产业合作领域、合作模式等。

2）经济：全球经济环境和产业趋势是国际化进程中优先考虑的要素。

3）技术：技术水平、技术控制能力和技术合作等是国际化战略的重要组成等部分。

4）文化与社会：各国社会、文化和消费市场不同，战略合作点和目标定位也有所差别。

(2) 国内环境分析

运用 PEST 模型，系统分析中国航天科工集团的国际环境。PEST 分析的重点在于研究发展机会，确定需要克服的威胁和挑战。运用此模型进行企业的多元素分析，可以形成初步定位和战略判断。

2. 集团国际化发展现状

(1) 集团概况

1）历史沿革

通过调研和二手资料获得。

2）组织结构

通过调研和二手资料获得。

3）业务结构

通过调研、专家论证和二手资料获得。

(2) 集团外经外贸业务现状

通过调研和二手资料获得。

(3) 国际化发展 SWOT 分析

通过调研、专家论证和二手资料获得。

3. 国际化经验借鉴

(1) 航天科技集团

1）集团概况

通过调研和二手资料获得。

2）国际化发展现状

通过调研、专家论证和二手资料获得。

3）对航天科工集团国际化发展的启示

（2）集团概况分析

1）集团概况

通过调研、专家论证和二手资料获得。

2）国际化发展现状

通过调研、专家论证和二手资料获得。

3）对航天科工集团国际化发展的启示

（3）航天集团现状

1）集团概况

通过调研、专家论证和二手资料获得。

2）国际化发展现状

通过调研、专家论证和二手资料获得。

3）对航天科工集团国际化发展的启示

通过调研、专家论证和二手资料获得。

4. 国际化模式分析

（1）国际化影响因素分析

通过调研、专家论证等获得。

（2）国际化发展模式

1）本国中心战略

以本国为中心。

2）多国中心战略

在多个国家设立相应的中心。

3）全球中心战略

以全球为中心。

具体如表 1.7–1 所示。

集团化战略主要模式 表 1.7–1

	特点	战略侧重点	不足
本国中心战略	企业总部负责产品的研发、生产以及在本土以外的销售，母公司负责研发，按照所在国的要求对产品进行改进	这些市场中当地竞争企业不具备这些技能，不生产这些产品，不提供这些服务或公司产品具备价格优势，采用插缝进入的方式	东道国的市场适应能力差
多国中心战略	企业同时为获取低成本和适应各地区差别化而努力，一方面按成本最低原则在全球范围内规划全部功能活动，另一方面高度重视地区差别对企业活动的要求	依靠企业家的开拓能力，提高东道国子公司的自主经营灵活性，适应不同国家的差异	增加了子公司和子公司之间的协调难度
全球中心战略	企业根据最大限度获取低成本竞争优势的目标来规划其全部的经营活动	通过集权、全球规模的经营建立成本优势	对企业管理水平的要求高，管理资金投入大

（3）航天科工集团国际化模式选择

研究国际化模式控制力，有助于为中国航天科技集团选择适合自己的控制模型提供决策依据，具体如表 1.7–2 所示。

各种国际化模式控制力的比较　表 1.7-2

控制内容＼组织控制体系 组织	本国中心战略	多国中心战略	全球中心战略
组织的复杂性	母公司组织复杂，海外子公司组织简单	海外子公司各自为政，复杂程度不一	组织逐渐复杂，并增加相互依赖性
决策的权力	高度集中于母公司	母公司拥有的决策权较少	母公司和各子公司通力合作，视需要而授权于各海外子公司
评估与控制	以母公司的标准用于海外子公司人事、组织管理工作	子公司依当地情况自定	寻求既符合世界各地通用又能符合地区性的标准
信息沟通	由母公司大量向海外子公司输送信息、指令	来自母公司的信息少，各海外子公司也较少有信息沟通	整个公司内有横向和纵向的信息沟通
资源配置	由母公司的决定	海外子公司独立配置，各子公司间较少共享资源	资源配置由母公司和海外子公司沟通决定
报酬与惩罚	按母公司的标准	视当地情况制定	视完成当地及全球性目标与否而定
人员的招聘与任用	子公司的要职均由母公司人士担任	任用当地国人士担任海外公司的要职	在全球范围内招聘合适的人士担任母公司子公司的要职
经营战略的制定	自上而下的制定	自下而上的制定	母公司与子公司协商制定

一般来说，企业国际化战略模式选择的基本思路：

1）国际化战略模式的选择依据

企业在国际化战略模式选择时，除了综合考虑影响企业国际化外部、内部因素，仍需要从以下几个方面对国际化战略模式进行考量。

①可行性

可行性主要分析企业的资源和能力与目标是否匹配，考虑因素：a）该战略是否有足够的资金支持；b）企业的绩效是否能达到必需的水平；c）是否能达到必需的市场地位，并且是否具备必要的营销技巧；d）企业是否具备处理来自竞争对手的挑战；e）企业将如何确保管理层和经营层具有必要的能力；f）是否具有足以在市场中进行有效竞争的技术；g）是否能获得必要的原料和服务；h）企业是否能够交付该战略中指定的商品或服务；i）是否有足够的时间来实现该战略。

②可接受性

可接受性主要分析该战略是否能被利益相关者接受，考虑因素：a）财务因素；b）客户因素；c）银行方面是否对现金资源、债务水平等感兴趣；d）反垄断法及兼并相关的法规；e）利益相关者；f）对道德及企业的社会责任加以考虑；g）风险等。

③适宜性

适宜性主要分析备选战略是否与组织的期望和能力相一致，以及战略是否对周围相关的事件及趋势做出适当反应，考虑因素：a）该战略是否充分利用企业的资源与优点；b）该战略多大程度上解决了战略分析中识别的难题；c）所选战略是否与企业目标一致等。

2）国际化战略模式的选择模型

结合企业内外部因素和三种战略模式对资源配置要求的特点，可以得出全球中心战略、多国中心战略、本国中心战略的适应范围，如图 1.7-1 所示。

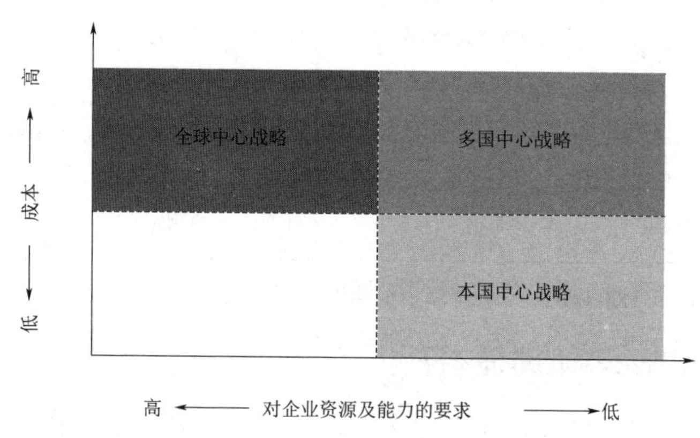

图 1.7-1　国际化战略选择模型

全球中心战略对企业资源及能力的要求最高，所耗费的成本也最高。本国中心战略对企业资源及能力的要求最低，耗费的成本最低，多国中心战略介于二者之间。

5. 国际化业务选择分析

中国航天科工集团的国际化战略，业务选择的研究重点：

（1）业务价值链

1）集团业务价值链

2）国际化业务价值链

①国际市场进入模式

进入外国市场的过程就是企业将其拥有的资源如资金、技术、产品、专利或管理经验等，通过各种投资方式渗透到目标国家的国际化战略的实施过程，其国际化进入策略的选择将对企业海外市场的拓展起到重要影响。企业的国际化发展路径随其所处环境、本身的战略目标和能力的不同而不同。大致可以分为三类：贸易出口模式、非股权模式和股权模式。在很多情况下，企业选取某一种进入方式，更多考虑的是这种方式能否最大限度地发挥企业的比较优势，更符合企业的战略要求，增强企业的竞争地位。

不同企业实施国际化战略，应该综合考虑产业模式和市场现状，进行差异化选择（图 1.7–2）。

一般来说，国际化战略进入模式，主要分类如图 1.7–3 所示。

②三种进入模式的基本特征

（a）贸易进入模式

贸易进入可分为直接出口、间接出口两种方式。企业类型不同、规模不同、实力不同，往往选择不同的出口方式，大多数企业是作为出口商开始它们的全球扩展的，只是到了后来才转向其他的进入方式的。因此，贸易出口方式一般被公认为既是新兴企业开始走出国门，实施跨国经营战略的第一步，又是所有企业在进入高风险以及不确定性市场时的试探性策略。

a）直接出口。意味着国内企业直接在海外市场拓展销售渠道，来实现产品在海外市场销售的方式。通过直接出口构建的海外销售渠道，既有间接的独家经销制或代理制；又有企业直接投资设立的海外销售办事处，甚至海外分支销售公司；还有同本国其他企业一起组建的海外联合出口组织，如海外联合销售、海外合作等类似的组织。

b）间接出口。指国内企业通过将其产品销售给国际进出口贸易商，从而实现海外销售的方式。间接出口对于第一次进入国外市场的企业是一种好的选择。但是，对于拥有一定出口管理部门的企业，间接出口限制了自己的国际市场进入战略。

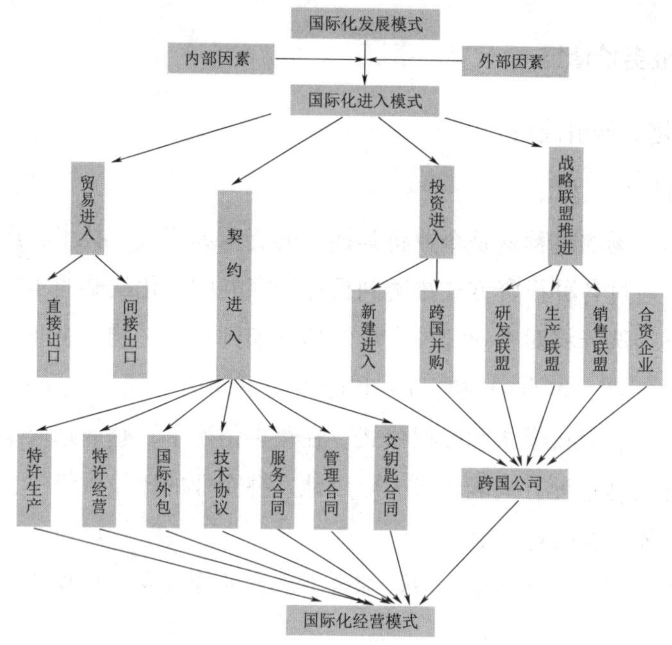

图 1.7-2　国际化业务战略发展模式

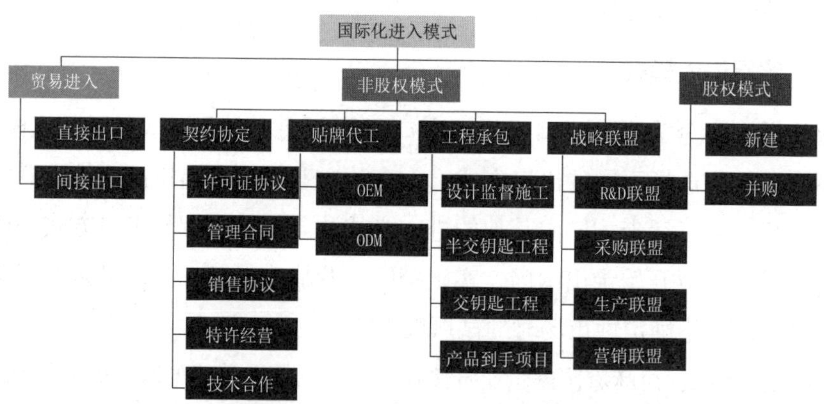

图 1.7-3　国际化战略进入模式

通过出口将产品销往国际市场，无论是采用直接还是间接的出口方式，在跨国经营的理论和实践中均被认为是保守、安全、低成本、高效率以及在人员配置、产品供给和资金运用等方面便于管理的一种海外市场进入模式。同时，它又是一种最迅速便捷的开拓海外市场的手段。尤其是在初期，对海外市场了解较少，对出口贸易的方式方法不熟悉，抗风险能力较低等因素，出口只是进入海外市场的初级方式与战略选择。也就是说，通过出口的方式将产品输出，是进入国际市场的起点和必经阶段。

（b）非股权模式

通常非股权模式是指不涉及股权和企业产权的条件下，通过其他方式与海外合作者进行贸易，以实现企业的生产要素和产品转移到海外市场。这是契约式的国际化进入方式，这种方式给规模小的企业提供了经营风险小、资本投入少、收益稳定的进入国际市场的机会，它还能迅速扩大企业及其产品的声誉和市场占用率，并使无形资产迅速增加。

a）契约协定

通过与海外合作者签订契约（合同）的方式进入海外市场。主要有许可证协议、管理合同（全面经营管理、技术管理）、销售协议（分销、代理、寄售）、特许经营和技术合作的方式。

b）贴牌代工

贴牌代工模式主要以 OEM、ODM 为主，这也是国际化初期采取的方式，提高品牌在国际上的影响力，在以前未涉足的国际市场逐步推广自身品牌，在此基础上提升自有品牌资产，进入国际市场。进行贴牌生产的企业必须在生产技术、工艺流程、企业管理、员工素质、质量控制、生产效率等方面达到国际市场的要求和水准。通过从事贴牌生产，中国企业逐渐掌握了国际竞争规则，在国外建立了信誉，建立了大批量产品外销的渠道，贴牌生产是企业产品从国内走向国际的重要桥梁。

c）工程承包

工程承包成为我国对外投资与合作的重要组成部分和实施“走出去”战略的重要内容，而且作为带动设备、材料、劳务、技术和资本输出的综合载体，在我国外经贸总量增长中发挥了重要作用。工程的承包方式除了发生在企业之间，许多大型工程项目，如在水利、电力、电信、交通运输、石油化工、海洋石油等领域，外国工程承包企业往往是东道国政府签订的。工程承包包括四种形式：设计和监督施工、半交钥匙工程、交钥匙工程和产品到手项目。由于国际工程项目的规模越来越大，每个项目中的各个环节也越来越复杂，交钥匙工程得到广泛运用。

d）战略联盟

战略联盟就是两个或两个以上的企业或跨国公司为了达到共同的战略目标而采取的相互合作、共担风险、共享利益的联合行动。战略联盟是企业跳跃式发展的手段，可以充分利用外部资源提高核心竞争力，克服市场进入壁垒，扩张世界市场的有力武器，同时实现企业的规模经济效应。战略联盟成功的四大关键在于：订立联盟策略，选择合适对象，建立联盟结构与管理制度，订立终止联盟计划。任何企业都有各自的长处和短处，不同的阶段，不同的时间，不同的地点，都应有自己的发展重点，和不同的策略。因此，有必要通过开展合作，来达到优势互补的目的，尤其是当自己有明显劣势，暂时没有能力或精力顾及且又不能“熟视无睹”时，有必要通过寻找合作伙伴弥补自身不足，化劣势为优势。以企业价值链角度划分，联盟可以分为 R&D 联盟、采购联盟、生产联盟和营销联盟，如表 1.7–3 所示。

战略联盟三种方式比较 表 1.7–3

方式	内涵	特征
R&D 联盟	两个或多个企业共同承担新产品或新技术研发过程中的成本和风险，共同享受研发成果的联盟形式	在企业创新中有重要作用，加快新产品、新技术开发，大大降低研发投资风险
采购联盟	企业为了降低采购成本，增加自身作为买方的议价能力，在采购环节与其他企业开展合作的联盟形式	将上下游的依赖关系转化为同环节的合作关系，可以大大提高企业的议价能力，保障采购过程顺利进行
生产联盟	当企业的生产能力无法承担订单量时，与另一企业协商共同生产的联盟形式，具体方式可以分为租借设备或工人以及订单分流两种	通过生产联盟可以保证向下游厂商的供货，避免毁约现象的出现
营销联盟	最为常见的联盟形式，主要包括品牌联盟、渠道联盟、促销联盟和价格联盟等	品牌具有极高的共享价值，许多企业通过与拥有完整销售渠道的经销商建立联盟关系来进行产品销售，尤其是互补的产品之间促销联盟常常展开，价格联盟可以避免寡头间的恶性竞争

（c）股权模式

股权模式是指把生产资本输出到国外目标市场，进入新的领域，可以自己组织力量，从零开始做起，设立子公司，或是收买、参股当地企业，包括研发、生产、销售等各个类型的资产，直接参与目标国企业的生产和管理，通过对海外合营企业或子公司进行部分或全部控制的方式进入海外市场，这也是实力企业快速国际化的方式。具体途径分为新建和收购两种形式。

a）新建

新建企业的特征是跨国经营企业独立或部分地直接进行项目的策划、建设并组织实施其经营管理运行。在新建的方式下，企业所需资产可以在市场上通过多方比较购买，其价值的评估比较准确，因此整个项目投资预算可以做得比较准确。

根据新建投资模式的股权策略又划分为独资和合资。与外国企业建立合资企业一直以来是打入外国市场的颇为流行的方法。最典型的合资企业是一半对一半的，也就是说合资双方各拥有 50% 的所有权，并且各自向合资企业派出管理队伍，实现共同经营。然而，在有些合资企业中、有些合资方在合资企业中取得了多数股份，从而取得了对企业较强的控制权。对于以高技术和创新为特征的行业，在发达国家直接投资，与我国社会文化及经济发展水平差异大的地区，都应该采用合资并购方式。在独资子公司中，企业拥有 100% 的股权。在外国市场建立独资子公司的方法有两种。企业可以在当地建立新公司，也可以通过兼并企业，并利用兼并企业促进在该国市场产品销售。对拥有较多国际经验和实力的企业，为了获得全球资源，实行全球一体化战略时，宜采用独资。

b）并购

对于技术要求高、建设周期长、产品生命周期短、成长性好，尤其是技术进步快的行业，企业往往用并购的方式进入新领域。这种方式在国际化战略中，是跨国公司的主要战略，存在三种方式：横向并购、纵向并购和混合并购（表 1.7–4）。

企业并购模式分析　　表 1.7–4

类别	新建	并购
有利	东道国法律和政策上的限制较少，也不易受到当地舆论的抵制； 在多数国家，创建比并购的手续要简单一些； 在东道国新建企业，尤其是合资企业，常会享受优惠政策； 后续工作比并购简单	可以获得现成的生产能力、技术和品牌，迅速生产产品； 可利用现成的销售渠道较快进入当地市场； 减少市场上的竞争对手； 跨行业并购，可迅速扩大经营范围和地点

续表

类别	新建	并购
不利	建设期较长，开业比较慢；需新建销售渠道，进入当地市场速度慢	难以准确评估被并购企业的真实情况，导致并购支出超过预期； 受东道国法律和政策限制因素较多； 有时受到当地舆论的抵制； 并购后的整合往往难度很大

企业实施国际化战略，可以分为贸易出口模式、非股权模式、股权模式等，具体如表 1.7–5 所示。

国际化发展路径比较 **表 1.7–5**

类别	贸易出口模式	非股权模式	股权模式
优点	没有中间环节，避免了在目标国进行经营活动所需的巨大成本； 不涉及技术流失风险问题； 风险低、较安全可靠	投入资本较少，不必承担市场所需的开发费用和成本； 基本以本国为基础，能越过贸易壁垒快速进入国外市场； 海外直接生产，减少运输成本； 利于扩大企业在当地市场的影响力，了解当地市场情况	合资可能是许多国家规定的唯一可行的进入模式； 运输成本较低； 更了解当地消费者、市场需求、竞争状况、文化、语言、政治体制等知识； 全资对专有技术有着严格的控制
缺点	不能及时准确地了解和掌握出口对象国的当地需求； 贸易进入方式受国家间就业、本国产业发展和国家贸易平衡、关税和非关税壁垒等因素影响较大； 运输成本高、时间长，尤其是大宗商品； 通过出口商或当地代理商不能彻底贯彻厂家的海外市场的战略意图	技术授权控制难度增加，不利于我国企业进行自有品牌的开拓； 合作方一旦违反协议，就有可能技术外泄、母公司的商标和品牌受到负面影响； 对于特许经营方式来说缺乏质量控制和培养了竞争对手	成本较高，面临较大的投资和经营风险，如投资巨大，回收期长，所在国投资环境恶化撤资困难等； 合资面临技术流失的风险

续表

类别	贸易出口模式	非股权模式	股权模式
代表性企业	中兴、华为	格兰仕、华硕、富士康、中国铁道建筑总公司	京东方、TCL、联想、海尔

国际化战略需要关注企业出口类型和国际风险、市场变化等，如表 1.7–6 所示。

国际化成本与风险比较　　**表 1.7–6**

<table>
<tr><th>市场进入战略</th><th>控制</th><th>资产水平</th><th>可变成本</th><th>固定成本</th><th>市场份额</th><th>风险</th></tr>
<tr><td>间接出口</td><td rowspan="8">↓</td><td rowspan="8">↓</td><td rowspan="8">↑</td><td rowspan="8">↓</td><td rowspan="8">↓</td><td rowspan="8">↓</td></tr>
<tr><td>直接出口</td></tr>
<tr><td>贴牌代工</td></tr>
<tr><td>契约协定</td></tr>
<tr><td>工程承包</td></tr>
<tr><td>合同生产</td></tr>
<tr><td>加工装配</td></tr>
<tr><td>当地生产</td></tr>
</table>

中国航天科工集团制定国际化战略的路径选择，主要回答两大问题：

一是“在哪里生产，到哪里销售”，即生产和销售活动的布局问题；

二是“如何组织，如何管理”，即产销活动的控制问题。

企业选择市场进入方式的决策就是在“控制程度”“成本”“风险”“收益”之间的理性权衡。其中，影响企业市场进入方式决策的主要因素包括外部不确定性、内部不确定性、产品的科技含量、东道国市场规模和潜力以及文化差异等。

（2）核心能力分析

重点分析企业的市场、人才、研发三大要素。

1）国际市场营销能力

营销是实施国际化战略的重要工作，也是企业需要解决的管理要点。

2）国际化人才储备能力

人才是企业发展的重点，也是实施国际化战略的保障。

3）研发能力

研发是中央企业实施国际化战略的重要手段。

（3）国际化业务选择分析

可以采用国际化业务选择矩阵进行具体分析。

6. 国际化经营规划

（1）集团总体发展战略解读

在进行调研的基础上，进行特定企业的集团战略解读，确定实施国际化战略的政策依据、主导思想和发展方向等。

（2）国际化业务发展思路

制定国际化发展思路是国际化战略的核心内容。

（3）国际化发展目标

制定国际化发展目标，有助于清晰地进行战略任务确定和重点工作的分解。

（4）国际化业务布局与重点

通过业务布局和聚焦重点，实现企业国际化战略的逐步落地。

7. 国际化经营实施路径

（1）国际化发展路径选择分析

通过调研、专家论证和深度归纳等得出研究观点。

（2）国际化经营三步走

通过调研、专家论证和深度归纳等得出研究观点。

8. 国际化经营实施保障措施

通过调研、专家论证和深度归纳等得出研究观点。

1.8 中国新能源汽车产业的特征与发展趋势

1. 我国新能源汽车的四大特征

（1）国家大力扶持，政策鼓励产业发展

党中央国务院，国家发展改革委、工业和信息化部和财政部等部委，高度重视和全力支持新能源汽车产业发展，并出台了很多政策和管理办法。主要体现在：

1）新能源汽车市场巨大。中国将新能源汽车产业列为新兴战略性产业，对其发展予以支持。2015 年 3 月，李克强总理在第十二届全国人大三次会议政府工作报告中做出“推广新能源汽车，治理机动车尾气”的指示。国务院 2015 年 5 月发布《中国制造 2025》，提出了“继续支持电动汽车、燃料电池汽车发展，掌握汽车低碳化、信息化、智能化核心技术，提升动力电池、驱动电机、高效内燃机、先进变速器、轻量化材料、智能控制等核心技术的工程化和产业化能力，形成从关键零部件到整车的完整工业体系和创新体系，推动自主品牌节能与新能源汽车同国际先进水平接轨”的全新发展方向。《十三五国家战略性新兴产业发展规划》提出：实现新能源汽车规模应用，到 2020 年，实现当年产销 200 万辆以上，累计产销量超过 500 万辆，整体技术水平保持与国际同步，形成一批具有国际竞争力的新能源汽车整车和关键零部件企业。到 2020 年，电动汽车力争具备商业化推广的市场竞争力。实现燃料电池汽车批量生产和规模化示范应用。为新能源汽车的产业化指明了方向。

2）国家出台产业扶持措施。2010年国务院颁布《关于加快培育和发展战略性新兴产业的决定》，新能源汽车产业被列为七个新兴战略性产业之一。各级政府加大新能源汽车的补贴、减税程度及公共交通部门、政府部门的示范运营力度，实施了为期3年的“十城千辆”工程。2016年2月，国务院常务会议提出了加速新能源汽车发展的五大措施，包括：加快实现动力电池的革命性突破；加快充电基础设施建设；完善财政补贴等扶持政策；提升新能源汽车整车品质；扩大城市公交、出租车、环卫、物流等领域的新能源汽车的应用比例等。

3）严格控制燃油汽车并规范低速电动车。《国务院关于发布政府核准的投资项目的通知》明确提出：严格控制新增传统燃油汽车产能，原则上不再核准新建传统燃油汽车生产企业。新建新能源汽车生产企业须具有动力系统等关键技术和整车研发能力，符合《新建纯电动乘用车企业管理规定》等相关要求。2016年8月，国内首部《微型低速电动车技术条件》团体标准正式实施，初步规范了城乡道路行驶的微型四轮纯电动车。

4）实施严格的资质管理。2016年8月工业和信息化部公布《新能源汽车生产企业及产品准入管理规定（修订征求意见稿）》，该准入条件共包含17项条款，对设计开发、生产能力、产品生产一致性能力、售后以及产品安全保障能力等方面进行细化，其中有8项为“否决条款”，只要超过两项“否决条款”未达标，该企业就不符合“准入条件”。“否决条款”包括新能源汽车开发和制造技术、整车控制系统等。从而大幅提高了新能源汽车企业的准入门槛。

5）对乘用车企业颁发牌照。从2015年7月《新建纯电动乘用车企业管理规定》可申请新建纯电动乘用车准入资质以来，国家部委已批准北汽新能源、长江EV、前途汽车（苏州）、奇瑞、敏安、万向等多家纯电动乘用车生产资质。候审或样车正在进行检测和通过检测的企业有20余家。整个行业出现投资和生产的火爆现象。

（2）产业发展存在缺陷，国家积极规范清理

近年来，新能预案汽车领域出现了不少问题，亟待整顿：

1）新能源汽车骗保。2016年元旦后，媒体报道个别新能源汽车企业骗

取财政补贴，四部委随后发出《关于开展新能源汽车推广应用核查工作的通知》，启动对部分新能源汽车财政补助的核查。9 月，财政部曝光 5 家骗取新能源汽车补贴资金的客车企业名单。12 月，工业和信息化部发布行政处罚决定，苏州吉姆西被取消了整车生产资质，其他四家企业被“责令停止生产销售问题车型、暂停新能源汽车推荐目录申报资质、责令进行为期 6 个月整改”。

2）锂电池监测。2016 年初，工业和信息化部对三元锂电池进行风险评估。《锂离子电池行业规范公告管理暂行办法》正式实施。5 月《新能源汽车生产企业及产品准入管理规则》修订稿提出，动力电池企业应满足《汽车动力蓄电池行业规范条件》进入相应目录，从而强化了电池管理。

3）事故高发。自 2011 年以来，国内总共发生电动汽车事故 31 起，其中 2015 年全年 9 起。2016 年上半年 8 起。新能源汽车规模扩张的同时，如何遏制事故高发成了令新能源汽车的头痛问题。

（3）产能快速爆发，并购成为电池领域新特征

新能源汽车迎来上市高潮。2016 年，国内新能源汽车特别是乘用车领域迎来新车上市高峰，北汽 EU260、比亚迪宋（纯电动 SUV）、江淮 iev6s、奇瑞艾瑞泽 7ePHEV、上汽荣威的 eRX5 等密集上市，总量不下三四十款。

动力电池行业掀起并购潮。2016 年 2 月，长信科技公司向深圳市比克动力电池有限公司增资 8 亿元，占其 10% 股权。7 月，坚瑞消防并购深圳沃特玛电池有限公司 100% 股权。东方精工以 47.5 亿元收购普莱德，切入动力电池系统。

（4）减少环境污染和雾霾，依赖新能源汽车

河北省是我国京津冀地区雾霾的主要贡献者，被列入重度雾霾最严重城市名单，包括石家庄、保定、唐山等城市。这对河北省来说，是一件难堪的事情。从研究成果看，雾霾主要来自汽车尾气、工业污染物排放、燃煤等，因此，大力推广新能源汽车，减少燃油汽车购买和行驶，是河北省，乃至全国的重要环保治理措施之一。

2. 我国新能源汽车的七大趋势

未来五年，我国新能源汽车将呈现七大趋势：

（1）新能源汽车政策走向收紧

2017年以来，我国新能源汽车产业的政策，正在“收紧”，具体表现为提高了财政政策，提高了生产企业和产品的准入门槛，另一方面，加大了对新能源汽车企业营销平台和重点企业的扶持。

（2）电池行业的竞争则更加残酷

国家出台《新能源汽车动力蓄电池回收利用管理暂行办法》（工信部联节［2018］43号）、《汽车动力蓄电池行业规范条件补充通知》《汽车动力电池行业规范条件》等政策，将多数电池企业排除在目录名单之外，增加了电池企业生存的难度。

（3）补贴政策更加开放

《关于调整新能源汽车推广应用财政补贴政策的通知》规定，补贴将设上限，并采取事后清算的方式。新补贴要求企业在补贴退坡的大背景下，整车、动力电池、电池、电控等多方面的技术水平进一步提升，技术提升了才能获得更多的补贴。这也是2017年1月1日开始实施的国家补贴方案与原先最大的不同之处。《新能源汽车碳配额管理办法（征求意见稿）》《企业平均燃料消耗量与新能源汽车积分并行管理暂行办法》，这两个办法充分体现了政府引导新能源汽车产业发展思路的转变，由补贴激励转为奖罚并重，由原来的财政补贴转为对车企的配额约束，由他驱到自驱，逐步建立新能源汽车产业市场化、法制化的运行机制。

（4）电池、电控、电机成为投资热点

从新能源电动汽车的成本看，电池驱动系统占了电动汽车成本的

30% ~ 45%，动力锂电池又占电池驱动系统约 75% ~ 85%。“十三五”时期，“三电”——电池、电机、电控成为投资热点。

（5）提速建设电池更换站

主要是建立车电分离模式，鼓励电池厂商向综合服务商转变，形成充电电池付费交换的商业模式；采取 PPP 和政府购买等模式，投资建设更多的充电服务设施；建设互联网 + 充电设施网点；统一电池性能指标，加强行业信用建设，优化电池更换站的商业环境。

（6）国内新能源汽车将出现重组和兼并潮

随着我国新能源汽车电池、电控、电机等核心关键技术的突破和产业化，少数有较高品牌和技术专利的企业将占据行业的较大份额，并通过重组兼并等手段，或者参股、控股其他汽车企业，以此提升本企业的规模和技术领先优势。国内将逐步出现十家左右，或者更少数量的寡头（新能源汽车）企业。

（7）全球化和全球竞争成为行业热点

未来几年，继续放开新能源汽车的外商投资限制。我国新能源汽车在全球的销量和产量将继续占据行业领先位置，全球化新能源汽车生产和全球销售的市场格局将更加明显，新能源汽车在我国汽车市场的占比不断提升，新能源汽车出口规模将不断扩大，中国将成为全球生态环保的重要贡献者。

1.9　中国企业国际化竞合机制

随着企业国际化进程的发展，中国企业的国际竞争力增强，同时，海外市场拓展中也暴露出无序竞争的问题，损害了国内企业整体利益甚至国家利益。鉴于此，拟从同质企业之间、国企与民企之间的竞争与合作等分析视角，研究中国企业国际化战略中无序竞争的深层原因，以及我国各级政府、企业应采取的相应策略，试图探索、引导并构建适应国际化战略的企业竞合机制，逐步打造我国企业的海外市场核心竞争力，提升我国企业国际化发展的运作水平。

中国企业的国际化战略是适应全球化竞争需要的重要手段，也是推动我国企业战略转型，满足全球化竞争需要的主要途径。当前，我国企业国际化发展中突出存在竞争无序的问题。如何构建竞争与合作的运行机制，是中国企业实现国际化战略的基础保障。

1. 中国企业国际化战略的现状

近年来，中国企业在国际市场的表现较为突出。2013 年，我国境内投资者对全球 156 个国家和地区约 5090 个境外企业进行了直接投资，累计实现非金融类直接投资 901.7 亿美元，同比增长 16.8%，超过日本成为全世界第二大对外投资来源国。其中，中国内地对中国香港、东盟、欧盟、澳大利亚、美国、俄罗斯、日本七个主要经济体的投资达到 654.5 亿美元，占同期中国对外直接投资总额的 72.6%，同比增长 9.1%。中国地方企业对外直接投资 329.7 亿美元，同比增长 16.9%，占 36.6%。中国对外承包工程业务签订合同额累计 11698 亿美元，完成营业额 7927 亿美元。整体来看，我国企业出口产品和海外工程等综合质量、技术含量等有了较大提升。

尽管我国企业国际化战略取得了较好的业绩，但是，不可否认，我国企业在国际化战略实施过程中，仍然存在许多理念、运营、策略等方面的问题或缺陷，特别是在国际市场战略与业务竞争等领域，存在着无序经营或恶意竞争的现象，主要表现在：

（1）缺乏统筹一致的国际化战略

部分国内企业在实施海外项目时缺乏系统化、统筹化的综合筹划，没有制定企业战略与全球布局相配套的实施方案、预测模型，对外项目审批主要依赖企业高管的个人经验和感觉。许多企业注重具体业务的表象，关注财务报表的短期改善，没有将海外业务运作纳入全产业链的高度，进行协同效应和核心竞争力的设计。一些企业集团属于多业务线条，这种方向更多是自发的、机会导向性的，子公司在海外市场拓展过程中缺少集团层面的中长期战略支撑与推动，更缺乏量化的论证作为决策的依据。

(2) 管控简单粗放

我国企业普遍存在战略执行力薄弱的问题，主要体现在：缺乏对企业战略落实的监控手段，以及对海外并购的全生命周期缺乏有效管理。从战略到执行计划缺乏精细化的手段和监控工具。许多企业还没有建立起一套成熟的业务管理模式。一些企业在设定海外发展宏观目标之后，集团总部没有协同相关的业务部门将目标分解到年度计划，部门之间相互割裂的运作削弱了战略执行力。

(3) 缺乏多元和包容的跨文化人才管理机制

我国企业实施国际化战略过程中缺乏懂外语、了解本地风俗文化和市场需求、精通国际法规准则和管理的全球化人才。尽管近年来，中国企业在海外公司逐渐开始聘用有海外教育背景或工作背景的中国人，但是真正的外国人才还不多。

中国企业“走出去”的障碍与问题，除了中外企业之间的比较优势与竞争之外，中国企业在国内同行业之间的竞争尤为突出，如玩具业、纺织品业、摩托车业等国际市场的价格战，如 2010 年因北车集团在土耳其机车招标项目恶意压低南车集团投标价导致项目被韩国企业夺走，北车集团受到国资委的严厉批评。2011 年 4 月，中国最大的两家电信设备企业华为和中兴在欧洲发生专利权冲突。华为在欧洲起诉中兴通信侵犯其商标专利知识产权，中兴随即提起反诉。中企海外无序竞争损害了相关企业和国家利益。

2. 海外无序竞争的主要成因

中国企业之间海外出现的无序竞争主要分为两大类：一类是同质企业竞争，另一类是国企（特别是大型央企）与民企的竞争，他们产生的原因和危害也有所不同。

（1）同质化企业竞争

中国许多行业或企业海外竞争符合多厂商古诺模型的主要特点：

①国际市场保持开放且需求在短期内基本恒定；②企业有独立的出口经营权和决策权，并且同行业厂商成本曲线基本相同；③同行业的所有产品和服务基本是同质的；④单个厂商出口量在中国同类商品出口量中占有较小份额，他们在出口中搞合作或串谋的收益很小，所以以单个企业以利润最大化为目标选择出口的数量。

根据多厂商古诺模型，由于中国企业产品或服务高度同质化，随着国际化企业数量的增加，行业逐渐饱和，企业只能通过降价来竞争，直至完全竞争价格，此时企业只能获得零利润。此时若古诺均衡产出大于国际市场需求，则导致了国际市场供求关系变化，进一步引起出口价格不断降低，从而引发贸易条件恶化、贸易摩擦频繁、附加值流失严重、行业整体利益受损、国家社会福利下降的悲剧。例如，中国目前大量的海外工程公司，他们提供的服务高度同质，主要为工艺技术较成熟的基建类项目，其优势主要来源于中国廉价的劳动力资源，中国海外工程建设项目竞标过程中中国企业之间恶意压价、暗中破坏现象时有发生。又如中国的稀土产业，中国生产的稀土占据全球 97% 以上的市场，但是由于中国稀土生产企业高度分散且稀土作为原材料产品又高度同质化，导致稀土生产企业之间竞争激烈，企业往往以略高于开采加工成本的价格获得价格优势大量出口稀土，使得全世界许多国家和公司关闭自身的稀土采掘业而转向从中国进口，导致中国的稀土资源被大量“贱卖”，而江西、内蒙古等重要稀土产区却面临资源流失、环境破坏等粗放式生产带来的大量生态治理成本。

根据可变成本的古诺均衡模型，如果企业成本曲线不同，则企业的均衡产量和市场份额与其边际成本成反比，即企业边际成本越低，其均衡产量就越大，市场份额也就越大。通常企业压缩自身成本的方式有技术更新、管理提升以及新市场开拓等，但是现阶段中国企业研发能力普遍较弱，且一些企业在业务发展选择中投机性较强，往往存在“跟风”投资现象，因而其成本的压缩很大程度上依靠一些不正当手段，企业通过不正当竞争压缩成本的方式主要有两类：

1）一类是“搭便车”行为。

①这种方式是生产研发“搭便车”，部分企业通过采取假冒和仿冒等侵犯他人知识产权的方式降低产品和售后服务质量，降低自身的研发成本和配套服务成本，大量生产同质化产品，此时由于总体产量的上升和产品质量的下降，导致国际产品市场供需的失衡，最终不仅导致企业利润的减小，还使中国产品和服务的国际声誉受损，影响中国企业和产业在海外的长期发展。

②“搭便车”的另一种方式是市场搜寻“搭便车”。国际市场的开拓因为涉及政治、经济、文化、宗教以及消费习惯等多方面的考察，搜寻成本相对较高，当一家企业成功开辟某一国外市场时，该企业单位产品出口总成本中会附加较高的市场搜寻成本，但若其他企业通过该企业免费或低成本地掌握了目标国市场信息，并且借用该企业的营销渠道进行出口，那么后进入企业的单位出口成本就会低于先进入者。这样就会出现当一家企业花费大量人力物力资源开拓某国外市场后，因为产品基本没有差异，使更多的本国企业蜂拥而入，引起出口量猛增，国外市场很快就饱和甚至超饱和。“搭便车”的最终结果是企业基本不会研发创新和拓展市场，供大于求、过度竞争的现象难以从根本上缓解，外贸产业规模受现有市场需求波动的影响较大，并且如基础设施建设、大型设备等行业，因为产品或建设项目的存续期较长，现有市场容易饱和，不利于保持企业的快速平稳发展。如 2008 年金融危机后，由于欧美市场对一般消费品需求大幅下降，导致中国长三角、珠三角等以外贸加工为主的地区经济发展受到很大制约，多地出现出口企业倒闭现象，很大程度上就是因为上述原因。

2）另一类行为是外部性行为。

许多中国企业由于经营意识、经济实力等多方面原因，在海外投资过程中唯利是图，在提供就业、医疗保障、生态环境保护等方面不履行企业社会责任，甚至偷盗、走私、商业贿赂等犯罪行为时有发生，严重损害了我国企业自身和国家的国际形象。一些国内外贸生产企业通过降低污染治理、资源损耗、社会保障、劳工待遇、公共建设等方面本应该由生产者承担的生产成本和社会成本，使其单位产品出口总成本降低，更加剧了市场竞争混乱。这种外部性行为使得环境污染加剧、资源过度开发、社会福利损失，与此同时，长期通过违法行为维护低成本，会导致企业片面依赖廉价资源和廉价劳动力从而忽视在技术、管理、人才、市场等方面的进步与革新，失去长远发展的源动力，也使市场产品同质化和低水平无序竞争的现象更为严重。

（2）国企对民企的掠夺性竞争

掠夺性竞争通常是指原厂商以低于成本的价格损害对手，迫使他们退出市场，待竞争对手退出市场后再提价的策略性行为。这种情况在中国企业“走出去”过程中大多出现在国有企业中。

国有企业在海外许多竞争性领域同民营企业展开竞争，从中央到地方各级政府运用各种形式的财政补贴、税收优惠等政策鼓励投入大量资源，在对外部市场和宏观经济形势没有进行正确判断评估的情况下，“拍脑袋”做决策，在不具备相应条件的情况下盲目推动企业“走出去”，在短期内迅速扩大国有企业海外投资规模，导致许多地方出现了国外投资或者贸易项目一哄而上，相互拆台、压低价格的现象，给国有企业海外投资带来了巨大风险和损失，也使民营企业参与国际化竞争的难度大增，这与十八届三中全会“建设统一开放、竞争有序的市场体系”的目标是不相符的。产生这一现象的原因与国有企业的融资成本、公司治理结构以及政府干预下的绩效考核机制有关。

国有企业海外掠夺性定价成因分析，主要观点如下：

首先，根据芝加哥学派的观点，企业施行掠夺性定价政策受到企业融资约束的影响。国内外学者还进一步发现，企业投资、盲目扩张与企业的自由现金流及融资约束也有很大相关性，当企业投资现金流的来源主要依赖内部现金流时，企业投资受企业经营绩效、投资绩效的影响较大，过度投资现象不明显，但是当企业外部融资环境较好、融资约束较小时，企业的投资行为与经营绩效、投资绩效的关系不显著，容易出现过度投资、盲目扩张的现象，这种现象在国有企业海外发展中尤其明显。

近年来在国家鼓励“走出去”的政策支持下，国有企业除了自上而下地获取预算外资金外，还有其他方式可以获取预算外资金支持，具体表现在：

一是在股权融资上，现在许多国有企业均是股份制上市公司，除了国有独资公司以外，在其他组织形式的公司制企业中，国有股权比重较高。在高价配股或增发时，一方面放弃配股权不用担心股权稀释；另一方面，由于配股或增发新股的价格远远高于每股净资产，非流通股股东还可以按照“同股同权”原则分享社会公众股配股等带来的每股净资产的增长。因而，配股或增发新股使非流通股股东不仅不会遭受任何损失，还可以获得额外的权益增长，这使得国有企业有更大的动机采取股权融资方式募集资金。另外，由于我国上市公司资源稀缺，上市公司数量通常是衡量地方经济发展的主要指标之一，因而地方政府通常会在税收方面给予国有上市公司优惠，使得国有上市公司有更多的资金来源进行海外扩张。

二是在债权融资上，国有企业因为其自身规模较大且有政府财政担保，评级较高，使银行敢于降低对企业的信用审查和贷后管理，并且有国家专项补贴、贴息等支持，使其较一般企业相比融资成本低廉。另外，在国际资本市场上投资者也倾向于以国家信用为担保的大型国有企业，而国际资本市场资金成本相对于国内较低，且以美元计价的国际资本对于海外投资使企业能够规避人民币升值带来的汇率风险。另外，对于规模庞大的大型国企来说，下属公司数量众多，公司融资审核的链条较长，企业管理层客观上很难监管下属企业的融资行为。

三是在企业内部现金流上，大多数跨国国有企业就分布在金融、电力、冶金、能源、交通、通信、部分装备制造和高技术行业等关系国家安全和国民经济命脉的重要行业和关键领域，形成了国有垄断。在这些行业中，跨国国有企业依靠垄断力量从国内消费者身上获取垄断利润，且利润率保持长期稳定，使其拥有充裕的自由现金流用于海外投资。

现阶段大多数企业、国有企业治理结构不完善，规范的董事会建设尚处于探索之中，现代企业中普遍存在的委托代理问题在国有企业中愈发明显，股东没有动力或无法有效监督管理层，管理层的收益与企业盈利的相关性不大。学界研究基本达成共识，管理层的显性薪酬待调和隐性的在职消费是企业规模的增函数，因而在企业国际化过程中管理层有动力通过大量的海外投资使企业规模和业务范围扩大，以实现自身利益的最大化而非经营效益的最大化。

另外，国有股东的利益导向和考核标准综合了经济因素、政治因素、社会因素等众多方面因素，在国有企业实际决策中，国有股东往往处于绝对控股地位，即使非绝对控股的国有公司也存在国有股东地位高于非国有股东的现象，而中小股东往往缺乏监督董事会决策的权利，因此导致国有股东凭借其控股地位出于其他非经济目的盲目决策，过度追求规模扩张，随之带来资产负债率过高、经营、投资绩效偏低等突出问题。

再次，国资管理机构对国资分类监管、考核和激励机制不健全，应由企业自主决策的事项由政府指导、控制、监管的仍然过多。过去很长一段时间，我国施行了官员强调政绩的晋升及考核制度，而因为轮岗、调动、退休等制度的存在，政绩考核更多地强调短期（一般为 3 ~ 5 年）内辖内各项工作的规模及速度。这种逻辑也适用于国有企业，“走出去”战略自 2000 年首次被提升到国家战略的高度以来，随后的十六大、十七大及十八大都对其进行了扩展和深化。在这种政策环境下，对于许多国内竞争力较强的国有企业，能否有效地“走出去”成为衡量政府部门和官员政绩特别是负责经贸、国资等部门官员及国有企业海外部门及管理人员的重要指标，在一些外贸发达地区和一些较早涉及国际化业务的国有企业，甚至成为考量地方政府和国有企业一把手的核心指标。如中铁建承包麦加轻轨项目。这是中国在中东市场承建的首个铁路建设项目，项目合同由中沙两国元首亲自签约，时任铁道部部长多次到麦加视察项目进展情况。但是项目从签订之初就不符合国际工程建设承包惯例。合同签订之初工程只处于概念设计阶段，建设合同中的法律条款和施工标准和技术规范等没有明晰，项目前期工程造价阶段和项目估值阶段采用国内价格估价，低估了原材料、劳动力及保障服务等方面的成本，同时对中东市场没有进行深入分析，对当地政治、文化、法律、宗教等环境没有清晰的认识，对客户需求也没有理解到位，在施工后，工程遇到了拆迁难、标准变化、工程量增加、工期缩短等问题，成本急剧上升，由于该项目的政治意义，中铁建不得不继续投入大量的资源来保证工期按时完成，造成了 41 亿元的巨额亏损。

虽然许多国有企业已经建立起了外部的企业综合指标考评体系和内部员工绩效考评体系，但是符合市场规律的激励机制尚未完全建立，在实际操作中，政企不分问题仍然存在，薪酬与工作量、业绩尚未完全挂钩，并且由于相关规定限制，一些国有企业人员的薪酬低于市场上同行业企业同类型人员的薪酬；现代化的人事管理制度也没有详细制定，多数国企员工没有清晰的职业发展路径，上升通道狭窄。这些问题都会导致从领导到基层员工在企业国际化进程中不作为或者乱作为的现象时有发生。

民营企业海外竞争中政策劣势分析，具体如下：

相对于国有企业，国家政策存在许多不利于民营企业海外投资的政策。首先，在对外项目审核方面，民营企业在对外直接投资项目审批、投资额度审批、外汇管理等关键环节都处于劣势，在自营进出口权方面也受到有关部门的管制；其次，一国海外投资的资金主要来源于该国国家进出口银行，而我国进出口银行贷款则主要针对国有大中型企业开展的海外投资项目给予扶持，民营企业很难获得进出口银行贷款，在海外投资中缺乏资金支持；最后，国有企业海外投资作为国际政治经济交流的一部分，其在信息收集方面得到政府较多支持，许多政府外交政策、政府合作意向等信息通常是国有企业首先知晓而民营企业在这方面的信息收集上受政府的支持较少，这增加了民营企业海外投资的风险。因为国企所具有的资金优势、规模优势和政策优势导致许多行业的民企在“走出去”的过程中被国资“挤出”，使中国企业国际化进程缺乏效率和内部竞争，因此，此类竞争需要引起更高的重视。

3. 构建中国企业国际化战略竞合机制的对策与建议

为了降低中国企业之间的海外无序竞争，提升中国企业走出去的质量，针对两类不同无序竞争的成因，差异化地推动构建我国企业海外市场的竞合机制：

对于同类企业无序竞争，需从优化企业自身发展结构的角度加以解决。英国经济学家拉奥提出的“技术地方化理论”从技术创新的角度对发展中国家企业的对外直接活动进行了指导，它认为正是技术创新给发展中国家企业带来了竞争优势。其中重要的一点是：发展中国家的技术创新往往集中于小规模生产技术的发明和应用，而且这些技术在小规模生产条件下具有更高的经济效益。我国企业正处于参与国际市场竞争的初级阶段，我国企业在走出去过程中可以率先形成以针对各点的小规模技术创新，这样不仅节省企业的研发成本，还能在中短期内实现企业差异化发展、协同化发展。

（1）规范企业成本，促进转型升级

各地要深化改革地方政府和官员考核模式，综合考察地方经济发展的经济效益、环境效益和社会效益。政府需要通过提高工人最低工资标准、社会福利企业认缴比例以及开征环境税、资源税等方式来使企业的成本真正反映整个社会付出的成本，倒逼企业产业升级，淘汰落后产能，通过产业整合实现规模经济，真正打造出一批能够在国际市场上有技术竞争力的优质国际化企业，降低成本扭曲带来的国家资源及环境的损失，也为企业长远发展提供坚实的动力。

（2）引导企业加强研发，从全产业链分工构建产业联盟的角度提升差异化水平

中国企业可以针对国际市场形成自身的全产业链分工，不同类型的企业在政府指导和行业协会组织下进行有序的转型创新，并且通过相互参股、产业链融资等方式实现利润的合理分配，在外贸、对外投资及工程建设中做到全产业链输出，通过各环节高端化和精细化的生产服务及全产业链的协同，打造新的“中国制造”标准，使中国企业在国际化过程中整体议价的能力得以上升，实现利润最大化。例如中石油通过出台《中国石油天然气集团公司境外项目物资采购管理办法》对境外物资采购、物资分级、供应商管理等做出了规范，统筹海外项目供应链管理，在降低自身采购成本的同时也带动了国内石油专用管材、普通钢材、通用机械设备等制造商通过采购系统参与海外竞争，形成全产业链的国际化协同发展。又如，东风日产在国际化过程中把生产零部件质量过硬、性价比高的供应商举荐到雷诺日产全球联盟，加入全球产业链，并且派遣工程师指导供应商进行技术改进，为中国汽车零配件生产参与国际竞争创造了良好的条件。

（3）加强国家行政法规和行业协会监督和自律

针对中国企业研发活动“搭便车”的现象，国家应在知识产权管理中针对企业技术研发过程中的知识产权侵权行为进行严格审核和惩罚，在国际知识产

权公约和其他国际条约的基础上，与主要贸易国家和地区签订针对中国企业海外商标权、专利权保护的国际协定，完善专利有偿使用机制，保障企业研发活动所带来的收益。在海外项目信息搜索、市场开拓过程中，相关职能部门及行业协会应当进行严格监控，在投资审核等方面进行适当管控，防止“一窝蜂”投资现象出现。企业在进入海外项目过程中，同企业相关人员及海外相关机构人员签订具有国际法律效力的保密条款，行业协会也应当在此过程中对涉嫌泄露商业机密的相关人员采取限制从业或者终生禁入等惩罚措施，保护企业海外投资信息的收益权。先入企业也应当采取有效的市场化措施，例如与所在国政府或企业签订长期合同或独占协商协议等现代商业合作中的合法手段维护自身权益。

对于国有企业与民营企业之间的无序竞争，需进一步改进国有企业的管理机制，加大国家对于民营企业走出去的政策支持力度。

1）要转变政绩观，优化政绩考核体系

各级政府及有关部门要树立正确的政绩观，正确认识“走出去”战略的真正内涵和意义，不要盲目推动国有企业进行大规模和高速度海外投资，而要真正做到高质量地“走出去”。随着国企改革的不断深化，国有企业分类监管、分类考核的思路不断明确，盈利能力、投资收益等指标将逐渐成为竞争类国有企业的重点考核指标。对于国有企业海外投资经营中有突出贡献的人才，应当按照市场标准给予有竞争力的薪酬和通畅的内部上升渠道。政府及相关部门对国有企业海外投资信息和经营情况进行评估和管控，从一定程度上对国有企业投资无序、经营低效的情况加以遏制，同时通过优秀的管理人才发挥出国有企业在规模、资金、技术、人才等方面的优势，使国有企业成为我们企业“走出去”的领军者。

2）发展混合所有制经济，完善国有企业公司治理机制

在国际化竞争中，因为国际贸易间各种规则的制约，国内政策对国有企业的支持作用有所下降，加之国外特别是西方发达国家市场体系和法律体系较为完善，且国有企业海外业务通常占比较小，有充分的抵御风险能力，因此国有企业国际化进程正是推行混合所有制经济的重要“试验场”。国有企业国际化进程中，应当吸取民营资本、国际资本等非公有制资本通过换股、参股、控股等形式加以融合，进一步推动产权多元化与股权分散化。国有企业在海外投资过程中，可以不追求绝对控股，而是以国内企业联合控股、AB股结构设计等多种形式掌握公司的控制权，在某些国际化程度或科技含量较高、一时无法做到高效管理的行业，可以以参代管，按照市场要求建立职业经理人制度；构建高效率的治理机制，大力加强股东大会、董事会及监事会建设，例如限制“内部人”董事的数量及权利，增加独立董事的席位，提高外部董事比例等，抑制国有大股东控制下的盲目海外投资行为，实现国有资产的保值增值。

3）拓展人民银行对民营企业“走出去”的窗口指导机制

一是提高中国进出口银行等政策性银行金融支持民营企业“走出去”的能力，扩大政策性银行在境外开展进出口金融业务的国家范围，特别是在一些市场前景好、中国企业开始进入投资，但金融资源匮乏的欠发达国家和新兴市场国家。政策性银行先行先试，在控制风险的前提下研发针对民营企业海外投资的股权融资、并购贷款、项目融资、出口应收账款质押贷款、境外资产抵押贷款等适应经济全球化的离岸金融工具，为商业银行进一步跟进提供政策指引。

二是鼓励商业银行等金融机构为“走出去”企业提供全方位的金融服务。加快商业银行全球授信系统的建设，鼓励商业银行在民营企业对外投资比较集中的区域，尤其是境外经贸合作区、工业园区所在地设立支行或办事处，为境外民营企业提供本地化金融服务。

三是充分利用出口信用保险，扩大保险的作用范围。允许成立针对民营企业的商业性出口信用保险公司，与政策性保险公司形成一种在业务、区域上有所区别又适度竞争的关系，提高出口信用保险的覆盖面和渗透率，加强与国际再保险公司合作，提升抵御风险能力。增加政府出台相应的补贴措施，引导鼓励民营企业在出口和对外投资中投保。

四是建立对外产业投资基金，进行专业化投资。针对特定的区域（国家）、特定的市场设立若干类似中非发展基金的股权投资基金，直接对民营企业境外的项目和公司或者联合民营企业对海外其他项目或公司进行股权投资。设立对外并购基金，通过股权并购，在国际上获取知识产权、品牌、市场份额和资源。基金可在政府的引导和支持下，以民间资本为主，实行商业化运作。

1.10　数字经济有超万亿级市场与爆发力

2019 年京津冀大数据产业创新应用论坛在河北省廊坊市召开。吴维海受邀发表演讲，并提出数字经济有超万亿市场，同时，要正确处理好跨界融合的四个关系，全面推进数字经济国际合作的“五化”路径。

吴维海在数字经济论坛上提出，数字经济与跨界融合具体呈现四个关系：

1）数字经济助推了跨界融合向纵深领域探索和发展。数字经济有虚拟性、高附加性、高渗透性、价值增值性和边际成本递减等特征，它与各类产业具有相互融合、相互推动的内在规律。数字经济时代的技术驱动，使得一二三产业之间、同一产业内部不同行业或产业环节的关联度更高，导致了信息和要素在不同经营主体之间的流动、优化更加便利，大数据、5G、互联网与人工智能等新一代信息技术为产业延伸与跨界融合提供了前所未有的支撑和源动力。

2）跨界融合加速了数字经济的裂变式发展。数字经济从无到有，从低端到高端，从基础的信息化到万物互联、人工智能与泛在化，具有自身的短板与发展瓶颈。通过一二三产业融合及跨界融合，极大地推动了以“互联网 +”和信息技术为驱动的万物互联、人与物品的互联，形成了无所不在的数字连接、信息传递和技术应用，极大拓展了数字经济的发展空间与实施载体，也为数字经济裂变式、蛙跳式发展提供了源源不断的政策、资金、人才、技术等资源要素。从一定意义上说，没有跨界融合，数字经济就失去了生存的土壤及发展的基础。

3）数字经济和跨界融合是相辅相成的正向关系。数字经济的发展，对跨界融合具有极强的推动力和支撑力；跨界融合的扩张目标，必须通过数字经济进行技术支撑和要素链接。同时，只有前瞻性运用数字经济技术和成果的领先企业，才有可能在跨界融合和市场竞争中处于有利地位，才有可能抢占“蓝海业务”、固有市场，挤占同行业的市场和客户，才有可能获得更多投资和人才，才有可能最终形成行业的独角兽或领袖企业。

4）数字经济时代的跨界融合有超万亿级市场与无与伦比的爆发力。人类已经进入了数字与智能时代。“数字经济 +”“人工智能 +”“产业 + 数字经济”等成为未来经济的主要业态。基于数字技术和成果应用的跨界融合市场规模是巨大的，它寄生在每一个产品、每一项服务和每一个经济活动当中，不断进行技术和业态的升级，可以说是无所不在、无所不能。未来产业的边界将更加模糊，甚至走向消失，未来的经济和产业，将不再由一个个独立行业或单个产业等组成，将是数字经济与一二三产业相互交融、彼此渗透，无缝耦合，无法严格区分的。未来经济，将打破产业、企业之间的边界，产业的划分将更模糊，企业将可能是平台化、订单化和虚拟化，未来经济将逐步形成智能产业、数字产业等新动能、新业态，数字技术将与各产业、各行业高度融合、呈现一体化、开放化和标准化等新趋势。数字经济时代，跨界融合将成为新常态、新模式，也会成为实体企业的主要竞争手段和经营策略。

关于数字时代国际合作的新特点，以及国际合作在数字领域的工作重点，吴维海认为：主要体现为“五化”路径，重点推动五个方面的工作。

吴维海指出，数字经济与国际合作是一脉相承的。数字经济的内涵就是开放和信息共享，它具有开放与合作、分享的基因，也就是国际合作的核心要素。数字经济时代，信息互联、人工智能和量子技术等广泛应用改变了世界，改变了人们的生产生活方式，也改变了国与国、组织与组织、人与人之间的经贸合作、文化交流和政策互通等的模式和渠道。国际合作的新特点表现为虚拟化、平台化、规则化、品牌化和订单化。数字经济时代，全球化特征更加明显，经济和文化交流将更加智能、便利，更加跨越地理空间。

基于上述趋势和特点，吴维海提出，国际合作在数字领域的工作重点可归纳为五方面：

1）积极构建国际合作与对外交流的互认规则与运行体系，确保各方经贸往来顺畅与良好信用。要聚焦中美贸易摩擦、各国关税政策、不同国家消费习惯和经贸差异，共同完善和修订 WTO 规则，在区域范围内达成相互确认的贸易规则、合作机制和商品结算体系、金融汇兑机制，规范国际经贸新流程。

2）主动搭建和引领国际交流和贸易互通渠道、交易平台与合作机制，抢占国际政治、经济和文化等交流的制高点。高度重视国际性经贸组织和标准研究，积极参与多边会谈，完善国际经贸交流渠道。

3）推动形成以国家战略和开放共享为指引的全球经济、金融规则和双边、多边经贸协议。以促进我国经济转型、对外开放和全球资源要素自由流动为目标，加大全球经济、金融、信用机制建设，为全球合作提供良好氛围。

4）构建以国家战略和合作共赢为导向的一带一路“五通”区域机制、经贸体系，以及各国之间开放包容的利益共同体、责任共同体和命运共同体。完成不同国家和地区之间地位平等、开放共融的发展格局。

5）全面推动智能产业、数字经济的产业化、规模化、品牌化、标准化和国际化，以数字经济和智能技术促进国际合作的高水平、高质量发展。共建和谐、平等、开放、共享的国际合作新秩序，让世界更智能，让人类共同拥抱互联、繁荣、开放、和谐的数字经济新时代。

1.11　解答习近平总书记对乡村振兴寿光模式的问卷，打造乡村振兴的“五位一体”寿光模式

2019 年 4 月 13 ~ 14 日，吴维海执行院长参加了中国社会科学院与潍坊市及寿光市政府组织的乡村振兴寿光模式创新研讨会。吴维海受邀做了专家发言。

潍坊市是我们非常熟悉的城市，我们团队为潍坊编制了乡村振兴、动能转换、健康医养等规划，以及农业金融创新和节能环保产业园规划，并在山东东营、威海、聊城、青岛、滨州等地级市开展了很多课题合作与规划交流。最近在给河南、贵州、宁夏等省、市、自治区有关政府编制乡村振兴、文化产业、动能转换、全域旅游、高质量发展和数字城市等规划方案，并与地方政府开展“十四五”规划前期课题研究。2019 年 1 月 15 日我们组织召开了国家乡村振兴战略及创新成果研讨会，国务院参事室、国家发展改革委、农业农村部、中央农办、中国宏观经济研究院、北京大学、中国人民大学等相关部委领导、专家参加了论坛并讲话，同时对乡村振兴热点难点展开了讨论。

乡村振兴战略是习近平总书记在十九大之后，我国经济发展进入新常态，致力于建设社会主义现代化强国，实现“中国梦”这一宏伟目标的长远部署，是党中央、国务院带领全国各族人民，以人民群众对美好生活更高的需求为目标，以农民为中心，以解决城乡二元结构，逐步消除城乡居民收入差距和公共服务不均衡的深层矛盾的重大布局，也是国家部委、各级党委政府的历史使命与光荣职责，

是中华民族的千年大计，国家大事。

习近平总书记和国家对包括乡村振兴战略的寿光模式在内的潍坊模式创新地提出了“历史的大考（题）”。山东省长期以来都是全国农业改革发展的样板省，潍坊市是全国农业改革创新的示范城市和排头兵，寿光市是全国蔬菜大棚种植与技术创新、产业带动和对外输出的源发地和领头羊，是全国蔬菜种植与人才培训、技术外溢的“黄埔军校”，它为全国农业发展和蔬菜跨季节、跨区域、跨国别种植与交易等提供了持续的实践经验和巨大贡献，极大地改善了全国人民，甚至全世界人民的菜篮子、米袋子，提高并改变了人民的生活品质与消费习惯，成为山东省在全国的农业符号和一面旗帜，成为中国在世界各国的独有品牌和良好口碑。应该说，以蔬菜反季节大棚种植为主要特征的寿光模式是寿光的骄傲，潍坊和山东的骄傲，也是全国人民的骄傲，它体现了寿光人民群众的智慧与巨大的创造力。国家领导人、国家部委长期关注、支持和肯定寿光经验与寿光模式，并有很多考察和重要批示。2018 年全国两会期间的 3 月 8 日，习近平总书记视察山东代表团，对山东省乡村振兴工作提出了很高的目标，对潍坊模式、寿光模式和诸城模式在乡村振兴战略方面的创新地提出了更高的要求，为寿光市委市政府和寿光人民出了一道新时代践行国家乡村振兴战略，打造寿光新模式的“历史考卷”。这一考卷承载了习总书记和党中央、国务院对寿光市的重托和希冀，这是全国 14 亿人民，包括 8 亿多农民在内的共同的期盼。这一问卷沉甸甸，分量重，责任大，具有历史使命感，责无旁贷，时不待我，需要百倍的努力和创新，去探索，去解答。

山东经济的二次腾飞和潍坊农业的振兴期待寿光模式的内涵提升与再创辉煌。当前，山东省潍坊市，包括寿光市有五大战略叠加的发展机遇和模式创新的重大利好：

一是 2019 年中央 1 号文推动、五级书记亲自抓的国家乡村振兴战略走向纵深。

二是 2017 年实施、2018 年国务院 1 号文批复的国家级新旧动能转换试验区建设取得的阶段性成效。

三是国家创新驱动战略为乡村振兴插上了科技的翅膀。

四是 2014 年全面推动的“一带一路”倡议获得世界各国广泛共识并为对外开放带来了新机遇。

五是以开放共享和国际化为引领的海洋强国战略，是寿光市农业新动能培育的增长极。

上述五大战略融合，为乡村振兴寿光模式的提炼、实践，再提炼、再实践，理论提升和面上推广提供了广阔的舞台。与全国各城市比较，寿光市享有国务院 2018 年和 2019 年 1 号文件批复的国家级新旧动能转换试验区、国家级农业开放发展综合试验区两个试验区的国务院批复，还有习总书记对乡村振兴寿光模式的标杆期望和新要求，这三大高端目标和对标要求，既是压力，更是动力，也是历史使命和机遇。

近些年，山东省在创新发展和经济转型工作中有些滞后，官本位和黑笨重的产业结构抑制了经济发展速度和质量，山东省委书记刘家义两次拷问山东省如何创新发展，如何追赶江浙广东，如何争做李云龙式的领导干部，如何大胆创新与突破，坚决避免发展窘境，这些自我剖析，入木三分，令人反思，对寿光市也是鞭策与激励。在这样的机遇和重托之下，寿光市没有理由，也没有时间去犹豫，去彷徨，而应该统一思想，提高政治站位，树立世界眼光，国际标准，聚精会神，整合优化资源和力量，以千倍的信心、功成必定有我的魄力，以实践探索和经验总结，去完成“乡村振兴寿光模式”这个历史性的答卷。

我们对寿光模式的研究和思考。国家发展改革委国际合作中心是国家发展改革委重要的智库和事业单位，肩负一带一路研究、国家战略解读和引导，国际合作等职能。国合华夏城市规划研究院是国家部委新设行业智库及专业智库，长期致力于一带一路倡议、乡村振兴和新旧动能转换等重大国家政策、战略规划与实践案例，与全国各地建立了紧密的战略合作关系，近期在积极推动数字乡村和智慧乡村振兴系统建设，在谋划和研究地方“十四五”规划课题和“十四五”规划编制等工作。2018 年 2 ~ 9 月，我们研究团队用了 8 个月的时间，整合国家发展改革委、农业农村部、国家水利部、科技部等部委领导、专家和央企、智库学者等资源，多次调研和反复论证，与潍坊市共同编制完成了《乡村兴战略规划和三年行动计划》，并受托完成了《坊子区乡村振兴战略规划》等多个乡村振兴战略规划等课题，初步描绘了乡村振兴的潍坊模式。我们确立的乡村振兴潍坊模式，遵循了统筹规划、因地制宜、差异化的原则，体现了“融合化、均衡化、高质化、特色化和国际化”的五化定位，对潍坊市产业振兴、生态振兴、组织振兴和人才振兴等做了创新与探索。我们建议乡村振兴诸城模式的内涵为“产业链、价值链和利益链三链重构，以及产业链延伸、价值链提升和利益链优化等”；我们提出乡村振兴的“坊子模式”为“一二三产业融合化、绿色化、科技化、品牌化和以莫沙夫为代表的国际化”等。

乡村振兴寿光模式建议以“五化”模型，推动“五位一体”，进行工笔画，重点描绘和实施五种能力的行动路线图。过去十多年，寿光市在三农工作中取得了大量实践经验，特别是大棚蔬菜种植技术，走在了全国的前列。但是，对标对表江浙等先进地区的农民收入水平和农业产业结构，从全球、全国更高标准和总书记的要求来看，差距仍然存在，寿光市农业结构调整、在育种技术、标准和品牌建设、特色优势挖掘、管理与模式创新、三产融合与开放共享等方面，需要探索提升。主要体现在乡村振兴聚焦领域宽度不够、系统不足、融合不够、缺少平台及开放性不足。

从寿光市资源禀赋看，三圣文化将推动寿光成为文化圣城、国际化都市建设。从乡村振兴和城乡发展看，一个城市或乡村振兴的基本层级是产品、营销、服务、品牌、标准、文化、平台。潍坊和寿光市目前进行产品规模化，开始重视营销，服务被动化，品牌和标准建设尚处在摸索的阶段，文化产业被忽视和存在认知误区（只作为文化馆、展示，没有挖掘其巨大的产业化和产业链、价值链重构的潜力等）。寿光市乡村振兴与模式创新的爆破点和核裂变是，三圣文化必须在高端打造发力，引领产业链和全球品牌，以及平台化、品牌化、融合化、国际化、高质化、科技化。从新旧动能转换看，寿光蔬菜是旧动能，要有中出新，提升优势品牌与产业链条，三圣文化是全球独有，产业延伸和开放空间无限。乡村振兴工作中，不要抱着三圣文化这个金娃娃（熟视无睹），只会淘烂泥巴（过度依赖土地资源单纯种植蔬菜）。将来要蔬菜育种和种植、三圣文化产业化两手抓，以三圣文化重塑寿光高端品牌。

经过对寿光市资源能力、产业结构和文化基因的分析与问题思考，提出并建议寿光市应创新和推动乡村振兴“五位一体”的寿光模式，即蔬菜种植、加工与服务等融合化；农业育种、生产、物流、交易、监测等平台化；有机蔬菜和产业（产品）品牌化（标准化）；蔬菜种植、农业生产、深加工与乡村管理等智慧化；三圣文化国际化（五化模型，或称五位一体）。

基于五位一体模型，探索培育推进乡村振兴寿光模式的五种能力，用工笔画绘制乡村振兴行动路线图：

一是以国际标准打造战略决策和资源聚集的综合能力。寿光市是全国学习和追赶的标兵，国家乡村振兴战略期待更高的目标和战略定位，通过研究、制定达到或超越江浙水平的指标和尺度，衡量已有工作和布局，对标找差距，制定有挑战、有引领性的寿光模式战略架构和指标体系，锻炼优化干部队伍、企业家队伍、科研队伍和智库队伍四支队伍，聚集并打造国内国际智库支撑平台与营销推广平台。

二是以高质量发展为标准打造全方位、流程化、闭环考核的农业优先和运营创新能力。建立农业农村优先的财政引导办法和干部激励政策，强化农业和乡村组织振兴创新水平，真正把农业挺在前面，抓在手上，放在心上，改到痛处，落到实处，形成强大合力。

三是以农民高速稳定增收为目标打造融合、普惠、共享的产业振兴与创收新模式和新标杆，要加强干部队伍和致富带头人、乡贤能人等价值观和政策宣贯，推动部委智库与潍坊市、寿光在乡村振兴领域的研究及课题合作，强化政策与能力培养，抓住农民创收的关键和制度设计，妥善解决村集体资产与收入分配、能人办厂与村民入权分红、农业生产与二三产业融合、村庄搬迁与土地增值分享等改革与实践模式，最大限度保护农民利益和带动共同持续致富。

四是以三圣文化与涉农产业为支撑，打造三圣之城品牌与文化产业化的运作能力。寿光蔬菜种植和大棚技术是传统优势和旧动能，需要转型提升。而寿光市有全国、全球独有的历史和文化资源，由于诸多原因一直被忽视，没有得到应有的挖掘和放大，更没有划作城市名片、新兴产业和强大的磁场与张力去推动，很是可惜。2018 年我们在编制潍坊乡村振兴战略规划时曾研究并提出，寿光应全力打造“三圣文化”，将其作为寿光市、潍坊市，乃至山东省文化振兴的跨世纪工程和头等大事。寿光最宝贵且独有的三圣文化，即贾思勰《齐民要术》为代表的中华农圣、以制盐为主业的中华盐圣、以创造文字为贡献的中华文圣，三圣聚集一身，寿光市的文化光环大放光彩，全球无双，三圣都与乡村振兴和农业相关。基于三圣文化和历史，可串联寿光和潍坊的农业技术、海洋文化挖掘与一带一路、人类文明与乡村文化，进一步串联与山东省境内的儒家文圣孔子、兵家圣贤孙子、治国大家管子等，进而搭建齐鲁文化新高地、中华文明新品牌，并且在寿光市构筑超越蔬菜种植传统“物”的理念的哲学层面和文化层面的新文化、新哲学、新产业、新品牌和新标准，进一步耦合与贯通寿光市农业技术、标准制定、海洋水产、海水制盐、海洋化工和国际贸易等诸多产业，通过三圣文化的打造、引领和产业化，高效全方位地形成寿光乡村振兴的新动能，对外开放的新载体，把寿光从蔬菜之城变为中华文明之城、三圣之城，极大提升寿光市在全国、全球的文化虹吸力、品牌传播力和产业共生力。

五是以国际化都市建设为目标且基于三圣文化和一带一路倡议，打造开放的政府、开放的经济、开放的文化和开放的平台构建与实施能力。以乡村振兴为抓手，倡导开放共享，增强文化自信，鼓励和引进李云龙式的干部与企业家，以三圣文化和蔬菜育种等标准化，辐射带动全国，外溢输出到海外，形成巨大的产业振兴示范园、三圣文化产业集群和国际经贸文化交流交易平台。

相信不久的将来，寿光将不只是蔬菜之城，更是三圣之城，中华文明发源地和世界文明聚集与交流的中心城市，是文化之城，是我国农业和乡村振兴的圣地，是高度开放的国际化都市。

1.12 我国企业“一带一路”面临七大挑战及六大对策

“一带一路”倡议是习近平总书记于 2013 年提出并由国家各部委积极推动和企业等广泛参与的重大国家战略。企业作为“一带一路”倡议的海外工程和对外贸易参与者发挥了实施和战略推进主力军的作用。经过几年的实践，我国企业在“一带一路”倡议的国际合作工作中积累了不少经验，也存在诸多亟需解决的问题和挑战，有必要系统研究并提出针对性解决方案。

1. 我国企业参与“一带一路”建设的现状

自“一带一路”倡议提出并推进实施之后，我国对外贸易和海外基础工程建设等工作取得了跨越式发展。我国与一带一路沿线国家以及欧美国家的进出口贸易、投资规模、对外合作项目等全面召开，我国企业参与“一带一路”建设的积极性较高，并且取得了阶段性成效，其明显特征是，“一带一路”对外合作项目和双向投资潜力进一步释放，参与一带一路项目和工程的国内外企业数量和规模持续增长，海外国家和国际组织、全球企业等普遍参与该倡议当中。到 2018 年末，我国企业对“一带一路”沿线的 56 个国家实现非金融类直接投资 156.4 亿美元，同比增长 8.9%，占同期总额的 13%。

2. 我国企业参与“一带一路”面临的七大挑战

总体来看，我国企业在参与“一带一路”建设过程中，存在海外国家政策研究不够、投资增速趋缓、项目合作不稳定、投融资困难、潜在风险化解渠道少、人才储备不足等诸多挑战。

一是海外国家政治和政策研究不够。由于多方面的原因，我国企业对项目合作或国际贸易的国家政治、政策、市场和文化等研究不多，对开展的业务在当地的认可度与影响因素分析很少，存在潜在的风险、可能的矛盾及问题。

二是海外投资增速趋缓。受到国际形势和全球经济危机、美国发起的贸易保护等影响，近年来我国企业海外投资增速有所放缓，对“一带一路”沿线国家非金融类直接投资额也有所下降。据商务部、外汇局统计，2018 年，我国全行业对外直接投资 1298.3 亿美元，同比增长 4.2%。预计 2019 年总体投资增长速度可能放缓。

三是我国企业对外合作存在不稳定因素。部分海外国家政治和政策波动性强，影响了我国企业的海外投资或贸易。在部分海外国家，我国企业对外承包工程的完成营业额有所降低，对外劳务合作人数波动较大，外派劳务总人数增速趋缓。

四是我国企业对外投资成本与风险增加。近年以来，我国企业参与“一带一路”建设过程中，面临利率、汇率、商品和原材料等金融成本波动，无形提升了企业投资成本。企业参与“一带一路”项目涉及的国家与地区，多存在交通、通信、互联网、供水、供电、供气等基础设施不完善的问题，使投资成本和项目实施成本提高，加大了经营风险。“一带一路”涉及的部分国家或地区，各国非正常手段的恶性竞争、政治局势不稳等因素加大了水电、高铁等重点合作项目执行的难度，企业员工人身安全和财务安全的风险容易发生。对外合作国家的财务审查、劳工制度等不明确或法律理解的偏差，也加大了我国企业对外合作的综合成本。

五是企业对投融资较为困难。由于国际合作项目一般金额大，工期长，投资收益总体不高，所在国家经济条件往往薄弱，项目自有资金相对不足，需要通过各种融资实现。而相关项目的海外融资担保与抵押等相对少，跨国合作的影响因素过多，获得金融支持的渠道和规模受到较大限制。我国企业参与“一带一路”建设要想更大规模地获取市场价值，就需要与合作国家开展大规模的产业与园区投资，积极推动双向贸易或技术引进输出等，而这种投资或合作的规模较大，回报周期较长，投资风险较高，获得银行贷款或金融机构融资的难度较大。

六是我国企业对外合作风险识别不足。我国企业面对的合作国家，如非洲和东南亚等一些国家或地区存在政治、经济或军事局势的动荡，我国企业对海外政策、法律、项目所在国政治和军事形势研究不深，预判不够，对项目的风险、安全性认识不到位，缺乏对“一带一路”沿线国家项目风险的跟踪与监测、化解机制，也没有高水平的专业机构提供所在国经济形势和项目风险监测服务，一旦面临当地的政治动荡、所在国经济环境恶化，或者官员腐败等问题，就会波及我国企业参与的项目或工程，往往遭遇巨大的损失。

七是我国企业对外投资及合作的人才储备不足。由于不少企业海外工程和贸易等规模小，从事时间短，培养或引进人才数量少，质量相对不高，相当一些企业缺少与“一带一路”项目相适应的贸易规则、文化交流与人才培养机制，从事相关项目的高管和工程人员也是实践经验不足，熟悉海外合作国家的政策体系、专业知识、社会公关、文化基础等的复合型人才匮乏。同时，我国一些企业受自身利益驱动，在海外业务实施过程中，缺乏企业自身和不同企业之间的战略互信、高度协调与相互支持，也没有构建企业之间的海外项目风险防范预警机制，国家层面也没有构建有效的国际人才培训机制和一带一路沿线国家风险研究和预警化解机制。

3. 我国企业“一带一路”建设中应采取的六大对策

针对上述挑战和不足，我国企业参与“一带一路”建设，应该采取政府和企业互动，多方参与和动态协调，多策并举，确保海外合作项目和国际贸易的可持续、高质量推进。

一是提高国家层面的政策指导和专业服务。国家有关部委出台政策或牵头，鼓励和引导企业及行业组织搭建跨行业、跨国别、跨企业的一带一路沿线国家政策、法律、市场和风险研究与预警平台和中介服务体系，聚焦重点问题和国家，分类分行业研究，并定期发布或提供定制化服务。加强跨国之间营造环境，与各国共同为企业投资创造良好的、可预见的营商环境。加大对海外项目融资渠道和模式创新研究，帮助企业拓宽合作思路，解决项目融资结构和风险聚集等问题。

二是加强对合作国家的风险评估。我国企业在对经贸合作与投资过程中，应加大资金和人力投入，积极参与和开展所在国家政治、经济、社会、文化等风险评估，主动与所在国大使馆、海外国家协会及行业组织、境内外保险公司等开展合作，通过项目环境研究、金融风险检测和项目投保等，全面把控和及时化解潜在风险，有效防范所在国家的政治、市场、金融及社会风险，利用国内外各利益渠道，维护自身合法利益。

三是完善海外分包与并购措施。以项目质量管控与分散风险相结合，以市场为导向，以法律为准绳，以模式创新为驱动，研究探索海外重大工程、国际合作项目、海外商品技术贸易、跨国企业并购等不同特点与各自风险，根据自身战略定位、业务发展需要和风险偏好等，探索并选择投资与贸易合作伙伴，积极创新国际合作新机制，构建本地施工、商贸或投资机构参与风险分解和利益分享机制。按照企业海外布局和战略定位，开展海外并购、合作、投资等合作对象的调研与评估，准确把握目标企业的信用度、融合性、业务真实性，以及发展潜力，做出合作或并购的决策。特别要分析和了解海外合作伙伴或者并购存在的风险与不确定性，充分考虑并购收益，进而做出科学的风险决策。

四是创新对外投融资模式。加大企业融资渠道和项目收益分析，加大对合作国家政府、金融机构和合作伙伴等研究及调研，主动协调所在国的行业协会、金融机构和中介机构，多方面考察项目、合作伙伴和所在国家政治、经济和军事局势，加大对重点项目等融资创新和渠道研究，利用国际金融组织和国内专业机构，分析目标项目的各种影响因素，做出融资结构和融资规模等决策。如有必要，积极探索引进投资机构和垫资合作伙伴等风险分摊的模式。同时，加上汇率分析和国际重大事件等研究预判，准确把握国际汇率变化，选择适合和稳定的外汇种类作为结算货币。如果政策允许，可以推动投资与贸易的人民币结算，保持跨国货币结算的稳定性，回避国际结算汇率损失，提高人民币国际化程度。另外，探索盘活企业境外资产，创新股权、土地、矿产开采权等融资抵押模式，推动外国政府贷款、跨境 PPP

和银团贷款等融资投资方式，以合作经营、联合开发等模式开展海外工程或贸易，在规避风险，获得融资的同时，推进工程项目和国际贸易的顺利进行。

五是提升企业对外项目运作能力。完善跨国企业经营管理机制，增强企业对知识产权、反倾销、反垄断、劳工政策等信息认知和决策匹配分析，消除不同国家的文化差异和贸易壁垒，完善国家、行业协会和企业层面的国际贸易、海外项目的利率、汇率、商品和原材料价格波动风险防范与预警、化解机制，对冲可能的各种风险。加强与所在国家政府和行业协会等沟通与合作，充分利用华人华侨关系与资源，为企业自身打造专业化、国际化的商业模式和人才队伍。同时，注重承担当地社会责任，履行企业责任，塑造良好企业形象，获得当地政府和民众的认可与支持，营造良好的软环境，为当地创造就业机会，增加当地财税收入，引领和带动所在国家的经济发展。

六是强化资源聚集整合能力。增强国际视野，聚集智库资源，强化与国内一流智库，与各类国际化机构和法律、会计、金融等中间组织的合作，主动构建利益共享、互联互通的社会组织参与和信息服务综合平台。提高政治站位，强化与地方政府、海外政府等沟通互动，加大政策咨询与项目实施信息共享，对接当地有行政及市场功能的中间组织，畅通政策、经济、法律和市场等信息，形成与当地政府、行业组织、社会公众等友好、协同的关系，塑造在当地的良好口碑与社会责任形象，获得当地政府和民众对项目和国际经贸等的支持与认同，回避相关风险，扩大我国企业对外合作的生存、发展与提升的新空间。

1.13 高俊才司长在襄城县油菜花节关于乡村振兴演讲

襄城县推动乡村振兴分为五个方面，包括产业振兴、生态振兴、文化振兴、人才振兴和组织振兴。

1. 产业振兴

既要重视规划，也要重视项目，还要重视品牌。无论什么地方，什么时候，“不谋全局者不足以谋一域，不谋长远者不足以谋一时”。“人无远虑，必有近忧”，所谓“远”不仅是时间概念，也是空间概念，一时一地之事，是整个时空坐标系中的一个点。要找准自己的坐标点，首先要弄清坐标系，规划好比坐标系，项目好比坐标点，品牌是产业振兴的必要方式和重要标志。规划失误是最大的失误。所以，国家、地方、企业都要充分重视规划。

提倡多规合一，先要做到多规协调。做好乡村振兴规划，要把握好区域规划的重点，“上接天线，下接地气”。“接天线”就是和中央精神在思路上与项目上相对接。“接地气”就是要实事求是，一切从当地实际情况出发，不搞“一刀切”和形式主义。

中央一号文件提出，优先发展农业和农村。国家资金、地方资金、企业资金和社会其他力量都将向农业农村倾斜。这是因为中国要到 2035 年实现基本现代化，2050 年实现全面现代化，而实现现代化过程当中，需要解决的最大短板是农业和农村现代化问题。2018 年 9 月 27 号《人民日报》刊登了中共中央国务院发布的“乡村振兴战略规划（2018—2022 年）”，附表十几个专栏提出了一系列重大工程和行动计划，襄城县在做规划的时候，要一一对照，结合实际情况具体对接和落实。

乡村振兴的项目，可“无中生有，有中选优”，没有项目可以创造出项目来，并在众多的项目中选出优质的项目，由数量型转变成质量型。过去乡镇企业的发展有四句话：“人无我有，人有我优，人优我廉，人廉我转”，这些经验现在也有参考价值。

乡村振兴项目要充分重视富民。襄城县现有的这些项目，富县、强县效果很好，今后需要更多的富民项目。应该是把大而强的强县项目和小而广的富民项目结合起来，同时并举，缺一不可。

农业上有“三品农业”之说，即品种，品质，品牌。品种是品质的前提，品质是品牌的前提，品牌做好了才能提高经济效益。比如说我们买衣服，没什么品牌的衣服，一两百块钱，但如果是一个好的品牌，就能达到一两千甚至更多，所以做好品牌是提高效益的一个重要手段。“品牌 + 电商”是发展现代产业的两个重要抓手。“电商下乡，带动老乡”，促进城乡一体化和农业现代化。

电商举几个乡村发展电商例子，浙江桐庐县属于政府驱动型，县政府与阿里巴巴建立了全面伙伴关系，制定了启蒙计划。电商培训上万人次，2015 年就实现了电商的全覆盖。还有网商驱动型，比方说广东揭阳有一个镇，网商在地方驱动，取得了很好的效果。还有产业驱动的，河北邢台清河县，当地特色产业发达，原来的线下销售模式效果不好，通过网上销售，销售通路更广，这就是产业驱动型。

还有综合发展型，比方说浙江丽水市，就是政府和网商联合起来发展电商产业。

结合襄城县的特点，政府可引导电商和更多的企业和电商联合起来办产业园，“物”和“流”两个方面并举，物好流畅通，线上流、线下流都要畅通，“物”和“流”两个方面都要强，“物”“流”二者缺一不可。

再谈谈一二三产业融合发展。现在提倡“1×2×3”，一产如果做不好的话，0×2×3就等于0。首先要把一产做好。襄城县是一个农业大县，农产品优势很明显，除了刚才说种粮和养猪，还有大豆、烟叶、蔬菜等，基础也很好，一产与二产、三产都做好，可延长产业链，提升价值链和效益链。

产业振兴要进一步发挥外出务工人员的作用。襄城县现在有接近20万在外打工人员，其中很多人不仅有钱，还有技术和管理能力，通过创办产业园等方式将这些人才吸引回来，引凤回巢，在家门口乡创业，既强县又富民。

2.生态振兴

先从理念上讲，生态文明主要有六个方面：一是生态空间包括“山水林田木草生命共同体”；二是生态经济指发展“生态型经济、经济型生态”等；三是生态环境包括“美丽乡村”“美丽中国”建设；四是生态文化需要创造氛围、拓展内涵；五是生态生活的重点是建设节约型社会；六是生态技术需要在生产和监管等方面的加强技术创新。

2019年两会期间李克强总理在《政府工作报告》提出：因地制宜开展农村人居环境整治，推进“厕所革命”、垃圾污水治理，建设美丽乡村。

认真研究和学习浙江经验。浙江省农民人均收入连续二十多年领跑全国各省（自治区），2017年浙江农民人均可支配收入24955.8元，比全国的13432.4元，高出86%。与此同时，浙江省的农村人居环境整治工作也领跑全国。早在2003年，时任浙江省委书记的习近平同志亲自调研、亲自部署、亲自推动，启动实施“千村示范、万户整治”工程。16年来，浙江省始终践行“绿水青山就是金山银山”的理念，一以贯之地推动“千村示范、万户整治”工程，村容村貌发生了巨大变化。目前，全省农村生活垃圾集中处理建制村全覆盖，卫生厕所覆盖率98.6%，规划保留村生活污水治理率100%，畜禽粪污综合利用、无害化处理率97%，村庄净化、绿化、亮化、美化，造就了越来越多的生态宜居美丽乡村。在推进生态文明建设的同时，推进思想文化建设，通过村规民约、家规家训“挂厅堂、进礼堂、驻心堂”，实现乡村文明提升与环境整治互促共进。浙江的经验，得到国内外广泛的高度评价，2018 年 9 月，浙江的“千村示范、万户整治”工程获联合国“地球卫士奖”。2019 年 3 月 7 日，中央办公厅、国务院办公厅转发了中央农办、农业农村部、国家发展改革委《关于深入学习浙江“千村示范、万户整治”工程经验扎实推进人居环境整治工作的报告》，要认真贯彻落实。

美丽乡村这个美丽的名字，近几年已经得到了广泛认可，很符合人们美好生活的愿望。不同时期的内涵不同，“国家乡村振兴规划”第六编用三章专门规划了“建设生态宜居的美丽乡村”，这三章分别是：“推进农业绿色发展”“持续改善农村人居环境”“加强乡村生态保护与修复”。乡村不仅要美丽，而且要有新产业、新业态和文化品位；把一个农村比喻为一个人，不仅要颜值高，还要身体好、有道德修养和文化知识。美丽乡村，既要富，也要美；既要村容村貌的外在美，也要广大村民的心灵美。

3．文化振兴

振兴文化既是精神文明建设的需要，也是精神变物质的需要。在深入挖掘农耕文化所蕴藏的优秀思想、人文精神、道德规范的过程中，要结合时代要求古为今用，“在保护传承的基础上创造性转化、创新性发展”。百业农为先、百善孝为先，要大力弘扬孝道文化，弘扬“仁义礼智信”等理念，根据新时代特点进一步创新实现形式。

现在提倡“守正创新”。“创新”主要是指体制机制和科学技术创新，而“守正”则是指精神层面的道德规范。道德规范跨越时空，是人们长期坚守的精神财富。道德规范需要教化。两千多年前，孔子周游列国到了卫国，他的学生就问孔子老师，卫国这么多人，应该怎么办？孔子说，“富之”。就是说，人多可以调动起来创造财富。他学生又问，富了以后呢？孔子说，“教之”，指的是道德和礼仪的教化。孟子也讲，“逸居而无教则近于禽兽”。中华人民共和国成立初期，毛主席在《论人民民主专政》这篇文章中提出“严重的问题是教育农民”。改革开放初期，小平同志就提出物质文明和精神文明两手抓、两手都要硬。2018年中央电视台的《平语近人》节目，系列播放了习近平总书记重视文化建设的论述，非常精彩且接地气，古为今用，新时代的特点十分明显。

2015年，笔者专门去孔子故里曲阜市学习考察过，市委市政府联合印发了提升市民道德品质的专门文件，内容很具体、可操作，不守信义、对父母不孝顺等道德品质不好的人，列入黑名单，政府机关不予录取，大型企业也不录取。

我国提出建设经济文化强国，各省提出建设经济文化强省，襄城县也应该建设经济文化强县。一个国家、一个地区，如果只是经济强，而文化不强，不算真正的强。

另外，就产业层面来讲，文化和旅游结合可形成促进消费的产业。我看到一组预测数字，2016年农村的文化旅游人次21亿次，预计到2022年要达到32亿次，6年时间增长50%多。文化旅游产业，既是提升精神文明的产业，它也是提升物质文明的产业，这就是精神变物质、物质变精神辩证法。总之，发展文化事业和文旅产业的潜力大，综合效益好。

4. 人才振兴

挖掘内部潜力要与借外力相结合，提高广大农民素质要与培养新型职业农民相结合。新型职业农民与新型经营主体这“两个新型”，是新时代先进生产力和先进生产关系的重要体现，是振兴乡村和促进农业农村现代化的新动能，对于带动农业增效和农民增收的作用会越来越大。大力培育“两个新型”，既是当务之急，也是战略性任务。要按照十九大报告和中央一号文件精神，从需求导向、问题导向和目标导向出发，加大对“两个新型”的培育力度，不断创新培育形式、提高培育质量，进而增强对“三农”发展的带动作用。

新型职业农民需要新型农业经营主体这个舞台施展才能，大批新型农业经营主体舞台需要靠大量新型职业农民搭建和发挥作用。“两个新型”好比好演员与舞台，二者互相联系、互相依赖，要把乡村振兴和农业农村现代化的大戏演好，需要将“演员”和“舞台”并重，联动培育“两个新型”。

新型职业农民，是爱农业、懂技术、善经营，以农业（包括农业与第二、三产业融合的业态）为主要职业、具有新理念和相应的职业技能、收入主要来自于农业生产经营的从业者，目前全国有 1500 多万人。新型职业农民包括技术型、管理型、服务型和复合型人才。振兴乡村、振兴产业首先要振兴人才，一是要培育更多的新型职业农民，二是要把更多的新型职业农民培育成新型农业经营主体的带头人。

新型农业经营主体的组织形式，主要包括家庭农场、合作社（以及合作社联社）、龙头企业、农业社会化服务组织和农业产业化联合体等。新型农业经营主体的带头人大多是新型职业农民，带头人的数量和水平在很大程度上决定各类新型经营主体的规模、质量和效益。

5. 组织振兴

组织振兴是落实“党管农村工作”这一重要原则的组织保障。近百年来，中国革命和建设事业的伟大成就，都是在中国共产党的领导下取得的，乡村振兴也不例外。要把“党管农村工作”与“农民主体地位”统一起来，基层组织要坚持“对上负责与对下负责的一致性”原则。要加强村两委班子尤其是领头人的选拔和培养。

组织振兴是落实“治理有效”要求的组织保障。对于社会治理，想起一个与襄城有关的典故。《庄子》中有“黄帝问童”的典故：“黄帝至于襄城之野，适遇牧马童子”“黄帝曰：夫为天下者，则诚非吾子之事，虽然，请问为天下”“小童辞”；黄帝又问，小童曰“夫为天下者，亦奚以异乎牧马者哉！亦去其害马而已矣”，黄帝再拜稽首。童言无忌，高手在民间。童子管理马群的经验是祛除“害群之马”，他认为治理天下也是如此，黄帝深以为然，也说明了黄帝治国之策有广泛的民间调查基础。

通过这个故事，可以得出两点启示：

一是“教化”与“治乱”相结合，两手硬。既要“打黑除恶”“有恶除恶，无恶治乱”；又要注重教育，富教结合。

二是，制定完善的乡村治理之道，要重视调查民意，现在的治理之道，也要调查各个阶层，“没有调查就没有发言权”。

襄城规划要与国家规划结合好。

“国家乡村振兴规划”专栏中提出了一系列项目，举三个例子：

（1）特色农产品优势区创建。到2020年，创建并认定300个左右国家特色农产品优势区，打造一批“中国第一、世界有名”的特色农产品品牌，增强绿色优质中高端特色农产品供给能力，加大对特色农产品优势区品牌的宣传和推介力度。

（2）农业科技园区建设。突出农业科技园区的“农、商、科”定位，强化体制机制创新，推进农业科技园区建设，用高新技术改造提升农业产业，壮大生物育种、智能农民、现代食品制造等高新技术产业，培育农业高新技术企业超过1.5万家。

（3）第一、二、三产业融合发展示范园。为培育农村产业新业态，到2020年建成300个农村第一、二、三产业融合发展示范园。种养业固然重要，但仅靠种养业还不能使大多数农民富起来，要使第一、二、三产业深度融合，“乘法式”的融合。要培育新业态，将文化和旅游要更好地结合，使文化具有诗意、游人想象更远，城乡居民在提高物质生活水平的同时，还更多地体验“诗和远方”的田园生活。

古代讲，“上下同欲者胜”。现在讲，既要接天线，也要接地气。

毛泽东同志在《反对本本主义》中指出，“盲目地表面上完全无异议地执行上级的指示，这不是真正在执行上级的指示，这是反对上级指示或者对上级指示怠工的最妙方法”。

早在2006年，时任浙江省委书记的习近平同志就撰文《坚持对上负责与对下负责的一致性》。习总书记曾这样告诫：“任何事情都要向上看看，向下看看”“党的根基在基层”“要倾听基层干部心声”。

近日中央办公厅印发的《关于解决形式主义突出问题为基层减负的通知》中要求，“把对上负责与对下负责统一起来”。

在乡村振兴工作中，应该很好地学习并贯彻这些精神，落实好中央要求。

总之，近年来襄城县的各项工作做得越来越好，名片很多，潜力很大。这次来参加活动，很受启发。下面用两首打油诗结束发言。

一首是今天上午看油菜花开幕节目时，对襄城文化有感而发。

桃林仙女抚琴迎，首山文苑忆农耕。

万亩菜花增春色，千年古县文化兴。

另一首是今天下午即兴做的。

工农比翼齐飞腾，城乡互动求双赢。

五大振兴相融合，高质发展看襄城。

1.14　“十四五”规划编制模型与技巧

“十四五”规划前期课题研究和“十四五”规划文本编制已经成为国家部委、地方政府、各类产业园区和卓越企业的重要工作，也是国家部委及行业智库的研究重点。如何编制高质量的“十四五”规划，是国家部委智库积极探索的课题。

吴维海及国合华夏城市规划研究院研究团队创新地提出了“345”规划编制模型，归纳总结了其撰写的《政府规划编制指南》《全流程规划》《产业园规划》《新时代乡村振兴规划编制与案例》《新时代区域发展战略》等专著要点，创新了“十四五”规划编制模型、规划体系、总体步骤、撰写技巧和实施思路等。

2019 年，我国经济进入了高质量发展的新阶段，各地区机遇与挑战并存，发展的压力和挑战比以往任何时候都更加复杂多变，各地区面临的国际环境、国内经济形势总体向好，但是稳中有变。不同地区有不同地区的痛点和挑战，也有“十四五”需要解决的难题。

从“十四五”规划的编制背景和经济趋势对规划编制的要求看，各种问题和矛盾聚集，经济转型的阵痛与新动能培育的困惑交织在一起，需要专业化的梳理脉络，逐步厘清经济政策，明晰规划思路，找准问题焦点，有的放矢，才能编制高水平的“十四五”规划纲要。同时，需要做前期课题和专项研究。

基于国合华夏城市规划研究院及规划案例来看，“十四五”规划纲要的编制与实施，跨越我国经济发展的重要时期，是中华人民共和国成立 70 周年的新延续和新起点，也是各地区高质量发展的进行时和新长征，有必要投入更多的精力和财力去研究，去探索，去提炼，去创新。以前瞻、系统、专业的前期课题研究和“十四五”规划纲要指导实践，引领各地区发展与改革创新。

各地区编制“十四五”规划纲要，应该把握的十大重点：

一是经济社会的主要矛盾和关键指标。这是“十四五”规划纲要的重点内容，也是各地区“十四五”规划前期课题研究的焦点和痛点。“十四五”期间，GDP增速、财政收入增速、生态发展目标、居民收入目标，以及投资规模等，都需要研究和确立。总体看，“十四五”规划期间，各地区GDP增速多数应该在5%～9%之间，少数地区可能出现某些偏离。

二是经济问题和结构性矛盾。这是规划编制的主线和重点，也是促进各地区高质量发展的前提。要聚焦痛点和关键问题，高效率地推进各项工作。“十四五”时期，各地区生态建设、产业优化、科技创新、居民就业和增收、乡村振兴、基础设施建设和对外开放等有可能是规划辫子的研究重点。

三是宏观环境和开放机制。这可能是“十四五”规划研究和着墨的重点与痛点。尤其是中美贸易及相关影响、国际合作与产业开放、农业问题与城乡融合等，需要聚焦研究并提出发展思路。

四是产业发展与生态保护。这可能是“十四五”规划的重点内容之一，也是需要提出新思路、新机制、新业态的重点关注领域。

五是乡村振兴与可持续发展。中央高度重视乡村振兴工作，这也是“十四五”规划着力解决的重大战略性问题。

六是教育文化与健康医疗。如何立足新时代，推动教育体制改革，减少居民教育负担，如何提高文化产业化，探索健康医疗普惠制和开放发展也是“十四五”规划的重点。

七是公共服务和兜底保障。这一直是五年规划的关注点，也可能是“十四五”规划的重点，目标将会更高，措施将会更实，考核将会更严格。

八是科技创新与高质量发展。这可能是“十四五”规划要持续探索和积极推动的重大话题。

九是国防建设和我国台湾问题。在当前复杂多变的形势下，国防建设将更加精准和现代化，我国台湾地区的和平发展也是全国人民包括台湾同胞普遍关心的重大课题。

十是党的集中统一领导、组织和队伍建设等问题。这可能是“十四五”规划前期研究和规划的重要内容。

聚焦上述问题和关键环节，积极提炼规划模型和目标测算，选择部分省市县、重点地区、城市和产业园，共同开展“十四五”规划前期课题和产业研究，形成专题报告，共同探索编制各地区、各园区的“十四五”规划纲要。为编制好地方“十四五”规划纲要，可以采取如下七大编制技巧：

一是“多规合一”与各规划的融合。特别是推动“十四五”规划目标、文稿编写与城乡规划、土地利用规划、环境保护、文物保护、林地与耕地保护、综合交通、水资源、文化旅游资源、社会事业等各类规划的衔接，确保“多规”确定的保护性空间、开发边界、城市规模等重要空间参数相对一致与融合。

二是抓住核心和主线。以人民、政府和社会的主要需求和核心问题为导向，保持清醒的规划调研和规划编制思路。以党的十九大报告、习近平新时代中国特色社会主义思想，党中央、国务院的战略部署为指针，以人民为中心，以不断满足人民群众对美好生活的更高需求与不平衡不充分发展的矛盾为主线，任何时候不能偏离这一主线和出发点。

三是因地制宜且突出重点。基于国家战略和中心任务，以人民为中心，突出本地主要问题、矛盾和人民群众的更高需求，突出优势，聚焦资源和力量，差异化编制规划并形成重点支撑。同时，要加强组织领导，实施一把手工程，政府主要部门牵头，建立规划编制调研和沟通机制，加强高端智库与各级政府的沟通对接，多方参与协调，主动调动社会的力量和积极性，共同编制好本地区的“十四五”规划文本。

四是前瞻且可操作。规划编制要舍得投资，要形成规划编制专班，要引进和发挥高端智库的能力与作用，引进高水平规划编制团队和理念。各地区、各城市编制“十四五”规划，既要接地气，又要高大上，要有国际视野和开放性。要突出政策性、先进性和实操性，杜绝措施空洞、路径不符合实际，目标偏离地区需要，或者没有可落地的措施等。

五是体现“四个度”。可以借鉴和运用国合研究院独创的“345”模型，全面突出“十四五”规划的高度、宽度、亮度和精度。要通过规划编制和系统引领，提高本地区、本城市的决策定位、实践指引、社会发展和产业聚集能力。

六是文稿“五性”尺度。增强规划的前瞻性、系统性、规范性、层次性和操作性（“五性”标准）。要筛选和引进一流智库和规划编制团队，采取科学、前瞻的规划编制思路、总体模型和分析方法，严格规划编制质量控制和沟通流程，以高标准、专业性和高质量，撰写、论证并形成“十四五”规划纲要的前期课题研究，以及本地区“十四五”规划纲要。要政策匹配、语言规范、层次清晰、言之有物，要具有创新开放的理念，规划文本要体现前瞻性、规范性、系统性、层次性和操作性（“五性”标准）。

七是包容引领。“十四五”规划编制与实施不单是本地区的事情，也不只是政府自己的事情，它涉及全体人民和所在地区，涉及面广，影响深远。规划编制和目标要国际标准，世界眼光，要能够统筹国家和上级要求，兼顾国际国内形势，立足本地优势，具有挑战性和竞争性，要与国际环境，国家、上级和本地区的各类规划，与资源环境相衔接，充分发挥“十四五”规划纲要对本地区经济、社会的统筹、引领、协调与推动作用。

第2章 运营管理

运营管理是企业实现计划、组织、领导和控制的重要方式和组成要素。优秀的企业必须要有发展目标、经营计划，有预先的资源安排，有业务流程、审批手续、风险控制和监督机制等，需要科学谋划，精心运营。

2.1 两个大佬同一盘棋

在商界，华为和联想是当今响当当的优秀企业，其掌舵人任正非和柳传志是大家熟知的企业家。两家企业的成功，激励了无数的创业者和寻梦者。它们的成功，离不开两个掌门人和行业大佬的运筹帷幄与战略布局。可是，很少有人会注意到，这两个大佬及其企业集团的成功背后，有着惊人相似的地方：两个大佬有意无意间已经下了跨世纪的“同一盘棋”。

那么，这盘妙棋到底是什么呢?

1. 相似的布局

（1）由小到大，由国内到海外，布局之妙，惊人的相似

华为，由起步到强大，走过了30年。1987年创立于深圳，当时仅是生产用户交换机（PBX）的香港公司的销售代理。通过战略布局和技术突破，聚集和提升了核心团队，逐步形成核心产品和技术，成为国际知名企业集团。2016年，华为支持全球170多个国家和地区的1500多张网络的稳定运行，服务全球1/3以上的人口，在全球部署了超过60张4.5G网络。华为无线家庭宽带解决方案（WTTx），覆盖全球3000万家庭；华为在100多个国家累计部署190多张移动承载网络。华为智慧城市解决方案应用于全球40多个国家的100多个城市，华为主笔了9项智慧城市中国国家标准；华为平安城市解决方案服务80多个国家和地区的200多个城市，覆盖8亿多人口。2016年华为智能手机发货量达到1.39亿台，同比增长29%，连续5年稳健增长；全球市场份额提升至11.9%，居全球前三。

联想，创业到辉煌，风风雨雨，砥砺前行谱写了新篇章。1984年中科院计算所投资20万元人民币，11名科技人员创办，2004年，联想集团收购IBM PC事业部；2013年，联想电脑销售量世界第一，成为全球最大PC生产厂商。2014年10月，联想集团完成对摩托罗拉移动的收购。2014年4月，联想集团成立了4个新的、相对独立的业务集团，分别是PC业务集团、移动业务集团、企业级业务集团、云服务业务集团。2016年8月，全国工商联发布“2016中国民营企业

500 强”榜单，联想名列第四。

（2）两个掌门人有着相似的性格和作风，有各自的梦想和情怀

华为集团的任正非。军人出身，做事雷厉风行，大格局、生活简朴。一部《华为基本法》奠定了华为的愿景、战略和方向，确立了企业的激励机制和发展模式。任正非为人低调，注重创新，视野前瞻。1987 年，任正非集资 21000 元创立华为公司，1988 年任华为总裁。凭借着军人坚毅的性格和战略眼光，推动了华为一次次转型、技术突破和海外扩张，内部实施了严格管理与激励。2005 年任正非入选美国《时代》杂志全球一百位最具影响力人物；2011 年，任正非以 11 亿美元进入福布斯富豪榜，排名全球第 1153 名，中国第 92 名。2015 福布斯华人富豪榜排名 350，全球富豪榜排名 1741。2016 胡润 IT 富豪榜，任正非以 105 亿元排名第 35 位。

联想集团的柳传志。1966 年毕业于西北电讯工程学院（今西安电子科技大学），任职国防科工委十院四所和中国科学院计算技术研究所，从事科学研究工作，北京计算机新技术发展公司（联想集团前身）创始人之一。1988 年创建香港联想。1997 年北京联想与香港联想合并，柳传志为联想集团主席。2000 年 1 月被《财富》杂志评选为“亚洲最佳商业人士”。柳传志经历了国家从积贫积弱发展到全球第二大经济体的时代，深刻体会到早年与跨国公司合作时对方的轻蔑，激发了他的“家国情怀”和“民族自豪感”，联想集团实施国际化战略成就了 IT 界的佳话。联想的柳传志、华为的任正非，以及海尔的张瑞敏等，是国内最早被冠以“教父”之名的企业家。

（3）对待下属和员工，严厉、慈善，体现了企业家胸怀

华为集团的任正非。对待集团高层和下属员工严厉，华为的加班制度早被社会熟知，并且带来一些非议。任正非对待华为高管，非常苛刻，同时也体现出慈善、宽厚的一面。任正非生活低调，简朴，保持了军人本色，他经常被媒体捕捉到乘坐出租车到机场等镜头，日常三餐也极其简单。任正非对犯错误的下属，既

痛心，严厉，又充满慈善、情怀。

联想的柳传志。被称为行业大佬，把联想从小公司培育成多个业务板块的跨国企业，在笔记本领域规模极大，品牌领先。同时，柳传志对于杨元庆等，要求很高。对于联想员工，管理极为严格。对于子女，既严格又充满了慈爱。柳传志认为，自己和子女30%是朋友，30%是同学，40%是家长。家里每礼拜六有一个聚会，在微信里沟通这聚会，有个秘书长出来负责主持。有多少人、喜欢吃什么、喝什么酒等需要秘书长弄得温馨。有时候还请一些朋友来。在聚会讨论的过程中，柳传志经常被子女们亲密地调侃。对于孙宏斌等曾经的下属，柳传志既严格要求，有时候又表现得有些狠，在其困难的时候，又出手相助，积极扶持走出困境。

2. 两个助手的跌宕人生：相似的棋局

（1）任正非善待李一男：让离开的人过得更好

李一男，是任正非非常欣赏的一个助手。从外人的视角来看。任正非对于李一男的培养和提携非常尽心，已经不是停留在伯乐的发现和栽培层面，而是像师、像父。2000年，李一男离开华为单干，带走了华为的人、资金和技术，他做的产品与华为有竞争关系，主要是宽带网络通信技术和产品。任正非原谅了他，并出手阻挡了西门子对港湾公司的收购，华为因此付出了17亿元的代价。让离开的人过得更好，是任正非的宽大胸怀和原则。

李一男的内幕交易案件让任正非等熟悉的朋友为其感到惋惜。2017年，深圳市中级人民法院做出一审判决，牛电科技创始人李一男犯内幕交易罪，判处有期徒刑两年六个月，并处罚金750万元。主要原因是在金沙江创投任职期间，李一男使用别人证券账户买入“华中数控”65万余股，金额1148多万元，获利439万余元。检方认为，在华中数控并购重组的内幕敏感期内，李一男与华中数控总裁李晓涛有过多次联络和接触，并在此期间，有股票的交易行为，因此指控李一男犯了内幕交易罪。这一案件对李一男的事业的发展带来了不利的影响。

（2）柳传志与孙宏斌——解不开的恩与仇

孙宏斌与联想的恩恩怨怨。1989 年 10 月，联想成立企业部，柳传志火速提拔了负责汉卡和微机产品全国分销业务的孙宏斌为企业部经理，当时的孙宏斌只有 25 岁。孙宏斌很快就打开了销售局面，柳传志对他委以重任。后来，孙宏斌开始膨胀，对公司的号令不遵从，严重威胁了联想和柳传志的事业。孙宏斌由于经济问题，被柳传志送进了监狱。1994 年 3 月，孙宏斌从监狱出来创业缺少资金时，柳传志帮助他 50 万元启动资金，并帮助孙宏斌在天津设立顺驰房地产咨询公司，联系银行，以联想的资产帮他圈地、融资，使孙宏斌实现了涅槃重生。柳传志与孙宏斌之间，是敌是友？是恩是愁，是业内争议的一个话题。无论如何，柳传志大度的支持孙宏斌，监狱期间的磨炼和思考，使孙宏斌找到了新的阵地，成就了融创中国和孙宏斌的事业。

柳传志用人倡导四种人的分类管理：一是认同公司价值观，能创造利润；二是认同公司价值观，不创造利润；三是不认同公司价值观，能创造利润；四是不认同公司价值观，不创造利润。对于上述四种不同的人，柳传志认为：第一种人重用，第四种不用；对于第二、第三种人要加大内部培养力度，尽量将其培养成为可以使用的优秀人才。职场里的人分为人力、人手、人才、人物。要重点挖掘和使用人才和人物。

（3）两个大佬的相似棋局

从两个大佬的视野和用人之道看，都有前瞻性和严厉的一面，大胆用人，并在大事面前决断，甚至有些狠。但是，也有其柔弱的一面，均对曾经的助手给予了实质性的支持和帮助，使他们在艰辛之时，看到了希望，找到了自信，实现了某种程度的涅槃和新生。这就是两个大佬的大格局，用人和做事的“同一盘棋”。

从两个大佬的企业战略看，从艰辛的起步，到逐步确定核心竞争力，到国内、国际市场一起拓展，逐步找到了各自的发展格局和主导产业，形成了独特的优势，构建了行业品牌，并逐步成为国际知名品牌。这是两个大佬的战略格局和战略决策的“同一盘棋”。

3. 道与义

（1）“道”为道

大凡卓越的企业，必定有其符合发展规律的战略定位与经营之道。从华为和联想的战略定位、市场转变及用人之道等领域来看，基本符合“道”的规则和市场规则。

华为集团从小规模做起，从模仿和销售，开始进入技术研发，进入程控交换机和手机等核心产业，业务涉及通信网络中的交换网络、传输网络、无线及有线固定接入网络和数据通信网络及无线终端产品，多年来聚焦核心业务和主导产业链。该企业的战略定位和调整，技术突破和产业提升，都符合行业和国家政策，紧跟了国家大形势，引领了全球市场和消费。

联想集团从一家科技公司起家，从销售到研发，业务跨度很大，逐步拓展到了台式电脑、服务器、笔记本电脑、打印机、掌上电脑、主板、手机、一体机电脑等商品和智慧城市等产品和服务。也是以 IT 为主，主动适应行业变化和竞争需求。

从分析来看，两个大佬和企业集团都是主动适合各阶段的产业需求、超前思考和布局，不断提升产品质量，以开放的心态，以及产业链的相对清晰和战略超前等为这两家企业的健康发展提供了明确方向。当然，目前联想集团的手机等业务发展得并不顺利，台式电脑等产业也存在着很大的风险和不确定性，值得警惕。

初步归纳，两个大佬的经营成功之道是：

顺势而为 + 超前布局 + 工匠精神 + 国际视野 + “吃螃蟹” + 挑战自我。

（2）大佬的义

常言道：君子爱财，取之有道。君子喻于义，小人喻于利。大凡成大事的政治家、企业家，都是有情有义的。

从华为和联想的愿景、使命来看，两位大佬和企业集团都有很强的民族情结，对国家、民族和人民充满了感情，有社会责任感。通过各自企业的自我强身、快速发展，增加了社会就业，为国家争取了尊严与荣誉，增加了地方税收和行业的影响力，为民族企业的国际化拓展与健康发展做了探索、试点、示范，具有良好的社会效应和综合效益。这是大义。

从两家企业大佬对于李一男、孙宏斌的资金、道义支持和做法看，既有一定的做人、做事的道理，也有很重的“义”在里面，可谓情义并重，用心良苦。这是情谊、情义。

4. 英雄也有泪

（1）英雄多流泪

英雄无泪，是社会上普遍认为的一般的英雄的行为标准。实际上，英雄也有泪与愁，只是未到伤心处。

历代伟人，多数是重情重义的，只是身在高位，责任重大，往往身不由己。古代大禹治水，三过家门而不入，成为一段佳话。我党和国家的创始人、革命领袖毛泽东主席在红军长征期间，为了红军、革命和国家的大“义”，把亲生孩子放在了老乡家中，后来亲人之间失去了联系。为了抗美援朝，毛主席再次牺牲了儿子毛岸英，英雄怎能无泪？当得知毛岸英牺牲之后，毛主席发出催人泪下的叹息：“战争总要有伤亡，没得关系，谁让他是毛泽东的儿子呢……岸英是个苦孩子，从小没了娘，后来参加战争，没过上几天好日子。”这是毛主席包含了多么深情的独白呀，虽然他内心悲痛，但是胸怀国家，强忍悲痛与伤感，这种大格局、大思维和大胸怀，令人钦佩和敬仰。

（2）大佬的伤心事

华为、联想的两位大佬，虽然没有毛主席的指点江山之胸怀，但是，在商场上，在事业上，同样具有大智慧、大格局，它们也有各自的伤心之处。

任正非被社会各界称为“沙漠里的孤独狐狸”，他很少见媒体，很少参加评选、颁奖活动，甚至华为的品牌形象宣传活动都一律拒绝。任正非坦言：自己与任何政府官员没有任何私交关系，没有密切的工作伙伴；与中国其他企业家几乎没有往来；也没有与任何媒体任何记者有交往，私人生活很痛苦，非常寂寞，找不到人一起玩，和基层员工离得更远。

关于柳传志与倪光南之争，柳传志曾经对杨元庆管理团队的担忧等报道也体现了柳传志的经营理念和情义观。柳传志曾对记者说：越到后来（感情）排得就越重。以前我会把突破目标看得很重，比如我女儿小学到初中，正是我开始办企业的时候，基本一次家长会都没开过。20 世纪 80 年代中国改革开放，各方面都非常活跃，但那时我连有什么好电影都不知道。就是奔着能让企业活下来这个目标去的。人在不同的人生阶段，侧重点未必一样。第一步站稳后，会逐渐趋于生活的全面平衡，考虑的就会比较多。这里体现了企业家对于家庭与亲情的身后感情和深深的无奈。

5. 未来的棋局

（1）世事如棋局局新

对于华为和联想来说，任正非、柳传志下了很大的一盘棋，并且理念、过程和解决有些类似，总体来看，还是成功的，对于民族企业的发展和行业提升，都是有大贡献的。

党的十九大报告，为企业发展提出了长远目标和方向。到 2035 年、2050 年两个阶段性战略目标的实现，社会主义现代化强国战略的推进过程中，华为和联想集团能够做些什么呢？这两个企业的战略定位和各类风险如何评估、防范与界定呢？

从两个企业的业绩和国际竞争力看，目前，华为集团总体上要好于联想集团。任正非、柳传志这两个大佬对于各自的企业战略、用人，以及亲情等各有自己的思考、表现，也在培养各自的接班人队伍。

从历史演变看，华为以《华为基本法》为灵魂，以任正非为核心决策者，逐步构建了华为集团的发展战略与产业布局；并以技术研发和企业文化为引领，聚集并形成了华为企业家精神，成就了今天的华为品牌。联想从零做起，逐步拓展，期间有风风雨雨与磨难，当前也存在行业巨大的风险和挑战，未来之路如何走？

值得深思和前瞻布局。

（2）百年棋局

未来 10 年、20 年、30 年之后，华为、联想集团，还会存在吗？他们将是什么样呢？这个话题很是沉重，但是不可逃避。

当今的社会各界从华为、联想集团那里，从任正非、柳传志两个掌门人身上，能悟到什么呢？

任正非和柳传志这两位大佬级人物退休和逐渐离去之后的华为、联想，准备好了接班人了吗？你们还能走多久、多远？

华为和联想集团潜在的战略风险、行业风险和管理风险等在哪里？有多大？怎样防范和化解？这是需要不断深思和提前布局的。

“弈海航行三万里，棋林窥看一千河。”

世事如棋，任正非、柳传志给人们带来了同一盘好棋，棋理和棋谱都值得揣摩和认真深思。

未来的每一天，必将是新的棋局和棋手。接下来，任正非、柳传志能出什么招数？这两个大佬之后的华为、联想集团，都准备好了吗？

这，是要系统考虑，是全新的棋局。

愿两位大佬布下的这盘棋，将会一直走（棋）下去，至少持续百年，甚至千年。棋局总要解的，不管你是否愿意[①]。

2.2　透析海尔现象

海尔集团是值得尊重的企业。张瑞敏和海尔经验，被列入哈佛案例。研究张瑞敏和海尔经验、海尔文化，对于企业管理有很好的启示。

---

① 来源：吴维海，2015 年。

1. 海尔有大海般的胸怀

张瑞敏说："海尔应像海，唯有海能以博大的胸怀纳百川而不嫌其细流；容污浊且能净化为碧水。正如此，才有滚滚长江、浊浊黄河、涓涓细流，不惜百折千回，争先恐后，投奔而来。"

"一旦汇入海的大家庭中，每一分子便紧紧地凝聚在一起，不分彼此形成一个团结的整体，随着海的号令执着而又坚定不移地冲向同一个目标，即使粉身碎骨也在所不辞。"

这就是海尔的胸怀，海尔的性格。海尔犹如一个谜，让你猜不透。

（1）海尔在快速成长

海尔集团总部在山东省青岛市，企业从一个濒临破产的小企业开始了艰难的改革与创新，逐步成长和发展，并成为世界知名的企业。

海尔的成功，很大原因是其构建了独特的企业文化。海尔文化究竟是什么？海尔的经营战略是什么？海尔的目标又是什么？让我们把思绪的小舟，慢慢驶入海尔的大海中，去领略其风采。

1984年时，海尔集团的前身，是一家600多人、产品单一、濒临破产的冰箱厂。短短20多年，迅速成长为有白色家电、黑色家电、米色家电等共96大门类、1.5万多个规格产品群、产品出口到世界100多个国家和地区的跨国集团。2004年，海尔全球营业额突破1016亿元，蝉联中国第一品牌，品牌价值616亿元。在2005年度《世界品牌500强》排行榜中，海尔再次入围世界品牌百强，荣居第89位。在英国《金融时报》2005年8月公布的"中国十大世界级品牌"调查排名中，海尔荣居榜首。

海尔的首席执行官张瑞敏1999年被英国《金融时报》评为"全球30位最受尊重的企业家"之一，居第26名；2004年被美国《财富》杂志评为"亚洲25位最具影响力的商界领袖"之一，位居第六；2005年《财富》杂志中文版评出"中国最具影响力的25位商界领袖"，张瑞敏位居榜首。

海尔集团在全球按照营业额排名，白色电器制造商中全球知名。"真诚到永远”是海尔的口号，已经成为海尔品牌的一部分。海尔的管理模式得到了全球公认，美国的哈佛大学和南加州大学，瑞士洛桑国际管理学院，法国的欧洲管理学院、日本神户大学等商学院，把海尔案例，列入了通用教材，这在中国企业界是唯一的殊荣。

（2）关于张瑞敏

海尔的快速发展，离不开张瑞敏的策划和管理。

张瑞敏，1949 年生于莱州市，1998 年 3 月 25 日，“企业文化激活休克鱼”理论被介绍到哈佛商学院，成为我国进入哈佛课堂的第一位企业家。2000 年，张瑞敏成为第一位在瑞士洛桑国际管理学院演讲的亚洲企业家。

1984 年，张瑞敏来到亏空 147 万元、工资不能发放的集体企业。那时候，海尔的前身企业很是荒凉：企业人心不稳，生产、管理停产，工人随地大小便……国内电冰箱厂很多，国外家电企业进入国内竞争，海尔面临的环境是内忧外患。

为了生存和发展，张瑞敏分析了国内外市场，提出了“争第一，创名牌”的口号，并通过砸冰箱，树品牌，慢慢成长起来。

张瑞敏“砸”冰箱事件。张瑞敏为了推动企业发展，狠抓冰箱的质量管理。他命令工人现场砸碎了 76 台不合格的电冰箱。砸冰箱事件树立了工人们的质量意识，也在社会引起了强烈的反响，达到了宣传海尔产品质量的目标。从此，海尔的名字家喻户晓，并且挤进了欧美市场。

为提高质量和产品档次，海尔集团引进先进设备，创立企业文化，实施吃“休克鱼”战略，参股红星，兼并其他行业企业，开始进军黑色家电等行业，逐渐进入医药等新的行业，从而逐渐把产品链条拓展到电脑、移动通信、金融、保险等领域，逐渐建立了海尔工业园。

在推广“海尔文化”的过程中，张瑞敏提出“二次创业”“冲出国门、叫响海尔”的口号，不断树立竞争优势，打造国际名牌，力争进入世界 500 强。

海尔树立了“敬业报国、追求卓越”的理念，出台了“十三条”军规，确保了企业发展。安徽而实施了斜坡球体定律、OEC 方法、“赛马不相马”“三工并存、动态转换”等管理理念，提高了内部竞争力和企业活力。

海尔实施国际化战略。海尔内抓市场链、外抓国际化，由中国拓展到了欧美国家。海尔打造民族品牌，获得了消费者的认可。海尔像船。张瑞敏是海尔船长。这艘船乘风破浪，一路高歌地徜徉在全球的商海里，不断拼搏并在大海中探索。

2. 海尔文化

孙子曾说：攻心为上策。张瑞敏把这一战术发挥到了极限，以攻心为上，攻员工和客户的心，以海尔文化为核心竞争力，不断拓展和延伸业务，实现了企业的辉煌。

海尔文化的打造采取了如下的路径：

首先，通过企业文化明确各级领导和员工的奋斗目标，使个体行动和企业总目标保持一致。同时，营造好的工作氛围，激发员工创造力，形成激励上进、发挥个人创造力的环境。

海尔的企业文化大致可以划分为：外层的物质文化，表现为发展速度、海尔产品、海尔的服务等；中间层是海尔的制度行为文化；最核心层是海尔的价值观，即精神文化，精神文化的核心是创新。

（1）海尔的物质文化

海尔的物质文化主要体现在：经营成果，包括产品和服务；厂房等工作和生活环境。

为推广企业文化，海尔设立了世界上第一家“首席文化官”（Chief Culture Officer，简称 CCO），把塑造企业文化看作企业高层的责任。

创建国家级品牌是海尔构建企业物质文化的重要内容。海尔通过提高服务质量，拓展国内和国际市场，实施跨国战略和多元化战略，树立了良好的社会品牌。海尔的产品涉及家电、医药、金融等领域，工厂遍布全球。海尔建设先进的厂房，引进精密设备，制造高质量的产品。海尔的服务被消费者认可，“海尔中国造”成为中国留学生和海外华人骄傲的名词。

（2）海尔的制度行为文化

海尔的制度行为文化很有特点。海尔独创了斜坡理论、三工并存、动态转换、OEC 模式等，成为行业的共识。

斜坡球体理论是海尔文化和企业管理的精华。斜坡理论认为：海尔就像斜坡上的球体，受到来自市场竞争和内部员工惰性形成的压力，如果没有“止动力”，就会下滑，为使海尔在斜坡（市场）上的位置保持不下滑，就需要强化内部基础管理这一“止动力”，这一理论也叫“海尔发展定律”。

“三工并存，动态转换”指全体员工。分为优秀员工、合格员工、试用员工三种，分别享受不同的待遇（包括工龄补贴、工种补贴、分房加分等），并根据业绩和贡献大小进行动态转换，全厂公布。员工按照业绩考核，业绩突出的进行“三工上转”：试用员工转为合格员工，合格员工转为优秀员工。考核不合格的实行“三工下转”：逐级降低，甚至退到劳务市场，内部待岗。使用员工需要在单位内培训三个月才能重新上岗。每月填写“三工转换”建议表，由人力资源部门审核和公布，使员工树立了“今天不努力工作，明天努力找工作”的意识，激发了员工的积极性和上进心。

OEC 模式强调“日事日毕、日清日高”：对每人、每天所做的每件事进行控制和清理，做到“当天事情当天做好，每天工作都要完成，并且要有提高和改进”。

OEC 管理模式是海尔的管理创新。它来源于泰勒的理论：对任务量化，是下达指标、考核工作质量并实行奖惩的基础。海尔的“日清日高”管理办法将质量管理目标分解到人头，将冰箱生产管理过程中的 156 个工序分解为 545 个责任，逐一量化，一旦发现问题，直接找到责任人和原因，从而保证产品质量。

制度行为文化是海尔生存的基础，逐渐成为海尔对外扩张、推行统一管理的基础，以及实施国际化战略的保障。

海尔管理模式，增强了海尔员工的价值认同，促进了企业经营效益的提高。海尔文化，成了许多企业学习和模仿的对象。海尔集团认为：在现代化商战中，必须规模化经营，组建联合舰队。海尔的制度行为文化必须和所在地的文化相融合，才能发挥最大效能。

（3）海尔的价值观

海尔文化最核心部分是价值观——海尔的精神文化，精神文化的重点是创新。海尔文化的根源，体现在对员工和客户的尊重。比尔·盖茨曾说："即使把我浑身的衣服剥光，一个子儿也不剩地扔在沙漠中，只要有一支商队路过，我又会成为亿万富翁。"

张瑞敏提出"敬业报国、追求卓越"的口号，把企业的使命、企业盈利和国家利益协调在一起，既追求企业利润，更把振兴民族企业作为历史使命，逐步形成了其他企业无法仿制的"海尔文化"。

海尔倡导"迅速服务、马上行动"。在企业运行的每个环节，海尔都强调，以最快的速度觉察市场变化，开发潜在需求和市场，努力将研发、生产和营销的时间缩短，确保在国内同行业速度最快。

文化的核心是人。在人力资源管理方面，20世纪90年代初，海尔实行合同制，后来演变成"三工转换""动态管理"、班组管理中的"三种班组设计"、农民工的提拔、"赛马不相马"等。

海尔归纳提出日事日毕、日清日高；只有淡季的思想，没有淡季的市场；斜坡球体理论；赛马不相马等企业文化。企业兼并是海尔集团对外扩张的手段。海尔通过对被兼并企业派驻高管，把海尔文化带到被兼并企业。

海尔坚持"赛马不相马"，鼓励有才能的员工脱颖而出。在海尔，没有永远的干部，没有永远的工人。公开、公平、公正是衡量和选拔人才的尺度。创新是海尔文化倡导的主题，是海尔文化的灵魂。

3. 海尔战略

（1）白色家电到"家电家庭"，再到多元化战略

海尔引进德国设备和技术，以及国际ISO标准。制定了自检、互检和专检的三检制，加大了现场监督。兼并电冰柜厂和空调厂，启动了以资本运营方式向白色家电领域扩张，并向黑色彩电进军。

（2）从山东到全球

海尔实施了区域战略到全球战略：1999 年 4 月 30 日，在美国南卡罗来纳州建立美国海尔工业园。以高科技、高质量的创新产品，打造“海尔—中国造”的国际化品牌。

（3）巧吃休克鱼

海尔在被兼并企业实施“企业文化先行”战略，激活了被兼并企业。

（4）资本运营

海尔通过整体兼并、投资控股、品牌运作和虚拟经营等方式，实现了海尔的自我复制过程，形成了联合舰队。

（5）海尔管理

海尔实施 OEC 管理方法，由三个基本框架组成：目标系统、日清控制系统和有效激励机制。海尔的任何一项目标都可以分解为：总目标、子目标和具体目标。通过责任到人，做到每件事有人管理，目标考核有章可循。

海尔学习美国西点学校的做法，严格纪律。海尔以绩效定报酬，凭能力确定待遇。海尔实施扁平化和 TQM 管理。“零缺陷”是海尔的质量管理标准。

海尔处于激烈的竞争当中。随着企业规模的壮大，海尔管理的难度增大。海尔的发展之路并不平坦。相信海尔会迎风破浪，绕过礁石，在新时代，奏响一篇又一篇的胜利乐曲。

2.3　国有企业战略性新兴产业资本运营

研究国有企业新兴产业战略及资本运营，对于提升企业在战略性新兴产业领域的资本运作能力，很有借鉴意义。

1. 国有企业战略性新兴产业资本运营现状

（1）资本运营的概念和内容

1）国有企业资本运营的概念

国有企业资本运营是指国有企业的各种社会资源、各种生产要素（包括有形和无形）变为可增值的活化资本，通过流动、裂变组合、优化配置等各种方式进行有效经营，以最少的投入获取最多的产出，实现资本最大限度的增值。

2）国有企业资本运营的主要内容

国有企业资本运营的主要内容包括：资本的筹集和资本的运用。

国有企业资本筹集主要包括：权益资本的筹集和负债资本的筹集。权益资本筹集主要有吸收直接投资、发行股票、发行债券等方式；负债资本筹集主要有商业信用、短期借款、长期借款、发行债券等方式。国有企业资本运用主要包括：兼并、收购、合并、分立、破产等。具体如图 2.3–1 所示。

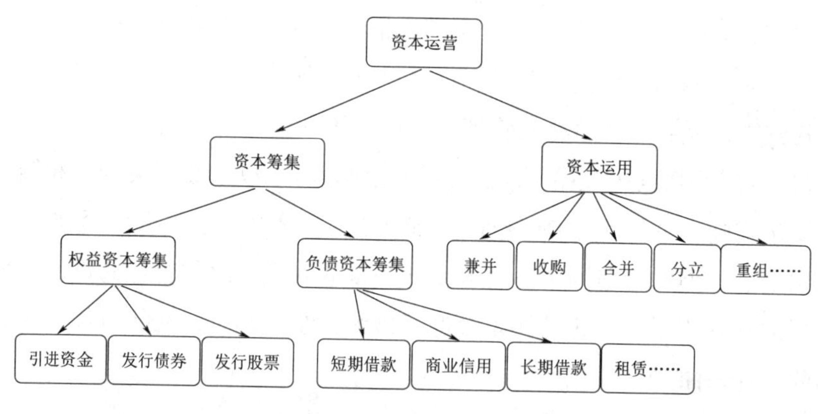

图 2.3–1 国有企业战略性新兴产业资本运营的主要内容

3）国有企业战略性新兴产业领域资本运营的方式

国有企业在战略性新兴产业领域资本运营的主要方式：股权筹资、债务筹资、项目融资、企业并购、资产分割重组、融资租赁与经营租赁等。

①股权筹资

改制上市指国有企业按照现代企业制度的要求，对企业进行股份制改造，同时对企业原有资产和业务进行合理处置和新兴业务重组（包括战略性新兴产业），符合《公司法》和《证券法》的要求，通过证券市场公开募集资金，并挂牌上市的做法。

买“壳”上市，又称“借壳上市”指非上市公司通过证券市场购入已上市公司的若干比例的股票来取得上市地位，通过“反向收购”的方式注入自己有关业务及其资产，实现间接上市的目的。

第二上市是指已经在某一证券交易所上市某种股份的上市公司，继续将其同种股份在另一证券交易市场挂牌交易。

②债务筹资

银团贷款是指由多家银行或非银行金融机构，采用同一贷款协议，按商定的期限和条件向同一借款人提供资金的贷款方式。

发行企业债：发行企业债券的目的大多是为建设大型项目筹集大笔长期资金，适合财力雄厚、经营状况良好的大企业。

③项目融资

项目融资是指为一个特定经济实体所安排的融资，其贷款人在最初考虑安排贷款时，满足于使用该经济实体的现金流量和收益作为偿还贷款的资金来源，并且满足于使用该经济实体的资产作为贷款的安全保障。

④企业并购

企业购并包括：企业兼并和企业收购。企业兼并是指一个公司被另一个公司所吸收，后者保留其名称及独立性并获得前者的财产、责任、特权和其他权利，前者不再是一个独立的商业团体；企业收购是指一家公司购买另一家公司的股票或资产，以获得对该公司本身或资产实行控股权的行为。

⑤资产分割重组

资产分割重组是指把企业的资产、人员按照不同业务进行分割，以形成多个专业化的生产基地，或多元化业务的子孙企业。这种方式通常以股权为纽带，形成一个金字塔型的控股体系，组成一个庞大的企业集团。

企业重组是对企业生产力诸要素进行分析、整合以及优化组合的活动。重组一般有业务重组、资产重组、债务重组、股权重组、人员重组、管理体制重组等模式。通过重组可以产生规模经济，挖掘企业内部生产能力，扩展现存网络，增加产品市场的控制力，可以充分利用未使用的税后利益，拓展战略性新兴产业。重组可以使企业资源配置优化，提升新兴产业的竞争力。

（2）国有企业战略性新兴产业资本运营的现状

研究战略性新兴产业的资本运营，需要掌握未来5年我国战略性新兴产业的发展规划。2010年我国战略性新兴产业占GDP的比例约4%。“十二五”规划纲要明确提出“十二五”战略性新兴产业增加值占国内生产总值比达到8%左右，这为国有企业大力发展战略性新兴产业，进行有效的国有资本运营增添了信心并指明了方向。

为抓住新兴产业的发展机遇，相当数量的国有企业立足业务实际，积极实施资本运营，大力拓展战略性新兴产业和重点业务。

据对国有和国有控股高技术企业投资额分析，这些高技术企业的资本运营逐年呈现上升趋势，相当比例的资金投入了战略性新兴产业。

国有企业对新兴产业的资本运营存在盲目性。不少企业重视产权资本运营，轻视产业资本运营。部分国有企业在战略性新兴产业的资本运营方面缺少产业协同的战略思维。同时，国有企业受到管理经验、产业发展成熟度等条件限制，对战略性新兴产业风险控制的重视不够。部分国有企业在选择战略性新兴产业时，存在冲动心理和决策不规范等现象，对于新兴业务或重大项目的风险评估重视不够，没有建立科学、规范、完善的新兴产业风险控制机制和体系。从新兴产业的人才团队看，国有企业缺乏熟悉资本运营、战略定位的高端人才，产业环境还不够完善。国有企业实施战略性新兴产业转型，在资本运营方面，面临产权交易市场缺乏宏观指导和统筹规划，政府外部推动作用过大，产权交易主体不规范，立法滞后导致行为不规范等外部环境，阻碍了国有企业在战略性新兴产业领域的健康发展。上述问题和不足，已经给国有企业向战略性新兴产业的资本运营造成了极大的压力和阻力，影响了国有企业的战略性新兴产业转型的步伐。

2. 国有企业战略性新兴产业资本运营的特点

国有企业战略性新兴产业的资本运营，主要呈现如图 2.3-2 所示的特点。

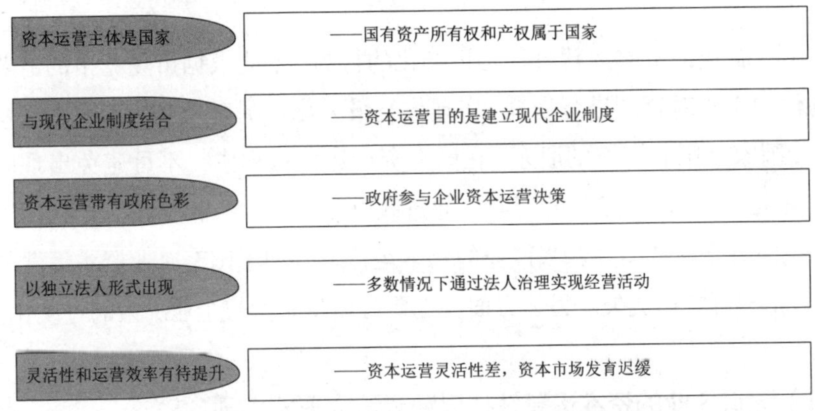

图 2.3-2　国有企业战略性新兴产业资本运营的特征

(1) 国有资本运营的主体是国家

国有企业中国有资产的所有权和产权属于国家，国有企业战略性新兴产业的资产运营主体也就是国家所有。国家通过委托代理过程，将国有资产的经营权委托给企业的代理者，也就是企业的经营者。经营者代表国家对国有企业进行经营管理，代表国家行使国有资产运营的责任。由于国有资产委托代理过程复杂，国有资产所有者缺位现象突出。如何解决代理风险，防止战略性新兴产业资本运营中国有资产的流失，是国有资本运营必须解决的问题。

(2) 国有企业战略性新兴产业的资本运营需要和现代企业制度结合起来

建立现代企业制度是国有企业改革的重点。具有现代企业制度的国有企业，建立了股东大会、董事会、监事会和经理层，实现了企业所有权、经营权和监督权三权分立，能够有效进行战略性新兴产业的资本运营决策，规避资本运营的决策风险，提高投资回报。所以，现代企业制度建设的手段是资本运营，资本运营目的是更好地建立现代企业制度，进入新兴产业，增强竞争实力，实现国有资产保值、增值。

（3）国有企业的资本运营带有政府行为色彩

非国有企业的资本运营过程是市场化的行为，企业根据市场竞争的需要、通过市场化的手段对资产进行处理，实现效益最大化。国有企业的国有资产属于国家所有，国家是国有资产的股东，在国有资产运营过程中，不可避免出现政府参与重大决策，甚至过度参与的现象。通过政府参与重大决策，在一定程度上，有助于实现国有企业战略性新兴产业的资本运营，有利于国有企业资本运营的顺利开展，防止国有资产流失。另一方面，也要避免政府参与企业决策的过度化。

（4）国有企业的资本运营往往以独立法人形式出现

国有企业的国有资产属于国家所有，国有资产管理部门根据国家战略性新兴产业和经济发展的需要，对国有资产多数情况下以法人形式进行重新整合，对特定战略性新兴产业进行资产或技术投资。

为规避新兴产业的资本运营风险，国有企业一般喜欢采取股权投入、上市融资等方式，以公司法人的实现方式，对战略性新兴产业的重点领域进行选择性投资、融资或产权变更，选择特定的业务领域，实现重点业务和重点客户的拓展，提升企业市场竞争力。

（5）东部地区的国有企业资本运营情况和经营业绩较好

据对国有及国有控股企业收入和利润调研与统计，东部地区的收入和利润情况较好，中西部地区相对落后。

（6）国有企业资本运营的灵活度和运营效益有待提高

由于战略性新兴产业没有成熟的商业模式，国有企业资本运营机制不健全，导致资本运营灵活性差。资本市场发育迟缓，国有资本由政府行政指令配置，行政命令滞后于价格信息，国有资产存量结构的扭曲导致资本运营效率不高。

3. 国有企业战略性新兴产业资本运营存在的主要问题

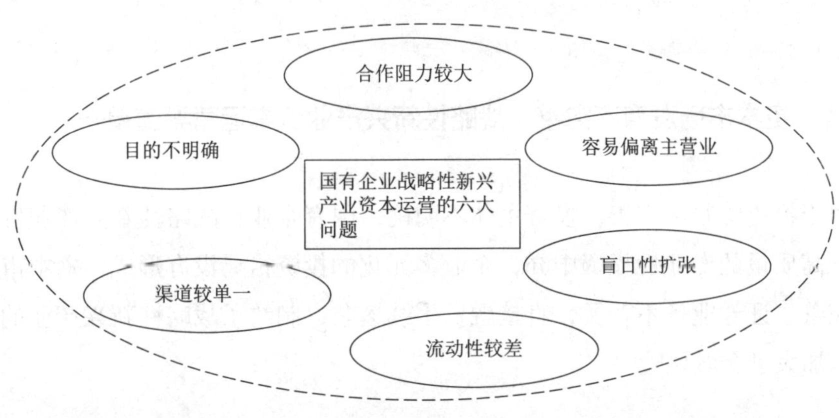

图 2.3-3　国有企业战略性新兴产业资本运营的核心问题

（1）部分国有企业战略性新兴产业实施资本运营目的不清晰

调研与企业访谈发现，部分国有企业资本运营目的是扩大规模，对战略性新兴产业的资源互补性认识不到位，重视程度不高，降低了资本运营效率，不利于经济增长方式的转变和新兴产业的发展。

（2）国有企业之间基于战略性新兴产业资本运作的合作阻力较大

国有企业之间在战略性新兴产业发展方面，存在某些互补性和产业协同性。但是，实际经营活动中，国有企业之间受到管理机制、思想观念和历史包袱等影响，进行基于市场导向的、主动的业务合作和并购重组等资本运作阻力较大，需要解决的历史问题或需要承担的社会责任较多，不利于国有企业战略性的深度合作和资本运营。

（3）国有企业战略性新兴产业资本运营存在偏离主业的现象

由于战略性新兴产业是新业务，存在一定风险，同时有发展的机会，部分国有企业为了体现业绩，满足国家部委、主要股东和股民等偏好，盲目选择一些与主营业务无关或者没有行业积累的产业，容易出现一窝蜂或盲目投资问题。

（4）资本市场发育不完善，战略性新兴产业资本运营渠道单一

由于投资体制不完善，投资主体不明确，国有企业在战略性新兴产业发展方面缺乏高质量的专业性投资中介，企业多元化的投资格局没有形成，资本市场发育不完善，证券业务不普及，直接融资手续繁杂，制约了战略性新兴产业的资本运营，加大了金融风险。

（5）国有企业资本流动性差，资本结构不合理，制约了战略性新兴产业的资本运营

多数国有企业主业聚焦于传统的制造类产业和“红海业务”，业务盈利性差，资本流动性低，企业资本结构不合理，很难有多余资金开展战略性新兴产业资本运营，不利于国有企业产业升级和战略转型。

（6）国有企业的强势资本盲目扩张，而相应的弱势资本没有得到有效的重组

一些国有企业有较多资本，但投向市场早已饱和的产品，不重视向战略性新兴产业的投资，造成了大量的资源浪费。多数中小型国有企业，由于经营效率低，产品竞争力缺乏，市场占有率小，资源没有得到充分利用。这类小型企业投资战略性新兴产业的资源有限，能力不够，缺乏被整合后进入新兴产业和新兴产业重组的机会。

4. 国有企业战略性新兴产业资本运营趋势

国有企业战略性新兴产业的资本运营发展趋势，主要如图 2.3–4 所示。

图 2.3–4　国有企业战略性新兴产业的资本运营发展趋势

（1）政府推动国有企业战略性新兴产业的资本运营

未来几年，中央政府、地方政府在推动战略性新兴产业，引导国有企业进入战略性新兴产业领域方面，将会陆续出台产业发展政策，并通过财政、税收、金融和产业指导等方式，积极指导、推动国有企业实施战略性新兴产业的资本运营。未来，国有企业将成为战略性新兴产业探索和发展的重要力量。

（2）中央企业在战略性新兴产业资本运营方面发挥积极的作用

中央企业作为中国经济发展的支柱性力量，近年来在战略性新兴产业的投融资、并购重组、股权转让、上市等方面，做出了持续、有益的探索，形成了较大的产业特点和比较优势。未来五年，中央企业已经制定了战略性新兴产业发展战略和资本运营方案，这将为战略性新兴产业的发展提供更加有利的业务基础。

（3）国有企业之间将在资源的深层次整合方面加快步伐

随着市场竞争的加剧和产业链构建需求，越来越多的国有企业认识到相互之间内建立战略合作关系的战略价值，在业务合作、资本运作等方面做出了一些尝试。未来几年，国有企业之间的资源整合和产业协同将更加积极有效，深度联合的趋势明显。

（4）国有企业在战略性新兴产业的资本运营将占据更多的话语权

随着国有企业的资本运营方向向着战略性新兴产业转移，资本运营越来越成为推动企业由非优势产业向优势产业集中，提高主业存量资源配置效率的手段。通过资本运营，非优势业务和资金更加集中于优势产业和战略性新兴产业，优势企业的行业集中度进一步提高，资本聚集和产业结构更加优化，国有企业在资本市场上的话语权增强。

（5）国有企业战略性新兴产业的资本运营将更加规范和理性

随着战略性新兴产业的发展，国有企业的资本运营团队和项目决策能力不断增强，加上部分已有投融资项目的失败，给国有企业的资本运营提供了经验借鉴。未来国有企业的战略性新兴产业选择将更加谨慎和规范，资本运营策略和手段将更加科学、有效。

2.4 企业并购重组模式和理论体系

并购重组是搞活企业、盘活国企资产的重要途径。企业并购融资可以采用现金收购或股权收购等支付方式。随着并购数量的急剧增多和并购金额增大，创新并购融资方式显得尤为重要。并购重组已经成为企业快速发展的重要选择。当前，企业并购重组主要的操作模式为：

1. 协议收购模式（主流模式）

协议收购是指收购方在证券市场之外与目标公司的股东（主要是大股东）在

股票价格、股票数量等方面进行协商，购买目标公司股份的行为。

协议转让模式是国有股、法人股转让的控股权转移重组成为主流模式。由于我国目前绝大多数上市公司由非流通的国有股控股，协议转让模式，国有股、法人股转让的控股权转移重组逐步成为我国证券市场并购重组的主要模式。

协议收购模式有效避免摘牌。上市公司再融资的基本条件规定，连续三年净资产收益率不低于 10%。另外，根据《公司法》规定，连续三年亏损的上市公司将被取消上市资格。协议收购模式重组是保住上市公司的配股资格，实现再融资的有效途径。

收购价款支付方式降低了收购的风险和难度，加大了收购发生的概率。主要有七种收购价款支付方式，包括现金支付、资产置换支付、债权支付、混合支付、零成本收购、股权支付和股权划拨。

有利于民营企业参与。融资需求迫切的企业，特别是曾经受到连续计算经营业绩、额度、通道等种种限制民营企业进入资本市场提供了一条便捷的通道，引起了民营企业的广泛参与。

2. 二级市场收购模式

指收购方从二级市场上收购目标公司的股份，因此公开市场收购模式又称为公众流通股转让模式或二级市场场内收购模式。

（1）该模式的优势

能够迅速实现上市：企业通过二级市场收购流通股而控制上市公司，实现买壳上市。在上市实行额度控制的条件下，在一定程度上可以绕过上市额度和证券交易所规定等方面的限制。买壳方如果找到通过增持流通股而控股的上市公司，通过二级市场收购控股上市公司，能够迅速上市。

操作简单：只需对购并过程制定详细的计划，配置足够的资金，不用处理过多的关系，操作简单。

风险较小：采取二级市场并购，主要是流通股，风险较小。如果采取收购国家股、法人股等方式，由于流通性不好，难以找到买家，存在较大风险。

获利容易：购并方通过资本运作能够直接获利和实现投资回报。

（2）该模式的缺陷

资本市场发育不全，阻碍二级市场的收购行为：二级市场购并主要以资金换取产权，需要雄厚的资金实力。

上市公司收购法规使得收购成本太高：按照《证券法》的规定，收购方在持股达到5%及以后每增持5%的股份时，必须进行公告。我国现阶段股市投机性较强，收购方做出公告以后，壳公司股价可能涨到较高价位，这增加了收购方的收购成本，或者导致收购无法进行。

目标公司较少。适合该模式的目标企业是流通股占绝大部分或完全是流通股，股权结构相对分散。我国目前上市公司绝大多数由国有企业改制组成，股权集中，流通股比例小，适合的目标公司少。

3. 要约收购模式

要约收购指收购人在特定时间内以特定价格向目标公司全体股东发出不可更改的收购要约的方式购买其持有股份，取得或实现对目标公司的控制权。要约收购与协议收购的主要区别是前者面向全体股东，要约价格适用于全体股东，后者面向部分大股东，收购的价格可随股东而异。

我国证券法律法规规定的要约收购，指通过证券交易所的交易，当收购者在持有目标公司股份达到30%法定比例时，若继续进行收购，应依法通过向目标公司所有股东发出全面收购要约方式进行的收购。

4. 间接控股模式

主要是收购方通过收购上市公司的第一大股东自身的股权而将上市公司变成为自己的“孙公司”，通过上市公司第一大股东间接获得上市公司的控制权。该模式的收购方通过与大股东的控股机构合作，取得上市公司的实际控制权。

间接控股操作难度小，成本低，在收购方与上市公司之间有缓冲带，收购方对上市公司的调控关系易处理，有效规避双方的风险。可规避财政部门对国有股权转让的审批程序，缩短控制权重组进程。

5. 整体上市模式

整体上市指上市公司的控股母公司，通过吸收合并上市公司，或上市公司向母公司定向增发新股以收购母公司资产，从而实现母公司资产整体上市。

整体上市解决了上市公司与控股股东之间的关联交易，有利于上市公司和证券市场的发展。

上述操作模式的特征如表 2.4–1 所示。

我国企业并购重组的主要模式　　表 2.4–1

主要模式	概念	优点
协议收购	收购方在证券市场之外与目标公司的股东（主要是大股东）在股票价格、股票数量等方面进行协商，购买目标公司股份的行为	有效避免摘牌
二级市场收购	收购方从二级市场上收购目标公司的股份，因此公开市场收购模式又称为公众流通股转让模式或二级市场场内收购模式	迅速实现上市
要约收购	收购人在特定时间内以特定价格向目标公司全体股东发出不可更改的收购要约的方式购买其持有的股份，取得或强化对目标公司的控制权	收购速度快
间接控股	收购方通过收购上市公司的第一大股东自身的股权而将上市公司变成为自己的“孙公司”，通过上市公司第一大股东来间接地获得上市公司的控制权	操作难度小、成本低
整体上市	上市公司的控股母公司，通过吸收合并上市公司，或上市公司向母公司定向增发新股以收购母公司资产，从而实现母公司资产整体上市	便于扩大影响

企业选择什么样的并购重组模式，应根据国家产业政策、企业战略定位、业

务规模特征，以及发展阶段的扩张重点和主营业务方向，予以分析和确定。

企业并购重组的理论依据有：

效率理论。效率理论认为公司并购能够给社会收益带来潜在的增量，对交易的参与者来说能提高各自的效率。该理论包含的基本观点：一是公司购并活动的发生有利于改进管理层的经营业绩；二是公司购并将导致某种形式的协同（Synergy）效应。该理论暗含的政策取向是鼓励公司购并活动。

价值低估理论。该理论认为，并购活动的发生主要因为目标公司的价值被低估。当一家公司对另一公司的估价比后者对自己的估价更高时，前者有可能投标买下后者。目标公司的价值被低估一般有下列情况：一是经营管理能力并未发挥应有的潜力；二是购并公司拥有外部市场所没有的目标公司价值的内部信息；三是由于通货膨胀等原因造成资产的市场价值与重置成本的差异，使公司价值被低估。

信息—信号理论。该理论认为，并购谈判或要约收购的宣布可能会传递给市场参与者一定的信息或信号，即使收购活动并未最终取得成功，目标企业的股票在收购过程中也会被重新提高估价。在收购并购活动中，信号的发布可以有多种方式。公司收到收购要约这一事实可能会传递给市场这样的信息：该公司拥有迄今尚未被认识到的额外价值，或者企业未来的现金流量会增长。当一个竞价企业用普通股来购买其他企业时，可能被目标企业或其他各方视作是竞价企业的普通股价值被高估的信号。

委托代理理论。该理论的基本内涵是，代理问题的产生是由于公司管理层与公司股东两者的利益是不一致的。由于管理层只有公司的小部分股权甚至没有任何股权，使得管理层会偏向于非现金的额外支出。这些支出由公司所有者共同负担。这种情形在大公司更为严重，由于所有权更为分散，对于个人股东更缺乏动力花费成本以监控管理者，即使监控管理者，所费资源属于代理成本。代理成本可扩大为以下范围：所有人与代理人的签约成本、监督与控制代理人的成本、限定代理人执行最佳决策成本或执行次佳决策所需的额外成本、剩余利润的损失。

税收节约理论。该理论认为，税法对个人和企业的财务决策有着重大的影响，不同类型的资产所征收的税率是不同的，股息收入和利息收入、营业收益和资本收益的税率有很大区别。由于这种区别，企业能采取某些财务处理方法达到合理避税的目的。例如，企业可以利用税法中亏损递延条款来达到合理避税目的。所谓亏损递延，是指如果某公司在一年中出现了亏损，该企业不但可免付当年的所得税，亏损还可递延，以抵消以后几年的盈余，企业根据抵消后的盈余交纳所得税。如果企业在一年中严重亏损，或该企业连续几年不曾盈利，企业拥有相当数量的累积亏损时，这家企业往往被考虑作为并购对象，或者该企业考虑并购一盈利企业，以充分利用它在纳税方面的优势。

市场垄断力理论。该理论认为，并购活动的主要动因，是因为可借购并活动达到减少竞争对手来增强对企业经营环境控制的目的，提高市场占有率，并增加长期获利机会。下列三种情况可能导致以增强市场势力为目标的购并活动：其一，在需求下降，生产能力过剩和削价竞争的情况下，几家企业结合并起来，以取得实现本产业合理化的比较有利的地位；其二，在国际竞争使国内市场遭受外商势力的强烈渗透和冲击的情况下，企业间通过联合组成大规模联合企业，对抗外来竞争；其三，由于法律变得更为严格，使企业间包括合谋等在内的多种联系成为非法，在这种情况下，通过合并可以使一些非法的做法“内部化”，达到继续控制市场的目的。

从并购重组案例看，基本融合了上述的理论。把握内部控制的理论依据，对于企业并购重组决策至关重要。

2.5　汽车产业营销战略研究

汽车产业是我国市场需求较大的产业。在汽车产业规模持续扩张的形势下，中国汽车销售市场近年来出现了较大的变化，行业竞争日趋激烈，传统的汽车营销模式和营销战略面临严峻的挑战。

未来几年，全球汽车宏观环境、国家汽车产业政策，以及汽车销售策略如何选择，是国家工业和信息化部、发展改革委、商务部等部委和各地政府、行业企业普遍关注的热点话题。

1. 全球汽车销售市场

（1）为什么研究全球形势

首先，关注蝴蝶效应。源于美国气象学家洛伦茨 20 世纪 60 年代初的发现。

定义：指在一个动力系统中，初始条件下微小的变化能带动整个系统的长期的巨大的连锁反应，是一种混沌的现象。

描述：一只南美洲亚马孙河流域热带雨林中的蝴蝶，偶尔扇动几下翅膀，可以在两周以后引起美国德克萨斯州的一场龙卷风。

（2）汽车市场进入全球化时代

经济全球化和区域经济一体化。经济全球化指在现代科学技术进步加快、社会分工和国际分工不断加深的情况下，把世界的生产、贸易、金融等活动紧密联系在一起，使各国各地区之间的经济活动相互依存、相互开放。

1）经济全球化有利于促成各国之间生产要素的合理流动，形成优势互补，推动世界经济的发展。

2）经济全球化对于发展中国家来说，是一把双刃剑，既是机遇，又是挑战。

汽车生产和销售已经进入全球化时代。

汽车的发展历史：

1886 年卡尔·奔驰设计制造的世界上第一辆汽车在德国诞生。

大规模流水线生产的福特 T 型车是汽车快速普及，1921 年福特占据全球产量的 56.6%。1930 年通用超过福特成为第一大汽车企业。

2. 国内汽车销售市场

（1）国内经济形势

中国政府实施供给侧结构性改革，经济增速趋缓。政府工作重点放在提高经济增长质量和效益，着重深化改革和推进经济结构调整。

（2）国内汽车产业政策与概况

1）多部委：会商油改气合法化

由公安部、交通运输部、国家能源局、财政部和工业和信息化部力推的油改气标准推出。

2）消费税改革：从生产端移至消费端

消费税改革。厘清税率，调整征收环节，优化税收归属。

3）新能源汽车产量快速增长

新能源汽车未来一段时间内持续增长。

4）新能源车充电设施补贴政策出台

新能源汽车充电设施财政补贴政策出台，促进了市场拓展。

（3）节能减排是车企的社会责任

在 2009 年的哥本哈根气候大会上，中国政府承诺到 2020 年实现单位 GDP 二氧化碳排放比 2005 年下降 40% ～ 45% 的目标。中国把控制温室气体排放纳入经济可持续发展的总体规划中，通过产业政策和发展规划的支持，实现节能减排目标。

（4）我国汽车销售趋势

乘用车朝着低碳化、小型化、轻量化、特型化、动力系统的高效化、智能化等方向发展。

国内汽车消费刚性需求存在，新型城镇化催生更多购车需求和汽车消费升级。

3. 我国汽车销售渠道

（1）汽车市场的内在增长基础牢固

二三四线城市将成为我国汽车市场新的增长点；城镇化和消费观的转变，带来持续的汽车消费需求；汽车后市场服务的需求强劲；随着汽车产业政策的调整，二手车市场将有广泛的发展前景。

(2)整车厂渠道扩张和发展策略(图 2.5-1)

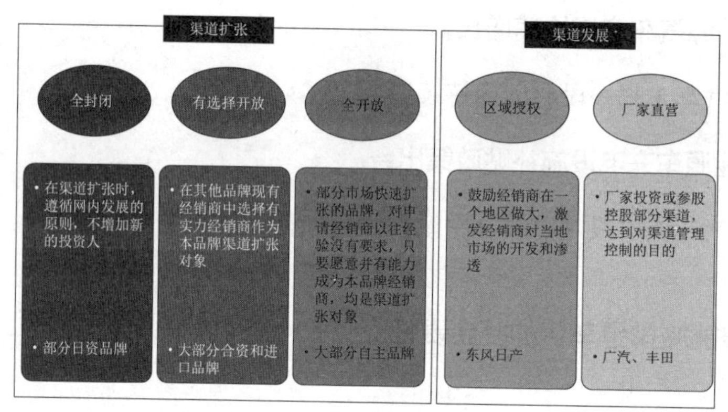

图 2.5-1　国内外主要汽车营销网络

美国汽车分销体制是以生产厂家为主导的专营代理体制。特点是销售渠道系统的效率较高，应付市场环境变化的灵活性较大。

欧洲销售体系的建立以生产厂家为中心。

日本汽车分销体制由厂家主导，简称为“排他性系列销售体系”。

韩国分销体系的主体是厂家全资建立经销店，一定区域内设立维修和配件供应中心(图 2.5-2)。

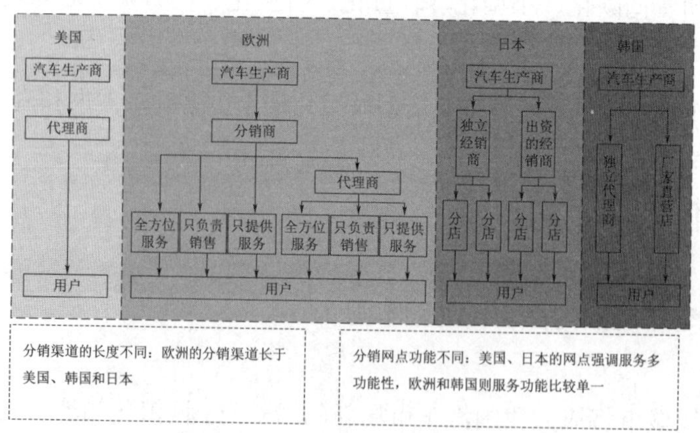

图 2.5-2　各国汽车分销体系比较

（3）我国汽车分销渠道主要有以下五种模式。

1）直销模式：由汽车制造商及其下设的各地的销售机构，直接向最终用户销售汽车。

2）总代理模式：制造商→总代理→区域代理→下级代理商→顾客。进口汽车主要采用这种模式。

3）区域代理模式：制造商→区域总代理→下级代理商→顾客。这是汽车渠道最早采用的模式。

4）特许经销模式：制造商→特许经销商→顾客。

1996 年后，汽车销售渠道逐渐向特许经销模式转变。

5）品牌专卖模式：制造商→专卖店→最终用户。

此种模式主要以四位一体（整车销售、零配件供应、售后服务、信息反馈）。专卖店以 4S 店为表现形式。

（4）我国汽车销售渠道变化：

1）汽车制造商完全掌控经销权，实行产、供、销一体化运作

汽车制造商为了强化汽车产业整体供应链的完整性和统一性，充分调动其产品对市场的迅速反应机制，提高适应市场变化的速度和质量，逐步实现营销体制与国际接轨，生产厂商采取完全掌控经销权，实现对产、供、销一体化运作。

2）营销网络由垂直金字塔式向扁平化的单层次方面转变

许多汽车制造商通过改变营销网络，将原来垂直多层次的金字塔结构改为扁平化结构，缩短厂家与用户之间的距离，减少中间利润消耗，降低销售成本，让利于用户，也有利于控制价格。

3）通过 4S 专营店形式，构建经销商和终端市场建设并重的销售渠道网络体系

企业通过把经销商和终端市场并重建设，减少资金投入，强化终端市场的掌控力，这种 4S 专营店形式的销售服务模式采用国际通用的以售后服务为中心，集整车销售、售后服务、零部件供应和信息反馈“四位一体”的直销网络，既有独特的形象，又有完善的管理方式，能够做到统一售价、统一形象、统一调配，忠诚地为顾客服务，体现“用户第一”的服务意识。

所谓4S是指：将整车销售（sale）、零配件供应（sparepart）、售后服务（service）、信息反馈（survey）四项功能集于一体的汽车服务企业。

（5）汽车整车厂和经销商的博弈：

1）资源型阶段。中国乘用车行业发展初期由于供求关系的原因，主机厂获取了巨大利润，经销商获得高额回报，牌照就等于利润，初期的4S店成为资源性企业。

2）盈利下降阶段。随着供求关系发生变化，品牌增多，市场竞争激励，利润下降，合资主机厂牺牲销售商的利润。经销商谋求自己的利益，二者之间的博弈一直在进行。

3）“独家代理权”取消。随着市场的发展，经销商势力增大，影响厂商相关销售政策的执行，整车厂商逐渐取消“独家代理权”模式，使区域市场更平衡。

4）4S店淘汰机制。厂商通过建立了对4S店严格的考核机制，实现奖惩结合的激励和淘汰机制，经营不善的4S店退出市场或被收购。

汽车厂商为了追求销量增长，快速扩张销售网点，网点密度逐渐提高，市场竞争加剧，在销量增速难以跟上网点扩张速度时，新建网点盈利能力有下降趋势。

5）自主品牌经销商的生存环境相对差。进口品牌与经销商的关系相对稳定，网点扩张速度相对慢；相比于合资品牌经销商，自主品牌经销商本身盈利能力相对较低，同时市场竞争加剧，生存环境相对较差。

大部分自主品牌厂商对销售渠道采取开放态度，鼓励新经销商进入，加大网络覆盖密度，而进口品牌和合资品牌往往采取全封闭和有选择开发的渠道扩张态度，保护了现有经销商的盈利能力。

6）经销商无利润迫使经销商引入金融资本，走跨地区、多品牌的集团化布局，以此对抗主机厂的控制，争取话语权。

4. 我国汽车销售新格局

（1）行业趋势

1）大型汽车经销商集团崭露头角。

2）经销商的区域性优势突出。经销商处于重视销量、过于依赖厂商返利，毛利水平过低的阶段。

3）盈利模式不完善。新车销售收入仍占绝对比例，50% 的集团利润来自于售后服务。

4）与主机厂的合作模式面临挑战。

5）面临环境资源瓶颈。

6）运营管理仍处于探索阶段。

7）行业集中化，强者愈强。

8）金融渗透率不断提高。

（2）企业营销的 15 条铁律

1）企业的使命：成就客户，成就员工，成就合作伙伴。

2）企业的宗旨：兼顾客户、员工和合作伙伴的利益。

3）走进客户价值链：研究客户对产品的真实感受，为客户赢得生活，才能赢得客户。

4）营销管理最重要的概念：构建社区。研究客户需求，创造商机。企业应从供应链转向需求链，满足消费者的生活方式（购车需求）。

5）一个企业只有一个资源配置中心，其他要趋从于这个中心。

6）将创业期的个人权威变为成长期的制度权威：培育制度建设，建立组织理性。

7）实行流程变革：改变部门化的组织结构，建立功能模块，如产品供应链中心、产品生命周期管理中心、客户关系管理中心，并培育各中心之间的协同。

8）构建激励机制：最好的管理手段是激励。

9）研究与消费者的关系，而不是产品。协助客户（供应商和购买者）解决问题，实现其梦想。

10）角色定位：我们是消费者的采购者，不是汽车推销员。

11）产品需要真善美。

12）成就别人，才能成就自己（成就别人，快乐自己）。

13）从供应链走向需求链，拥有客户就拥有事业。

14）学会产业价值链管理，适当调整业务组合。

15）互联网是一种生活方式和沟通平台。生活方式的改变引导工作方式的改变。

（3）渠道选择

根据车辆品牌溢价差异，选择差异化营销渠道与模式。具体可以进一步针对不同的汽车销售企业进行深度研究。

2.6 银行贷款客户管理研究

银行作为金融企业，信贷客户管理和利息清收是其重要的运营管理工作。在业务拓展和改革开放的过程中，地方银行逐步摸索并形成了卓有成效的客户关系管理和利息清收的管理办法。以下是潍坊工商银行利息清收实践经验的媒体报道。

驯服“野马”的招数①

——中国工商银行潍坊市分行清收贷款利息纪事

近年来，企业欠息犹如一匹脱缰的“野马”，背离了正常的经济运行轨道，欠息额愈积愈多，压得银行难以喘息。如何在经济运行环境并不宽松的条件下，驯服“野马”，按住“野马”欠息的“辔头”，进而促进经济运行的良性循环呢？工商银行山东省潍坊市分行的决策者们以分析欠息“野马”脱缰的缘由为突破口，在做了详实的分析后认为，除了企业经济效益普遍下滑因素外，银行资金投入机

① 作者吴维海。

制的无序和收息机制的不完善，客观上造成了银行信贷资金在企业间流动的非选择性和低效性，并且助长了企业拖欠银行利息现象的滋生和蔓延。

（1）脱缰野马的“辔头”找准了，该行从揽住欠息产生的源头入手，努力建立健全四个收息工作体系：

1）一是按照集约经营的要求，将信贷管理职能划分为资产评估、贷款管理、资产保全、监督管理，从而健全和完善了信贷管理组织体系；

2）二是在全行建立了以“四控制、六台账、八监测”为主要内容的资金管理体系，强化了全市信贷业务及收息工作的集中调控、监测和管理；

3）三是建立健全收息工作内部奖惩制度，将收息工作的好坏也纳入了对各支行的奖惩考核，与支行人均费用、全员活工资挂钩，逐月下达到户，充分发挥整体联动优势，调动全员收息工作的积极性；

4）四是从寻求银行、政府、企业主管各方合作共同点入手，制定了收贷收息工作与政府、企业主管挂钩的优惠政策。即同等条件下，对活化该行不良资产多的地区，优先给予贷款支持；对欠息企业实施了活一贷一、项目支持、承兑优先、利率优惠、贴现倾斜、结算服务等六项鼓励措施，从而密切了各方关系，形成了工作合力。

（2）在健全完善收息工作体系的基础上，连出九招，招招见效。

1）第一招：参与企业转化

该行从参与企业转制入手，通过向地方政府做好汇报，搞好协调，促使潍坊三棉、潍坊织布一厂等 21 家特困企业被效益好的企业兼并或联合，转化该行不良贷款 8676 万元，收回挂账利息 923 万元。

2）第二招：推动资产整体划转

潍坊商业设备厂亏损严重，拖欠该行贷款本金 1300 万元，利息 100 多万元，无力偿还。而山东巨力集团是全国工业 500 强之一，近几年生产规模大幅度增长，但因受厂址、仓储设施制约，影响了发展速度。该行经过调查分析，发现这两家企业生产工艺具有相融性，且双方仅一墙之隔，便于管理，为此该行从寻求与政府的合作点入手，向党政阐述了由巨力集团兼并商业设备厂，不但能活化商业设备厂的闲置资产，而且能解决原商业设备厂 300 多名待业人员的就业安置。在得到政府的支持后，商业设备厂的资产整体划转给了巨力集团，该企业 1300 万元的贷款风险得到转化,100 万元的欠息也由巨力集团一次还清。

3)第三招:行业带企业

该行通过以行业带企业方式,增强企业还本付息能力。对同属某一行业、效益状况不相同的下属企业,该行通过做企业主管部门的工作,并以贷款支持,由效益好的企业兼并亏损企业,实施“富帮穷”工程,从而实现行业带动个别亏损企业,达到转化风险贷款、清收挂账利息的目的。潍坊益民肉鸡有限公司是坊子区商业总公司投资兴建的下属企业,经济效益较好。而同属商业总公司管辖的坊子五交化公司和坊子石油公司却亏损严重,拖欠该行贷款 450 万元、利息 94 万元,面临流失的风险。为此,该行多次向政府和主管部门做工作,讲道理,赢得了他们的支持,使这两家企业被益民肉鸡有限公司兼并。同时,为支持该企业发展,及时为其增加各类资金 600 万元,确保了企业正常的生产经营。这三个公司实行兼并仅三个月,即实现收入 1200 万元,利润 100 万元,不但还清了该行新增贷款,转化了两家被兼并企业的风险贷款 450 万元,并且还清了两家企业原欠利息 94 万元。

4)第四招:特困企业有效资产嫁接

对一些亏空严重、无发展前景、资不抵债的特困企业,该行做好有关部门的工作,寻找合适的嫁接企业,将这类企业的有效资产嫁接到效益好的企业,并及时办理产权变更和贷款划转手续,使嫁接企业承担这些特困企业原有的贷款本息。2018 年以来,该行采用这一方法转化了 14 个特困企业贷款本金 465 万元,清收挂账利息 264 万元。

5)第五招:抵贷转售

对贷款风险度较高、闲置资产较多的高密酒厂、青州有机化工分厂等企业,以合法有效的抵押借款为基础,选择易于出售或让渡的抵押财产,确定合理价值,寻找购买企业,以出售或拍卖的价款抵偿贷款本息,从而清收挂账利息 315 万元。

6)第六招:抵贷返租

对濒临破产的安丘拖车厂,以有效的抵押合同向法院起诉,依法取得抵押财产的产权。对其通用设备、土地使用权、营业楼、办公楼等易出租的财产,确定合理的租金收入。选择有偿贷本息能力的长安建筑公司为承租企业,以承租企业的租金收入逐步收回挂账利息,从而转化了该行 196.7 万元的贷款风险,收回利息 62.8 万元。

7）第七招：登门帮促

该行抽调了 71 名信贷骨干力量，组成 26 支帮促小分队，深入 27 家困难企业，摸清家底，找出企业存在的症结，提出切实可行的解决办法，并已使 19 家困难企业恢复了正常的生产经营，转化不良贷款 1323 万元，清收挂账利息 341 万元。

8）第八招：清理零散贷款户

对贷款规模小、效益差、无发展前景的企业，按照“资金治散、确保重点”的指导方针，确定了清理压缩 200 家零散企业，通过下达压缩计划，落实到户，全年共压缩清理 132 家小而差的零散贷款企业，清收和转化贷款本息 13803 万元。

9）第九招：依法起诉

对一些濒临破产或事实上已破产的企业，采取转化措施已难以奏效的，该行增强工作主动性，完备各项手续，主动依法起诉，尽量追偿债权，最大限度地减少贷款损失。一年来，有 30 家有贷企业依法宣布破产，使贷款受偿率达到了 25.27%，相应收回了部分挂账利息。

由于该行注重按住欠息这匹“野马”的“辔头”，从而遏制了应收利息迅猛增长的势头。1996 年，该行实现利息收入 80023 万元，比上年增加 5473 万元，完成省行计划的 108.9%，并且实现了表内挂账利息比省分行下达控制计划减少 378 万元的好成绩。实现利润 4036 万元，比上年增加 806 万元，超额完成省分行下达的利润计划。[①]

2.7　专业银行商业化公关方略思考[②]

公共关系是政府或企业等社会组织为创造良好的生存环境、发展环境，通过一系列有目的、有计划、持续的传播沟通工作，与其特定的公众对象建立起来的一种和谐的社会关系。企业公共关系管理包括的主要工作内容有：媒体合作、信息披露、投资者关系、投诉处理、危机管理等。在 20 世纪 90 年代，公共关系管理是一个前沿的课题，多数政府和企业对于这个概念较陌生。吴维海结合

① 作者单位：中国工商银行山东省潍坊市分行 . 责任编辑：贾美琴。

② 吴维海 . 专业银行商业化公关方略思考 . 山东金融 .1995，2。

金融实践经验进行了专题研究，形成了相关研究成果，被《山东金融》等杂志刊载。

我国专业银行向国有商业银行转化的改革要求专业银行的工作要逐步趋向社会化、市场化、效益化。因此，研究探讨适应专业银行商业化的公关方略，已成为当前的重要课题之一。

1. 当前我国专业银行公关活动的缺陷

近年来，专业银行通过企业化改革，经营自主权不断扩大，这在一定程度上激发了专业银行自身经营的积极性和主动性。同时使其强烈意识到了银行公关的战略意义，并在实践中加以探索和应用，取得了一定成效。但由于受主客观种种因素制约的影响，其与专业银行商业化及市场经济取向改革的要求存在很大差距。具体表现在以下三个方面：

外部公关缺乏系统性与主动性。银行的外部公关主要包括银行与政府的关系。与其他金融企业相互协调与竞争关系，与客户资金存放关系等。从目前的现状看，银行外部公关中仍存在许多薄弱环节，在公关组织方面表现为缺乏系统性，如缺乏专职公关人员，多数银行没有明晰的公关计划，银行公关活动与全行经济效益或维护本行声誉结合松散，业务人员缺少市场竞争意识和公关技巧，头脑中尚未摆脱传统公关观念束缚等。在具体公关行为方面表现为缺乏主动性和灵活性。如在与政府和人民银行等部门的关系处理上被动应付。“窗口”业务中，服务态度生、冷、硬、顶和等客上门现象仍然存在，工作效率低，部分干部职工仍将银企关系视为“主从”关系，索要企业财物或以权谋私现象时有发生。这种公关现状的存在，影响了银行在社会上的形象和声誉。

内部公关缺乏凝聚力。银行系统内各部门在实际工作中的协作意识有待强化。在具体工作或公关活动中往往容易出现各行其是和相互扯皮现象，缺乏应有的凝聚力。例如，对同一家企业的贷款投放，工业信贷、技改信贷、房地产信贷、外汇信贷等部门往往各自独立地对该企业重复考察和进行评估，并以各自的考证结果确定对其贷与不贷，缺乏全行统一全面的系统考证。这样一方面造成重复劳动，工作效率低下，另一方面影响资金的配套使用，统一调度，存款下降，影响了银行在企业中的信誉。

银行公关缺乏超前性。在当前专业银行向商业银行过渡时期，诸如有价证券的买卖、房地产、电子货币等新兴业务迅速发展，包括合资、外资银行在内的多家金融机构也在日益增多，面对这一形势，专业银行理应使其公关意识与行为相适应，做到超前发展。但目前专业银行的公关活动仍囿于传统的公关模式中，表现出单向性、半封闭性和政策性等弱点，难以适应新形势的需要。

2. 商业银行体制下银行公关方略思考

针对目前专业银行公关活动中存在的实际问题，借鉴国内外其他行业金融机构的公关经验，商业银行的公关策略可以从以下方面作探讨：

调整公关行为，注重金融服务定位策略。金融服务定位指依据商业银行现实业务范围将业务发展与市场竞争相联系，结合本行实际，将金融服务市场进行细分，选择某一细分市场为目标市场进行重点公关和市场开拓，使该行成为这一细分服务市场中声誉较佳的银行。

金融服务定位策略，是商业银行市场竞争中十分有利的一种竞争手段，辅之以适当的公关活动，可收到意想不到的经营效果。如香港银行突出其在人员、通信方面的优势，在广告中快速传递，唯我独尊，芝加哥大陆银行声称自己主要为中小公司提供服务。这些金融服务定位策略，为其赚取了丰厚的利润。

健全公关队伍公关计划。专业银行商业化经营，应逐步加强公关力量，成立公关专门机构，增设公关专职人员，培训现有银行职员，对具体业务人员加强公关训练。在公关考核指标的确定上，商业银行应树立效益观念，以追求本行经济效益和维护社会声誉为目标，结合行员制等人事改革，对各个时期、各部门的公关重心和全行的公关中心进行相应的市场定位和计划确立，并适时调整公关考核指标的奖惩办法。

3. 外部公关必须理顺的几个关系

（1）与地方政府、人民银行的关系，应依据政策、法律和金融法规等，抵制行政性干预，运用公关手段，解释和宣传本行的经营行为和金融业务，保障本行合法权益，维护本行社会形象，实现本行经营目标。

（2）与其他金融机构间的关系应遵守金融法规和人行政策指导，注重搞好行际关系，避免采取欺骗、相互诋毁等不正当的竞争手段，努力做到在系统间往来业务上相互协调，在公平的基础上从事业务竞争。

（3）银行与企业间的关系，应摒弃银企“主从”关系等错误观念，确立银企间互利互补的平等伙伴关系。

（4）窗口部门与客户间的关系，要采取行政的、经济的乃至法律的手段，树立银行干部职工的“服务第一、顾客是上帝”的意识，消除“生、冷、硬、顶”和“坐门等客”的弊端，以维护或重塑银行形象，保证银行业务的健康发展。

4. 内部公关应提倡整体性和敬业精神

首先，部门间对外公关活动应由行长或分管行长牵头，各部门中层领导共同研究和制定统一的对外公关战术和公关计划，在各部门公关活动中的利益分配上制定相应的准则，使行内有关部门能够采取一致的公关措施，做到局部利益服从全行利益，树立整体观念，相互配合相互协调，相互谅解和无私支持。其次，行内领导和职员间的公关，应做到领导廉洁清政，平易近人，关心职工，以行为家，树立典范形象，以增强职员的亲近感、归属感和仿效性。

5. 适应商业银行业务多元化、综合性特点，开展公关活动

商业银行参与市场竞争，其经济性质的多元化，经营范围的开放性和经营内容的综合性，要求银行公关须具备灵活性和多样性。为此，商业银行必须健全公关组织，规范现有公关行为，认真学习和吸收他行先进公关经验，结合商业银行经营过程中出现的新业务、新特点，制定相应的公关长远战略和近期计划，采取公关技巧，充分利用报纸、杂志、广播、电视、社会赞助、名人效应及人员登门公关等多种公关手段，为商业银行的金融竞争和自身经营提供最佳的公关服务。[①]

---

① 作者工作单位：中国工商银行潍坊市分行，编辑：战庆欣。

2.8　中小企业管理创新研究

习近平总书记强调，创新是一个民族进步的灵魂，是一个国家兴旺发达的不竭动力，也是中华民族最深沉的民族禀赋。在激烈的国际竞争中，唯创新者进，唯创新者强，唯创新者胜。我国是一个发展中大国，目前正在大力推进经济发展方式转变和经济结构调整，正在为实现“两个一百年”奋斗目标而努力，必须把创新驱动发展战略实施好。由此可见，创新对于国家治理和经济发展具有极强的战略价值。

管理创新指在特定的时空条件下，通过计划、组织、指挥、协调、控制、反馈等手段，对系统所拥有的生物、非生物、资本、信息、能量等资源要素进行再优化配置，并实现人们新诉求的生物流、非生物流、资本流、信息流、能量流目标的活动。管理创新包括管理思想、管理理论、管理知识、管理方法、管理工具等方面的创新。中小企业作为我国最具创新活力的经济组织，研究和实施创新战略，意义重大。

中小企业需加强具有自身特色管理与创新①

CMIC（中国市场情报中心）最新发布：近期，长三角、珠三角“倒闭潮”消息的出现，引来的是中小企业融资难的问题。在银根紧缩的形势下，为中小企业解决融资难问题，或许能够支撑中小企业度过一时的危机，但是，中小企业要想长期生存并发展壮大，仅靠融资是不够的，企业管理才是维持中小企业长期发展的根源。因此，近日就中小企业管理方面的相关问题，CMIC（中国市场情报中心）采访了（工业和信息化部）赛迪研究院研究总监吴维海博士。

（1）中小企业管理的现状——呈现“四个缺乏”的基本特征

从总体贡献看，我国中小企业已成为国民经济和社会发展的重要力量。目前，我国中小企业占到企业总数的99%，产出的GDP超过我国GDP总规模的50%以上，带来的社会就业机会超过75%。

吴维海博士从我国中小企业的发展特点谈起，认为目前我国中小企业呈现“四个缺乏”的基本特征：

① 吴维海，发布时间：2011.09.07 来源：CMIC。

1）缺乏高层次人才。多数中小企业的人员数量偏少，人才储备不足；人才结构不合理，专业技术偏多，管理类人才少；员工素质低，影响长远发展；信息化投入不够，工作效率低；人才流失严重，发展基础不稳。

2）缺少核心技术。多数中小企业缺乏知识产权。多数企业以劳动密集型为主，利用已有技术，复制市场上已有产品，没有核心技术。

3）缺少融资渠道。由于信用、抵押资产、管理水平、盈利能力等因素的影响，金融机构不愿贷款给中小企业，导致这类企业融资难。

4）缺少战略规划。多数中小企业的业务发展规划性不足，多数在产业价值链的底端。没有长远发展计划或业务储备，经营风险较大。

中、德两国中小企业对比：我国中小企业缺乏核心技术和高端产品，竞争能力较弱。

在对比中德两国中小企业发展现状时，吴维海介绍说，德国经济真正的支柱在于富有活力的中小企业。中小企业数量占德国企业总数的99.7％，就业人数占到全国总数的70％，公司净产值占到全国总量的近一半。

德国实施一系列中小企业扶持政策，包括国家立法、战略规划、机构设置、税收、信贷、培训、信息等各方面。研发补助、优惠贷款、基金会形成了德国政府采用的横向的对于中小企业支持的重要手段。德国政府对研发补助的条件较为宽松，其目的在于广覆盖，以避免失去对未来潜在科技的关注，资金使用也没有特别的管理要求，主要是发挥企业的自主能力。

德国中小企业的竞争力来自其独特的产业竞争模式：横向扩张。成功的小型企业只生产单一专业产品，并将这个产品的市场横向扩展。

中国的中小企业自诞生以来，基本处在不受重视的境地，政府政策、金融支撑、税收等方面的扶持较少，中小企业在和大型企业竞争中，处在不利的境地。因此，中国多数中小企业缺少核心技术和高端产品，市场竞争能力较弱。

（2）融资难成为检验中小企业管理者的重大课题

资金短缺、融资渠道不畅是制约和阻碍我国中小企业发展最突出的核心问题。从我国中小企业的融资规模看，2011年上半年，我国中小企业贷款（含票据贴现）累计新增1.58万亿元，占全部企业新增贷款的64.5%，比一季度末提高1.6个百分点，余额同比增长 18.2%。

由于近年来为了抑制通货膨胀，国家开始收缩银根，这使得中小企业融资难的问题更加突出。如何寻找多种融资渠道，破解融资难的经营困惑，成为检验中小企业管理者的重大课题。

为解决中小企业融资难困境，吴维海给出了九点建议措施：

1）完善中小企业信用担保体系；

2）建立健全中小企业信用档案和评估体系；

3）大力发展地方性金融机构；

4）完善地方政府引导和管理的中小企业资金共享机制；

5）建立和探索全面监控、依法经营的民间融资体系；

6）提高技术研发与应用的力度，提高技术含量，增强资本运营的能力，减少刚性资金需求；

7）创造条件，实现创业板或“三板”上市融资，改善融资渠道；

8）建立多方联保、资金统筹统调的融资管理机制，逐步实现中小企业之间的资金合理流动；

9）中小企业在进行资金筹集时，应根据经营需要，确定合理的融资规模，避免过度融资，造成资金浪费。

（3）发挥中小企业自身特点，实施战略管理

中小企业实施战略管理，应发挥中小企业的特点，因地制宜地实施具有不同企业特点的战略管理规范化建设。

1）一是应由主要股东组成战略管理委员会，聘请专业机构进行战略设计，制定具体部门管理战略执行；

2）二是应加大对相关产业和竞争对手的战略跟踪与研究，避免业务拓展的盲目性；

3）三是应将战略目标和年度经营指标、总经理的绩效考核挂钩，确保战略落地；

4）四是应建立战略评估与优化机制，对战略实施状况量化管理，及时调整。

（4）信息化是推动中小企业实现现代化管理的重要手段

就中小企业信息化问题，吴维海认为，我国中小企业信息化应用水平普遍不高，相当比例的企业对信息化的重视程度不够，信息化管理基础薄弱、管理意识

淡薄、信息化手段简单、工作措施落后，基础数据缺失，工作环境差，信息化专业人员不足等。只有极少数的中小企业在信息化建设方面较为重视，他们能够学习和跟进国家新一代信息技术和现代信息化管理技术，主动加大信息化建设的资金和人才投资，信息化建设程度和实施效果较好。

信息化是推动中小企业实现管理现代化的重要手段。中小企业信息系统建设的意义在于对企业生产管理流程的重组，进而提升市场响应速度与管理水平。中小企业应结合自身实际，立足未来发展，分析现有产业技术、业务流程、管理制度、现有竞争格局，遵循“快、好、省”的原则，选择关键与核心业务为突破口，逐步由传统的管理模式和运营体系过渡信息化管理平台，进而实现基于新一代信息技术理念，如三网融合、云服务等前瞻性信息化建设体系当中，尽快缩小与行业领先企业的信息化差距，进而获得竞争优势。未来 3 年里，48% 的中国中小企业用户愿意为一个或者多个云服务付费。

（5）中小企业管理软件进入行业细分阶段

从某种程度看，中小企业的信息化确实逐步进入行业细分化的阶段。越来越多的中小企业不再满足于单纯的“OA”系统，以及通用型软件，而是希望建立适合企业所在重点行业和具体产业，能够满足企业竞争与管理需要的信息管理体系，这就对信息化提供商提出了新的挑战，同时也带来了新的商业机会。信息化运营商跟踪市场变化，强调个性化的软件和信息技术研究，为中小企业提供定制化、细分行业的软件和信息服务平台。

（6）中小企业应根据条件选择不同的创新模式

创新，近些年不断受到各方的重视，中小企业也不例外，没有创新，企业停滞不前，终会被其他企业所替代，而我国中小企业的技术创新，按照创新的技术来源与创新方式，可分为自主创新、模仿创新和合作创新三类。吴维海认为，我国中小企业对技术创新有很强烈的需求，但受资金、技术、人才、政策等条件限制，多数中小企业应采取模仿创新的模式。少数具有一定技术人才和资源优势的企业可选择合作创新或自主创新的模式。

（7）内部控制制度是规范中小企业内部管理、提高经济效益的重要保证

目前我国多数中小企业没有内控制度、缺少内控体系、没有内控专业人员、内控监督机制不健全。

为改善这一现状，吴维海对中小企业未来发展提出四点建议：一是强化管理者的内控意识及高层的控制职能。二是注重内部控制，注重对企业员工的研究，尊重员工的心理需求，强调沟通和管理交流，减少管理者与被管理者之间的隔阂，形成强大的合力。三是建立内部控制制度。重视采购与付款、货币资金、销售与收款、成本与费用的控制制度。四是加大内部审计。通过内部审计制度对各级管理层的财务和管理活动进行系统评价。

（8）美国中小企业融资方式带给我国中小企业融资的启示。

在谈到中小企业融资问题时，吴维海首先介绍了美国的相关情况。美国中小企业的间接股权融资主要通过私募股权投资公司。美国中小企业融资主要是债务融资和股权融资并重。其中：中小企业融资中有 5% 左右来自于风险资本，占权益资本总数的 11%，其他权益资本占权益资本总数为 26% 左右，企业所有人出资占权益资本的 63%。美国中小企业约 26.65% 的资本是金融机构借款。

从美国的中小企业融资方式中，吴维海认为应借鉴以下 4 点：

1）完善相应的法律法规并建立、健全中小企业管理机构，如建立关于中小企业的担保法、融资法、促进法等。

2）建立、健全中小企业融资的担保体系。如建立信用机构等。

3）建立、完善中小企业的融资体系。对民间借贷和民间契约用法律的形式规范；积极助推中小企业上市，使风险投资有很好的退出途径。

4）政府应建立良好信用环境和有效的担保体系。

2.9　企业成长趋势研究

企业管理是永恒的话题，管理是一门艺术，它没有规范和唯一的答案。

随着全球竞争和信息技术的深度发展，开放、多元、多层次的竞争格局基本形成。企业之间的竞争越来越呈现一种跨越国家和边界、跨域业务领域和技术限制，未来的信息流、资金流和商品流等更加顺畅，技术和资金在企业运营中的影响逐渐加大。

未来，企业之间的竞争不再单纯依赖过去的暴利（如 20 世纪 90 年代的房地产）、信息不对称等模式（除了少数国有资本和政策性业务、垄断资源）。未来一段时间，企业之间的竞争将更加激烈，科技含量将更高，企业将更加注重追求高端智能化、产业融合化、信息技术融合和国际化。善于资本运营的企业，将会逐渐探索适合自身发展的资本运营新思路、新模式，这类企业将比传统的制造业爆发出更加强大的生命力和竞争性。企业的未来命运，将不再只是掌握在那些只会苦干、思想相对陈旧的小业主手里，而是逐步转移和集中到那些善于学习、主动模仿，思想活跃，善于分析和把握全球趋势，主动利用产业政策，有效嫁接资本和专业技术，不断创新管理模式，提升自身技术水平，具有国际视野和工匠精神的企业家手中。

从生产要素看，资本运营是整合企业核心资源的重要手段，也是一种生产力。资本运营迸发出的价值是传统产业的数十倍，甚至上千倍。从国内外资本操作手段看，上市、发债、并购等已成为资本运营的重要手段。

为适应新的变化，企业管理者应该以开放、创新和融合的心态，进行各自的战略构想，从产业的高端布局，结合本企业产业基础和管理能力，以开放的心态，逐步融合和把握战略性新兴产业的趋势和核心要素，充分考虑高科技、信息化、低碳化和资本运营等生产要素，形成独特的企业竞争力，学会调整和优化现有产品与产业结构，优化高端人才结构，以新的经营理念和企业文化，提升企业发展水平，逐渐成为行业内的卓越企业。

2.10　东北地区国企发展障碍和策略

东北地区国有企业是东北工业振兴和经济转型的重要参与者和实施者，也是区域经济可持续发展的重要力量。

党的十九大提出：实施区域协调发展战略。加大力度支持革命老区、民族地区、边疆地区、贫困地区的加快发展，强化举措推进西部大开发形成新格局，深化改革加快东北等老工业基地振兴，发挥优势推动中部地区崛起，创新引领率先实现东部地区优化发展，建立更加有效的区域协调发展新机制。

研究东北地区国企发展的制约因素和改进建议，对于推动东北地区国企转型和经济调整，具有极强的产业引导和带动作用。

1. 东北地区国企改革发展的制约因素

我国东北地区国企近年来发展缓慢，活力不足，产业转型困难，受到多种因素的制约，主要表现在 6 个方面：

（1）政府行政干预较多，服务能力不高，影响国企改革与发展

东北地区各级政府受到区域文化、本地资源、传统理念等影响，对于国有企业的管理团队和重大决策干预较多，对于国企改革和创新的政策措施较少，鼓励创新的意识、氛围和措施匮乏，制约了国企的改革创新。

（2）东北地区国企的官本位思想严重，存在和市场机制不适应的重大缺陷

相对于我国东部沿海地区等省市来说，东北地区的国企董事长、总经理和管理者的官本位意识较重，没有真正意义上从商业意识和市场竞争领域自我转型，实现市场导向的晋升和竞争，不少人把职位升级作为人生成功的重要标志，精力放在职位晋升而不是市场的竞争领域，没有建立市场引导的竞争机制和模式，削弱了国企竞争力。

（3）东北地区企业科技研发不足，核心关键技术数量少，削弱了国企核心竞争力

整体来看，我国东北地区的科技投入不足。技术研发投入和平台构建不足，科技研发实验室、核心科技团队和投资机制不健全，企业技术研发的动力、机制和规则不明确，核心关键技术研发和拥有量少，制约了国有企业的快速发展。

（4）东北地区国企专业人才匮乏，政策支撑少，制约了国企改革与发展

从分析和研究看，我国东北地区国有企业的国际化人才、高端管理人才和科技研发人才较少，同时，各地政府的财政拨款和优惠政策不多，国企发展的支撑

能力较弱，制约了国企改革与发展。

（5）跨产业、跨区域协作的意识和机制缺少，制约了东北地区国企发展

我国东北地区重工业较多，黑龙江、吉林和辽宁省等区域特色不同，产业存在互补性。但是，在实际工作中，跨地区之间的合作较少，产业缺少聚集和示范效应，削弱了东北地区的产业升级和规模化。

（6）东北地区国企包袱重，承担的社会责任多，不利于国企改革与发展

尽管党中央、国务院出台了刺激东北振兴的政策和文件，但是受到老工业基地离退休人员多，幼儿园、学校、医疗等国有企业辅助型社会责任多，国企的硬性开支和历史包袱大，制约了国企的科技投资、股权改革和市场竞争。

2. 八大政策建议

针对东北地区国企发展中存在的制约因素，建议各地政府和企业应采取的政策措施有：

（1）落实东北振兴战略部署，鼓励创新改革，营造良好的政商环境

坚定不移地执行和贯彻党中央、国务院和国家部委振兴东北老工业基地、国家“一带一路”倡议等政策文件，实施政府工作重心的转变，提高政府创新改革，增强主动担当的勇气和责任感，出台国有企业改制鼓励、扶持政策，建立良好的政商环境，树立鼓励和容忍创新的氛围，推动国有企业的改革与创新。

（2）积极推动政府职能转变和供给侧改革，建设服务型政府

降低国有企业税收和负担，强化政府能力建设，提高政府服务效率，改进工

作作风，培育市场主导型的政府决策机制和运行流程。同时，全面推动放权减税，减轻国有企业转型改制中的历史包袱，积极推动企业产品结构调整，实现要素市场优化配置，提高国有企业的要素优化能力和产品调整质量，适应市场供给基本规律。

（3）加大科技投入，推动国企改革和经济转型，提高核心竞争力

全面实施东北振兴战略，制定国家、省市科技投资管理办法，各地政府根据各自的资源和禀赋，建立和实施有效的政策与机制，推动区域国企改革和创新发展。

（4）实施人才战略，聚集和培育高素质人才

政府和国有企业联动发力，全面实行“结对子”战略，选择和对接国家各部委、我国发达地区的政府、企业，与东北地区国有企业结对子，实现人才、智力的嫁接和战略支持。同时，加大各种激励政策，引进国际化人才、技术研发人才和高水平管理人才，提高国企的人才聚集和培育能力，提高核心关键技术的掌控能力。

（5）强化区域合作和国企之间的产业协同，提高跨区域国有企业合作的能力

推动黑龙江、吉林和辽宁等省市的制造业、服务业等产业合作和不同地区国企之间、东北地区国企与其他地区民营企业之间的优势互补，增进战略互信，提高企业之间、区域之间的产业合作和资源互补，提高区域合作的黏性和战略同盟关系，协同提高东北地区国企发展的总体能力。

（6）加大财政补贴和政府转移，减少国企改革的包袱，提高区域国企活力

紧跟全球化趋势和产业发展路径，争取国家政策，积极推动国家层面的财政

补贴和转移支付，增强东北地区国企改革的压力、动力和活力，提高东北地区国企的活力，形成区域性国企合作的氛围和机制，提高国企改革与发展的深度和持续性，推动经济社会的快速发展。

（7）探索战略叠加的实践改革，主动融入国家战略，推动东北地区国企全球化竞争

紧紧抓住东北工业振兴、"一带一路"倡议、京津冀战略、环渤海战略等战略叠加期，实施国有企业战略大转型，思路大调整，模式大转变，积极构建国际化视野，实施大构思、大策划、大融合，立足国企的不同优势和特长，主动融合各种区域战略和国家战略，构建东北振兴、"一带一路"倡议、京津冀协同等多个战略，实现本企业与区域战略、全球化战略等的深度融合和提速发展。

（8）推动东北地区休闲农业、精密制造、现代服务业的均衡发展

引导和发挥东北地区国有企业的行业带动与示范作用，充分挖掘和聚集黑龙江的农垦集团农业种植与精深加工、黑吉辽的机床等精密制造、东北地区的休闲旅游产业等优势，实施国有企业的"二次创业"，打造精品企业、示范产业和区域龙头基地，通过国有企业的发展方式转变与经营机制改革，促进国企焕发新的活力和竞争力，进而推动东北地区的经济复苏、社会就业和产业均衡发展。

2.11 汇源果汁的跨国收购案例分析

跨国收购是全球经济的新趋势。国内知名民族企业被欧美投资机构控股或收购，已经对我国经济发展和产业布局造成了不小的影响。我国的能源、通信、金融、食品等行业事关民众生活和国家稳定，有必要进行适当监管和调控。近期[①]，

---

① 本文写于2008年汇源果汁并购事件前夕。

汇源果汁公司将被可口可乐收购的媒体新闻，令管理届人士担忧、焦虑，相信国家部委也已经给予了重点关注，并可能采取相应的引导举措。

“农民”企业家朱新礼见证汇源果汁被收购

今天，网站传出汇源果汁将被可口可乐收购的新闻，相信很多人大吃一惊。百姓心中的民族品牌“汇源果汁”转眼间将易手外国公司。在刚刚感受 2008 年奥运后民族自豪感的热情之际，听到这一消息，估计很多人难以接受现实：人们对朱新礼和汇源果汁公司寄予了很多厚望：企盼汇源果汁公司挺起民族的脊梁：突然之间，民族品牌要倒掉了，很多人在感情上接受不了。

其实，这只是众多消费者的善良愿望，该倒掉的企业早晚会倒掉——尽管大家都不想看到这一幕。

本次收购事件撕毁说明：汇源果汁掌门人朱新礼是个精明的“农民企业家”。

为什么这样说呢？这里绝没有贬低农民的心态，当前多数学者和官员的先辈也是农民。但是，一些“农民企业家”的惯性思维习惯于计算眼前投入和回报是否合算。只要能够获利，就急忙出卖产品，这是典型的小农意识。

汇源果汁公司发展到今天，经历了 20 年的时间，被国人寄予了很大希望，就像运动员刘翔近期在鸟巢参加的奥运会比赛一样，中途退赛，结果是：希望越大，失望越大。

汇源果汁公司被卖出，是个新闻，也是个需要思考的话题：出售公司，对汇源果汁来说，只赚不赔：企业已上市，公司品牌有了，下一步要高价卖出，或者，如果不卖掉，自己没有套现，只能全力提升公司价值。

如果有人出高价收购，汇源果汁公司的眼前利益是可预测的，公司股权卖出后能够得到不菲的利润，这笔账任何人都能算出来。况且，从山东农村打拼出来的汇源果汁公司，确实不易，目前的收益已经丰厚。卖出了企业，对公司股东来说，肯定稳赚不赔。

既然是生意人，就要赚钱，卖出公司肯定合算，汇源果汁的掌门人就动起了卖掉的心思。

当然，对于百姓，看到喜欢的民族品牌倒掉（一夜之间成为外资品牌），难免难过：就像刘翔不能为国家争取奥运会冠军一样，失望之情难以抚平。

从国家监管的层面看，民族品牌被卖出，有损国家形象，也可能对百姓饮食健康和生活产生不可预测的风险与影响。但是，这也是没有办法的现实，恐怕国家有关部门也难以干涉，只好由它。

后果如何，目前只是猜猜，除了忧虑，还能做什么?

遗憾的同时，应祝贺汇源果汁掌门人，毕竟公司股东赚了，这笔生意合算。

或许朱新礼在汇源果汁公司规模扩张到一定高度，就到了管理和经营的天花板，个人和团队无力提升盈利，最好的选择就是卖掉：总不能让桃子烂在筐里吧?

或许：汇源集团今后将专营种植产业，但愿从此果农能受益。

当然，可能汇源集团有自己的战略打算，目前不得而知。

风风雨雨，大家各自猜测汇源果汁集团的走势。但愿蒙牛等民族品牌能够挺起腰杆，不要效仿而步其后尘，随意出售公司给外资机构。那样的话，中国市场就会到处充斥着欧美品牌，国人感情估计难以接受，国家的长远利益和百姓健康也可能受损。

看到民族品牌即将消失，心情复杂。在汇源果汁即将被出售的前夜，谨以此文记之。①②

2.12 中央企业国际营销方案

随着国家“一带一路”倡议的实施，企业走出去，积极拓展海外市场已经成为重要的国家战略。国内传统产能过剩和新兴产业培育不足的矛盾较为突出，中央企业如何立足自身优势产业，进行产业转型，创新发展模式，探索新的业务类型和国际营销通道，是企业家需要持续思考的重要课题。中国电子信息产业集团CEC作为国务院国资委直管的特大型企业集团，近年来在产业转型、创新发展方面作了积极的尝试，并在信息安全和智慧城市等重点领域取得了实质性的突破和显著成效。该集团积极探索国际营销新通道、新机制和新模式的实践值得借鉴。

这里，对CEC的国际营销进行案例研究。

中国电子信息产业集团（CEC）作为世界500强企业，在全球复杂的经济环境下，在以国务院国资委的总体战略引领下，聚焦主导产业和重点地区，积极推

---

① 来源：吴维海，新浪博客，2008年9月4日。

② 汇源果汁公司的股权出售方案，后来，被商务部审核和否决，汇源果汁公司的股权出卖行为，最终没有被允许实施。特此说明。

动营销体系的深层次变革，通过全球化的营销网络建设和体制机制持续变革，提升集团层面的全球营销网络集中度和国际综合竞争力。

从 CEC 集团现有产业布局和营销资源来看，未来几年，CEC 集团应该聚焦信息和安全领域，打造 CSP 和 NSP 两大主业链条，策划和推动“一带一路”沿线国家重点市场具有前瞻性、示范性的安全系统大项目、大市场，突破现有阻力和障碍，带动二三级企业国际化发展，推进市场营销体系的全面建设。

1. 打造两大主业链条，布局安全产业

CSP 产业价值链的海外拓展。在获得南美洲国家安全网建设重点项目，扎根南美洲的基础上，将公共安全平台 CSP 作为集团的主业，尽快打造成具有 CEC 品牌特征的支柱性产业。按照“一国一策”的理念，进行定制化开发、设计和工程实施，综合集成安全系统的风险评估、监测监控、预测预警、决策支持、应急管理等，向“一带一路”沿线国家推介 CEC 公共安全管理理念和项目实践，并打通上下游产业链条，带动 CEC 显示板块、集成电路板块、信息服务板块的业务向全球国家和重点地区有序延伸（图 2.12-1）。

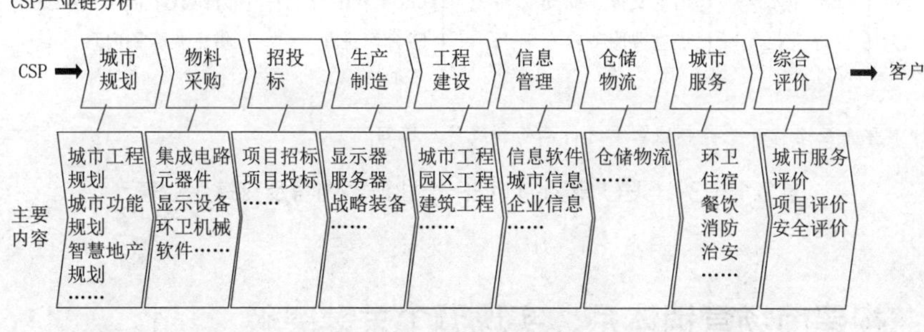

图 2.12-1　CEC 集团的 CSP 产业链分析

NSP 产业价值链的海外拓展。以网络安全和信息安全为基础，将 NSP 作为集团的主业，打造具有 CEC 品牌特征的两大主导产业之一，CEC 在信息安全领域已形成较为完善的信息安全产品及技术产学用体系和全自主可控的信息网络系统，成为国家信息安全领域的重点研发基地，是国内唯一具有全产业链技术（CPU+ 计算机整机 + 中间件 + 数据库 + 生态系统 + 网络应用）和信息技术研发生产能力

的企业。NSP在电子政务系统、金融系统、石油、电力等要害部门和重点行业均可广泛应用，通过向"一带一路"沿线国推介和实施，可带动CEC信息安全板块业务向世界延伸（图2.12-2）。

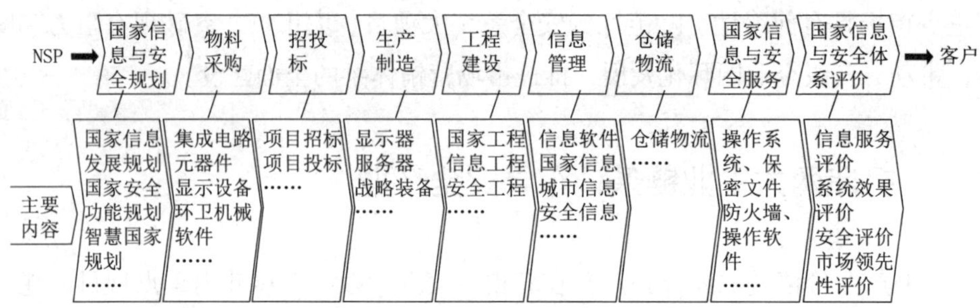

图2.12-2　CEC集团的NSP产业链分析

基于产业价值链理论，立足CEC集团实际，初步梳理的支撑和参与NSP整体解决方案的集团内部下属公司情况，如图2.12-3所示。

NSP产业链、内容及支撑企业表					
环节	内容	CEC　内部支撑企业	内部支撑企业提供主要服务内容	CEC　外围战略合作企业	外围战略合作企业提供主要服务内容

注：具体企业名称和业务领域需要进行调研和统计后填写。

图2.12-3　CEC集团的NSP产业链、内容及支撑企业表

2. 构建市场营销体系，实现五个关键突破

（1）海外营销网络重大突破

CEC集团应该从"一带一路"沿线国家的人口数量、经济发展、资源状况、外交环境、文化背景、社会环境、安全形势等方面，分析沿线国情与市场，研究"一带一路"倡议的政策红利，主动寻求与国家部委的政策对接、资源聚集，与

国内外智库之间合作的专题研究，以政策优势带动海外营销网络的快速发展。主动进行全球布局，尽快构建“一带一路”倡议沿线国家的信息化服务通道与全球营销网络，完善全球范围的渠道整合与业务协同机制，在全球形成以 CSP 与 NSP 两大主导产业为辐射带动、市场协同的子公司资源平台和产业聚集，以及主要代理商紧密合作、互利互惠的贸易营销网络，推动“一带一路”重点国家和地区的相互贸易与工程业务。

（2）营销激励机制重大突破

CEC 集团应该研究国家、国务院国资委、行业的激励政策和改革方向，探索并构建以人为本、多策并举、激励引导的业绩考核与股权管理办法，鼓励市场人员扎根一线，融入国家“一带一路”倡议沿线国家的本土文化，通过激励机制的深层次变革，突破现有考核机制的束缚与阻力，促进集团营销团队的有序发展。

（3）技术支撑体制重大突破

CEC 集团应该围绕两大主业，完善集团顶层设计和系统集成能力，推动集团和子公司联合建设技术研发实验室，推动与中科院、智库机构、行业专家等的技术研发和创新合作，寻求并整合体制外的优质产品和技术资源，增强 CEC 面向市场提供关键核心技术，以及整体解决方案的能力。

（4）优势国家和市场重点突破

CEC 集团应该以国际化战略为引领，按照先易后难的原则，结合已有的资源和渠道，实施区别对待的市场策略和项目衔接措施，优先评估和确定那些政治稳定、信誉良好、市场潜力大的优势国家，以及有一定营销渠道、大型项目合作的重点国家或市场，全力推进 CSP 与 NSP 系统的海外布局。以海外市场重点项目的实质性突破支撑和拓展海外市场体系。以国内外市场体系的高效运转促进重点项目的全面实施。通过突破重点市场和重点国家，努力形成CEC集团总部牵头，重大项目依托，二三级公司具体参与实施的国内外协同营销的发展模式。

（5）核心资源掌控能力重大突破

为改变CEC对企业集团的营销掌控能力薄弱问题，重点强化集团层面对海外资源、国家部委资源的深度嫁接，以及对于国家产业政策、技术路径等系统分析与解读、优势资源的调配与有效管控，强化资金和核心资源的投入效益，强化重点项目的经营管控，尽快形成CEC集团体系之内统一、协调、高效运作的海外营销布局，实现各种资源的统一调配，从战略高度上进一步整合和发挥集团与各子公司的合力，集中优势力量和集团总部对国际市场和高端资源的统筹吸纳、资源调控的能力。

针对CEC集团推动的NSP、CSP业务，结合现有资源和一带一路等研究，初步确立CEC未来五年的重点拓展市场。

2.13 品牌农业加电商繁荣乡村

农业增效、农民增收、农村繁荣，这是“三农”发展的三大目标，这三大目标是互相联系、互相依赖的有机统一体。要实现三农发展目标，从供给侧结构性改革的角度来说，大力发展品牌农业和农村电商，是效果好、潜力大的两大抓手，大有可为。电商需要好的品牌，品牌需要电商助力，二者相得益彰。

1. 互联网发展大势和农村电商

近些年来，中国的互联网飞速发展。淘宝、京东等电子商务，改变了传统的商业零售渠道；Google、百度等搜索引擎和网易、新浪等门户网站，改变了人们的信息获取方式；诞生了百度、阿里巴巴、腾讯、网易、携程等一批互联网巨头。

随着智能手机、平板电脑等智能终端的大幅增加，以及越来越多物联网传感器接入无线网络，并连接到云计算中心，移动互联网已经越来越深地融入工作和生活，中国社会已进入互联网（物联网）红利时代，无论是政府、企业还是老百姓，都在享受着互联网红利。

党中央国务院非常重视农村电商发展。2016 年中央一号文件提出：“鼓励大型电商平台企业开展农村电商服务”“深入开展电子商务进农村综合示范”“加大信息进村入户试点工程”。2016 年 1 月国务院常务会议提出：推动《中国制造 2025》与“互联网 +”融合发展。2017 年中央一号文件提出：“支持农产品电商平台和乡村电商服务点建设”“鼓励地方规范发展电商产业园，集聚品牌推广、物流集散、人才培养、技术支持、质量安全等功能服务”。各级政府和一些电商企业，正在积极落实中央精神。

近年来，“电商 + 扶贫”模式得到了推广。阿里巴巴集团与地方政府深度合作，已经开始实施服务农民、创新农业的战略项目，通过建立县级服务中心和村级服务站，搭建“农村淘宝”电子商务平台，打通农村地区尤其是贫困地区物流的“最后一公里”，实现“农产品进城”和“网货下乡”的双向流通功能。

“互联网 +”的影响和作用在广大农村越来越大，很多农民不仅学会了网购，还做起了电商，曾经为卖难发愁的农民，开始把农产品销往远方的市场，为致富的梦想增添了腾飞的翅膀。前不久到一些山区调研了解到，2016 年和阿里巴巴集团共同实施的“村淘 + 扶贫”行动，免费为残疾农民创办村淘服务站，既可以把农民家里的小米、花椒、核桃等农产品卖出去，也可以把农民需要的物品购进家门，上线与下线结合，使居住在大山里交通不便的贫困户解决了卖难和买难问题，拓宽了贫困农民的致富门路，尤其是为残疾人解决了就业扶贫问题。

今后发展农村电商，首先要弄清国际国内大趋势。

根据媒体发布的信息：中国电商交易额已超过全球的 40%，而 10 年前的份额尚不足 1%。这个数字充分说明中国电商的发展之快。与此同时，也要看到我国的不足和潜力，以及发展的不平衡：2016 年中国的数字经济规模为 3.8 万亿美元，占 GDP 比重为 30%；而美国数字经济规模为 11 万亿美元、占 GDP 的比重为 59%；英国、日本数字经济占 GDP 的比重，分别为 55% 和 46%。

全球互联网综合发展水平，排在前 5 名的分别是：美国、中国、韩国、日本与英国。中国在产业发展排第 2、创新能力排第 4；但是，网络安全排第 23，基础设施排第 27。全国互联网综合发展水平，排在前 5 名的分别是：广东、北京、浙江、江苏和上海。

（1）发展农村电商，要解决好不平衡、不充分问题

1）借鉴国际先进经验。在基础设施、网络安全、创新能力、数字经济规模等方面，学习比我们更先进的国家。

2）解决地区不平衡问题。北京在两年前就借鉴交通监管的方法，创造了“北京食品安全智能监管”模式，建立了四级监管体系。北京等一些地区的经验，应该在全国推广。

3）充分运用新技术。不仅3G（西部地区有的地方还是2G）要尽快升级，4G也要尽早做好升级5G的准备。

（2）就具体措施来说，要加大投入和工作力度

1）解决宽带、道路、冷链等基础设施条件不平衡的问题。有些村庄无宽带，电商密度小。有些农村地区公路和信息网络基础设施薄弱，物流配送“最后一公里”不通，要致富，先修路。冷链不完善，生鲜农产品运不出去，想买的买不到，想卖的卖不了。要多措并举解决这个问题。

2）解决电商平台少的问题。电商平台少，且大多属于初创期，功能欠缺，浏览量低，数量需要增加，要提高质量。

3）提高人的素质。一些农民上网消费的习惯尚未形成，需要引导农民触网、用网，同时加大农村电商人才的培养力度，需要增加数量，提高素质。物的因素与人的因素同步提高，才能更好更快地发展。

移动互联网时代的到来，给人们带来了前所未有的方便，同时也带来了前所未有的风险，互联网也是“双刃剑”。

互联网改变了“发展基因”，人人都要增强网络意识，趋利避害，要在认识互联网、运用互联网的同时，防范网络风险，特别是防范假冒信息、电信诈骗等风险。为此，要在宣传教育、思想认识、相关政策、管理制度、监管机构、法律法规等方面，按照安全第一的原则，进一步加强风险防范。

2. 品牌战略是提高农产品品质和农业效益的重要战略

一个国家，随着人均 GDP 的增长，消费模式的转型呈现加速趋势。当人均 3000 美元以下时，是以温饱为主要诉求的基本消费型；当超过 3000 美元时，开始转型；当超过 5000 美元时，转型加快；当达到 1 万美元左右时，品味型、健康型甚至享受型的消费模式日趋明显。

我国人均 GDP 已超过 8000 美元，人均超过 1 万美元的地区也越来越大，对于优质品牌产品的需求越来越旺盛。

英国食品行业分析机构 GO 研究表明：中国食品消费开支，在 2011 年就达到 9700 亿美元，超过美国成为世界第一。这说明，我国消费支出的增速，大大超过 GDP 总量的增速。

我国从田间到厨房、餐桌，食品生产、消费链，正在升级换代，蕴藏着巨大的商机，有专家称此为"第五次财富浪潮"。

在同类产品日益同质化的时代，产品的物理特性已经相差无几，但品牌可以给人以心理暗示，满足消费者的情感需要和精神寄托。

品牌化是农业现代化的内在要求和核心标志，衡量一个国家的农业现代化水平，主要看你有多少核心竞争力的名优产品和品牌影响力。

2016 年中央一号文件提出：要"走出产出高效、产品安全、资源节约、环境友好的农业现代化之路""推动农产品加工业转型升级""培育一批农产品精深加工领军企业和国内外知名品牌"。2017 年中央一号文件提出"聚集品牌推广"。

根据国务院 2016 年 10 月发布的《全国农业现代化规划（2016—2020 年）》，十三五期间要"提升品牌带动能力。构建农业品牌制度，增强无公害、绿色、有机农产品影响力，有效保护农产品地理标志，打造一批知名公共品牌、企业品牌、合作社品牌和农户品牌"。

近年来，德清源鸡蛋、金龙鱼食用油、鲁花花生油、双汇火腿肠、太太乐鸡精、海天酱油、寿光蔬菜、五常大米等品牌食品，都发展得很快，效益很好。

随着我国经济发展和人们收入的增长，未来食品行业发展的空间很大。不仅已有的名牌产品可能做得规模更大、效益更好，还会产生一批新的名牌产品。

为什么要发展品牌农业呢，因为从世情、国情、农情来看，这是提高农业效益和竞争力的必然要求。

目前，大量农民尚不拥有农产品品牌，也没有食品生产许可证，农产品知名品牌与农产品总量相比还比例不高，这是农村电商发展的重要制约性因素。因此，注重品牌建设，并建立起与电子商务相适应的农产品质量管控体系，尤其是加强农产品质量溯源体系，是当务之急。

随着消费结构升级和市场竞争加剧，通过实施品牌战略，把资源优势转变为品牌优势，把品牌优势转变为市场优势。

品牌农业与农村电商的发展，互相需要。因为：好的品牌产品上线以后使“地球人都知道”，才更容易扩大销售量和卖出好价钱；电商推销好的品牌产品，才更容易得到消费者的信赖，“回头客”才更多。

前不久到云南玉溪调研褚橙发展，褚橙借助电子商务，大大节省了流通费用，打出了“褚橙”品牌，提供了知名、安全、生态、健康的食品。摆脱了传统的拼价格的模式，从食品安全和质量品牌入手，辅以直接配送，确保食品的新鲜和安全。

注重品牌建设，加强农产品质量溯源体系，建立起与电子商务相适应的农产品质量管控体系，完善和提升“互联网＋食品安全”，是当务之急。

随着互联网向农业领域的延伸和资本注入规模的扩大，打造品牌日益成为产品附加值增加和企业竞争的手段。

从一定意义上讲，品牌农业和农村电商好比农业的两个翅膀，两个翅膀协调平衡发展，才能实现农业现代化，助力国家现代化的实现。

2.14 民营中小企业如何突围

身陷困境的民营中小企业如何突破重围?

——潍坊市民营中小企业十大痛点及高质量发展十大对策

民营经济是我国经济制度的内在要素，民营经济是社会主义市场经济发展的重要成果，是推动社会主义市场经济发展的重要力量，是推动供给侧结构性改革、推动高质量发展、建设现代化经济体系的重要主体，也是我们党长期执政、团结带领全国人民实现“两个一百年”奋斗目标和中华民族伟大复兴中国梦的重要力量。习近平强调：“改革开放以来，党中央始终关心支持爱护民营企业。我们毫不动摇地发展公有制经济，毫不动摇地鼓励、支持、引导、保护民营经济发展。创新、创造、创业离不开中小企业，我们要为民营企业、中小企业发展创造更好条件”。

当前民营企业发展中存在各种政策或机制障碍，影响了其高质量的发展。十九大报告指出：“清理废除妨碍统一市场和公平竞争的各种规定和做法，支持民营企业发展，激发各类市场主体活力”。

国合华夏城市规划研究院在 2019 年春节期间，认真学习和贯彻落实国家部委关于开展春节基层调研的部署，由高俊才、吴维海牵头，组织团队成员在山东省潍坊市潍城、青州、临朐、安丘、昌乐等各县市区等地开展了个别访谈、企业座谈、电话对话和问卷调研，设计了 40 个问题的调查问卷，组织有关人员进行了专题调研、数据分析和系统研究，归纳提炼了制约潍坊市民营中小企业发展的十大痛点和困境，针对性地提出了政府、企业层面实现高质量发展的十大对策，以便对潍坊市、山东省，乃至于全国，出台和优化扶持民营中小企业发展的政策措施，起到积极的指导和借鉴作用。

1. 春节调研过程和主要发现

国内外宏观环境的变化影响着潍坊市民营中小企业的走向。我们在春节期间，组建了调研团队，通过采取个别访谈、现场座谈、问卷调查等方式，跟踪和掌握潍坊市潍城、奎文、临朐、安丘、昌乐等县市区民营中小企业的发展趋势，试图发现和提炼制约民营中小企业发展的痛点和困惑，结合国家产业政策和中小企业的发展趋势，对民营中小企业的发展和政策制定做出准确的预判。

通过企业访谈和问卷调查，我们发现：

1）民营中小企业经营状况堪忧。潍坊市 16 个县市区中小企业存在产品同质化、技术含量低、融资成本高、税负压力大等经营困难和挑战，相当一批出口型中小企业利润率显著下降，部分中小企业出现了行业性亏损或转产、倒闭。不少中小企业，特别是小微企业 2018 年利润增幅同比下降，个别地区出现了批量企业停工、半停工现象。

2）民营中小企业是国民经济的重要组成部分，潍坊市 16 个县市区被调查企业广泛分布在一二三产业的各个领域，占据绝对的数量优势。春节调查分析，约有34%被调查企业员工不足50人，只有29.2%的员工超过300人。表明被调查企业规模普遍不大，抗风险能力较弱。

3）寿命短且分散。潍坊市16个县市区多数被调查民营中小企业抗风险能力低，平均寿命只有3年左右，产业分散，主要在传统农业、制造业和劳动密集型服务业。相关产业技术含量低，劳动强度大，工资报酬低等。

4）资金实力较弱。潍坊市16个县市区多数被调查民营中小企业规模偏小，产品质量不高，绝大部分盈利能力弱。问卷调查发现，被调查企业约80%净盈利率低于8%。这与我国房地产、金融和能源类企业动辄15%以上的净利率相比较，盈利能力较低。

5）研发投入少。潍坊市16个县市区被调查中小企业普遍科技研发投入不足，缺少研发和专业人员。约53.8%以上的被调查企业科研投入占全部收入的比重在3%及以下。企业自有专利和知识产权较少（图2.14-1）。

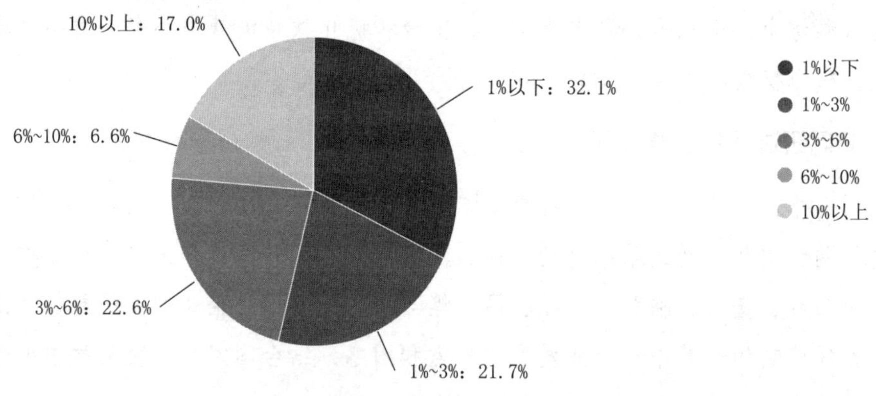

图2.14-1　被调查企业科技投入

6）经营管理滞后。潍坊市16个县市区多数被调查企业缺少明确的发展战略，财务制度不健全，企业组织结构简单，管理人格化，没有严格的管理层级，管理权力集中于所有者一人手中，企业缺少活力和创造力。这也是我国中小企业平均寿命较短的一个重要原因。

2. 制约潍坊市民营中小企业发展的十大痛点

春节调研分析发现，潍坊市多数被调查民营中小企业可能存在融资体制、成本结构、资源要素、盈利能力、市场竞争、投资预期、营商环境、政府支持、产业政策、乡村振兴等十大痛点。

（1）融资体制的痛点：融资难且贵

从本次调研看，约有 57.5% 的民营中小企业资金来源于自有资金，约有 27.4% 的资金来自银行贷款，约有 10.4% 的中小企业资金来源于民间融资，上市融资的比例很小。民营中小企业融资成本高，约有 55.7% 被调查企业融资成本超过总成本的 10%，比大型国有企业的融资成本高出很多。一些中小企业无法从银行贷款，只有依靠高成本的民间借贷，加大了融资成本，容易出现整体性亏损甚至破产、倒闭的现象。

进一步对农业、工业、服务业和混合类企业等融资难度进行分析之后发现，一二三产业融合类企业和制造业企业融资较容易，农业和服务业等融资较困难。问卷交叉分析发现，约 66.67% 被调查混合类企业（一二三产业多元化的企业）认为融资较容易，约 33.33% 的被调查农业企业融资较容易。同时，约 30% 制造业企业和 20% 的农业企业表示融资特别困难。这表明，一二三产业融合类企业可能有生态休闲、文化旅游等新题材、新产业，其更加符合银行贷款等行业投向，容易得到资金支持。传统农业、传统制造业和高能耗的产业等属于限制性产业，被银行等金融机构排除在投资目录之外。

（2）成本结构的痛点：成本猛涨

调查发现，潍坊市民营被调查中小企业的原材料、工资、社保、物流等成本总体呈现上涨的趋势，部分行业涨幅较大。如约有 63.2% 被调查企业的社保成本超过了企业总成本的 10%，反映了社保成本是企业经营的较大负担。

进一步分析发现，民营中小企业对成本预期并不乐观。交叉分析表明，无力承担经营成本的被调查企业中，制造业、服务业和混合产业的企业各占约 1/3，表明多数企业对未来成本增加忧虑。认为未来成本降低的被调查企业主要集中在制造业和服务业，这表明部分制造业和一二三产业融合企业正在积极采取措施改善管理、降低各种成本，未来将会出现少数业绩良好、有活力的中小型科技制造业或者休闲旅游、健康医疗等服务型中小企业。

（3）资源要素的痛点：吸引力弱

从调研分析看，中小企业由于地理位置和工作环境等受限制，难以吸引高素质、专业性人才，“用工荒”趋于常态化和普遍化。科技研发占全部收入比重在1%以内的被调查企业占32.1%，1%～3%的占21.7%，两项合计达到53.5%。这表明，潍坊市各县市区中小企业的科技投入和研发能力较弱，缺少竞争力。

（4）盈利能力的痛点：盈利偏低

调研分析发现，大数据、互联网、房地产、金融等行业利润偏高、行业利润分配不均，制造业盈利低且政策不宽松等因素将进一步影响投资的方向和规模。约25.5%被调查企业处于亏损状态，只有约20.5%的被调查企业净利率超过8%。这表明，被调查民营中小企业数量多，总体盈利低，增长后劲不足。

（5）市场竞争的痛点：供大于求

调查发现，相当一批被调查企业产品或服务处于供大于求的状态，多数民营中小企业处于市场的“红海”，需靠科技创新、改善管理、降低成本等获利。从调研情况看，亏损和严重亏损企业约占被调查企业的20%，约有57.5%的被调查企业处在微利状态。这表明，由于民营中小企业缺乏独特的盈利模式、科技含量低、管理水平不高等，生存发展的压力很大。

（6）投资预期的痛点：相对消极

从调查分析看，约有57.6%的被调查企业未来投资将减小或维持。这表明相当一批民营中小企业对未来的市场竞争和项目开拓比较谨慎，表现出相对消极的投资预期。在国家实施宽松的财政政策和稳健的货币政策的条件下，稳投资、稳预期、稳外资等成为2019年民营中小企业工作的主旋律。

（7）营商环境的痛点：尚有差距

春节调研发现，约60.4%被调查者对政府服务和公正性表示了认可，仍有8.5%的被调查者对政府服务和公正等表示不满。这表明，在个别地方、某些领域有些政府机构存在某些问题或不好的工作作风，没有得到企业和社会认可。有17.9%的被调查者对当地政府的腐败和滥用权力表示了强烈不满。这表明，在个别地方党委、政府还有贪污、受贿、懒政和不作为等问题或行为，造成了社会不满，再次表明了“反腐倡廉永远在路上”。

（8）政府支持的痛点：供需失衡

约有97.2%的被调查者期盼当地政府加大对中小微企业的税收、资金、社保和土地等重点支持。这表明，在支持中小企业发展方面，地方政府当前的政策、措施和工作投入仍然不够，企业对其还有更多的期待。

（9）产业政策的痛点：扶持较少

调研分析发现，约有 54.4% 的被调查者对现行产业政策、环保政策、金融政策等提出了不满意或改进建议。关于潍坊市各县市区民营中小企业土地、资金、人才等政策匹配性，约 18% 的被调查者表示了不满，有 43.4% 的被调查者表示匹配或非常匹配，表明近些年当地政府在廉政建设、权力监督和改进对中小企业的服务等方面做出了积极努力，得到了中小企业的一定评价。但是，在土地指标、资金扶持等方面，可能存在政策力度不够，或操作不透明、不规范等，有待进一步完善。

（10）乡村振兴的痛点：信心不足

关于民营小企业投资农业项目和乡村振兴的意愿，约 26.4% 的被调查者表示不想投资、绝不投资，而愿意投资、特别希望投资的被调查者只有 20.7%。这表明，农村项目和乡村振兴等受到产业政策、资金规模、项目性质、融资条件、盈利水平和管理能力等影响，对于多数中小企业来讲，既是一个机会，也是当前很难盈利或者很难实现稳定收入的一个领域，企业的投资意愿并不强烈。

3. 民营中小企业高质量发展的十大对策

聚焦十大痛点，提出推动民营中小企业高质量发展的十大对策：

（1）加大政策红利

逐步探索和完善党中央、国务院，国家发展改革委、财政部、工业和信息化部、科技部等各部委，山东省、潍坊市、各县区对民营中小企业的财政、税收、金融、土地、人才等扶持政策，确保国家和地方财政资金按一定比例投向民营中小企业和重点项目。出台针对潍坊市民营中小企业的财政、税收、金融、社保和工资薪酬等重点倾斜政策，强化国家部委之间、国家部委与地方政府之间的沟通联动和政策协同，建立健全国家或地方公务员干部队伍、专业技术与管理人才聘用、培训、流动等共享服务平台，鼓励各级党政干部到民营中小企业挂职、蹲点，持续扶持民营中小企业改革试点。加大财政、金融扶持民营中小企业的激励与约束，增强民营中小企业的竞争力，实现民营中小企业真正减负增效，为民营中小企业提供良好的政策环境。

设立国家、省市县等层面的民营中小企业发展专项基金、乡村振兴产业基金、动能转换产业基金和高新技术企业扶持基金等，该项资金优先支持民营中小企业高精尖技术和重大项目发展。证监会等部门研究出台具体扶持政策，大力支持非上市、非挂牌民营企业发行私募可转债。加强各级财政、市场监督、税务、金融等监管部门的联动，构建信息资源共享、合作共赢的普惠金融生态环境。

（2）推动高质量发展

坚持质量第一，效益优先，全面推动民营中小企业智慧管理和科学决策。完善民营中小企业的产业研究和数据库信息化建设，健全完善民营中小企业扶持服务平台和工作机制，坚持生态保护与产业转型协调发展。加大对民营中小企业的产业分析和政策效果评估，适时调整优化产业目录和扶持政策，继续推动传统产业改造升级，合理引导民营中小企业兼并重组，优化或淘汰传统产业和落后产能。

出台国家、山东省、潍坊市民营中小企转型和动能转换鼓励政策，实施分类管理，因地制宜的发展思路，大力扶持有发展潜力的民营中小企业，采取独立或者与大企业联合等方式，培育发展战略性新兴产业特别是高精尖产业或项目，推动民营中小企业从传统粗放分散的低水平生产转为智能化、集约化、规模化及专业化的精益生产，推动民营中小企业高质量发展。

（3）倡导行业公平

树立国际视野，世界眼光，从长远和全局的高度分析、把握宏观形势和行业规律，聚焦和破解影响民营中小企业发展的核心问题。完善行业政策研究和利益分配评估机制，及时优化与调整对不同行业的财税、金融、社保、人才和相关激励政策与机制，引导和适当调小不同行业的利润分配差距、就业群体收入差距及对外合作的体制机制，实现各行业均衡和可持续发展，建设公平、公正、和谐、有序发展的文明社会。

积极探索和推动金融、地产和制造等不同产业的国家财税政策和产业扶持机制，主动调整不同行业的盈利能力，完善民营中小企业税收优惠、融资便利和资源要素自由流动等激励机制，优化行业利润分配运行模式，倡导和构建行业公平、高效运转和健康有序、可持续发展的行业结构和互动机制。

（4）弘扬企业家精神

实施企业家精神建设示范工程。开展社会主义核心价值观教育，调动民营中小企业家的积极性、主动性和创造性，倡导和合共生的企业文化，引导和构建敢为人先，砥砺奋进，创新坚守、兼济天下的企业家精神。

大力弘扬工匠精神，树立开放心态、共赢思维，主动谋事创业，积极开放拓展，深化跨行业、跨区域和跨机构的战略合作，努力实现可持续、开放融合、高质量的发展。

（5）创新金融机制

发挥各级政府和金融监管部门的融资引导作用。坚持问题导向，积极疏通货币政策传导机制，增强金融机构服务民营企业特别是中小企业的意识和能力，扩大对民营企业的有效金融供给。支持符合条件的民营企业扩大直接融资。完善股票发行和再融资制度，加快民营企业首发上市和再融资审核进度。政府出资的融资担保机构应坚持准公共定位，不以营利为目的，逐步减少反担保等要求，对符合条件的可取消反担保。对民营企业和小微企业贷款规模增长快、户数占比高的商业银行，可提高风险分担比例和贷款合作额度。

设立潍坊市民营经济和中小微企业贷款风险补偿专项资金、引导基金或信用保证基金，重点为首贷、转贷、续贷等提供增信服务。建立健全社会信用担保体系，控制社会信用担保风险，促进中小企业融资高效、安全运行。强化金融机构对民营中小企业的资金支持，完善普惠金融定向降准政策，增加再贷款和再贴现额度，把支农支小再贷款和再贴现政策覆盖包括民营银行在内的符合条件的各类金融机构。建立健全尽职免责机制，提高不良贷款考核容忍度。鼓励金融机构增加中小企业、小微企业信贷投放，把民营企业、小微企业融资服务质量和规模作为中小商业银行发行股票的重要考量因素，不得在贷款审批中对民营企业设置歧视性要求。

（6）减轻税负水平

强化省市统筹和政策效果评估与测算，进行民营中小企业税收成本测算，着力于研究和解决民营中小微企业高度关注的税收、社保等敏感问题。继续深化财税体制改革，切实减轻民营中小企业的税费和社保负担，对民营中小企业采取“减税、减费、贴息”等方式，大力实施结构性减税，扩大小微企业享受减半征收所得税优惠的范围，提升年纳税所得额上限，采取“化税为薪”或“减税提薪”等措施，减轻中小企业负担。

继续简化国家、山东省、潍坊市和各县市区的行政体制改革，完善公共收费项目公示制度，坚决清理和取消不合理收费，治理乱罚款、滥评比、乱收费等。对企业反映强烈的税收、社保和管理费等开展专项治理，采取精准政策，不断降低中小企业综合成本。强化对县市区中小微企业贷款全生命周期的穿透式风险管理，加大对民营中小微企业的支持力度，加强享受优惠政策低成本资金使用管理，严格监控资金流向，防止被个别机构或个人截留、挪用甚至转手套利，有效防范道德风险。

（7）强化企业管理

调整和优化企业资源配置，推动企业转型发展，提升中小企业抗风险能力、创新能力、市场竞争力和动态发展能力。优化企业内部治理结构和组织方式，以组织创新驱动企业的转型。创新商业模式，推动科技研发、新兴经济及生产经营理念的转变。

采取政府购买服务等模式，引进部委智库和专业机构，建立健全企业法人治理、财务管理和风险评估制度，提高中小企业发展的支撑能力。制定科学合理的激励机制，拓宽选人用人渠道，引进和聚集高素质人才参与中小企业发展。

（8）推动科技创新

加快推动中小企业共建共享国家技术创新中心、智能制造示范项目等平台建设，加快先进制造技术、标准、工业软件向中小企业推广应用。加强对中小企业和科技创新的科技服务和资金支持，加大对国际市场先进技术研发应用的项目投资。

完善中小微企业科技研发共享机制，探索与西方发达国家和重点城市共建中小微企业科技研发实验平台的工作机制，强化新兴市场或业务的开拓，利用消费升级引领“新引擎”，促进中小企业产品、市场和经营模式的不断升级，完善知识产权保护制度，推动中小企业向高精尖方向提速发展。

（9）改善营商环境

深化政府体制机制改革，强化权力清单管理。瞄准破除垄断，取消对中小企业投资领域的限制，实行中小企业与国企、外企在税种和税率上相同的待遇。严厉查处和打击垄断企业对中小企业的经营限制。精准分析中小企业融资难融资贵背后的制度性、结构性原因，注重优化结构性制度安排，建立健全长效机制，持续提升金融服务民营企业质效。建立“敢贷、愿贷、能贷”长效机制。

完善内部绩效考核机制，制定民营中小企业服务年度目标，加大正向激励力度。对服务民营企业，特别是民营中小企业的分支机构和相关人员，重点对其服务企业数量、信贷质量进行综合考核。推进完善金融、税务、市场监管、社保、海关、司法等大数据服务平台，实现跨层级、跨部门、跨地域互联互通。健全优化金融机构与民营企业信息对接机制，实现资金供需双方线上高效对接，让信息“多跑路”，让企业“少跑腿”。抓紧清理政府部门及其所属机构（包括所属事业单位）、大型国有企业（包括政府平台公司）因业务往来与民营企业形成的逾期欠款，确保民营企业有明显的获得感。

（10）实施开放共享

鼓励并扶持民营中小企业拓展海外市场，积极引进海外人才、资金和技术，扶持民营中小企业进行技术研发、技术引进、产品创新和管理创新。依托现有高效和职业院校，适度开设新的职业机构，引进社会服务中介，大力发展职业技能教育，完善劳动力市场，释放农村剩余劳动力，促进城乡资源要素双向合理流动，确保民营中小企业高质量发展。

立足当前经济形势和地方需求，以党的十九大报告和 2019 年中央、地方经济工作会议为指针，突出改革开放新理念，围绕制约民营中小企业发展的核心问题和主要诉求，充分发挥“一带一路”专项基金等作用，促进潍坊市民营中小企业海外战略合作，推动潍坊市民营中小企业向高端化、国际化和品牌化方向发展，增强潍坊乃至全国民营中小企业的盈利水平和综合竞争力。

2.15　高俊才：菏泽创新高质发展

创新是新时代五大发展理念之首，创新驱动引领高质量发展。创新是为了更好更快地发展，发展是为了更好满足人民对美好生活的需要。怎样才能使创新与发展更有利于提高人民生活水平呢，下面从几个方面谈谈学习体会。[①]

1. 守正创新

守正就是坚守正道，正道的含义我认为主要是正确的“三观”：

① 高俊才，国家发展改革委农经司原司长在菏泽创新论坛的演讲，2019 年。

（1）世界观。要用变化、矛盾的观点看待世界，把握变化规律，尤其是弄懂和运用辩证唯物主义的三大规律。

（2）价值观。主要是从国家（富强、民主、文明、和谐）、社会（自由、平等、公正、法治）和个人（爱国、敬业、诚信、友善）三个层面，理解和践行社会主义核心价值观。

（3）人生观。把小我融入大我之中，坚持为人民服务宗旨。既要自己幸福，也为他人幸福创造条件；既要有家国情怀，又要有人类关怀。

“大道至简，衍化至繁”，无论科学技术怎么创新、怎么衍化，都不能脱离哲学意义上的至简大道。中国优秀传统文化中蕴藏着跨越时空的大道、正道，比如“厚德载物”“诚信为本”“义利结合，以义为先”“以义取利、以利济世”等，都是需要长期坚守的大道。

在“明大道，走正道”的同时，要用奇术、创新术，对技术进行创新。新时代尤其要重视“三化”即信息化、精准化、规范化。

习总书记指出，互联网、大数据、人工智能等现代化信息技术不断取得突破，数字经济蓬勃发展。马云讲，数字创造价值。去年我国数字经济规模已达 31 万亿元，占 GDP 的 34.8%，4G 用户达到 11.7 亿户，5G 核心技术研发和标准制定取得突破。2018 年年底，我国网民已达 8.29 亿人（约占世界的 1/4，超过欧美网民的总和），接近我国总人口的 60%。

按照 2019 年 5 月 16 日中办国办联合印发的《数字乡村发展战略纲要》，要将数字乡村作为数字中国建设的重要方面；着力弥合城乡“数字鸿沟”，培育信息时代新农民；到 2020 年，全国行政村 4G 覆盖率超过 98%；到 2025 年，乡村 4G 深化普及、5G 创新应用，城乡“数字鸿沟”明显缩小；到 2035 年，城乡“数字鸿沟”大幅缩小；到 21 世纪中叶，全面建成数字乡村，助力乡村振兴，全面实现农业强、农村美、农民富。

精准化就是要“为大于其细”“细节决定成败”。信息化解决面的问题，精准化解决点的问题，要解决具体问题还要从点上突破。

规范化就是在差异性中求得最大公约数，在技术上提高标准化程度，在管理中加大培育新型行为主体的力度。

守正创新就是道术结合。如果说守正是坚持正确的方向和道路，那么创新就是选择便捷实用的交通工具。守正的创新，不是为创新而创新，而是为实现正确目标的一种手段。

守正创新，关键在人，“致天下之治者在人才。”习近平总书记强调，人才是第一资源，是富国之本、兴邦大计。守正创新需要人才支撑，需要按照“不为所有，但为所用”的原则，借外力、外智。菏泽实施“人才强市”战略的机遇。2018 年 6 月，当地市委、市政府研究出台了《菏泽市人才新政 30 条》，为促进各类人才来菏泽创新创业提出一系列政策优惠措施。菏泽户籍人口已超千万（1019 万人），是全国为数不多的超千万地级大市之一，在外地创业的人才很多，实施“归雁兴菏”计划，把更多的人才吸引回来，返乡创业，大有可为。2018 ~ 2019 年，潍坊已经开了两次大规模的会议，把全国甚至海外的潍坊籍商人请回来，献策献计、出钱出力，效果很好，这种做法可以借鉴。

2. 顺势创新

1）顺应空间变化大势。我们这一代人，正面临千年未遇之大变局，人类赖以生存发展的两大空间（物理空间和社会空间），变成了三大空间，比原来增加了一个数字空间。在三大空间中，一个人有三个化身：物理形态中的人，社会关系中的人，数字化的人，三位一体。同理，一个单位、一个物件也是三位一体。三大空间越来越复杂，互相融合也越来越深，每一个人、每一个单位、地区甚至国家，都要顺势而为，“顺之者昌，逆之者亡”。

菏泽现代商贸物流业交易额年均增长 14% 左右；电子商务交易额力争到 2020 年达到 5500 亿元，2022 年突破 1 万亿元，年均增长约 40%。实现这些目标，需要进一步研究现代商贸物流业尤其是电子商务发展的规律，顺势而为。

2）顺应消费变化大势。去年我国 GDP 总量达 13.6 万亿美元，人均接近 1 万美元，消费升级加快，从“买啥货”到“买啥牌”，从注重“有没有”到关心“好不好”……近年来人们的消费需求从注重量的满足转向质的提升，尤其是以“90 后”和“00 后”为代表的年轻消费群体，他们对个性化、高品质的产品和服务需求更加强烈。品质生活呼唤品牌创造。

菏泽今后高质量的发展，需要更加重视品牌建设。在传承和创新牡丹茶、牡丹籽油等系列产品的同时，开发更多更好的优质品牌。北京医食同源公司与菏泽联合，将开发更多、更好的牡丹系列产品，为牡丹之都菏泽增光添彩。

3）顺应新旧动能转换的大趋势。要把培育新动能与提升传统动能更好地结合起来，发展新业态、新产业、新技术。国际媒体所言："中国正变成高科技的巨大实验室。这让中国在过去五年里从质量上而非数量上变成了大国"。墨子"传讯"、嫦娥"奔月"、北斗组网、高铁竞速……举世瞩目。近年，我国的研发投入强度已超过欧盟初创15国的平均水平，制造业技改投资增速大大高于制造业投资增速，以中高端消费品、关键零部件和核心技术为代表的新动能，正引领实体经济加快结构优化升级。以广东省为例，地区生产总值9.6万亿元，全国排名第一，已超过香港，其重要的原因就是研发投入高。华为公司研发投入占比达到14.1%，研发投入在世界企业中排第五。无论广东省还是华为企业，它们的具体做法不能套用，但可以研究借鉴他们重视创新的经验。

菏泽高新区，高新技术产业产值占比达到68.7%，全社会研发投入占比达到4.19%，均居全市首位。在此基础上，还有进一步提高比重的可能与必要。

与此同时，要进一步提升传统动能，使老树发新芽。今年我国一季度的技术改造投资增速加快，超过16%，有利于提升传统动能。菏泽全市上半年有34个项目列入省新旧动能转换重大项目库，数量居全省前列。围绕推动新旧动能转换，着力实施产业倍增工程，大力培育壮大七大主导产业。力争到2020年，高端化工、生物医药等五大工业主导产业主营业务收入突破1万亿元，2022年达到1.4万亿元，5年内年均增长15%左右。这些目标很积极，要有积极的配套措施，尤其需要加大研发投入力度和技术改造投资力度。

4）顺应交通发展大趋势。菏泽史称"天下之中"、四省通衢，但前些年现代交通设施发展不够快，在一定程度上制约了经济社会发展。"要致富，先修路"，这句名言在菏泽正在变成现实。菏泽机场已开工建设，明年底可竣工启用；鲁南高铁曲阜经菏泽至兰考段即将开工建设，雄商高铁菏泽段已完成线路设计定测工作；规划的3条航道，1条通航，1条在建，1条正在推动；现有高速公路4条，另有3条正在建设。机场、高铁、高速公路，这些现代快速交通设施的发展，必将给菏泽带来无限发展机遇，菏泽乘势而上，正当其时。

3. 高质量创新

从 2017 年起，国务院将每年的 5 月 10 日设立为“中国品牌日”。当今世界，品牌的力量日益彰显，世界经济强国都把质量品牌建设上升到战略层面。我国经济发达地区也无不重视品牌建设。经济竞争在很大程度上是品牌竞争。

到 2018 年，“世界品牌 500 强”排行榜中，我国 38 个，而美国 223 个。在全球 500 多种主要工业品中，中国有 220 多种产量位居第一，但在当今世界 100 强工业产品品牌中，我们的自有品牌却屈指可数，原因是关键技术研发不足、创新体系不够完善等。我国建设“品牌强国”任重道远，潜力很大。

要提升“品牌强国”的认识定位。习总书记强调推动三个转变，即“推动中国制造向中国创造转变，中国速度向中国质量转变，中国产品向中国品牌转变”。要大力营造全民培育品牌、争创品牌、擦亮品牌、呵护品牌的价值取向和社会风尚。

要增强“品牌兴企”的行动自觉。格力电器董事长兼总裁董明珠说，“创新是品牌的灵魂”。要让品牌意识扎根企业每一员工的心中，贯穿每一道生产工序，渗透每一个价值创造链条，做到“人无我有”“人有我精”。

要强化“品牌为民”的责任担当，不断满足国内消费需求逐步升级的需要，改善民生福祉，创造美好生活。

品牌的生命力在于创新，品牌的运营必须植根于创新。要引导企业以创新驱动为核心、以先进技术为支撑，依靠新技术、新材料、新工艺，推进新品种、高品质、强品牌。同时，要擦亮老字号品牌，展现新活力。

再优秀的产品，如果缺乏信息传播力也会导致“藏在深闺无人识”。要加强全媒体融合传播、精准传播和分众传播。扩大品牌的影响力和吸引力。

菏泽产业集群优势日益显现，初步形成了高端化工、生物医药、机电设备制造、新能源新材料、现代农副产品加工、现代商贸物流、电子商务等七大主导产业。全区拥有医药生产及关联企业 50 余家，涉及中药、化学药、医疗器械、医药物流等 10 大门类、千余品种，形成了现代中药、原料药、医药物流基地，初步建成了集研发、生产、销售、物流等为一体的医药产业聚集区，生物医药产业产值占全市的一半以上，助推菏泽医药产业跃居全省第一。这些产业的发展，要更加重视品牌建设。品种、品质、品牌、效益，前因后果，联系密切，要在打造品牌上下更大的功夫。

4. 融合创新

新时代是一个融合发展的时代，要把自然之力、文化之力、技术之力、经济之力、人心之力等，在横向和纵向、时间和空间多个维度，进行更加深入的融合。

经济、文化与生态融合。经济好比人之体，文化好比人之魂，生态环境好比人之貌，三位一体、相得益彰。无论一个地区还是一个企业，都要在理念上和行动中实现经济、文化与生态的深度融合。

2019 年 5 月 15 日北京召开了亚洲文明对话大会，同时举办亚洲文化嘉年华等重要活动。根据会上发布的情况，2018 年我国到国外旅游的人数 1.6 亿，国外来我国旅游的 1.4 亿。文化和旅游的融合，文化与旅游、服务业及其实体产业的多元融合正在加速，要在理念和行动上积极适应。菏泽境内现存尧王墓、蚩尤冢、陈王台等名胜古迹 100 余处，国家级非物质文化遗产数量居全国地级市第三位。菏泽作为中华文明的发祥地之一，孕育了具有地方特色的祖源文化、黄河文化、牡丹文化、水浒文化等，是中国牡丹之都和全国著名的书画之乡、戏曲之乡、武术之乡、民间艺术之乡。“天圆地方”的古城格局，成为菏泽城最鲜明的历史印记。菏泽是革命老区，曾两度成为冀鲁豫边区首府，刘邓大军在此强渡黄河，拉开了解放战争战略反攻的序幕。菏泽是中国牡丹之都，是全国最大的牡丹种植、观赏和出口基地。菏泽牡丹有 9 大色系、10 种花型、1291 个品种，花大盈尺、色艳香浓。花开时节，菏泽大地“千片赤英霞烂烂，百技绛点灯煌煌”，一花倾国天下奇，车如流水人如潮，形成了独特的菏泽牡丹文化。享有“曹州牡丹甲天下，国色天香冠群芳”之美誉。这些文化底色和优势，都可以和现在的经济社会发展深度融合，在制定地区发展规划、企业发展战略和具体计划过程中，都可大有作为。

技术融合，尤其是人工智能技术与其他产业融合加快。人工智能大省广东省，2017 年人工智能核心产业规模 260 亿元（约占全国 1/3），带动机器人及智能装备等相关产业规模超过 2000 亿元。2018 年广东省出台方案，提出到 2020 年人工智能核心产业规模超过 500 亿元（三年翻一番），带动相关产业规模超过 3000 亿元。

就菏泽来说，华盛荣镁合金与世界 500 强企业吉利集团成功合作，华信制药与长江润发集团、国九堂与广药集团对接联姻等。都为技术经济合作创造了很好的条件，合作之花必将结出丰硕的效益之果。

国际融合。“一带一路”是全球广泛参与的国际合作平台和广受欢迎的全球公共产品，商品、资金、技术、人员流通，可以为经济社会发展提供强劲动力和广阔空间。无论各级政府还是企事业单位，在制定规划和工作计划时，都应积极主动地融入“一带一路”。菏泽的产业和产品，融入“一带一路”的潜力很大，可以进一步优化战略规划和行动计划。

城乡融合。今年 5 月 6 日《人民日报》刊登了《中共中央国务院关于建立健全城乡融合发展体制机制和政策体系的意见》。为实现“城乡全面融合，乡村全面振兴，全体人民共同富裕”的目标，城乡要素自由流动和平等交换的体制机制壁垒将破除，今后农业转移人口市民化将加速，城市人才入乡、工商资本入乡、科技成果入乡将增多，农村土地流转将加快……地方各级政府和企事业单位，在理念和行动上，都要与城乡融合的大战略、大趋势相吻合。

菏泽是传统农业大市，农业人口占全省的 1/10，耕地占全省的 1/8，实施好乡村振兴战略具有特殊而重要的意义。菏泽在振兴产业、人才、生态、文化和组织的进程中，要加强城乡融合，使农业转移人口更多地在城镇落户，城市人才、科技力量和工商资本，更多地助推乡村振兴。随着乡村振兴战略的实施，农村的生产生活方式将发生深刻改变，必将催生出一大批特色小镇、乡村旅游、田园综合体等新载体，涌现出大批城乡一体化、一二三产业融合发展平台，呈现农业产业兴旺、农民生活富裕、农村繁荣昌盛的美好景象，展开一幅和谐美丽的乡村田园生产生活画卷。

上述守正创新、顺势创新、高质量创新和融合创新，都需要有新愿景、新理念、新作为，同时需要知行合一地创新体制机制和政策体系。

菏泽古老厚重的人文魅力和创新开放的时代元素交相辉映，抒写着菏泽加快发展的崭新篇章。过去 5 年，全市主要经济指标增速持续位居全省前列，地区生产总值、一般公共预算收入分别年均增长 10.2%、9%，国税国内收入由全省第 12 位上升到第 8 位，高新技术产业产值占比提高 5.7 个百分点。今年上半年，地区生产总值、城乡居民人均可支配收入增幅均居全省第 1 位；一般公共财政预算收入增幅居全省第 3 位。

2013年11月26日，习近平总书记亲临菏泽视察，对菏泽提出了“坚决推进改革、坚决扭住发展质量和效益、坚决打好扶贫开发攻坚战、切实抓好党的建设”工作要求和“后来居上”的殷切希望，为菏泽发展指明了方向，注入了强大的精神动力。

菏泽正在按照总书记提出的方向努力，有理由相信，“后来居上”的愿景和“鲁西崛起高地、全省新旧动能示范、鲁苏豫皖四省交界区的区域中心城市”等定位和目标，一定能够做得越来越好！

即兴做了一首打油诗，与大家分享：

菏泽观感

菏佩新时代，
泽及人千万。
创辟广领域，
新旧动能转。
高效兴产业，
质优天下赞。
发力如鲲鹏，
展翅翔云天。

藏头诗每句第一个字连起来就是：菏泽创新、高质发展。

第3章　人力资源

人力资源管理是企业管理的重要内容。人力资源管理需要不断创新，驾驶舱理论就是一种创新理论。时间管理是人力资源管理的重要目标，薪酬体系设计也是人力资源的重要工作内容。

3.1　驾驶舱理论与人力资源管理

管理创新是永恒的主题。通过管理创新提升企业自身经营管理水平，是董事长、总经理的基本素养。驾驶舱理论是王志刚归纳其数十年政府经济工作和企业管理实践，提炼而成的企业管理新理念。

1. 驾驶舱理论

（1）驾驶舱理论的创新

驾驶舱理论是山东省聊城市政协原主席、聊城经济发展研究院院长王志刚先生集成了其本人几十年政府管理和企业实践经验，融合借鉴国内外有关管理思想，创新并提出的企业管理架构，它运用汽车驾驶的原理，说明企业管理各环节、各方面的彼此关系和相互影响（图 3.1–1）。

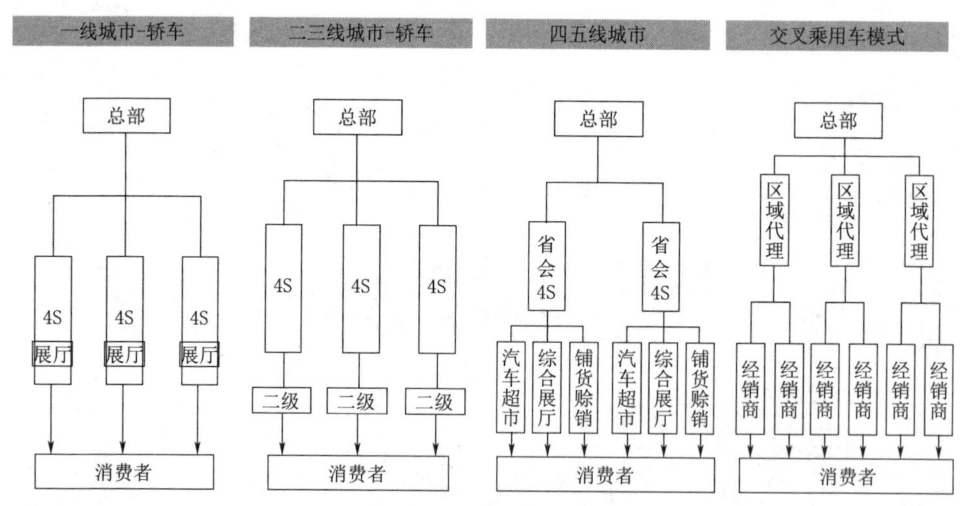

图 3.1–1　驾驶舱理论的架构

驾驶舱管理以聊城市东阿阿胶、鲁西化工集团等卓越企业实践为基础，集成了管理理论之精华，锤炼、提升并逐步形成了一套相对独立的理论体系。它既有规范的理论支撑，更对企业实践有前瞻性参考。

运用驾驶舱理念，企业可以对人力资源现状进行诊断和不断优化，借助平衡记分卡等工具，完善和丰富驾驶舱管理的实践探索。

该理论从 2009 年开始，由王志刚先生主导并开始应用在聊城市上市公司东阿阿胶、鲁西化工等企业的管理实践，并逐步改进和优化形成的。

从驾驶舱理论的基本原理看，以人为本是企业运营管理的基础。

从驾驶舱理论的运用看，人是最基本的生产要素。驾驶员管理与考核（人力资源管理）是驾驶舱管理的核心（图 3.1–2）。

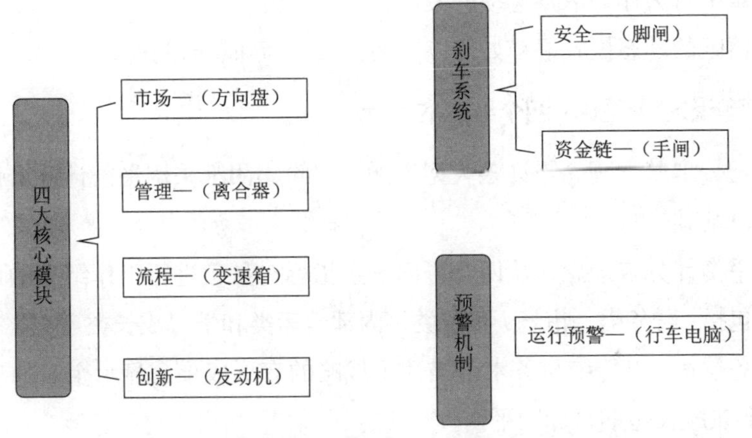

图 3.1–2　驾驶舱理论的核心系统

（2）驾驶舱理论的依据和方法论

驾驶舱理论是基于其他现代管理理论的基础上逐步实践和构建的。它的理论依据有：

1）SCP 理论：结构—行为—绩效

SCP 模型，分析行业或者企业收到表面冲击时，可能的战略调整及行为变化。SCP 模型从对特定行业结构、企业行为和经营绩效三个角度，系统分析外部冲击的影响。

①外部冲击：主要是指企业外部经济环境、政治、技术、文化变迁、消费习惯等因素的变化。

②行业结构：主要是指外部各种环境的变化对企业所在行业可能的影响，包括行业竞争的变化、产品需求的变化、细分市场的变化、营销模型的变化等。

③企业行为：主要是指企业针对外部的冲击和行业结构的变化，有可能采取的应对措施，包括企业方面对相关业务单元的整合、业务的扩张与收缩、营运方式的转变、管理的变革等一系列变动。

④经营绩效：主要是指在外部环境方面发生变化的情况下，企业在经营利润、产品成本、市场份额等方面的变化趋势。

SCP模型在行业分析上强有力的原因在于：

①要求更加严格的战略分析过程，而不只是定性和描述性的；

②着重把行为作为取得业绩的关键；

③有清晰的动态模式解释如何以及为什么业绩随着时间而改变。

2）平衡记分卡理论：四个维度的设计

平衡记分卡基本理念。许多大型金融、保险集团都采用平衡计分卡作为绩效管理的理论基础。

根据平衡计分卡理念，从四个方面选择指标对员工进行工作结果的评估和绩效管理，包括：财务类、市场/客户类、内部营运类和学习成长类。

①财务层面：以传统财务术语描述了战略的有形成果，显示企业的战略成功与否；需要兼顾长短期目标的平衡。

②客户层面：界定了目标客户的价值主张，即企业如何为目标客户创造差异化、可持续的价值；而企业的行动和能力与客户价值主张之间的高度协调一致是战略执行的核心，从而引出“内部运营”和“学习与发展”两个层面。

③内部运营层面：确定了企业的关键流程，确保满足客户价值主张、为股东创造价值，提升生产率，实现企业战略。

④学习与发展层面：确定了企业需要哪些工作能力（人力资本）、哪些系统（信息资本）和哪种氛围（组织资本）来支持内部流程创造价值，这些资本在传递战略差异化价值的主张，这些资本应该和内部流程保持协调一致。

3）7S管理模式

7S模型说明企业在经营活动中必须全面考虑各个领域的总体情况，包括：结构（Structure）、制度（Systems）、风格（Style）、员工（Staff）、技能（Skills）、战略（Strategy）、共同价值观（Shared Values）。对于企业需来说，既要制定明确的公司战略和详细的经营活动计划，还要研究和制定科学详实的经营管理制度，形成企业的风格、引进高效的员工队伍，构建共同的价值观等（图 3.1–3）。

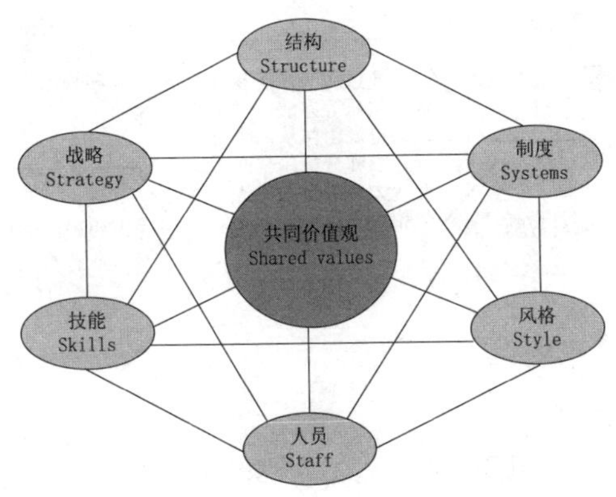

图 3.1–3　7S 模型

2. 驾驶舱理论的人力资源诊断

诊断人力资源的理由：驾驶舱管理的核心是“驾驶员”。

“驾驶员”（人）是企业管理的核心，也是企业实现驾驶舱管理的根本。

驾驶一辆汽车，准确、安全、快速地到达目的地（战略目标），需要合格的驾驶员，需要把握正确的方向，需要旅途的安全刹车，需要充足的油料，需要“老板”给驾驶员设定的激励预期，也需要驾驶员管理、交通规则等外部条件。

诊断“驾驶员”——人力资源的管理现状，是选好驾驶员、用好驾驶员、管好驾驶员的关键，也是驾驶舱管理的重中之重。为此，需要从人力资源——“驾驶员”现状的诊断入手。

3. 人力资源诊断维度

（1）企业人力资源诊断模型

企业人力资源管理现状诊断，可以从六个维度进行（图 3.1–4）。

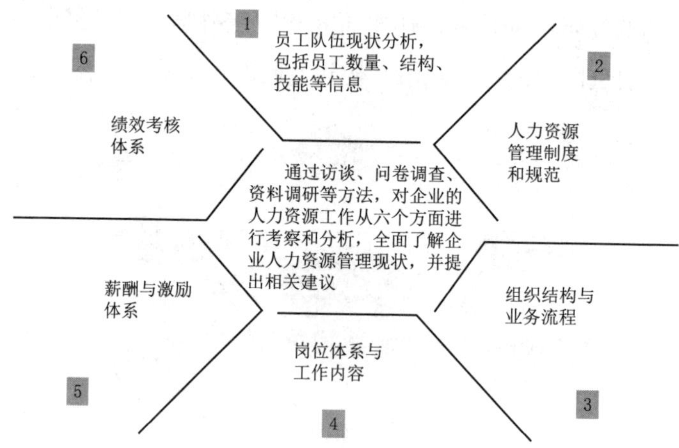

图 3.1-4　人力资源管理现状诊断

对企业集团进行人力资源管理现状诊断，主要流程说明，如图 3.1-5 所示。

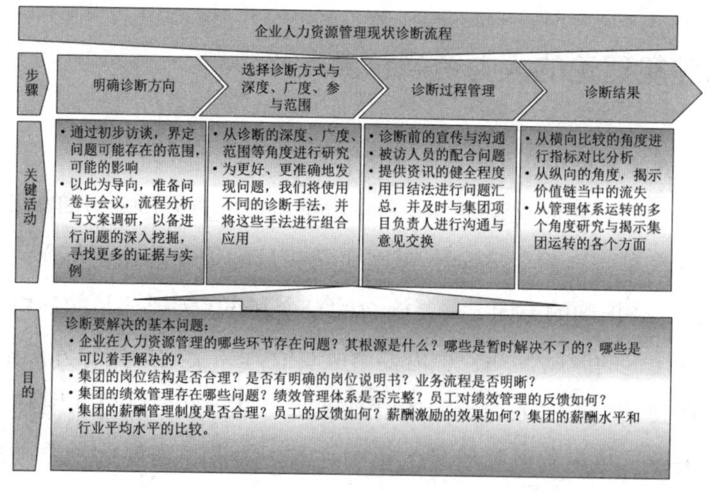

图 3.1-5　企业人力资源管理现状诊断流程

（2）岗位设计基本模型

在对企业集团人力资源管理现状诊断的基础上，进行岗位设计。

明确企业集团岗位职责，进行科学的规划，建立岗位说明书，对企业运作的效率起到关键作用（图 3.1-6）。

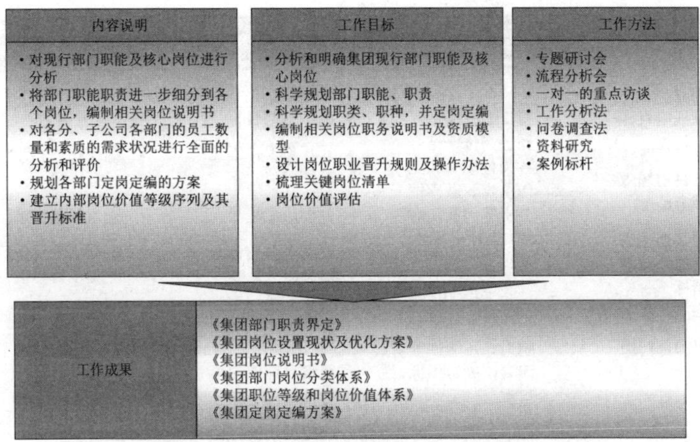

图 3.1-6　集团部门和岗位设计模型

（3）组织架构诊断与优化

进行企业的组织结构与业务流程分析。示例如图 3.1-7 所示。

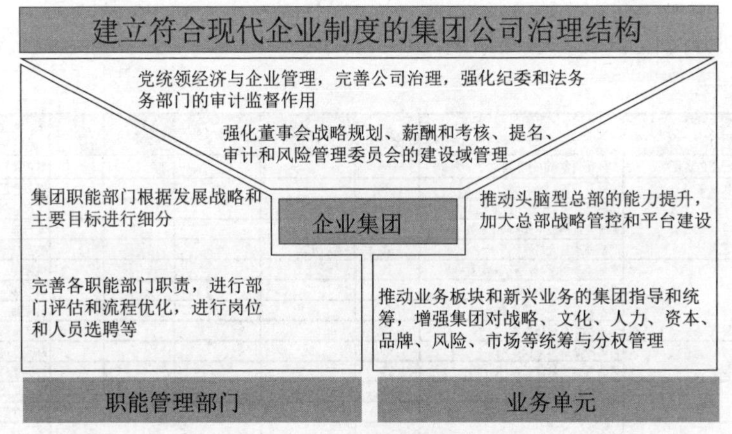

图 3.1-7　公司治理结构设计

（4）关键考核指标设计

确定关键绩效指标及目标值。示例如图 3.1-8 所示。

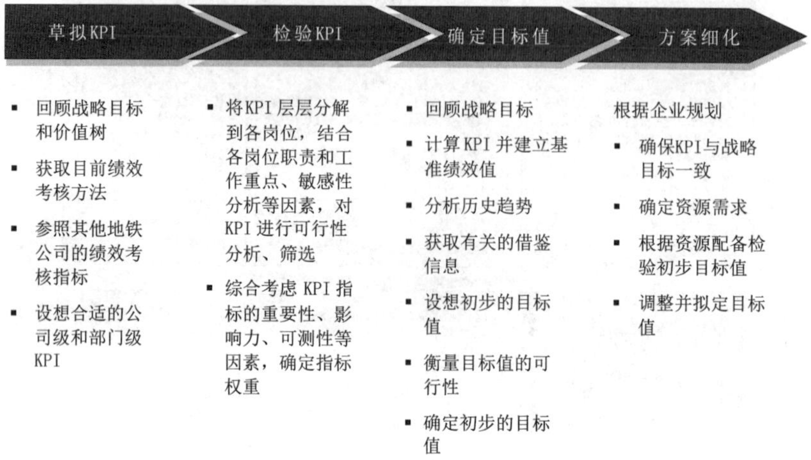

草拟KPI → 检验KPI → 确定目标值 → 方案细化

草拟KPI

- 回顾战略目标和价值树
- 获取目前绩效考核方法
- 参照其他地铁公司的绩效考核指标
- 设想合适的公司级和部门级KPI

检验KPI

- 将KPI层层分解到各岗位，结合各岗位职责和工作重点、敏感性分析等因素，对KPI进行可行性分析、筛选
- 综合考虑KPI指标的重要性、影响力、可测性等因素，确定指标权重

确定目标值

- 回顾战略目标
- 计算KPI并建立基准绩效值
- 分析历史趋势
- 获取有关的借鉴信息
- 设想初步的目标值
- 衡量目标值的可行性
- 确定初步的目标值

方案细化

根据企业规划

- 确保KPI与战略目标一致
- 确定资源需求
- 根据资源配备检验初步目标值
- 调整并拟定目标值

图 3.1-8　关键绩效指标设计

（5）岗位划分思路

合理划分岗位职级。示例如图 3.1-9 所示。

	考核项目	考核指标	权重(%)	2002 年目标(x)	底限(b)	实际值(a)	得分	数据来源
定量指标	销售计划的实现率	实际销售额/销售计划	15%					财务管理部
	利润实现率	实际利润额/利润计划	15%					财务管理部
	生产管理	实际年产量/计划年产量=a%	5%					生产总部
		即时完成的订单数/总订单数=a%	5%					发运部
		产成品质量合格率=a%	5%	95%				生产总部
	供应管理	实际年采购量/计划年采购量=a%	5%					供应部，各分厂
		采购进厂合格率=a%	5%					供应部
		年原辅料库存周转次数=a	5%					供应部
		年成品库存周转次数	5%					生产总部
	成本控制	可比产品成本降低率=a%	5%	3%				财务管理部
		可比采购成本降低率=a%	5%					财务管理部
	安全记录	人身伤亡发生率=a	3%					生产总部
		重大设备事故累损失金额=a	2%					生产总部，财务管理部
	考核项目	考核指标	权重(%)	定性指标的评估标准、工具、方法、表格			得分	数据来源
定性指标	年度预算	生产，采购预算制定的及时性和质量	10%	详见定性指标评估方法：3-1				财务管理部
	职能部门特定指标	生产部门的日常管理	10%	详见定性指标评估方法：3-2				各分厂，部门

图 3.1-9　薪酬体系设计示例

岗位绩效考核表格分为定性与定量指标两部分。

（6）薪酬体系设计

企业薪酬结构及各构成部分，示例如图 3.1–10 所示。

公司领导层		职能管理序列			销售序列	技术管理序列			技术序列							
总经理	总监	经理	主管	专员	销售	经理	主管	专员	系统需求分析师	系统设计工程师	开发工程师	维护工程师	测试工程师	美工设计工程师	页面设计工程师	技术支持工程师
高级三档																
高级二档																
高级一档																
中级三档	高级三档															
中级二档	高级二档								资深五档	资深五档						
中级一档	高级一档								资深四档	资深四档						
初级三档	中级三档								资深三档	资深三档	资深五档	资深五档				
初级二档	中级二档	高级三档				高级三档			资深二档	资深二档	资深四档	资深四档	资深五档			
初级一档	中级一档	高级二档			资深五档	高级二档			资深一档	资深一档	资深三档	资深三档	资深四档	资深五档	资深五档	
	初级三档	高级一档			资深四档	高级一档			高级五档	高级五档	资深二档	资深二档	资深三档	资深四档	资深四档	资深五档
	初级二档	中级三档			资深三档	中级三档			高级四档	高级四档	资深一档	资深一档	资深二档	资深三档	资深三档	资深四档
	初级一档	中级二档			资深二档	中级二档			高级三档	高级三档	高级五档	高级五档	资深一档	资深二档	资深二档	资深三档
		中级一档			资深一档	中级一档			高级二档	高级二档	高级四档	高级四档	高级五档	资深一档	资深一档	资深二档
		初级四档			高级五档	初级四档			高级一档	高级一档	高级三档	高级三档	高级四档	高级五档	高级五档	资深一档
		初级三档	高级三档		高级四档	初级三档	高级三档		中级五档	中级五档	高级二档	高级二档	高级三档	高级四档	高级四档	高级五档
		初级二档	高级二档		高级三档	初级二档	高级二档		中级四档	中级四档	高级一档	高级一档	高级二档	高级三档	高级三档	高级四档
		初级一档	高级一档		高级二档	初级一档	高级一档		中级三档	中级三档	中级五档	中级五档	高级一档	高级二档	高级二档	高级三档
			中级三档		高级一档		中级三档		中级二档	中级二档	中级四档	中级四档	中级五档	高级一档	高级一档	高级二档
			中级二档		中级六档		中级二档		中级一档	中级一档	中级三档	中级三档	中级四档	中级五档	中级五档	高级一档
			中级一档		中级五档		中级一档		初级四档	初级四档	中级二档	中级二档	中级三档	中级四档	中级四档	中级五档
			初级四档	高级三档	中级四档		初级四档	高级三档	初级三档	初级三档	中级一档	中级一档	中级二档	中级三档	中级三档	中级四档
			初级三档	高级二档	中级三档		初级三档	高级二档	初级二档	初级二档	初级五档	初级五档	中级一档	中级二档	中级二档	中级三档
			初级二档	高级一档	中级二档		初级二档	高级一档	初级一档	初级一档	初级四档	初级四档	初级五档	中级一档	中级一档	中级二档
			初级一档	中级三档	中级一档		初级一档	中级三档			初级三档	初级三档	初级四档	初级五档	初级五档	中级一档
				中级二档	初级六档			中级二档			初级二档	初级二档	初级三档	初级四档	初级四档	初级五档
				中级一档	初级五档			中级一档			初级一档	初级一档	初级二档	初级三档	初级三档	初级四档
				初级四档	初级四档			初级四档					初级一档	初级二档	初级二档	初级三档
				初级三档	初级三档			初级三档						初级一档	初级一档	初级二档
				初级二档	初级二档			初级二档								初级一档
				初级一档	初级一档			初级一档								

图 3.1–10　薪酬体系标准示例

（7）绩效考核体系优化设计的方法论（略）

3.2　一分钟管理的启示

时间管理是一个组织的领导者必须做好的基本修炼。时间管理的主要内容是：对组织战略、人员分配、目标任务和优先顺序等进行优化布局，确保时间的高效利用和工作业绩。解读《一分钟经理人》专著，有助于提升一个组织的管理质量和工作效能。

管理是社会组织、个人每天必须面对的话题。以《一分钟管理》为参照，研究和提高组织和个人的时间管理。

1. 一分钟管理的秘诀

组织管理，必须优先解决以下七个管理命题：

（1）组织和部门管理：组织中的个人目标是什么？个人目标和组织目标如何衔接？如何提高组织和个人的绩效与领导力？如何建设有效的时间模型？如何高质量管理核心团队？

（2）勤奋工作与时间管理：如何解决时间总量有限与日常事务繁杂的矛盾？要管理还是要绩效？如何落实高效、业绩导向的时间计划表？

（3）组织管理的冲突与矛盾：组织和个人面临的诱惑和效率、付出和回报的关系，如何实现组织和个人的最大回报等？

（4）个人和组织、同事关系。对于组织、同事之间的矛盾和冲突，是被动回避、避免冲突？消极处理？还是积极化解？

（5）诸葛亮鞠躬尽瘁、周恩来劳累过度，他们是优秀的管理者吗？

（6）诸葛亮、周总理、毛主席，谁更是优秀的管理者？

（7）个人和组织的关系：如何摆正个人与组织的关系？如何处理当前和长远发展的矛盾？如何做一个优秀的人才或领导者？人渣与人才的区别等。

全面解决组织管理中的上述问题，需要优化和形成目标导向的问题解决方案，要善于一分钟管理：每个人要学会，花一分钟的时间确定目标，花一分钟的时间称赞他人，花一分钟的时间开展批评与自我批评。这就是管理的魔力与秘诀。

这里的“一分钟”指，花费最少的时间，高质量地完成组织确立的目标和任务。

要在一分钟之内确定目标。要进行关键指标和目标分析，围绕组织的战略方向和主要业务领域，学习领会组织的工作策略和主要任务，明确组织目标、部门目标和个人目标，清晰各类目标的相互关系，围绕组织和部门目标，确立个人每天的工作目标，采取有效的行动。要保证每天积极地做事。要注意个人、部门和组织的短期、中、长期目标结合，确保协调一致。

要学会时间管理。主要研究和提高管理者的时间、员工的时间两个层次的深度管理。运用二八法则，也就是帕累托原则，对组织和个人负责的项目或工作，进行排序和时间管理：组织或个人的重要项目中有20%是重要项目或紧要事情。各部门、每个人要从每天、每个经营期开始，列出本段时间的重要项目或紧要事情，抓住工作的关键环节，掌握每个工作时间的重点，全面落实和完成。要引导下属和员工，把每天、每月、每季度甚至每年的工作，按照重要性进行排序，列出计划和时间表，要把精力放在最重要的事情上。

要完成组织目标。要研究管理艺术，提高与领导、与同事沟通的技巧，通过采取一分钟称赞的策略，调动部门和同事的积极性，围绕组织目标与考核制度，提高各部门、各岗位的工作效率，全面实现组织目标。

要抓好四个层面的赞扬。要善于运用赞扬艺术。尤其做好领导对员工、领导对自我、员工之间、员工对自我四个层面的赞扬。要全面培养领导和员工的赞扬艺术，通过自我与对下属的赞扬与鼓励，挖掘各自潜力和创造力，培养对组织的忠诚和凝聚力、团队力、绩效力。

要开展批评和自我批评。开展批评和自我批评是发现问题、改进工作的前提。要鼓励批评和自我批评。自我批评要有深度，批评别人时态度要诚恳，要对照目标和制度，发现和排查工作差距，分析问题或漏洞，提出改进建议，提高组织、部门和个人专业素养、沟通技巧和业绩表现，推动组织目标实现。要研究和提高批评技巧，通过坦诚友好的态度，得体的沟通语言，批评与鼓励相结合，提高批评的质量和效果。

2. 一分钟目标

制定一分钟目标的目的。通过明确阶段性的部门和个人目标，确立行动方向和路径，避免个别部门或员工任务不明、做事敷衍、推诿扯皮、工作拖拉、得过且过、业绩低下等问题。

制定一分钟目标的原则：目标导向，全员参与，自下而上，自上而下，上下结合，深度讨论，形成重点目标和行动路线图。目标要有前瞻性、操作性、挑战性和统筹性。

制定组织目标的方法。可以用 PEST 模型；重点分析组织的宏观环境政治、政策（P）、经济政策与行业趋势（E）、客户位置、民族风俗、居民收入等（S）、购买偏好与技术变革（T）等。逐步确定组织目标、部门目标和个人目标，要明确岗位目标和阶段性工作任务，分解到每一季度、每个月、每一天，到具体的行动和节点。

工作任务和时间安排。要把沟通作为开展工作的首要技巧，注重与领导、同事、客户和市场需求等的主动沟通与积极交流，要优先保障各种沟通需要的时间。部门和员工要列出每天的工作顺序表和工作进度表，每天填写，每天执行到位，要每天、每周、每月进行自我检查与评估，自我对照工作进度，每月汇总业绩和效果，主动提交上级备案。

高效率地利用工作时间。要拿出每天、每周的工作时间安排和进度表，利用这两个表格，督促部门和个人严格按照每件事的完成期限完成各项工作。要按照每项工作的优先次序，合理分配时间，提高工作质量和绩效。

培养下属的时间分配与管理。要引导下属，以目标为导向，每天抓住各项工作的关键，把精力放在最重要、最紧急的事情上。要立足本职岗位，按照工作的重要程度和紧迫性，列出行动计划和时间表，首先做好最重要的事，要脚踏实地，撸起袖子真抓实干，从每一件小事做起，发挥个人专长，体现主动性、协同性和创造力，强化时间成本意识，提高时间的最大效能，实现最优的业绩和工作目标。要在规定的工作时间里，做更多、更有效率的工作，为组织带来更多的业绩。

使用 ABCD 时间管理法。将每个人的时间划分四大类：A 代表非常重要又急迫的事，B 代表重要，但不急迫的事；C 代表急迫，但不重要的事；D 代表不急迫，也不重要的事。要优先完成 AB 类工作，少做 C 类工作，不做 D 类工作。尽可能节约时间，提高单位时间的业绩回报。要加强学习和事前研究，注重计划性和时间管理，要主动沟通和调动团队的积极性，深刻体会“磨刀不误砍柴工”的道理。要善于分配时间，围绕组织确立的工作目标，制定关键线路，每天从最重要的事情做起，每天进步一小点，才能完成较高的工作目标。

要注重时间管理的例外或权变原则。组织管理是动态的，不是一成不变的。在特殊的情况和环境下，需要先做不重要的事，再做重要的事。原工作计划中非重要的工作，在特定场合可能是重要的事。要懂得管理的权变理论与实践结合。

要使用关键线路决策。对于工作任务和组织目标，要善于关键线路决策法，对于目标实现的时间分析，确立行动路线，研究和确立消耗时间最少的线路；分析尽管费时但不是最少，但对于整个组织或任务是必需的线路；这两类线路就是关键线路，必须保留。其他费时多，工序长，有替代线路的，主动舍弃，从而确定工作的最优线路，进行管理决策。

要做好各类目标协调。加强组织、部门和个人目标的协调统一。优化目标管理流程，要确定工作标准和阶段性目标，科学评估部门和员工。表现及业绩，分析行为和目标的差距。制定有效的目标考核监督体系，完善考核标准，细化考核措施，强化奖惩兑现，奖优罚劣。

要科学决策目标体系。积极推动组织和部门目标决策的可行性、目的性、经济性、合理性、前瞻性和应变性。要积极推动和确立目标、拟订方案、筛选方案、落实方案、效果评估。

要加强领导者素质的培养。领导者要具备目标定位、综合管理、创业包容和资源整合四大专业素养。领导者要确保围绕组织目标，在适当时间、适当顺序、适当程度，产生适当的业绩和结果。领导者要敢于创新和开拓，要有包容的心态和作为，要敢于冒险、有预测市场和客户的能力，要有团结同事，主动完成目标任务的坚定信心、决心和能力，以及对企业调整的手段，这是优秀经理人做好战略决策的内在素质；整合指经理人如何采取行动，以及正确决策的技巧，这是优秀经理人具体制定决策的综合能力。领导者要善于沟通与管理下属，积极整合资源与平台，发挥组织和团队的合力，实现既定的目标任务。

要深度思考和“三思而后行”。凡事多思考，冷静看问题，避免决策被误导。

恰当处理组织、部门和个人目标的关系。组织目标是组织的阶段性总目标。部门目标要以组织目标为依据，与组织目标匹配，部门目标要有先进性、操作性和完整性。部门目标要涵盖岗位目标。组织、部门和个人目标之间的关系像 3 个同心圆。个人目标是同心圆中最里层的“小圆”，再外层依次是部门目标、组织目标。个人目标要明确、先进和可操作，要以组织和部门目标为基础，体现岗位和个人特长，体现创新与积极作为。通过个人目标的制定，统一思想，达成领导和员工的共识，实现个人价值和组织价值的融合，促进组织目标的实现。

态度决定一切。要建立团结、包容、创新、担当、业绩的组织文化。依据组织目标，确定工作流程、完善奖惩制度，鼓励员工自我管理，严格兑现考核。组织考核要经常，杜绝于形式，要每天、每周、每月，或者，随时开展。

要抓好关键环节分析。学习系统思维，采用意大利腊肠切片法，将每天、每月、每年的工作切块，每天有计划地完成一部分，积少成多，确保全面完成年度工作目标。要始终把组织利益放在首位，使个人目标符合组织目标。

3. 一分钟称赞

赞美是世界上最廉价、最有效的管理艺术。一分钟称赞的原则：目标明确、准确评价、及时表扬，方式恰当。赞美要体现公正、客观和及时，要讲求方法和策略，营造相互信任、相互支持的氛围，加强情感激励，借助肢体语言等体现赞美。

要每天对当日工作进行总结，分析时间利用效率，制定改进措施，提高时间贡献率。

要善于自我称赞。归纳总结自己的优点和成绩，进行自我表扬和鼓励，培养情商，做人做事坦诚、豁达包容，提高自己的专业技能，强化对团队和客户的沟通技巧，增强自信和创新的主动性和业绩。

坚持“人本管理”和“勤能补拙。”要制定自我管理计划，持之以恒做事。要识别轻重缓急，停止做琐碎无价值的事。杜绝办公时间聊天。提高工作效率，为同事或下属带好头，形成豁达包容、敢于担当的工作习惯。

员工标准和员工赞扬。要鼓励赞扬别人，培养诚信、负责、有错就改、积极沟通、主动创新、业绩卓越的优秀员工。运用数据和事实对员工进行赞扬，要注重称赞的技巧，采取物质、精神的手段鼓励有业绩的员工，为其他员工树立榜样。鼓励员工之间相互称赞，主动化解员工之间的矛盾或误解，增强互信，促进共同进步。要通过发现和称赞别人优点，以人之长，补己之短。

把简单的事情做到极致。养成好习惯，做好简单的事情，增强成就感、自信心，找到前进的动力，不断地发展自己。

4. 一分钟批评

诚恳的批评对组织和员工都很重要。有效的批评可以发现缺点，找到问题和漏洞，提高个人和部门能力，提高组织绩效，实现任务目标。

领导者要学会“一日三省”。每天进行总结，对照工作进度，反省差距。敢于在员工面前批评自己，承认不足，尽快提高自己。

适当分权与自我管理。把大部分的事情分给副职或下属，授予其权力与责任，只保留对重要客户沟通与对接、重大事情决策权，对下属考核监督权。把更多的精力放在内部沟通、战略定位、外部资源整合、重要客户关系、处理突发事件，参加重大会议等方面。鼓励和推动员工自主管理，赋予员工更多的自主权和责任。

坦诚批评下属。按照既定目标，坦诚批评下属出现的错误。将批评和鼓励结合起来，体现对员工的支持、关心和真诚；对下属进行性格分类与针对性管理。针对不同特点，选择恰当的沟通和批评方式。

鼓励员工相互批评。梳理优秀员工的标准与目标，提倡员工之间诚恳、客观、公正和宽容的相互批评，及时发现问题，主动改进并解决问题，化解误会或矛盾，聚集团队智慧，提高整体素质，实现组织目标。

鼓励员工自我批评。开展员工自我批评，从改掉坏习惯、培养好习惯做起。培养员工好习惯的原则：树立积极乐观、团结包容的新习惯；把注意力放在好习惯上；强化好习惯的实施；拒绝无视同事的优点等坏习惯的诱惑。每抵抗一次坏习惯，就会朝着好习惯迈进一步；确信正确的选择，并作为工作中追求的重要目标，坚定践行。要塑造成功的性格，有大格局和团队意识，学会自我暗示，通过经常自我暗示，控制自己的心理模式，培养好习惯。

5. 一分钟管理带来的成效

一分钟管理对员工的好处。通过一分钟管理，员工明确工作目标，提高了工作效率，减少了失误，杜绝了经常犯错、工作拖拉、相互扯皮和闹矛盾等不良习惯和现象，激发了员工的积极性和创造力，有助于培养优秀人才和管理者，增加员工收入和升职的机会，员工之间快乐工作并享受彼此的友情、帮助与支持，团队更有激情、活力和战斗力。

一分钟管理对领导者的好处。在目标制定、赞扬、批评和沟通过程中提高了领导者的素质和沟通技巧，有助于增加激励性收入，提高个人职位。同时，得到员工、下属、领导和股东的认可与尊重。领导可以花更少的时间工作，工作效率更加有效，工作变成了享受。

一分钟管理对组织的好处。通过改进沟通、赞扬与批评等管理方式，对企业实行一分钟管理，给组织带来全新的理念，组织目标更明确，发展速度更快，盈利能力更强，团队和组织凝聚力、绩效力和团队力更强，员工享受快乐工作的感觉，工作效率提高。[①]

3.3 企业人力资源（薪酬）规划

人力资源管理是企业管理的核心内容，薪酬体系设计是人力资源管理的重中之重，它反映了企业的价值导向，对企业人才引进、稳定和提升发挥着极强的示范和带动作用。

人力资源规划和薪酬体系建设是企业经营管理活动的重要环节，也是优先研究和持续优化的工作内容。

薪酬是企业对员工贡献的一种补偿。它体现了员工所处的岗位本身对企业的价值，也代表着员工在特定岗位上为企业创造的价值。

1. 组织架构优化

（1）集团组织架构现状

对特定目标客户的组织架构进行分析，发现存在的问题或不足，归纳现有组织架构中存在的可能缺陷；系统研究企业发展战略和现有产业布局，分析和确定公司内部机构设置的基本依据和原则等。

对企业进行人力资源诊断的主要维度，包括：员工数量和规模、制度、组织架构、岗位、薪酬、考核等方面。

对于关键岗位可以进行职责和流程梳理，进而发现原有组织设计中的主要缺陷，研究和制定流程和组织优化的工作措施。具体如图 3.3–1 所示。

---

① 《一分钟经理人》解读，2005 年。

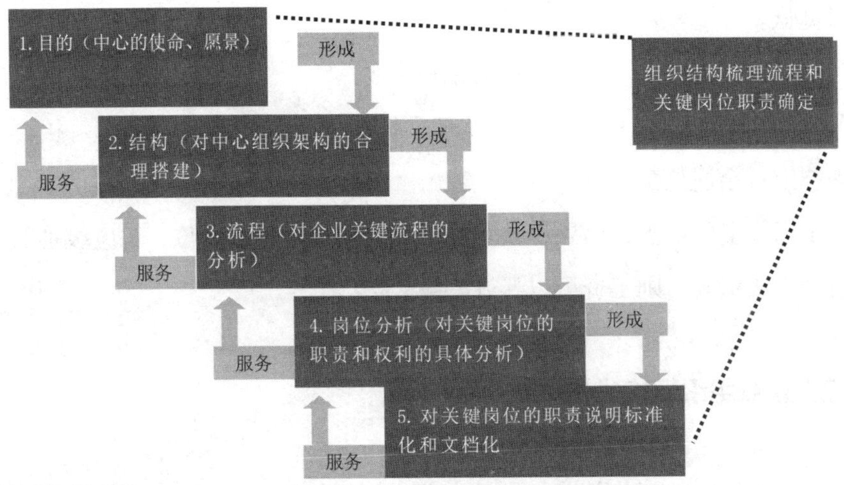

图 3.3-1　组织流程梳理和关键岗位诊断

对组织的岗位进行梳理和专业评价，一般遵循的原则，如图 3.3-2 所示。

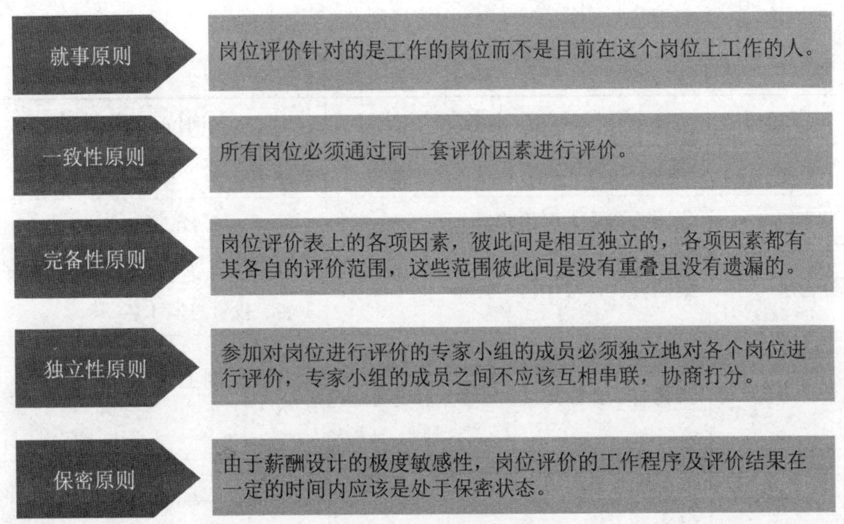

图 3.3-2　岗位评价的原则

岗位评价结果说明：

岗位评价得出的结果是一个序列，这个序列的先后来自于各个岗位得分的多少，得分越高，岗位越重要，排名越靠前。

各岗位的排序，只是说明岗位之间的相对重要程度，是公司内部各岗位之间的相对高低。

各个岗位的得分并不等于岗位的工资多少。

我们将对各个岗位的得分进行整理，把得分相近的归为一档，每档再分级，由此来制定每个岗位工资的多少。

每个岗位上的员工，如果正常完成绩效，则获得对应档位、对应级别的工资；如果超额完成绩效，则工资可以晋升一级。

（2）企业组织架构优化

采取问题导向的工作策略，设计企业组织架构和业务流程。同时，进行企业总部和分支机构的职责分析和流程梳理，相应优化和设计子公司的业务定位等。具体示例如表 3.3–1 所示。

企业部门职责和子公司业务定位　　表 3.3–1

部门 / 子公司	职责 / 业务	岗位 / 部门设置
决策层	集团公司发展战略和重大事项决策	董事长 1 名、董事 8 名
监事层	集团公司重大事项监督	监事 1 ～ 3 名
经营层	集团公司日常经营、管理	总经理 1 名，副总 3 名、财务总监 1 名、投资总监 1 名
综合管理部	集团日常行政管理、文秘、品牌、文化、工会、党务、安全、信息系统等	主任、副主任各 1 名，文员、司机各 2 名
人力资源部	集团人事招聘、培训、考核、薪酬、档案等	经理 1 名，专员 1 名
企业发展部	行业研究、战略规划、经营分析、经营考核、业务创新与拓展、营销管理	经理 1 名，副经理 2 名，助理 4 名
计划财务部	集团财务计划，财务核算，资金管理	经理、副经理各 1 名，核算会计 1 名、管理会计 1 名，出纳 1 名
审计监察部	集团内部控制、审计、法务等	经理 1 名，助理 2 名

续表

部门 / 子公司	职责 / 业务	岗位 / 部门设置
法律事务部	法律风险分析、解决法律争端，预防法律纠纷、审核公司签订的协议、合同等各类法律文本	经理 1 名
以上小计		约 38 名
建设公司	公益性基础设施建设、一级土地开发	办公室、计划财务、综合计划、工程部
产业发展公司	房产开发、监理等	办公室、工程管理、运营部
服务公司	现代物流、园区服务、人才保障、信息化平台等	物业部、物流部、创新部、办公室
投资公司	管理下属二级子公司，内部孵化器	办公室、投融资部、风险管理部、运营部
物业公司	环卫、现有物业等	只出资，不运行管理

（3）薪酬体系设计

研究集团战略和企业愿景，制定分支机构发展战略，据此研究和设计组织架构，并且构建相应的薪酬体系。具体如图 3.3-3 所示。

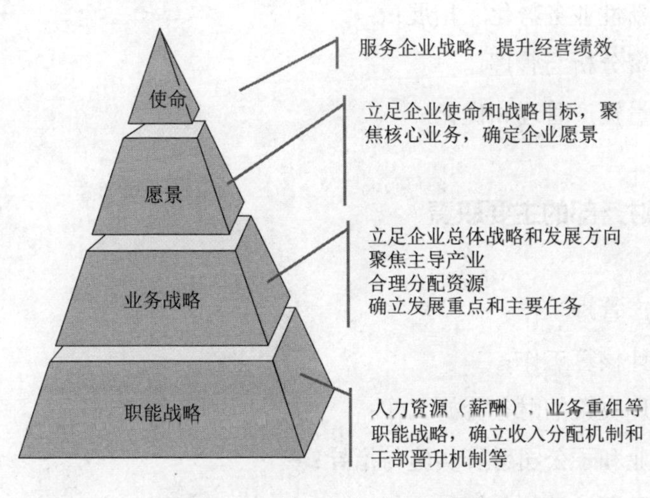

图 3.3-3　基于企业战略的薪酬体系

薪酬作为人力资源管理战略之一，必定支持企业战略目标的实现，服从于组织的核心价值观，这是人力资源管理的根本目标。

2. 企业部门职责

（1）综合管理部的主要职责

1）负责公司的文秘和事务性服务；
2）负责公司的公关、接待工作；
3）负责公司品牌和企业文化建设；
4）负责公司的后勤保障工作。

（2）企业发展部的主要职责

1）负责行业与市场研究；
2）负责发展战略研究；
3）负责经营分析、业绩下达和综合考核；
4）负责市场营销指导和重点客户公关；
5）进行创新性业务孵化、拓展；
6）负责投资分析与管理；
7）负责存量资产管理和优化。

（3）计划财务部的主要职责

1）负责资产管理工作；
2）负责会计核算工作；
3）负责管理决策的财务分析工作；
4）负责企业和子公司融资实施与指导；
5）负责投融资统计与分析。

（4）人力资源部的主要职责

1）负责人力招聘工作；
2）负责人员薪酬及绩效考核工作；
3）负责人员培训及其他工作。

（5）审计监察部的主要职责

1）负责审计、检查和监察工作；
2）负责重大事项监督工作。

（6）法律事务部的主要职责

1）负责法律事务工作；
2）负责内部监督工作。

3. 薪酬绩效优化

研究企业战略和薪酬导向，明确薪酬体系设计原则，进行薪酬体系设计，并形成系列文件和考核办法。

（1）薪酬设计原则

企业在设计薪酬时，通常考虑以下原则：

公平性——员工对薪酬的公平感，对其薪酬的发放是否体现了公正的认识与判断，有外部公平性、内部公平性、个人公平性；

竞争性——在社会上和人才市场中，企业的薪酬标准具有吸引力，足以战胜对手，招到企业所需的人才，同时也能留住人才；

激励性——在企业内部各类职位、各级岗位的薪酬水准上，适当拉开差距、体现薪酬的激励职能，从而提高员工的工作热情；

经济性——提高薪酬水准，固然可以提高其竞争性和激励性，但同时导致人力成本的上升，故受经济性制约；

合法性——薪酬制度必须符合现行的政策与法律、法规。

（2）基于企业绩效的薪酬体系（图 3.3–4）

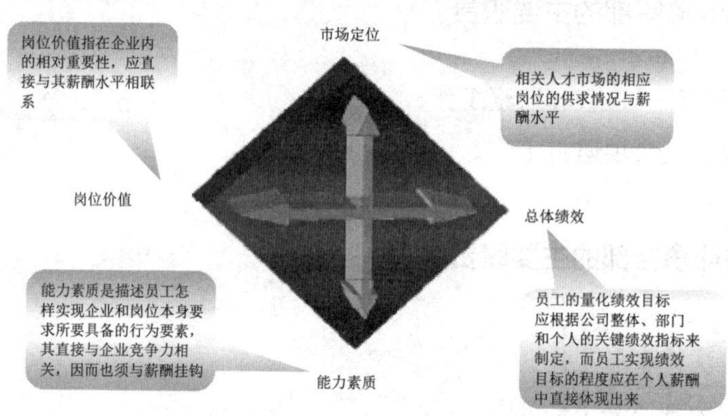

图 3.3–4　基于企业绩效的薪酬体系

（3）薪酬设计的分析架构

1）进行组织梳理，为薪酬设计奠定基础；

2）研究和确定薪酬标准，包括设计职务晋升通道和管理办法；

3）进行岗位价值评估，确定岗位薪酬标准；

4）制定薪酬管理考核办法。

具体如图 3.3–5

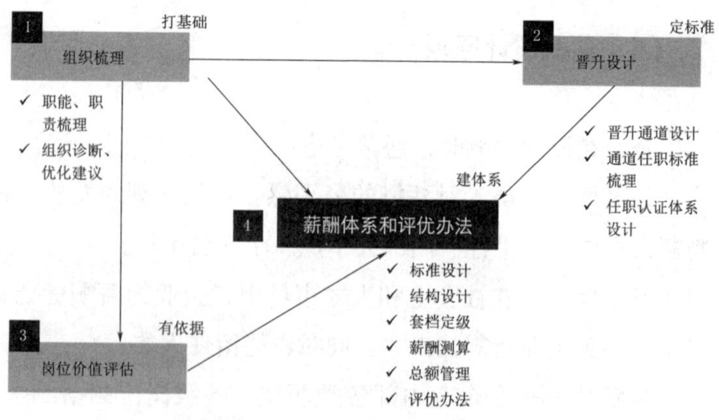

图 3.3–5　企业薪酬体系设计架构

所示。

特定企业岗位和职级设计，可以有不同的思路和分类方法。具体示例如表 3.3–2 所示。

企业职位设计示例　　表 3.3–2

职等	岗位	内部职称序列				
		客户经理	产品经理	会计师	法律顾问	风险师
一	总裁岗	—	—	—	—	—
二	市场总监岗、风险总监岗、财务总监岗	首席	首席	首席	首席	首席
三	市场部总经理岗、金融市场部总经理岗、财务会计部总经理岗、风险管理部总经理岗	资深	资深	资深	资深	资深
四	综合部总经理岗、市场部产品开发岗、资产管理部总经理岗、稽核部总经理岗	高级	高级	高级	高级	高级
五	业务规划岗、融资岗、项目审查岗、客户经理岗、中小机构客户岗、产品定价岗、专业岗					
六	IT 技术岗、人力资源岗、资金管理岗、法律与合规岗、渠道管理岗					
七	培训岗、计划预算岗、稽核岗、合同管理岗、资产监控岗、会计岗、统计岗、设备管理岗、企业文化岗					
八	行政岗、市场部项目助理岗					
九	出纳岗、综合岗、司机岗					

注：岗位分为九个职等；内部职称序列分为三个职等。其中，首席对应为第二职等。资源对应为第三职等。高级对应为第四职等。

依据岗位说明书和资质模型，组织专家小组对各岗位的相对价值进行评价，并合理划分岗位等级（职级）。

关于岗位薪酬划分，有很多种方法，以下是其中案例和方法。

公司领导层		职能管理序列			销售序列	技术管理序列			技术序列							
总经理	总监	经理	主管	专员	销售	经理	主管	专员	系统需求分析师	系统设计工程师	开发工程师	维护工程师	测试工程师	美工设计工程师	页面设计工程师	技术支持工程师
高级三档																
高级二档																
高级一档																
中级三档	高级三档															
中级二档	高级二档								资深五档	资深五档						
中级一档	高级一档								资深四档	资深四档						
初级三档	中级三档								资深三档	资深三档	资深五档	资深五档				
初级二档	中级二档	高级三档				高级三档			资深二档	资深二档	资深四档	资深四档	资深五档			
初级一档	中级一档	高级二档			资深五档	高级二档			资深一档	资深一档	资深三档	资深三档	资深四档	资深五档	资深五档	
	初级三档	高级一档			资深四档	高级一档			高级五档	高级五档	资深二档	资深二档	资深三档	资深四档	资深四档	资深五档
	初级二档	中级三档			资深三档	中级三档			高级四档	高级四档	资深一档	资深一档	资深二档	资深三档	资深三档	资深四档
	初级一档	中级二档			资深二档	中级二档			高级三档	高级三档	高级五档	高级五档	资深一档	资深二档	资深二档	资深三档
		中级一档			资深一档	中级一档			高级二档	高级二档	高级四档	高级四档	高级五档	资深一档	资深一档	资深二档
		初级四档			高级五档	初级四档			高级一档	高级一档	高级三档	高级三档	高级四档	高级五档	高级五档	资深一档
		初级三档	高级三档		高级四档	初级三档	高级三档		中级五档	中级五档	高级二档	高级二档	高级三档	高级四档	高级四档	高级五档
		初级二档	高级二档		高级三档	初级二档	高级二档		中级四档	中级四档	高级一档	高级一档	高级二档	高级三档	高级三档	高级四档
		初级一档	高级一档		高级二档	初级一档	高级一档		中级三档	中级三档	中级五档	中级五档	高级一档	高级二档	高级二档	高级三档
			中级三档		高级一档		中级三档		中级二档	中级二档	中级四档	中级四档	中级五档	高级一档	高级一档	高级二档
			中级二档		中级六档		中级二档		中级一档	中级一档	中级三档	中级三档	中级四档	中级五档	中级五档	高级一档
			中级一档		中级五档		中级一档		初级四档	初级四档	中级二档	中级二档	中级三档	中级四档	中级四档	中级五档
			初级四档	高级三档	中级四档		初级四档	高级三档	初级三档	初级三档	中级一档	中级一档	中级二档	中级三档	中级三档	中级四档
			初级三档	高级二档	中级三档		初级三档	高级二档	初级二档	初级二档	初级五档	初级五档	中级一档	中级二档	中级二档	中级三档
			初级二档	高级一档	中级二档		初级二档	高级一档	初级一档	初级一档	初级四档	初级四档	初级五档	中级一档	中级一档	中级二档
			初级一档	中级三档	中级一档		初级一档	中级三档			初级三档	初级三档	初级四档	初级五档	初级五档	中级一档
				中级二档	初级六档			中级二档			初级二档	初级二档	初级三档	初级四档	初级四档	初级五档
				中级一档	初级五档			中级一档			初级一档	初级一档	初级二档	初级三档	初级三档	初级四档
				初级四档	初级四档			初级四档					初级一档	初级二档	初级二档	初级三档
				初级三档	初级三档			初级三档						初级一档	初级一档	初级二档
				初级二档	初级二档			初级二档								初级一档
				初级一档	初级一档			初级一档								

图 3.3–6　岗位等级划分

如图 3.3–6 可知，本案例中的岗位等级划分为：公司领导、职能管理序列、销售序列、技术管理序列、技术序列等。不同企业应该根据业务性质和管理基础，因地制宜地设计适合的岗位划分序列。

企业绩效考核分数测算方法，如图 3.3–7 所示。

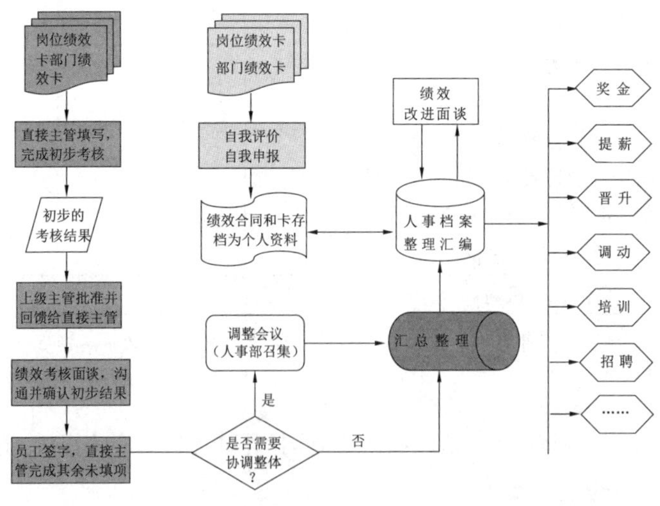

图 3.3–7　企业绩效测算思路

企业战略导向的薪酬体系设计架构，如图 3.3-8 所示。

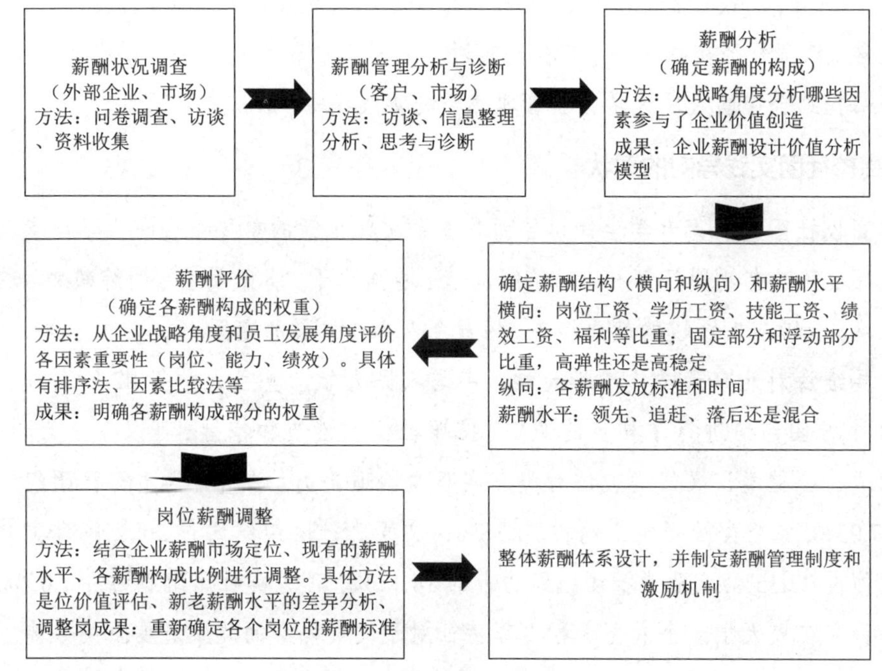

图 3.3-8　企业薪酬体系设计流程

3.4　社团组织的管理实践

社团是我国社会组织和行业机构的重要组成部分。深化社会组织和行业协会管理，是当前我国各地政府需要研究和探索的重要领域，也是需要改革与探索的重要领域。高校社团具有特殊的形式和实施模式，更有必要进一步研究和探索改革。吴维海作为中国人民大学企业管理协会的创始人和首任会长，对高校社团管理与改革进行了实践探索，并于 2005 年在《山西财经大学学报》刊发。

高等院校社团组织的实践性探索①

高等院校学生社团是大学生基于共同爱好并满足共同的兴趣而自发组织起来

① 吴维海．中国人民大学商学院．北京，100872。

的群众组织。在当前全国大学生就业形势严峻，社会对大学生期望值普遍提高的现实条件下，高校社团通过开展实践性活动，可以有效提升会员的理论水平和实践技能，拓宽社会交往面，为其社会实习、未来就业和个人发展提供广阔的空间。吴维海仅结合中国人民大学企业管理协会的实践经验，做初步的探讨。

1. 高校社团实践导向的现状

高校社团是丰富大学生知识层面和业余文体生活的重要平台。大学生参与社会实践，可以有效地了解社会，了解国情，增强才干，奉献社会，锻炼毅力，培养责任感，有效应对严峻的就业形势，拓宽个人事业发展的空间。

吴维海对北京大学、清华大学、中国人民大学、复旦大学等 82 所高校、约 5561 个社团组织进行了初步的调查，按照社团的性质和宗旨，可以划分为六类：学术类、公益类、文娱类、体育类、实践类、理论类。其中，学术类社团组织约占 27.05%, 公益类社团组织约占 21.18%、文娱类社团组织约占 20%, 体育类社团组织约占 22.35%, 实践类社团组织约占的 14.12%、理论类社团组织约占 7.05%。

研究在校大学生个人需求和心理特征对于促进协会的健康发展至关重要。吴维海对北京高校的社团发展进行的调查结果显示，在校大学生中，本科及以下学历的学生参加社团的比例高达 65% 以上，硕士研究生及以上学历的学生参加社团组织的比例在 38% 左右。调查分析还表明，学历层次高低和参加社团活动的人数呈现反比例的关系。这一现象可以用马斯洛五个层次的需求理论做出合理解释：低学历学生追求层面比较低，他们侧重于学术沟通和了解社会需求，希望参与社团组织，增进社会阅历；高学历的人则更关注个人价值的实现，更偏爱社会实践性活动。

在对高校社团调查的分析过程中，吴维海发现了一个有趣的现象：低年龄学生参加各类社团的比例远远高于年龄偏大（以小于 23 岁为低年龄标准，含 23 岁）学生的比例。在同一社团中，年龄低于 23 岁的会员一般占会员总人数的 70% 以上，本科生发起的社团中年龄在 23 岁以下的会员比例高达 92% 以上。年龄偏大（23 岁以上）学生参与实践类社团的兴趣高于参加学术类社团的兴趣，抽样数据显示，高年龄大学生会员参与实践类社团的比例占这类人群参加社团总数的 71% 左右，这一结果恰好印证了前面的推测，也与马斯诺需求的理论相吻合——高年级大学生生活经验和社会阅历相对低年级学生更加丰富，更希望在社会实践方面投入精力，以便提升自己未来的职业规划。调查还发现，大学本科、硕士和博士三类人群中，临近毕业的同学参与社团活动的兴趣明显降低，他们参与社团活动的实践性倾向明显增强，如这类学生参与企业参观、企业招聘等积极性高涨，对日常校际学术交流、文体活动和普通讲座等参与度明显降低。这一现象的存在，与应届毕业生毕业论文答辩、参加就业应聘的压力传递直接相关。

2. 高校社团的实践性试验

在当前高就业压力的现实选择下，高校社团的发展必须适应时代的要求，既要弥补课堂教育的不足，又要提升大学生的择业能力和生存能力，拓展事业发展的平台。多数社团都在朝着实践性方向逐步变革，本文以中国人民大学企业管理协会为例，分析高校社团的实践性试验。

处于实践前沿的中国人民大学企业管理协会，为了满足会员对毕业后严峻就业形势的需要，通过开展社会实践活动，搭建在校学生企业实习、管理咨询、就业和未来事业发展的桥梁，为个人职业生涯发展积聚能量，促进会员企业管理水平的全面提高。为此，协会模拟公司治理结构，设立了顾问委员会、理事和协会两大层面多个职位，不同的层面和职位分别承担公司股东、董事会、理事会和经理层等不同角色。协会现任会长作为经理层的负责人，全面落实协会发展的阶段性战略目标。

为了更好地模拟企业运作，协会内部设立了综合管理部、战略规划部、社会实践部、企业管理部、人力资源部等七个部门，各部门分别赋予了不同的职责，分工协作，整体推进。在公司化模拟运作方面，协会重点实施了 10 项活动：

1）校园交流。与北京大学、清华大学、北京理工大学、中央财经大学、中国海洋大学等高校的各类协会和学校就业中心等定期联系，相互派人参加学术活动，进行跨校交流与沟通。每周召开协会内部的例会和管理案例讨论。邀请了人民银行总行行长、香港投资家等行业高管来校演讲或开展管理沙龙，增进会员和本校大学生对管理实践的认知。利用寒暑假，组织会员开展了企业行业市场调查，使大学生直接面向社会和企业，增进了会员对调查行业的深层了解，同时，增加了会员的个人收入。多次开展了为知名企业进行校园人才招聘和商品校园营销等商务活动，直接体验了企业的管理技能。积极寻求企业赞助，设立了协会篮球队，开展了北京高校间的跨校篮球比赛和学术讨论，架起了大学之间交流和联系的桥梁。

2）管理研究。与《中国产经新闻》等报纸、杂志、网站协调，开设“企业家管理”专栏，与新闻媒体建立长期的战略合作关系。主动与政府协会组织、国家部委等进行沟通，搭建管理实践与学术交流的载体。2005年11月，在全国10所著名高校组织了《哈佛商业评论》管理案例大赛，这一重要赛事先后被MBA、新浪网、暨南大学、北京大学等网站和报刊转载，提升了协会知名度和影响力。

3）内部交流。开设了协会内部“企业管理”等论坛，建立了协会网站，开展了对海尔、联想等知名企业的管理研究。设立了交流信箱，实现了会员间管理交流与跨学科研讨。协会内部各部门、部门内部会员间每月开展球赛、爬香山、逛植物园，以及到外地高校开展管理探讨等交流。

4）企业互动。邀请了星巴克、飞利浦、微软、联想、搜房网等知名企业高层和往届校友来校，举办房地产、金融等行业沙龙，面对面展开专题研讨、交流和互动，探索理论和实践的结合。

5）高层演讲。设立了名企、名人参与的管理论坛，邀请企业高层来校演讲、对话。对会员进行了实战演练，制定和实施会员企业管理演讲比赛，培养会员脑（管理思考）、嘴（表达交流、演讲）、写（文字阐述能力）、腿（健康的体格）的“四个能力”。

6）参观与实践。有计划地组织会员到浙江等地的生产、管理咨询和投资类企业参观实习，现场座谈，观摩企业管理和生产流程。利用协会和学校等平台，先后安排会员实习38人次，探索建立企业实习基地，以及未来可能就业的目标单位，努力解决会员实习和就业等现实问题。创立并组织了为北京时代光华有限公司撰写有声管理图书的社会实践，先后完成《海尔经验》《盛大之谜》《通用经营之道》等26本管理书籍，共计78万字，出版并向企业经理人发行，受到了广泛关注。

7）咨询培训。利用人大综合学科优势，积极拓展企业培训渠道，先后组织了电力、石油、商业等企业的管理咨询活动，开展社会实践与协会创收。强化协会管理层选拔与考核，努力建立高水准的管理团队，以协会的整体优势，拓展管理咨询项目，实践与创收并举。

8）筹措经费。举办英语培训、企业形象推介等有偿讲座和校园营销，开展了报纸、杂志等专题访谈，积极开展企业冠名赞助、企业校园招聘代理等活动，努力为协会提供必要的活动经费，同时锻炼会员的商务谈判能力。

9）资源整合。明确分工，强化考核，及时整理各届会员、校内各管理机构、各合作单位、各合作企业资源，积极拓展新的外部企业、行业协会、国家部委等单位资源，及时归档，有效维护，完整传递和正确引导。聘请了彭剑锋、杨杜等知名教授，北京汇源果汁、会计师事务所等企业高管，以及杂志社社长及高管为协会顾问，向江浙地区 12 位中小企业家颁发了荣誉会员证书，积极整合、开发各届会员、顾问、会员单位和合作企业资源，使其最大限度地支持协会发展，帮助会员解决实习、就业及未来事业发展等实际问题，构建事业合作的伙伴。

10）品牌与使命。以协会为载体，进行战略规划、品牌打造的实践，利用协会网站等渠道，逐步打造协会品牌形象，完成协会的使命。确立了建立全国高校企业管理联盟的宏伟计划，制定了各届协会战略发展计划，稳步在全国著名高校建立企业管理联盟，做大做强企业管理的平台。试行协会运作的商业化，整合全国名校资源，构建协会会员和合作伙伴事业合作的平台。

3. 制约高校社团实践活动的问题及解决办法

从目前中国高校社团管理实践的一般经验看，由于受到内外部诸多因素的制约，其实践的效果不够理想，存在一些需要解决的问题。

（1）高校领导对社团工作缺乏应有的重视

据“2005 年全国高校风云人物”选举情况看，参与评比的 122 个候选人来自全国近百所学校，这些候选人负责的协会活动比较简单，层次低，很多是大学本科生，工作成绩也不多。同时，高校社团的参与度不够，在参与评选的 122 个候选人中，几乎见不到全国排名前列的北京大学、清华大学、复旦大学、中国人民大学等高校，也很少见到各省重点高校，而这些高校的社会团活动实际上是非常踊跃的，这反映了相当一部分高校社团管理者对社团工作重视程度普遍不够。同时，据对北京、上海、广州、天津等地的高校社团访谈得知，高校社团普遍存在着人员松散、没有场地、没有资金、没有专业指导教师等问题，严重制约了高校社团的实践性探索。共青团、教育部《关于加强和改进大学社团工作的意见》指出：“高校党委要把加强和改进学校社团工作作为学校贯彻党的教育方针，推进素质教育的重要组成部分，纳入学校整个工作计划中。学校团委要在党委领导下，切实承担起对社团的指导和日常管理工作……为学生社团的建设和发展提供必要的支持。”这表明，党和政府已经把高校社团的健康发展纳入了高校党委和团委的重要工作内容。因此，解决高校社团发展的关键在领导，这就需要教育部、高校党委、高校团委真正把社团工作作为解决大学生学习、情感和就业问题的重要通道，在政策倾斜、人力配备、资金支持、领导重视等方面多管齐下，鼓励高校社团参与社会实践，推动高校社团的全面发展。

（2）协会管理的稳定性问题

高校社团不同于一般意义上的企业，没有企业法人资格，管理中的强制权相对弱化，会员学历层次高，独立意识强，部分会员的责任心不强，存在投机心理，管理难度大。

优秀的社团文化是社团管理的高级工具，是社团无形资产和社会公信力的主要体现，是社团组织实现战略目标的基本保证，也是解决协会稳定发展的基石。为此，协会从强化社团文化入手，设计了协会LOGO，制定了协会行为规范，概括了协会的宗旨、使命和战略目标，使全体会员有了行动的方向。同时，严格筛选新加入的会员，组织新会员系统学习协会章程，严格执行协会章程，倡导会员精读《一分钟经理人》《没有任何借口》《个人的管理》《绩效管理》（德鲁克）四本管理名著，领会其中的管理精髓。通过这样的方式，逐步建立协会具有执行力和创新力的“组织文化”。

在会员的选拔和管理方面，协会遵从企业管理的理念，实行了PI指标考核，设计了职位说明书，明确了各职位责任和条件，严格进行选拔。同时，贯彻协会发展的规模效益原理，重在会员质量，不盲目追求数量，经过科学评估，确定了各届协会总人数、有效人数、男女比例、各学历层次结构，以及各部门具体任务和考核标准，量化到人、到岗，保证了协会的组织建设。对特殊的岗位，如网络管理员，协会单独出台了招聘办法和管理要求，确保特殊岗位的特殊资格要求。

对于管理层的选拔，协会也进行了大胆创新，模拟企业运作，吸收先进企业的经验，创新性地提出“新五力模型”，即认同力、创新力、绩效力、领导力和执行力，作为协会选拔领导干部的标准。

为强化协会适度的绩效导向，协会制定了详细的考核细则，对协会长期没有贡献（缺乏奉献行为、部门职责履行不力、企业管理交流和创收无明显成效、不能提供会员实习和就业渠道等）、工作拖拉、推诿扯皮、管理混乱、活动参与率低、部门会员流失率高、缺少团队精神的，经部门或协会 1/3 以上会员、会长提出，经协会常务委员会讨论表决，对部长、副会长予以诫勉或调整。年度中间，工作出现重大失误或不能正常承担岗位职责的，经协会常务委员研究，予以调整或撤换。

（3）协会的可持续发展问题

1998 年 9 月 25 日国务院第 8 次常务会议通过的《社会团体登记管理条例》明确规定，社会团体不得从事营利性经营活动。同时，高校的学生社团管理办法规定了高校社团不具有法人资格，这使得社团难以与企业开展平等和正常的商务合作，社团的社会实践活动受到严重影响，协会内部物质激励机制难以落实，由此导致协会品牌树立、管理实践平台提升都受到极大的制约，不利于协会整合社会资源，不利于协会的可持续发展。同时，多数高校社团在发展过程中存在着没有费用或费用很少、学校实际支持少、人员不稳定等困难，其健康发展难以保证。

为了解决协会可持续发展问题，中国人民大学企业管理协会积极沟通学校就业中心和校团委，与“新五力模型”标准建立了密切的业务合作关系。协会组织的专家讲座、行业沙龙，尽力和学院、学校就业中心的工作相协调，密切合作，费用由学校或学院提供，协会主要发挥人力资源的优势，共同承办相关活动。这样，既解决了活动费用和场地问题，又为学校增加了外部合作的资源。

为解决协会外部资源不足和管理层不稳定问题，协会搭建了类似公司治理结构的组织体系，把聘请的企业、大学教授、新闻媒体高层管理人员，以及已参加工作的往届会员纳入了顾问委员会的管理体系内，通过在校会员和顾问委员会的良性互动，挖掘顾问委员会资源，积极探索“企业冠名”“大型活动企业赞助”等创收途径，获得必要的经费来源，整合会员实习和就业的渠道。往届离校的会员，经本人申请，可作为协会荣誉会员，荣誉会员要对协会提供各种资源和外部支持，关心协会的发展。

为了监督协会管理层的工作绩效，协会建立完善了协会体系内的监督约束机制，实行了顾问委员会对协会的责任目标考核。通过下达本届主要考核指标，定期监测指标完成程度，督促各届管理层实现协会发展的阶段性目标。对本届协会存在重大工作失误或影响协会发展的重大苗头的，顾问委员会有权要求协会限期纠正。拒不纠正或整改无效的，有权提出撤销协会现任会长的职务或降职的要求。

为调动各方面的积极性，协会制定了创收考核机制。对有突出贡献的协会会员、企业界高管和对协会做出积极贡献的社会人士、学校教授或行政领导，聘任他们担任协会顾问或优秀会员。

（4）协会的商业化问题

高校社团由于受到管理章程的制约，目前无法实现真正意义上的商业化，这就使得管理实践、社会交流的范围难以拓宽。解决这一问题，需要教育部和高校政策层面的支持，需要渐进的变革时间，需要高校社团的游说和争取政策。

基于目前的政策条件，高校社团在社会实践方面可以实行“曲线救国”的策略。通过和实体公司合作，以合作单位为平台，高校协会出“人力资本”，双方建立一定的奖励机制，完成高校社团初级阶段的有偿商务活动，达成战略合作的机制，从而逐步解决协会的商业化问题。

中国人民大学企业管理协会在商业化方面做了有益的尝试。实行了预算制管理，分设会计、出纳负责经费管理，按照公司化运作思路，定期编制费用的收入和支出预算，定期下达指标，定期考核和管理。积极联系企业，建立长期合作的费用支持体系。协会内部实行创收鼓励考核管理，对部门和个人实现的创收，给予一定比例的返还奖励，用于部门或个人活动。为协会创收做出特殊贡献的，单独奖励并升职。2004 ~ 2005 年，协会通过与教育、管理咨询、生产企业等多渠道的合作，先后为协会和会员获得费用、工资性报酬约 15 万元，保证了协会日常活动，增加了会员的个人收入。

目前，协会在积极创新和模拟公司化运行的新思路，力图在协会商业化运作方面有新的突破。

为提升协会的品牌形象，中国人民大学企业管理协会建立了协会宣传责任制，明确了主要的牵头部门，各部门通力合作。成立了由北京汇源果汁赞助的协会篮球队，积极与北京大学、清华大学、北京理工大学、北京师范大学进行篮球友谊赛，以球会友，传递友谊。筹集了部分活动经费，开通了协会宣传网站，积极联系企业管理咨询、行业市场调查、企业招聘、会员就业等实践渠道，为协会创收和会员就业提供积极的帮助。同时，制定出中长期发展规划，下达执行。2007 年度首批推动在北京大学、清华大学、中央财经大学、中国海洋大学、复旦大学等高校建立企业管理协会类社团，在此基础上，成立“全国高校企业管理联盟”，从而拓宽全国高校企业管理协会会员单位覆盖面，逐步把各高校大学生、教授资源、校友资源、当地企业和政府资源全部纳入合作体系，为将来建立各高校、协会会员和合作单位间的多层次紧密合作积累宝贵的经验，不断提升协会在全国高校的影响力和品牌，搭建协会会员与合作单位间事业合作的平台。

3.5 国企混合所有制改革为民间资本投资提供空间

国有企业混合所有制改革是深化国有企业改革的重要突破口。十八届三中全会提出全面深化改革以来，以国有资本为主加强国有资产监管，国有企业改革“1+N”系列配套文件相继出台，国有企业改革思路出现重要变化。新一轮国企改革就是要以产权制度改革为核心，完善企业出资人制度，特别是要引入非国有资本，建立混合所有制企业，发展混合所有制经济。这无疑为民间资本投资提供了广阔空间，将有利于各种所有制资本取长补短、相互促进、共同发展，将大大提高各种所有制企业经营效率和整个国民经济的运行效率。

1. 正确认识国有企业混合所有制改革

当前人们对于国企混合所有制改革的思想认识尚不完全统一，对于混改的内容及方式等存在着一些误区和分歧，影响了国有企业推进混合所有制改革的决心和动力。有些人认为我国国有企业的混合所有制改革会成为“中国版的私有化”形式，想当然地将混合所有制改革等同于国有资产流失，甚至认为就是私有化的一种实施路径，是分批次、渐进的私有化。其实，这种担心是多余的，发展混合所有制与私有化具有本质上的区别，私有化是指将现存的国有资产转移到非国有经济部门，是一种存量上的改革，私有化改革的结果是国有资本在规模与范围上的大规模收缩，甚至是完全退出。

混合所有制改革绝不是国有企业、国有资产的私有化，不是削弱国有经济，不能以是否混合与混合多少来衡量改革的态度与性质，而是要通过改革，使国有企业、国有资产更好地融入市场，与不同所有制资本取长补短、相互促进、共同发展，并进一步增强国有经济的活力、控制力和影响力。我国当前的国有企业混合所有制改革存量与增量改革并重，甚至更加注重增量改革，是对未来国有经济布局与结构的优化与重构。混合所有制改革不仅不会使国有资本减少，而且有利于将国有资本进行更好的优化配置，是把握、适应和引领经济发展新常态，积极求变、推进国有企业改革的一种重要手段和途径。

混合所有制改革是针对当前国有企业仍然存在的产权模糊、投资主体不明确、投资方的权利和责任不清晰等问题，从完善国有企业公司治理机制入手，通过市场化途径引入非公有资本实现企业股权多元化，优化企业经营管理方式，但绝不是化公为私和私有化。国有企业混合所有制改革的根本目的是要通过引入“所有者的眼睛”来提高监督效率和降低监督成本，完善企业法人治理结构，建立现代企业制度，是要提高国有企业经营效率、确保国有资本保值增值，混合所有制改革绝不是“国退民进”，而是要实现“国进民进”“国民共进”共同发展。

2. 国企混合所有制改革意义重大

混合所有制改革有利于加快完善我国初级阶段基本经济制度。我国社会主义初级阶段的基本国情和我国社会的社会主义性质决定了现阶段我国必须实行以公有制为主、多种所有制经济共同发展的基本经济制度。完善初级阶段基本经济制度，是我国发展混合所有制经济的基本出发点。混合所有制经济形式在一些市场经济国家同样存在，但是公有制为主体的基本经济制度是我国发展社会主义市场经济体制所特有的。公有制为主体、多种所有制经济共同发展的基本经济制度，是社会主义市场经济体制的根基。坚持和完善基本经济制度，从根本上讲，就是要充分发挥各种所有制的优势，激发各种所有制的活力和创造力，推动社会生产力的发展。通过发展混合所有制经济，可以促进各种所有制经济交叉持股和相互融合，有效发挥国有经济的规模优势、技术优势和管理优势，有效发挥非公有制经济的活力和创造力，促进各种所有制经济取长补短、相互促进、共同发展，从而促进基本经济制度不断完善。宏观上要处理好政府与市场的关系，这就必须改变国有企业“半政府工具、半市场主体”的状态，使之成为真正的市场竞争主体。出发点和落脚点是促使微观市场主体不断成熟完善，基本经济制度运行有效和更加定型。

混合所有制改革有利于放大国有资本功能。公有制为主体、多种所有制经济共同发展的基本经济制度，是社会主义市场经济体制的根基。坚持和完善基本经济制度，从根本上讲，就是要充分发挥各种所有制的优势，激发各种所有制的活力和创造力，推动社会生产力的发展。混合所有制经济从本质上说就是不同所有制资本之间相互参股的股份制经济，是一种富有活力和效率的资本组织形式。通过发展混合所有制经济，可以促进各种所有制经济交叉持股和相互融合，有效发挥国有资本规模大、技术领先和管理规范等优势，有效发挥非公有制资本机制灵活、运营效率高和创新意识强等优势，从而充分放大国有资本功能、促进基本经济制度不断完善。混合所有制改革可以将国有资本的规模优势与民营资本的灵活市场机制优势有机结合、合二为一，从而产生“1+1 ＞ 2”的治理效果。以效益最大化和效率最优化为导向，在新的历史条件下推动国有企业发展混合所有制经济，依托混合所有制的多元产权架构及其运行机制，可以增强国有资本或公有资本对其他资本的辐射带动功能，吸引和放大民营资本投资，从而直接放大国有资本功能，激发国有企业内生发展动力，在市场竞争、资本流动和优化重组中不断增强国有经济的活力、控制力、影响力和抗风险能力。

混合所有制改革有利于完善国有企业法人治理结构。微观主体是市场经济发展的基石。混合所有制改革着力推动各类产权主体交叉持股、取长补短、共赢发展，构建产权多元、权责一致、自主经营、治理优化的混合所有制企业，目的是实现资源的有效配置，生产要素的优化组合，多种资本优势的充分发挥。混合所有制企业里，无论国有股份占比多少，仅以国有资本股东身份参与公司决策和分享收益，企业管理方式彻底去行政化，使企业真正成为市场竞争主体。当前，国有企业发展尚且存在一些深层次的矛盾和问题，特别是企业法人治理结构不完善，内部人控制问题突出，推进国有企业混合所有制改革正是解决这些深层次体制机制问题的重要突破口。通过开展混合所有制改革，能够借助不同性质资本的特点，实现不同所有制资本的优势互补，形成各种产权主体有效制衡的企业法人治理结构，加快建立国有企业现代企业制度；能够推动国有企业健全优胜劣汰、管理人员能上能下、员工能进能出、收入能增能减的内部管理机制，激发国有企业的内生动力；能够进一步明晰产权，强化不同产权主体监督制衡，更加高效地规范约束国有企业资产处置、防范资产流失，实现资产保值增值。

3. 民间资本需要与国有企业实现有机融合

改革开放以来，我国民间资本在经济、政治、社会、文化等各个领域都表现出极强的生命力和创新活力，为整个国家的经济社会发展做出了巨大贡献。然而，巨额的民间资本至今并未完全纳入国家的整体发展战略和发展规划之中，相当一部分呈现出“游离状态”，甚至其短期的投机性活动尚处在国家的监管之外，呈现一种非正规性流动。出于资本的逐利本性，规模庞大的民间资本为追求自身的不断增值和扩张，也在千方百计四处寻找投资出路。往往是只要有利可图，就蜂拥而至，一旦遇到国家调控，又急忙撤资走人，因而导致一些行业局部过热，甚至出现“泡沫现象”，对宏观调控产生负面影响。前几年，民间资本就向人们展现了其巨大的投资能力和几近疯狂的增值欲望，炒房、炒煤、炒棉、炒石油。甚至一些不法民间资本，通过多种办法加入农产品炒作队伍，干扰市场秩序，获取非法暴利，出现了媒体高度关注的“蒜你狠”“豆你玩”“姜你军”“猪你涨”等事件，大蒜、绿豆、生姜、猪肉等农产品价格短时间内一路飙升，严重超出合理范围。如此种种非正常现象正是民间资本投资及增值欲望强烈，而投资渠道狭窄的典型反应。

我国规模庞大的民间资本是社会财富的象征，是改革开放的最伟大成果之一，理应在推动经济可持续发展、创造更大社会财富方面发挥更大作用。然而由于市场竞争环境、行业准入、民间投资权益保障机制等多方面原因，民间资本投资实体经济、国家重大项目、科技创新等方面的积极性不高。恰恰在这方面，国有企业有项目资源、人才科技、行业积累等方面的突出优势。当前，国家深入推进国有企业改革，积极引入民间资本发展混合所有制经济，正是国有资本与民间资本各取所长、优势互补的大好机遇，为民间资本规范发展、持续增值提供了难得的投资出口和项目合作平台。民间资本应积极参与国有企业投资项目，建立混合所有制企业，完善企业法人治理结构，为自身长远、规范、可持续发展奠定了技术和制度的基础。

4. 民间资本已具备参与混合所有制改革的条件

经过改革开放 30 多年的发展，我国民营经济实力实现质的飞跃，涌现了一大批规模大、辐射范围广、带动能力强、经营管理先进的民营龙头企业。截至 2014 年年底，有 17 家民营企业销售收入超过 1000 亿元，55 家超过 500 亿元，中国民营企业 500 强的入围门槛接近 100 亿元，户均营业收入达到 294 亿元。更加难能可贵的是，民营企业已成为我国经济增长的重要推动力量，成为解决就业和增加城乡居民收入的主渠道，而且在很多领域已经成为我国乃至世界的行业龙头企业和科技领军型企业。民营企业蓬勃发展，还培养了一大批高素质投资经营和企业管理人才，同时大大提升了民间资本的规模和实力，优化了民间资本的结构，为民间资本参与国有企业改革、发展混合所有制经济提供了资本和人才保障。

与此同时，近些年来，我国多层次资本市场建设加快推进，除了沪深主板市场外，中小板、创业板、新三板市场、债券市场也都获得快速发展，各级各类产权市场建设有序推进，各类产权交易更加规范有序。兼并重组、投融资咨询、管理咨询、资产评估、会计、审计、法律等中介机构快速发展，专业中介机构执业素质、服务能力和水平大幅提高，全社会诚信水平稳步提升。国有企业破除阻碍，按照市场经济通行规则，进一步实施公开转让、兼并重组、股权多元化改造等深化改革的措施，积极引入民间资本投资，组建混合所有制企业，已经具备了一定的市场环境和基础制度条件。

5. 民间资本参与混合所有制改革方式多样

民间资本参与混合所有制改革的方式有很多，现实中主要有承包经营、租赁、合作经营、参股、控股、全资收购等，核心是要推动民间资本与国有资本协作融合，实现企业股权的多元化、社会化，改善企业股权结构和公司治理结构。国有企业可以通过股权互换、内部职工持股、引入私人资本、股权债权置换等途径积极引入民间资本。国企改革配套文件允许非国有资本以货币、实物、土地使用权等法律法规允许的出资方式参与国有企业投资项目，产权、版权、技术等经过权威中介机构认定和评估后，也可以有条件地作为出资参与，并可共同发起设立股权投资基金。这意味着民间资本出资形式也可以多样化，包括且不限于货币、实物、土地使用权、股权、专利权、版权等各类有形、无形资产。不论何种合作方式，不论何种出资形式，只要是经过充分评估论证并在程序上确保公平、公正、透明，当事各方都应充分尊重契约，严格执行合同约定，确保合作方案得到完全落实。

国有企业改革配套文件支持国有企业和非国有资本在政府投资领域加强合作，积极探索优先股、国家特殊管理股等股权模式，允许将部分国有资本转为优先股，不参与企业具体决策，探索在新闻出版传媒等少数特定领域建立特殊管理股份制度。这意味着在宏观政策上，允许积极探索混合所有制企业的国有民营新模式，国有控股企业国有股东也可以不参与企业日常经营决策，充分信任非国有资本，委托民营企业家、职业经理人经营管理国有控股企业，充分发挥民间资本产权明晰、机制灵活、经营效率高、创新创业动力强等突出优势。当然，在合资合作合同中应明确约定各类投资主体权益、责任和退出机制等。

6. 民间资本参与混合所有制改革前景广阔

从这次国有企业改革系列配套政策文件看，中央深化国有企业改革的思路创新力度空前，对于民间资本参与国有企业投资项目、发展混合所有制经济基本不设禁区，包含了商业类、公益类等各行各类国有企业，以及各级国有资产监管机构依法监管和其他部门管理的各类国有独资、控股和参股企业，只是提出金融、文化类企业另有规定的依其规定。这意味着国有企业投资项目已经为民间资本敞开大门，民间资本可以在几乎所有的国有企业投资项目中，寻找投资合作机会。民间资本投资行业准入门槛将大大降低，投资范围和领域大大拓展，未来民间资本投资国有企业投资项目、参与国有企业混合所有制改革的前景可以说是无限广阔的。

2016 年以来，在电力、石油、天然气、铁路、民航、电信、军工等关系国计民生和经济安全的重要领域开展混合所有制改革试点。改革的主要任务是开放竞争性业务、破除行政垄断、打破市场垄断，推进政企分开、政资分开、网运分开、特许经营等。目前已开展两批混合所有制改革试点工作，第三批试点也已着手启动。2017 年，国有企业混合所有制改革明显提速并取得实质性突破。混合所有制改革及相关试点企业和项目涵盖了国民经济重要行业、关键领域和重要基础设施的方方面面。随着国企改革系列配套政策文件特别是国企混合所有制改革相关文件的逐步落实，混合所有制改革必将大大拓展民营资本投资领域，有力激发民营资本投资动力，为民营资本发展开拓无限空间。①

3.6　企业运营管理架构

商业模式与管理薪酬体系设计是企业经营活动的核心。选择合适的商业模式，据此制定有竞争力的管理薪酬体系，是企业适应市场竞争，引进和聚集优秀人才，实现良好经营效益的重要保障。

1. 企业商业模式与管理薪酬体系

（1）商业模式

商业模式指为实现客户价值最大化，把使企业运行的各要素整合起来，形成完整的高效率的具有独特核心竞争力的运行系统，并通过最优实现形式满足客户需求、实现客户价值，同时使系统达成持续赢利目标的整体解决方案。

商业模式的内容，主要包括：

1）价值主张，通过其产品和服务所能向消费者提供的价值。

2）消费者目标群体，公司瞄准的消费者群体有某些共性，使公司能够创造价值。定义消费者群体的过程也被称为市场划分。

3）分销渠道，公司接触消费者的各种途径，涉及市场和分销策略。

4）客户关系，公司同其消费者群体之间所建立的联系，客户系管理与此相关。

5）价值配置，资源和活动的配置。

6）核心能力，公司执行其商业模式所需的能力和资格。

7）合作伙伴网络，公司与其他公司之间为有效提供价值并实现其商业化而

---

① 刘现伟，国家发展改革委宏观经济研究院经济体制与管理研究所。

形成合作关系网络。

8）成本结构，所使用的工具和方法的货币描述。

9）收入模型，公司通过各种收入流来创造财富的途径。

10）关于企业的盈利模式、运营模式和合作模式等内容分析，如图 3.6-1 所示。

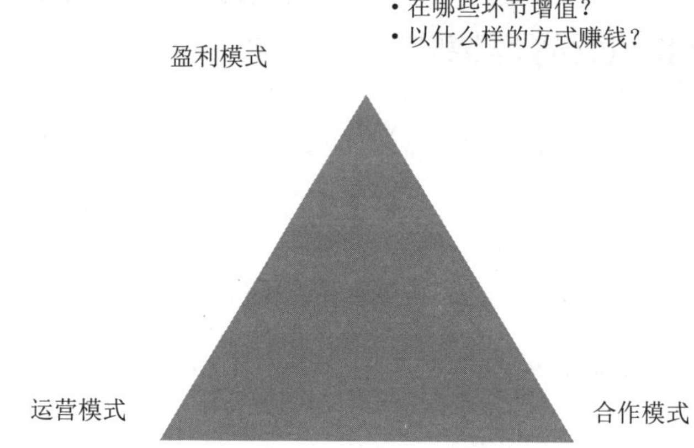

图 3.6-1　企业盈利模式和运营路径

11）运营模式：把握价值链的关键环节，使企业从被动到主动，从配角到主角。

12）盈利模式：从赚人人能赚的钱，到赚别人看不见和赚不了的钱。

13）合作模式：从博弈合作，到信任合作，再到共赢合作。

（2）企业管理薪酬体系

企业的管理体系建设内容，包括：

1）理念体系：组织的使命、愿景，主张什么、反对什么。

2）目标体系（行动指南）：组织的行为标准，是组织中一切成员的行动指南。

3）职权体系（目标分解）：为了完成目标，各部门、各岗位做什么，做到何种程度。

4）业务体系（协调准则）：工作怎样开展，各岗位怎样履责，组织如何协调工作。

5）考核体系（控制手段）：检查部门、岗位职责履行情况，做出业绩评价。

6）报酬体系（动力源泉）：回答为什么，工作优劣的标准，组织目标与个人目标之间的关系等。

（3）新时期企业管理的职能

1）定位：确立组织定位，明确组织的目标。明确组织的优势、特色或核心能力。

2）激励：调动员工的能动性，使组织充满创造力。

3）规范：明确各项行为规范，建立相互信任，作为组织管理的基础。力求组织规范。规范是相互信任的基础，信任是管理控制组织的基础。

2. 企业管理方案

分析、调查组织经营状况、发现存在的问题，运用科学方法，通过定量或定性分析，查明原因，提出改进意见或方案。

（1）企业管理诊断方法

1）企业调研

调查：查阅企业提供的资料和原始数据；上网查阅企业与行业相关资料；向公司知识库查阅相关资料。

访谈：访谈、座谈（员工、客户、同行等）。

诊断：问卷形式的调查、向同行业、用户了解对该企业的评价。

现场：看现场、做测试、做跟踪（图 3.6–2）。

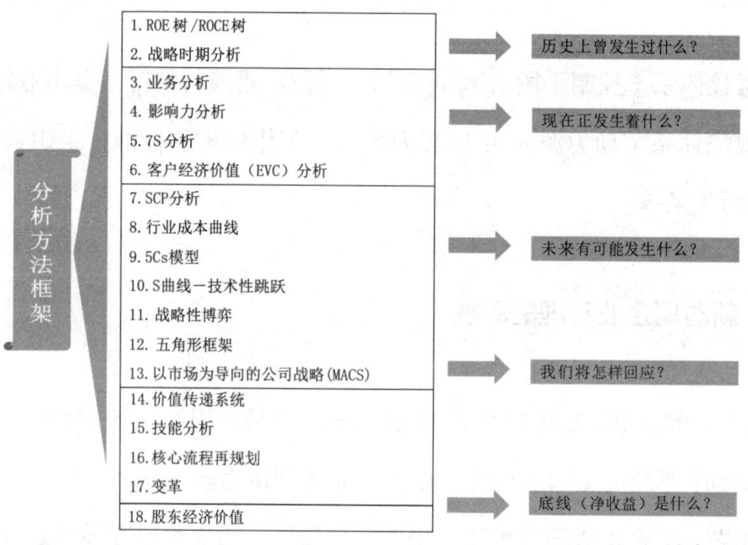

图 3.6-2　企业管理诊断分析框架

2）战略制定架构

企业战略制定思路，如图 3.6-3 所示。

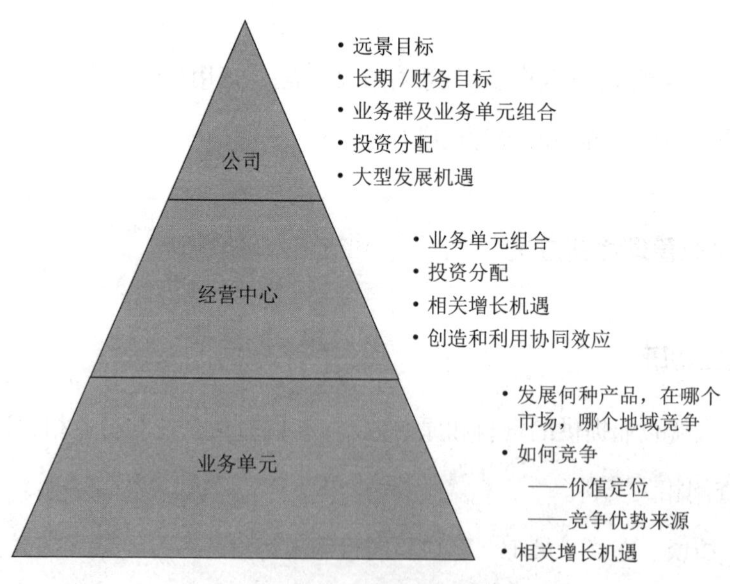

图 3.6-3　企业战略制定框架

3）产业链分析

分析特定企业主导产业的产业链，有助于进行经营评估，确立未来发展的思路和策略。

某化工集团企业的产业链中循环分析，如图 3.6-4 所示。

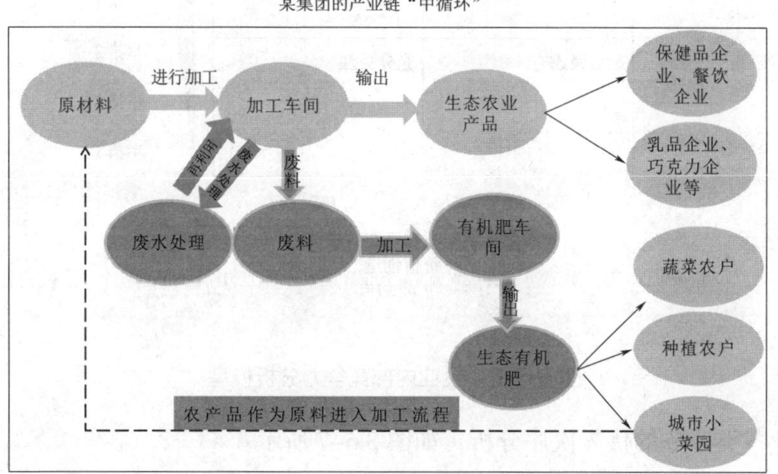

图 3.6-4　企业的产业链中循环分析

某化工集团企业产业链大循环分析，如图 3.6-5 所示。

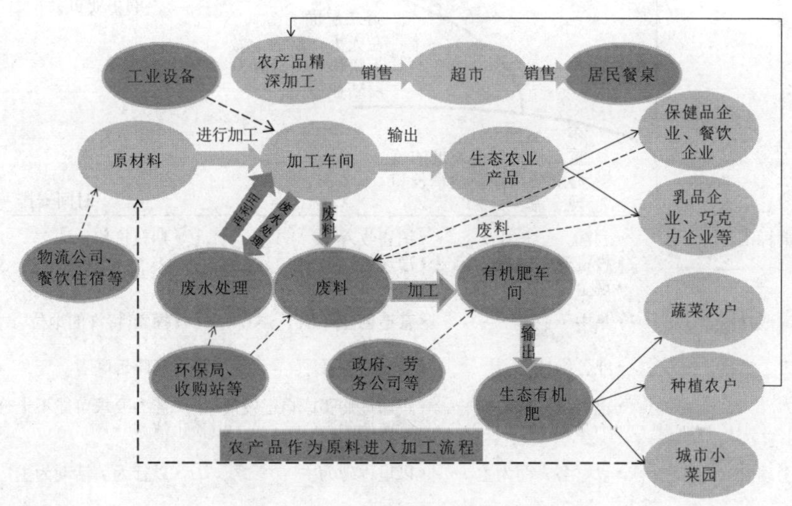

图 3.6-5　企业集团大循环分析

4）企业竞争力模型

公司内部竞争力分析模型，按照收益和难易程度划分，如图 3.6–6 所示。

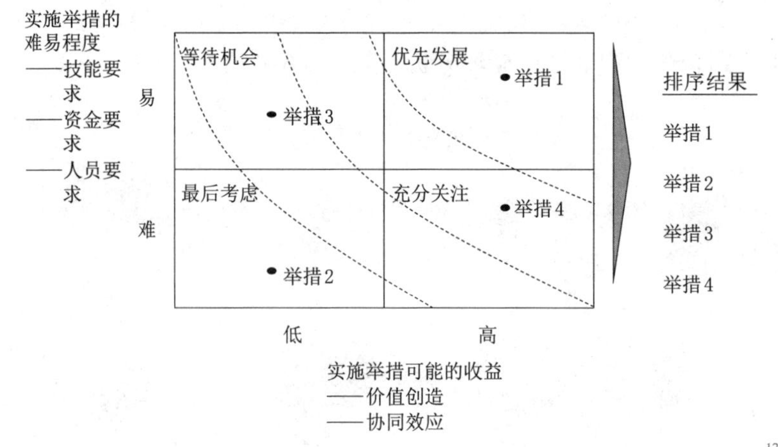

图 3.6–6　企业内部竞争力分析模型

企业各类业务的优先次序分析，如图 3.6–7 所示。

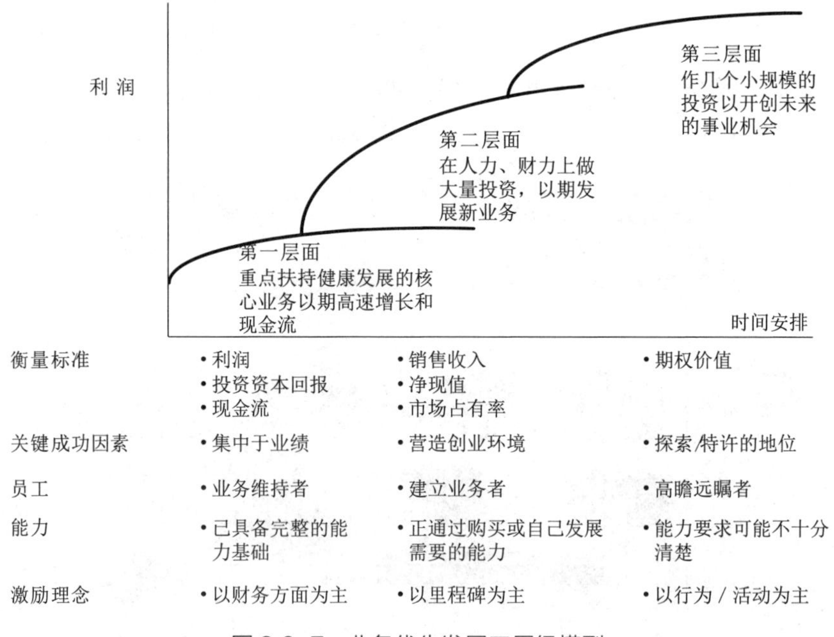

	第一层面	第二层面	第三层面
衡量标准	• 利润 • 投资资本回报 • 现金流	• 销售收入 • 净现值 • 市场占有率	• 期权价值
关键成功因素	• 集中于业绩	• 营造创业环境	• 探索/特许的地位
员工	• 业务维持者	• 建立业务者	• 高瞻远瞩者
能力	• 已具备完整的能力基础	• 正通过购买或自己发展需要的能力	• 能力要求可能不十分清楚
激励理念	• 以财务方面为主	• 以里程碑为主	• 以行为 / 活动为主

图 3.6–7　业务优先发展三层级模型

5）平衡记分卡

运用平衡计分卡进行多维度评价与考核，基本思路如图 3.6–8 所示。

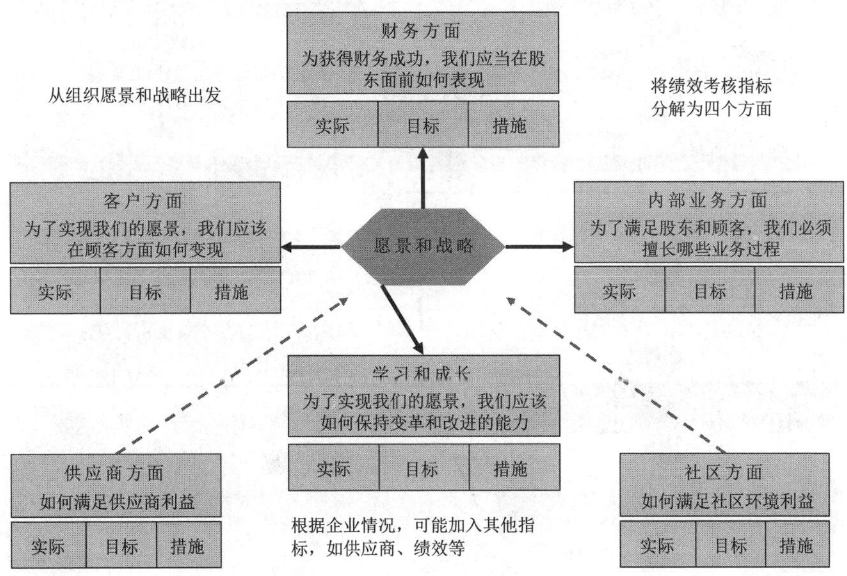

图 3.6–8　企业平衡计分卡运用

运用平衡计分卡，进行业绩考核和岗位管理，主要指标设计如图 3.6–9 所示。

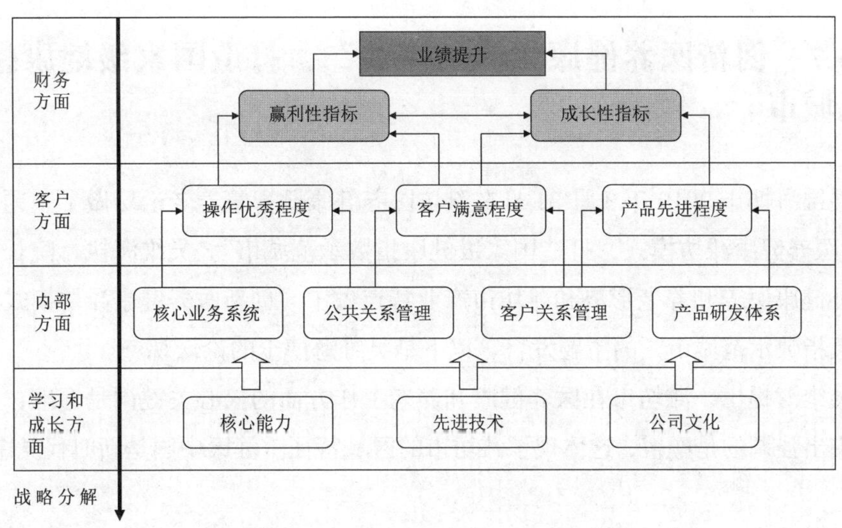

图 3.6–9　平衡计分卡指标设计

企业战略与目标分解相结合，运用平衡计分卡将公司目标分解至部门、个人。

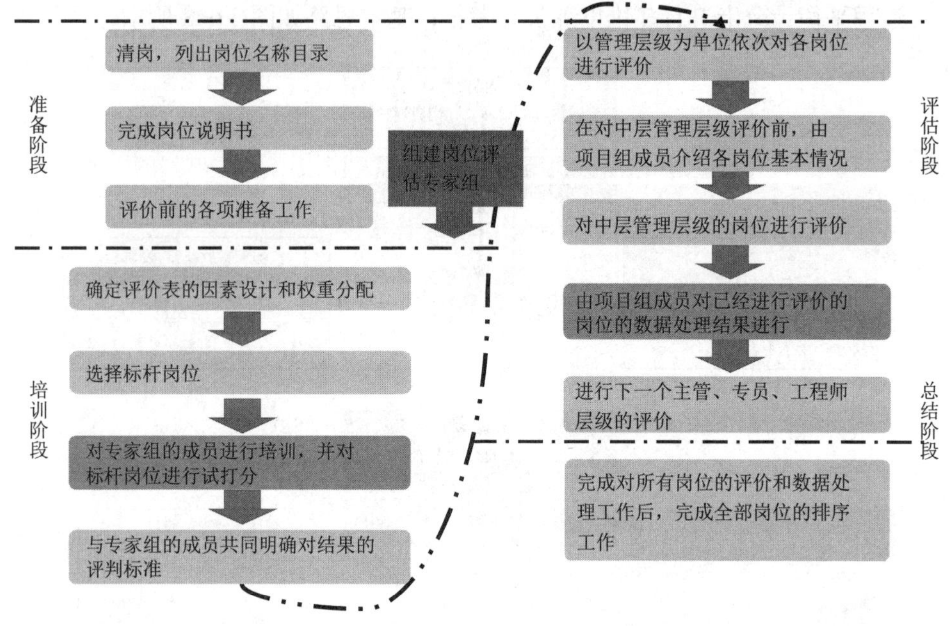

图 3.6-10　企业岗位价值评估的流程[①]

上述模型和工具是企业运营管理和薪酬体系设计的重要工具（图 3.6–10）。

3.7　创新医养健康“潍坊模式”，打造国家级健康指数示范城市

吴维海博士 2019 年 3 月 31 日在潍坊医养健康暨智慧养老论坛做了主题演讲“创新医养健康潍坊模式，打造国家级健康指数示范城市”。吴维海执行院长结合国内外健康医养和养老形势和潍坊市产业特点做了“创新医养健康潍坊模式，打造健康指数示范城市”的主题发言。以下是吴维海博士的论坛观点。

吴维海提出，潍坊市在医养健康和养老工作方面的核心关键词是标准，蓝创企业突出强调的是颠覆，这体现了潍坊市的区域特征。健康中国是新时代党中央、

① 本培训来自吴维海组织的地方政府和企业家专题讲座，2012 年。

国务院的重大战略和长远工作目标，医养健康和智慧养老是我国经济社会的核心工作，也是人民群众追求美好生活的基础与服务保障。潍坊市在医养健康和智慧养老方面走在了全省，甚至全国的前列。

吴维海认为，近年来由潍坊市卫健委牵头，积极探索创新，整合聚集资源要素，探索产业发展新业态，初步在中医药产业发展、医养健康模式创新和居民健康指数研究与实践等领域形成了独具特色的潍坊模式。2019 年以来，潍坊市委、市政府出台新政策、新机制，提出了新要求，大力推进健康养老事业再上新台阶。

2018 年以来，由国家部委行业智库国合华夏城市规划研究院与潍坊市卫健委联合组织了现场调研、共同编制和颁布实施《潍坊市医养健康发展规划》，明确了“一区两带五中心”（一区，医养健康产业发展核心区；“两带”，沿潍河两岸建设东部医养产业隆起带，沿弥河两岸建设西部医养产业隆起带；“五中心”，高端康养中心、老年用品生产集散中心、养护人才培养中心、智慧养老研发中心、中医药传承发展中心）的空间布局，确立了包括健康养老、健康食品、医疗服务等在内的“3+4+3”产业体系，全面推动潍坊市和各县市区、各行业积极行动起来，错位协同发展，共同创新健康养老新模式，尽快构建覆盖全市、辐射山东、连通全国，融入“一带一路”倡议，双向对接亚非和欧美国家的健康医养宏伟蓝图和秀美画卷。

智慧养老是党中央、国务院和地方政府开展医养健康工作的核心内容，是建设“健康中国”“健康潍坊”“品质潍坊”的基础支撑。今天召开这次研讨会，重点探讨智慧养老话题，意义重大，正逢其时。

吴维海博士重点讲了三个方面：

1. 我国健康医养事业的主要特征

从国内外案例和行业趋势看，初步归纳，我国各地区健康医养和养老领域主要呈现五大特征：

（1）刚性需求。数据显示，全国约 76% 的白领处于亚健康，72% 的人有过劳死的危险，潍坊市城镇居民的健康水平和养老服务体系也处在补短板的时期，相当比例的工薪阶层，包括政府公务员处在亚健康状态，全市医养设施尚不完善，城乡差距更大。到2020年，预计全国养老市场10万亿级规模，养老产业对GDP的贡献将达到6%。

（2）国家鼓励。党中央、国务院、国家部委、各省市都出台了相应政策，鼓励和扶持健康医养和养老事业发展，潍坊市近几年这项工作成效明显。同时，中国“四二一”家庭（爷爷、奶奶、外公、外婆四人，爸爸、妈妈二人和一个独生子女组成的家庭）进入阵痛期和“人口政策”大考阶段，二胎的放开，使得我国养老家庭成为了“4222”的新格局，即爷爷、奶奶、外公、外婆四人，爸爸、妈妈二人和一个独生子女+配偶，下一代的2个孙子辈，共计10个人组成的庞大家庭，其中：独生子女这一代（70后、80后、90后）要带着8个人的沉重负担和养老重任，形成上有老、下有小的新格局。应该说，80后、90后是最难的一代，1拖8，或者2拖8。

（3）人民期盼。我国健康水平与欧美，与日本差距不小。人均寿命更有距离，日本人均寿命83.4岁，居世界第一；我国只有73.4岁，世界排名仅83位。我国食品安全、环境污染和医疗服务都存在不少亟待解决的问题。

（4）潜力巨大。我国居民健身、医疗保障、城乡养老等市场需求大，全国约有2.5亿老年人，社区养老和机构养老规模和质量总体不高，供求矛盾巨大。

（5）创新不足。尽管潍坊市和其他地区在康养工作中做了许多探索性实践，但总体看，项目模式、资金渠道、服务技能等仍然单一和偏低，我们需要向日本、韩国、欧美等学习的地方还很多，创新发展的压力还很大。

2. 创新健康医养潍坊模式的5大基础

（1）潍坊乡村振兴呼唤新模式。2018年两会期间，习近平总书记对乡村振兴的潍坊模式做了重要指示。2018年国务院批复山东省创建新旧动能转换先行示范区。2019年国务院批复潍坊国家农业开放发展综合试验区。国家领导人和党中央、国务院两年内先后三次对潍坊工作提出要求和批示，这在历史上并不多见，为此，潍坊市委市政府和有关部门应有更高的政治站位，更强烈的使命感，更主动的担当，以时不待我，舍我其谁的激情和责任感，争做“李云龙式”的康养模式创新的“急先锋”“拓荒者”。

（2）潍坊经济进入拐点。刘家义书记连续两年自揭山东省短板，潍坊市书记、市长自我拷问潍坊党政干部思想的差距和言行的僵化，并提出了换道超车的行动路线图。潍坊市经济发展尽管相对平稳，但是问题不少，风险聚积，短板更多。急需将医养健康和智慧养老作为新动能培育的突破口，作为乡村振兴的集结号，作为人民为中心的执政理念，知行合一，确立“医养 + 乡村振兴”“医养 + 动能转换”“医养 + 创新驱动”“医养 + 健康潍坊市”等重大部署，化作社会各方的一致行动，推动潍坊经济社会换档升级。

（3）潍坊康养供给与创新“双”不足。受到政策、资金、人才、技术等因素制约，潍坊市在健康设施、医疗水平、养生服务和养老保障等方面，尚未做到普惠制和城乡一体化，模式创新、技术创新和管理创新能力偏弱，同质化、低档次现象严重存在，供给和创新不足阻碍了潍坊市医养健康事业的发展。

（4）潍坊康养基础较好且处在风口期。从全国、全省看，潍坊市经过多年的开拓发展，体育、医院和养老等基础配备相对齐全，产业发展走在全省前列，并且市场需求很大，投资机会很多，是各方关注的“风口”。

（5）创建潍坊模式是人民的期盼和历史担当。潍坊有近 1000 万人，至少 800 万人处在亚健康，需要较多的医疗和养老服务。随着时代进步和经济发展，人民群众对政府、社会提供的相关服务有了更高的期待。因此，政府和行业机构有责任、有义务去创新实践，去建设高水平的医养健康综合服务体系。

3. 打造健康指数和智慧养老示范城市的五大策略

（1）学政策。跟踪分析和学习运用国家、省、市各级政府出台的扶持政策，通过政策引领与产业培育，补齐乡村振兴、医养健康的短板，塑造潍坊市经济发展和乡村振兴的新动能，新优势和新动态，用实践创新解答习总书记对“潍坊模式”的关注。

（2）找市场。研究全球趋势、国内需求、市场规则、各方利益和项目模式，统筹国内、国际市场，本地和外地市场，突出区域优势，因地制宜，差异化聚集，高质量，城乡融合、产城融合，均衡发展。

（3）聚资源。树立世界眼光、国际标准，找好海外和国内两类标杆，提升重塑“健康潍坊研究院”，解读产业扶持和人才引进政策，加大财政预算和资金筹措，鼓励研发与成果转化，实行土地指标倾斜等，全面推进医养健康和智慧养老项目落地。

（4）构链条。围绕健康城市的打造，开展潍坊居民健康指数与标准化体系设计和现状调研，开展前瞻性课题研究。定期评估和优化医养健康信息链、拉长产业链、增厚价值链、夯实创新链、丰富供应链，重塑利益链，通过“五链重构”，激发调动各种资源与力量，推进各项目标的全面实现。

（5）创模式。建设全市智慧医养健康管理服务大数据平台，探索智慧养老一体化运营机制。运用互联网 +、大数据、人工智能、机器人等技术和工具，统筹居家、社区、机构三维交融的养老模式，探索组合养老，候鸟式、搭伙式、创业式、平台式养老新业态，抓好示范试点，重点抓好争创国家级健康指数示范城市，抓好一百个示范县乡村（街道），抓好一百个示范项目建设，抓好一百个示范企业，抓好一百个示范人才培育。通过试点先行，“五个一”示范，以点带面，由面及线成网络，构建潍坊市智慧养老和医养健康大格局、大体系、大平台，进而创建国内一流、行业引领的医养健康“潍坊模式”。

4. 各地区智慧养老生态圈构建和产业平台设想

基于智慧养老的论坛话题，提出构建智慧养老云平台和产业协同生态圈，即利用云计算、物联网、大数据打造基于 SaaS 等模式的智慧养老云服务平台和服务体系，融合带动智能硬件、健康数据服务、电子商务等相关产业链，形成系统发展的养老产业生态圈。

建议潍坊市先行先试，推动和探索政府引导、市场主导、企业和社会各方参与的智慧养老产业生态圈和服务平台。以全市和各县市区为载体，构建三大模块和产业环节：

（1）智能硬件制造。培育智能养老装备产业，如可穿戴设备、健康监测和监护设备等。

（2）管理信息系统。构建智慧养老大数据中心，对接各医疗养老资源和平台。

（3）平台运营服务。整合政府和社会资源要素，对老人提供安全看护、健康管理、生活照料、休闲娱乐、亲情关爱等全方位、一站式服务保障。

通过智慧养老生态圈的培育和打造，拉长本地区医养健康产业链，优化优势产业价值链，提升特色产业的聚集能力，建成各级政府引导、企业主办、智库机构辅导，各方参与，共建共享，以“增链、强链、补链”为重点，典型示范，由点及线，由线及面、点线面结合的智慧养老生态圈、医养健康耦合网络，进而辐射带动全省、全国，逐步融入一带一路沿线国家和重点地区；以智慧养老为纽带，以大数据和科技为驱动，尽快将潍坊市打造成国家级健康指数和智慧养老示范城市。

3.8　论儒商精神

编者按：本文是国家发展改革委农经司原司长高俊才在企业家精神论坛的访谈和演讲。

主持人：您认为企业家应该具备什么样的精神、气度和战略？

高俊才：我认为企业家应该具备儒商精神、恢宏气度和双赢战略，实际上恢宏气度和双赢战略也属于儒商精神。

主持人：高先生，请您谈谈儒商精神的内涵。

高俊才：根据中国优秀传统文化的理念，儒商精神就是“士魂商才，以义取利，以利济世，义利合一”。牟“利”的基础是“义”，是利他与利己的统一；经商所谋取的利益，要主要用于解决他人和社会的问题。这样做，才能赢得客户的心，才能得到政府的支持，义利二者互相联系、互相促进、良性循环，事业才能越做越大。日本现代商业之父涩泽荣一的成功妙诀是“一手拿论语，一手拿算盘”，论语代表“道”，算盘代表“术”，道术结合，知行合一，方能成功。阿里巴巴马云在多次演讲中谈到儒释道精神，他讲的意思总结起来就是，从儒家学到了经营之道，从道家学到了决策之术，从佛家学到了养心之道。万达集团王健林主持研究确定企业核心价值观，公司高管投票，结果“诚信”二字得票率最高，“诚信”也是儒商的核心理念。这次会上，北京新发地董事长张玉玺在上午的发言中讲“小胜靠智、大胜靠德、常胜靠良心”，这也是儒商精神。北京新发地农产品批发市场成立于 1988 年 5 月，依托 15 万资金、15 人团队、15 亩土地创业至今，2016 年新发地市场农产品年交易量 1550 万吨，交易额 722 亿元，这两项指标都稳居同类市场全国第一，价格指数成为引领中国农产品市场价格的风向标和晴雨表，树立了我国农产品流通中心地位和国际形象。

主持人：您讲的企业家恢宏气度，含义是什么？

高俊才：关于恢宏气度，我认为至少包括两层含义：一是做人要大气，二是要有大格局。做人大气就是大度能容，用人之长，容人之短。能用多少人的长处，就能调动多少人的积极性；能容多少人的短处，就能领导多少人。刘邦能用张良、韩信、萧何等人之长，方能以弱胜强，建立汉朝基业；刘备能用诸葛亮、关云长、张翼德、赵子龙之长，方能屡克劲敌，建立蜀汉；楚庄王在“绝缨宴”上容忍唐狡之过，7年后楚庄王率军伐郑，唐狡主动率部下拼力死战，报7年前不究之恩，楚庄王得知后大为感叹，重赏唐狡。所谓有大格局，就是要在关注天下大事（势）的前提下，谋划当下具体事。“不虑全局者不足以谋一地，不虑长远者不足以谋一时”。“世界大势，浩浩荡荡，顺之者昌，逆之者亡”。中国崛起是当今世界的重要大势，从全面小康到实现现代化，要实施一系列战略，包括会上专家解读的“一带一路”战略、“乡村振兴”战略等十九大提出的战略。企业的经营战略要主动和国家战略对接。

主持人：现在很多人讲双赢战略，请您谈谈看法。

高俊才：关于双赢、多赢理念，在当今世界具有普适意义，可从多个角度了解，今天我从两个角度谈谈含义：一是主体与客体的双赢，二是主体本身精神与物质的双赢。先谈主体与客体的双赢。儒家思想最重要的核心理念是“仁”，“仁”在《论语》中出现100多次，“仁”字从右往左读是“二人”，一人是主体，另一人就是客体，“仁”就代表主体与客体的统一和双赢，双赢战略也是儒商精神，要大力提倡。再谈主体本身精神与物质的双赢。十九大提出了“美好生活”的重要概念，“美”与“好”可以分开理解，“美”侧重于外在形象，“好”侧重于内在感觉。外在形象需要一定的物质财富，而内在感觉则更多需要精神要素。物质与精神，二者互相依赖、互相转变，“物质变精神、精神变物质”，二者并重才能实现精神与物质的双赢，才能使生活更加美好、持久美好。

主持人：刚才一个企业家谈到爱护土地，要像对待人一样对待土地，你如何评价？

高俊才：我认为这是一种爱心。爱心，几乎是所有伟大思想、伟大精神的最大公约数。无论从事什么职业，都要有爱心。有爱心才有责任心，有责任心才有可能把事情做好。爱的范围越大，人的境界越高，越能发挥人的潜能，越能成就大事业。

主持人：刚才一个企业家谈到，创业之初把房子变卖了作为资本金，艰苦创业，你如何评价？

高俊才：我认为这个企业家当时变卖房子是为了实现他心中的理想。理想的力量是无穷的。青年时代的毛泽东，把二弟、三弟带出来参加革命，将家里土地全部无偿送给无地和少地的乡亲们种，把别人家向他家借款、借粮的借条全部烧掉，兄弟三人义无反顾地参加革命，这就是为了伟大的革命理想。无论什么人、什么时候，都要有理想，要把理想和现实结合起来，找到二者的结合点和平衡点。

主持人：刚才一个企业家谈到创新精神和厚德载物，请您谈谈看法。

高俊才：创新是国家提出的五大发展理念之首，无论什么时候、什么企业、什么人，都要有创新精神，既不能“守株待兔”，也不能“刻舟求剑”。但创新是方法，不是目的，不能为了创新而创新，要在确立正确目标的前提下创新。“厚德载物”出自《易经》，从企业家的角度讲，至少包括两层含义：一是有社会责任感并付诸行为的企业家，能得到社会和政府的认可和支持，有可能把企业做大做好；二是把企业做大做好以后，品牌得到人们的广泛认可，能把企业做久，做成百年老店。

主持人：刚才一个企业家谈到，他不用化肥和农药种植的有机蔬菜，价格高了卖不出去，价格低了亏损，他问如何教育消费者多买有机蔬菜，请您谈谈看法。

高俊才：这个企业家的动机是好的，想更多地生产有机食品，提高人们的健康水平和保护生态环境，但是，想通过教育来改变消费者的想法，恐怕难以很快奏效。教育引导消费者是必要的，但应以适应消费者为主，世界上大部分事情，都应以主观适应客观为主，主动改变自己的想法和做法，适应他人比改变他人更重要、更现实。大多消费者之所以不愿意买有机蔬菜，其原因，一是心理因素，对有机蔬菜的质量有怀疑，不确定是不是真正的有机蔬菜，或者不认可有机蔬菜的保健价值；二是经济原因，不愿意花高价买有机蔬菜。当然有机蔬菜也有相应的高端消费群体，这个群体的数量在逐步增加，企业家应该进行市场预测。当前有机、绿色、无公害三类食品的结构，在数量上还是以无公害为主，其次是绿色，有机食品占比很小。化肥和农药，应该逐步减量，但不可能都不用。如果绝对不用必将影响总产量，不能满足市场需求。从总体上说，要处理好多元关系，尤其是处理好质量和数量的关系，渐进式优化食品结构，求得生产者与消费者的双赢。

第4章　品牌文化

品牌建设和企业文化是企业管理的重要内容，也是凝聚企业员工，聚集优势资源，创新发展模式，提升行业影响力，实现预期管理目标的支撑。

党的十九大报告指出：文化是一个国家、一个民族的灵魂。文化兴、国运兴，文化强，民族强。没有高度的文化自信，就没有文化的繁荣兴盛，就没有中华民族的伟大复兴。

品牌是给拥有者带来溢价、产生增值的无形的资产，其载体是用以和其他竞争者的产品或劳务相区分的名称、术语、象征、记号或者设计及其组合，增值的源泉来自消费者心智中形成的关于其载体的印象。品牌是有温度和加速度的，它有内化、外化和耦合三种力量。

4.1　让品牌保持温度和加速度：构建数字时代的品牌 4.0

今天，大家共聚人民大会堂，召开经济日报和中国企业报等组织的 2019 经济发展质量变革政策咨询研讨会，组织品牌战略与高质量发展论证，很有意义。这里，重点讲五个方面：

1. 品牌是较高形式的竞争

（1）品牌新内涵

品牌这个词自诞生以来，世界组织、政府机构、经济领域、企业家、投资人和专家学者都对品牌的内涵与外延有着各自的解读和研究，国外知名机构也发布了品牌排名与估值报告，开展了相关研讨。作者的博士毕业论文就是关于品牌方面的研究。尽管品牌相关研究和社会实践很多，但是，从无定论和标准答案。

2014 年，习近平总书记提出“推动中国制造向中国创造转变、中国速度向中国质量转变、中国产品向中国品牌转变”为我国的品牌建设指明了方向，也为我国加大品牌建设提出了新的要求与目标。

在新时代，大数据、全球化和开放共享成为新势力，给品牌赋予了更多的能量与潜力。未来的品牌，包括城市品牌、企业品牌、产品品牌等，它不单是一个 LOGO，一个名字，无形资产，它更是一种文化，一把尺子，一种新动能，是一个国家、企业、行业和社会的基因与普遍的价值观，它不只是物化的，它应该是有温度的，有价值导向的，有人文情怀的，它需要数字经济的支撑和引导，需要国家政策的驱动，需要融入消费文化和国家、民族的精神，它必须与世界文明、中华文明有机融合！

基于国内外研究和综合分析，可以将品牌新内涵用公式直观表达：

品牌新内涵＝无形资产＋文化＋新动能＋价值认同＋温度＋中华文明的传播载体。

（2）品牌可衡量

中国的长城、埃及金字塔、美国苹果公司、中国华为手机等，都是品牌。这些知名品牌或产品化的实物，具有共同的特征：品牌是无形资产，也是文化与价值的体现，它通过科技推动，数字经济，以商品、形象、要素或口碑等形式显示，可衡量和量化。比如全球知名品牌咨询公司 Brand Finance 发布《2018 年世界最有价值品牌排行榜》。位列前 10 名的有苹果、谷歌、三星、Facebook、AT&T、微软、Verizon、沃尔玛、中国工商银行。我国只有工商银行进入了前 10。

（3）品牌是较高层次的竞争

一个国家、城市、行业或企业的发展一般经历从产品、营销、到服务，再到品牌与标准的发展阶段，其中，品牌是较高层次的竞争和发展阶段。从市场和客户口碑看，美国耐克、苹果，我国华为、格力等企业，凭借过硬的产品质量、良好企业品牌形成了巨大的商品力和营销力，聚集了海量客户与利润就是很好的案例。在数字经济时代，从某种程度上说，品牌就是竞争力，品牌就是软实力，品牌就是客户黏性和盈利能力。

2. 品牌有适合的温度

（1）品牌是综合体

品牌的本质是什么？不同的人有很多的解读。一般来说，品牌是视觉形象，是实体产品，是口碑传递，是价值认同，也是消费认同与综合体。

（2）品牌有温度

品牌不只是一个物件或者名词，它不是冷冰冰的，它有情感和实现的载体，并且向第三方彰显了热情、温馨、正能量与客户获得感、安全感。如华为就代表了高科技、自我创新和包容等特性。海尔代表了温馨宜居、值得信赖和超一流的专业服务。

（3）品牌的温度要有效控制和调解

品牌需要投资，品牌推广有规律和天花板，也有风险、调控和引导。品牌规划、策划、外化、内化和耦合等有内在规律和风险模型，需要进行必要的管控与风险规避。涉嫌违法和违反道德底线的品牌迟早会失败。例如，以传销、诈骗为目的的虚拟币就是一种伪品牌，目前已被国家主管部门列入黑名单。

3. 品牌是高质量发展的新动能

（1）品牌是一种动力

国家、城市和企业发展不光靠土地、资金、技术或者人才的要素投资，更是溢价和驱动力。好的品牌就是一个符号、一种传说和信用，也是招商引资和项目合作的背书，打造品牌 4.0 是未来社会各界努力的目标与行业趋势。

（2）品牌是新动能

当前，国家部委、地方政府积极推动产业转型，大力培育新产业、新模式。品牌就是新动能，就是新的生产力和优势资源。

（3）品牌是文化

新时代，品牌超越了产品和服务本身，它是文化和价值导向，是国家政策和正能量，它体现了社会责任，需要培育和科技赋能。

（4）品牌是奋斗出来的

打造一个品牌很难，品牌不会一夜成名，更不会无中生有。品牌需要从形象，到载体，到基因融合与产品策划，需要各级政府、企业等共同参与，一步一个脚印，需要融入社会组织、每个人的骨髓，需要撸起袖子，真抓实干。

4．品牌的三种力量

（1）品牌的力量模型

从国内外的案例和趋势看，要培养品牌的三种力量：外化力、内化力和耦合力（融合力），特别要探索和培育品牌内在行动，以及跨空间、跨行业、跨国别的耦合与融合能力。

（2）品牌的外化

针对国家、城市、行业和企业品牌建设目标，确立品牌的 LOGO 和产品、服务等外在形象，不断策划、超越与提升。

（3）品牌的内化

将品牌内涵、价值观等内化到各个组织、每个环节、每个员工，形成共同的行动和规范。

（4）品牌的耦合

从外化、内化和第三维的角度，进行品牌耦合、链接与无缝对接，推动各要素融合，形成强大的品牌力和外溢效应。

5．保持品牌温度和加速度

（1）品牌的开放之路

品牌是世界各国交流的语言。要以品牌为媒介，推动国家、城市、产业和企业之间的合作，实现开放与包容。要主动融入区域一体化、一带一路和全球化战略，积极打造行业、区域、平台、要素和国家开放的强势品牌，以品牌推动对外开放，以品牌化解文化差异，以品牌连接全球用户和消费者。

（2）保持品牌的温度

品牌要经历培育、维护和优化等阶段，才能化蛹成蝶。它需要知名度和价值认同，也需要持续的温度和信息传递，包括政策的、文化的、情怀的、价值的，品质的，并且要与新时代匹配，不断引领和超越。

（3）打造品牌加速度

品牌要有规划与行动计划，品牌需要持续优化、提升与丰富，并且要对标国际标准，研究行业标杆，学会换道超车，敢于提速突破，并且要形成强大的加速度、带动力、营销力和吸引力，以品牌推动高质量发展，以加速度保持行业领先，以加速度形成战略优势和竞争力，以加速度扩大对外开放，以品牌价值管理达到事业辉煌的彼岸。

4.2　企业流程再造与优化

企业流程是把一个或多个输入转化为对顾客有用的输出的活动。流程管理是企业信息化管理系统中一个不可缺少的模块，它是用来定义和控制数据操作规程的基本过程，主要管理当用户对数据进行操作规程时人与人之间或活动与活动之间的数据流向，以及在一个项目的生命周期内跟踪所有事务和数据的活动。

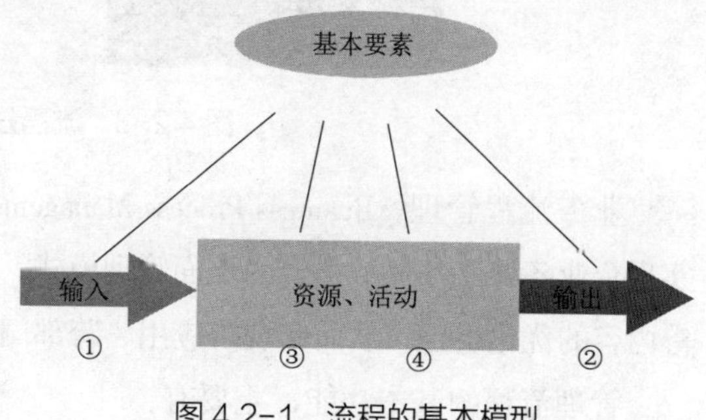

图 4.2-1　流程的基本模型

管理流程指企业为了控制风险，降低成本，提高服务质量、工作效率以及对市场的反应速度，提高顾客满意度和企业市场竞争力，进而达到利润最大化，并提高企业经营效益的目标（图 4.2–1）。

企业流程构成和扩展模型，如图 4.2–2 所示。

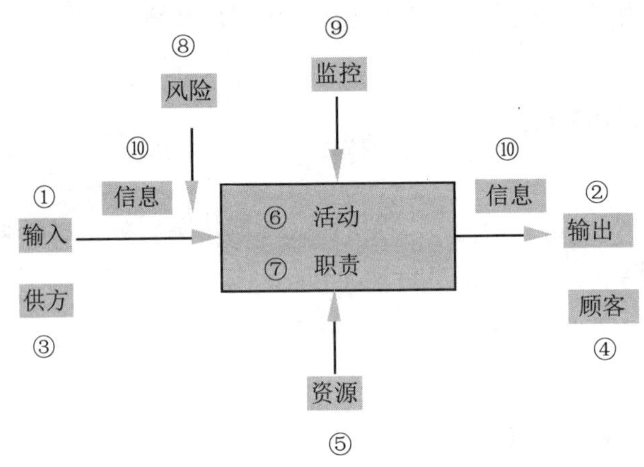

图 4.2–2　流程的扩展模型

各类企业和银行的流程体系，可以分为整体流程、跳线流程、管理流程和操作流程等不同层级，具体如图 4.2–3 所示。

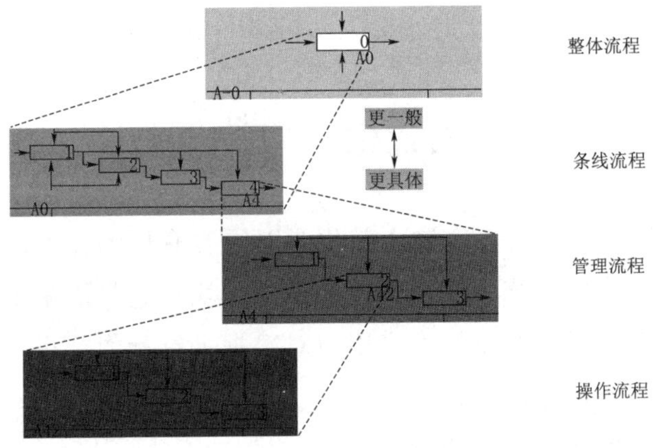

图 4.2–3　流程分层模型

业务流程管理（Business Process Management，简称 BPM），也叫操作流程，是实现企业各种业务环节整合的全面管理模式。它涵盖了人员、设备、桌面应用系统等内容的优化组合，从而实现跨应用、跨部门、跨合作伙伴与客户的企业运作。

管理流程的基本功能，主要有：

（1）定义流程。用户自定义流程类型以满足企业发展的需求；

（2）设计流程。用户使用工具方便简单的设计工作流程图；

（3）定义规则。用户在流程中触发执行自定义的脚本，完成特定的业务工作；

（4）分配任务。用户分配特定的工作任务，包括系统中的工作任务，如登入、登出、归档等；

（5）分配人员。在每个工作点分配人员。管理者把工作委托给其他人，也可以在运行时确定人员；

（6）启动工作。选择要处理的工程图纸或文档，启动工作流处理后继工作；

（7）接收流程。接收本人要处理的流程；

（8）执行任务。利用流程信箱接收和发送流程，执行分配给自己的任务；

（9）发送流程。将流程发送到下个节点；

（10）跟踪流程。流程图节点以不同的颜色表示当前运行情况；

（11）监控流程。流程的管理者可以及时掌握流程的情况。可以查看过期任务、解决流程运行中出现的问题。

吴维海 2007 年参与民生银行总行委托的“流程银行再造事业部改革咨询项目”，对银行流程体系提出了模块化改革的思路，并发表在《上海金融》等杂志上。以下是吴维海进行的银行管理流程、业务流程和支持流程的分析诊断思路（图 4.2–4）。

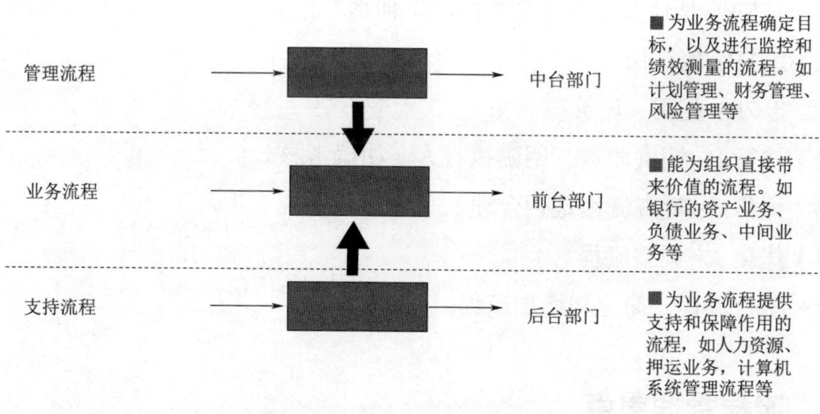

图 4.2–4　银行流程分析

流程优化和持续改革，是企业管理变革的重要内容。以下是 2014 年吴维海对四川省地方政府和企业组织的流程培训讲座摘要。

1. 流程管理

流程管理的定义和诊断是重要的管理工作。

流程管理的基本特征，体现在：

（1）鼓励横向水平的部门参与；

（2）集中注意在客户和市场方面；

（3）重视跨部门的信息流分析；

（4）注重客户的衡量指标优化；

（5）提出工作绩效和服务质量。

流程主要是通过符号以及简洁的文字把活动描述出来。流程图中的文字尽可能简练、准确，一般用 2 ~ 5 个字描述，尽可能不超过 10 个字，需要详细描述的内容可在文件中的文字描述。

2. 流程管理理论

示例：PDCA 理论。

（1）确定计划 P：用 5W–1H–2R 模式设计计划

① 5W：是什么？为什么？何时？何地？何人？

② 1H：怎么做？

③ 2R：监测、评价。

（2）执行 D：明确职责、明确执行人、明确考核。

（3）评估 C：检查流程是否合理。

（4）优化 A：调整流程。

合并整合流程，简化和增加流程。

3. 流程管理重点

问题诊断是流程管理的重点，如绩效流程诊断。举例说明，某企业没有书面的绩效考核体系，采取大锅饭分配模式——干多干少一个样。关键流程也没有设置考核指标；流程考核指标的缺失导致流程执行的困难，使得流程形同虚设，没有真正落地。

4. 流程规划

对于政府、企业等的流程体系进行设计和规划，确立流程架构和流程层级，以及流程管理操作办法等。

5. 流程梳理

流程梳理是流程管理的重要环节。经过流程梳理，更加明确流程管理现状、问题和改进的方向，为下一步的流程优化提供依据。

以银行信贷业务的梳理示例，如图 4.2–5 所示。

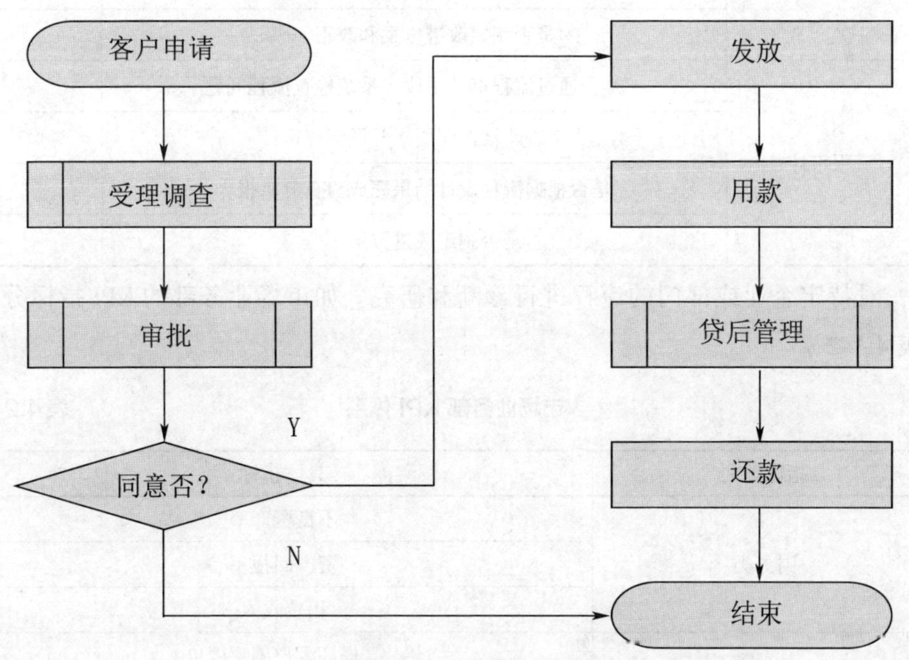

图 4.2–5　流程检查分析现状监测

如表 4.2–1 所示，为企业流程诊断与稽核表。

企业流程诊断与稽核 表 4.2-1

检测内容	检测标准	是否完成
流程稽核	流程稽核的对象是否为成熟度较高的重要流程	是 / 否
流程稽核	流程稽核前，稽核人员是否正确理解了流程目标	
	流程稽核方法是否适合，并设计合理的稽核路线和计划	
	是否按时提交稽核报告，做好改进工作……	
流程绩效评估	流程绩效评估前，是否正确理解了绩效评估的目标	
	是否按照要求设定集促销评估的关键绩效指标	
	绩效评估方法是否合理，评估评估过程是否细致公正	
	是否对绩效评估的结果分析，并改进流程改善方案	
客户满意度评估	手机客户满意度方法是否正确，信息是否真实、完整	
	是否对收集的信息正确分类处理	
	是否对满意度分析，对重要问题排序	
	是否制定改进方案和改正……	
流程审计	是否通过流程审计手段，系统检查流程问题	
	是否严格按照要求开展流程审计	
	是否根据流程设计结果完成检查分析报告	
	是否制定改进方案……	

对特定企业或部门的流程进行诊断和研究。如市场业务部的 KPI 指标分析（表 4.2-2）。

市场业务部 KPI 体系 表 4.2-2

指标类别	具体指标
财务类	不良资产率
	资产回报率
	租赁收入
客户类	提高客户满意度
	提高合作伙伴满意度
	渠道建设的及时性、有效性

续表

指标类别	具体指标
内部流程类	项目服务流程的及时性、有效性
	业务规划的及时性、有效性
学习与成长类	—

对特定企业的市场部关键流程进行梳理和分析（图 4.2–6）。

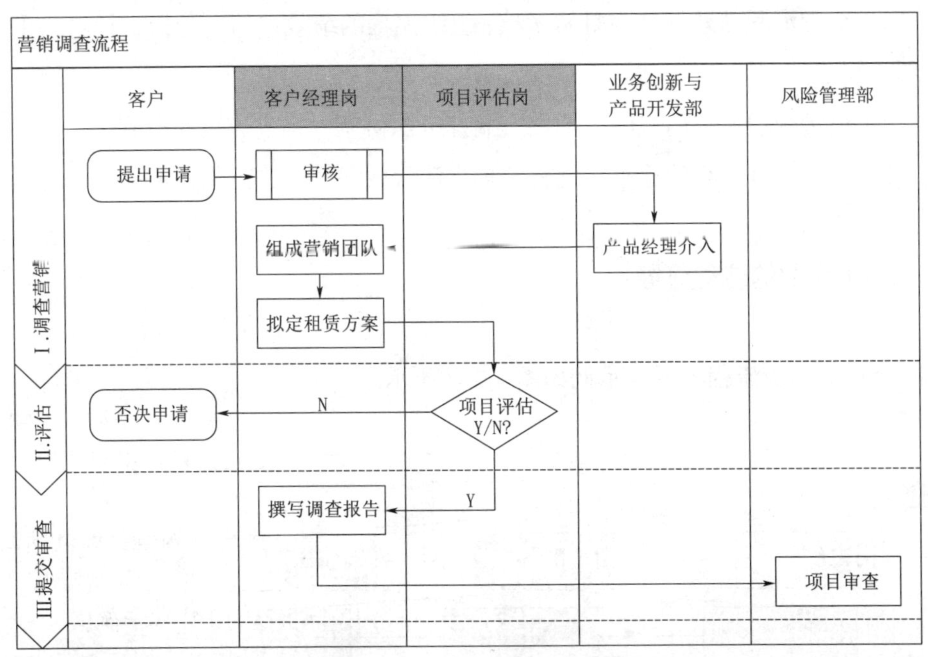

图 4.2–6　市场部关键流程

6. 流程固化

（1）流程固化的目标

清晰界定流程岗位。

明确流程管理责任，并将其制度化。

通过流程固化，让员工明白工作内容与工作标准，促使员工高效地完成流程管理工作。

（2）流程所有者的工作职责

1）统筹负责流程设计，确保流程的方法正确。

2）负责已确定流程的试行推广，确保流程执行彻底、到位。

3）负责流程绩效评估与日常考核：组织流程的绩效评估、分析，针对结果及时纠正缺陷。

4）负责处理跨部门之间的冲突，搞好资源协调，推进流程执行到位。

5）负责现有流程的检查与优化，提高流程效率，改进工作协调等。

（3）企业的流程分级

企业的四级流程分层，示例如图 4.2–7 所示。

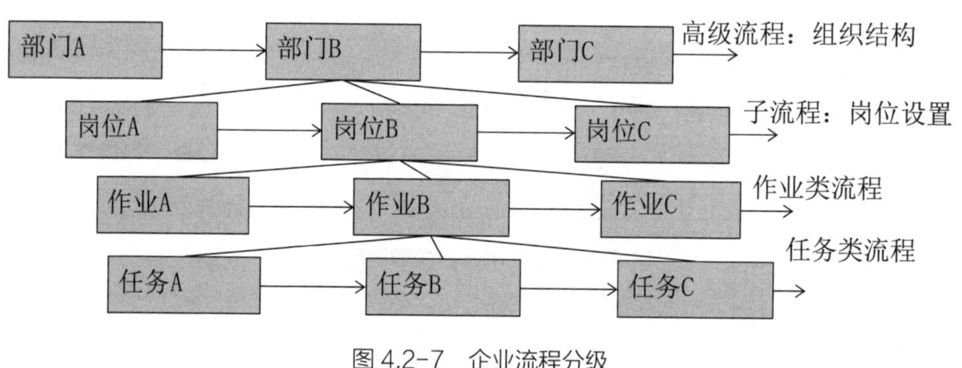

图 4.2–7　企业流程分级

7. 流程资源协调

流程资源协调是对流程运作的优势资源，包括人力资源、原材料、生产设备、生产工具、专业人才等进行合理的统筹管理，减少不必要的混乱和停滞，保持流程运作的流畅。

8. 流程执行

任何管理工作都需要依靠执行过程才能实现目标。流程管理需要通过执行过程将流程规划的想法转化为具体的行动，将目标转化为成果，将决策转化为实际的效益。

ESIA 法：eliminate、simply、integrate、automate 的缩写，即消除、简化、整合、自动化。

设计适应市场需求的生产经营新模式，提高企业应变能力。

加强生产部与业务部等互动、联系，生产系统提前介入业务谈判和客户需求。

重新设计生产流程与决策流程。

9. 检查分析

（1）流程稽核的步骤

①明确流程稽核的目的与方式；②确定流程稽核的关键点与分工；③确定流程稽核的方法，即访谈、现场观察、查找资料等；④设计流程稽核路线、计划和安排，即流程记录与观点等；⑤开展流程稽核；⑥撰写并修订流程稽核报告；⑦流程问题整改与提升等。

（2）撰写流程检查报告关注的要点

1）报告底稿要规范。

2）审核报告要有审核。

3）对检查情况沟通。

10. 持续改善

随着企业内外部环境的变化，流程的规划、梳理和优化是持续的规程，必须持续不断地改善。

11. 信息系统

建立企业流程管理信息系统和业务处理管理体系。示例如图 4.2–8 所示。

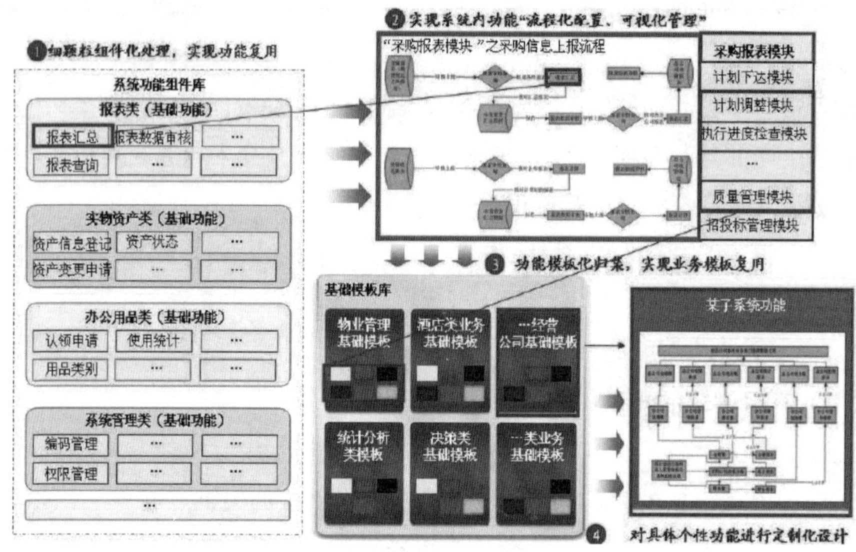

图 4.2–8　企业流程管理信息系统和业务处理管理体系

4.3　品牌内化概念模型

服务品牌内化是金融企业品牌建设的核心内容，它决定了企业市场竞争力。建立强有力的激励机制是服务品牌内化的基础保障。企业高管在服务品牌内化过程中发挥着核心的领导作用，建立高管激励与惩戒出局约束机制是确保金融企业股东利益和服务品牌内化成效的关键。本文概括了中国金融企业当前在服务品牌内化过程中存在的四个主要问题，实证分析了高管在品牌激励中的显著作用，提出了服务品牌内化概念模型，阐述了模型各变量间的关系。并就如何建立以品牌激励为核心的金融企业高管激励与惩戒出局约束机制，从系统工程运用、信息沟通反馈、品牌价值链的流程式部门设置、流程变革、惩戒出局、高管考核、品牌价值激励、中国情境等方面进行了分别阐述。

当今世界，金融企业之间的竞争已经从质量竞争进入品牌竞争阶段。品牌成为人们对金融企业识别并产生信任的主要途径。实践证明，哪家银行品牌度强，它就能创造高附加值，进而主导市场，赢得消费者。品牌关系金融企业的市场空间，影响其参与市场竞争的利益分配。品牌战略已经成为卓越金融家的共识，成为中国金融企业增强核心竞争力，提高国际市场竞争能力的基本保障。

实践证明，品牌战略实施需从服务品牌内化抓起。服务品牌内化关键在于高级管理人员。因此，建立高管人员的品牌激励机制，成为金融企业塑造品牌形象，提高经营效益的关键。

1. 中国金融企业品牌内化存在的问题

我国金融企业服务品牌内化存在的问题，主要有：

（1）起步晚，知名品牌少

服务品牌内化是服务品牌建设的核心。与西方品牌相比，我国金融企业起步较晚，世界级品牌少，品牌价值相对低，强势品牌和盈利能力强的金融企业不多。

豪富和（2007 年）对我国银行品牌建设研究提出"三阶段"观点。他又认为，我国现代银行业品牌建设大致经历了三个阶段：沉默期、觉醒期和快速发展期。20 世纪 80 年代银行业主要以工、农、中、建四大行为主，品牌意识非常淡漠；90 年代中期开始现代商业银行改革后，银行的服务品种不断增加，开始有了品牌概念。进入 21 世纪后，随着经济的快速发展和金融业开放，股份制银行和外资银行加入金融市场竞争中，整个银行业的品牌意识开始增强，但整体水平较发达国家仍有较大差距。

（2）思想认识不到位，存在模糊和偏差

目前中国多数金融企业品牌战略不明确，重视法人品牌，轻视产品品牌。法

人品牌缺乏核心价值，品牌宣传和价值诉求缺乏核心。许多金融企业不能有效区分服务品牌建设内化与外化的关系，尚未建立服务品牌内化体系，品牌激励手段困乏，整体建设水平落后。

（3）品牌管理缺乏系统性支撑

银行形象品牌与产品品牌存在脱节，品牌之间相互干扰，重复营销、交叉营销和品牌管理混乱等问题普遍存在，导致客户对银行形象品牌认可度降低。

（4）品牌推广缺乏统一规划，各自推销品牌现象时有发生

从新闻媒体反馈看，部分金融企业品牌承诺与实际执行存在巨大反差。如某银行推出贵宾服务，承诺提供理财、秘书服务、专享通道等，但实际执行中降低门槛，招揽客户。同时，银行内部准备不充分，没有足够的理财师为客户提供定制化服务，不能使客户得到贵宾客户的特殊服务，使得推出的高端品牌沦为了大众品牌，许多高端客户对此表示了失望与不信任。银行/保险公司等企业内部信贷、保险、理财、结算、银行卡等不同部门，分支行等相互之间争夺客户和业务的现象也时有发生，这在一定程度上损害了金融企业的品牌形象。

2. 高管激励对于服务品牌内化影响的实证结论

吴维海调查了北京、山东等地的银行、保险等企业，对上述问题的根源作了问卷调查，运用 SPSS13.0 计量工具，组织调查问卷，收回有效问卷 310 份。研究发现，问卷的各测量项目 Cronbach'salpha 大于 0.9，表明模型有较好的信度，数据可靠性强。对品牌领导、品牌识别、品牌激励、品牌承诺和品牌公民行为的 KMO 和 Bartlett 测试，结果显示，品牌公民行为 KMO 最大（为 0.931），品牌领导的 KMO 最小（为 0.857），KMO 结果表明，本文构建的品牌领导、品牌识别、品牌激励、品牌承诺和品牌公民行为等变量，均比较或非常适合因子分析。上述各变量巴特利特球体检验统计值的显著水平均（相伴概率）为 0.000（小于显著水

平 0.05），说明适合因子分析，可进行深入研究。

因子分析与实证研究发现，品牌领导、品牌识别、品牌激励、品牌承诺和品牌公民行为构成了品牌内化的主要变量。各变量相互之间存在相关性。分析结果可用如图 4.3-1 所示的“服务品牌内化概念模型”进行直观表述。

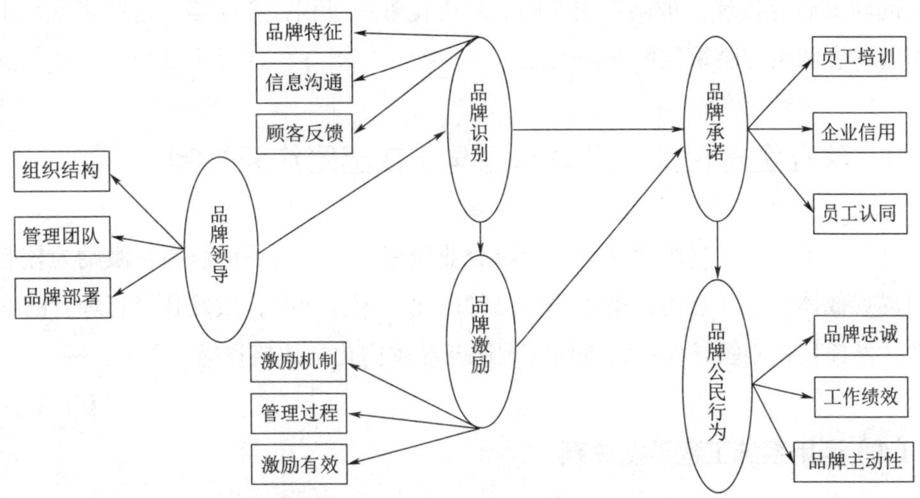

图 4.3-1　服务品牌内化概念模型

如图 4.3-1 所示的模型可以看出，品牌领导是服务品牌内化的重要变量，它通过品牌识别和品牌激励影响品牌承诺，进而影响品牌公民行为。品牌识别和品牌激励与品牌承诺存在相关性，品牌承诺影响着品牌公民行为，而这五个变量构成了服务品牌内化的概念模型。

概念模型的确定，为企业管理者直观地梳理和准确把握服务品牌内化各模块之间的关系，确定品牌管理的工作重心提供了基本的决策参考依据。

运用 SPSS13.0 进行统计分析发现，313 名被调查者对于本单位品牌激励评价均值均不高，其中：激励有效均值为 4.14（同意的数值为 4），激励机制为 4.04，管理过程为 3.96（低于同意的标准值 4），反映了品牌激励方面存在缺陷。

研究表明，被调查者中，女性对品牌激励的评价分值为 3.85 分，明显低于同意的分值 4，说明女性与男性员工相比，对所在单位品牌激励的认可度更低。

运用统计分析工具，对职位进行两种独立样本检验和 ANOVA 分析。研究发现，职位高低对于品牌激励有显著差异。其中，职位对于品牌激励的管理过程差异显著。该测量项 sig 为 0.081，F 值为 2.533，组间均方差为 2.194，组内均方差为 0.866。数据显示，一般员工、公司中层和高层对管理过程评价分值分别为：3.87、4.16 和 4.12（4 为同意的分值），表明企业高管与低级别员工相比，在品牌激励满意度、敏感性等方面更为强烈，高管可能更关注品牌价值对个人利益的影响。同时，研究发现，被调查企业的品牌内化管理过程存在缺陷。这些实证结果应引起学者和企业决策层的共同关注。

3. 建立金融企业的高管激励与惩戒出局约束机制

基于如上分析，吴维海认为，金融企业应建立如下所述的以高管激励为核心的出局惩戒体系，才能有效解决服务品牌内化的现实问题，激发高级管理者的积极性，发挥其核心领导作用，进而实现服务品牌内化的战略目标。

（1）运用系统工程平衡关系

服务品牌内化管理是一项系统工程，也是服务品牌建设的重要方面。同时，由于服务品牌内化涉及企业内、外部复杂多变的经营环境，服务品牌内化影响因素和测量指标也可能随着时间和行业环境变化而随时变化。

服务品牌建设是一项系统工程，包括服务品牌内化和外化两个子系统，两者共同组成服务品牌建设的整体。企业管理者应研究、运用系统工程理论，平衡内化于外化的关系，平衡企业高管与股东之间的利益，解决服务品牌内化管理中的现实问题。

企业应兼顾内化与外化协同，统筹考虑自身比较优势、内部流程、人力资源、企业文化、员工认同等内部因素，做好各方利益平衡，通过持续的品牌战略，建立有效激励相容体系，刺激和确保员工积极参与，通过员工参与行为，传递品牌价值，使客户感受到企业品牌承诺和服务价值，培育客户忠诚度，进而实现服务品牌内化的规范性和结构性。

服务品牌内化影响着服务品牌外化，服务品牌外化又制约了服务品牌内化，两者相辅相成，缺一不可。企业灵活运用系统工程理论，不断优化资源配置，协调各方关系，才能收到事半功倍的效果。

（2）建立信息反馈机制

“知彼知己，百战不殆”。金融企业员工对本单位工作满意度、薪酬激励等均不满意，这将影响服务品牌内化效果。企业外部顾客的意见或者抱怨，员工士气和情感等影响也对品牌内化管理至关重要。而这些信息的获得和识别，需要建立完善的信息传递与处理机制。最近网上披露的“银行排队难”和“许霆案件”根源在于相关银行内部信息通路不畅，也暴露了商业银行服务品牌内化管理存在缺陷。由于商业银行服务品牌内化管理的缺陷，导致员工行为与经营目标背离或产生偏差，银行责任人员服务意识不强，潜在缺陷未能有效预防（如自助取款机技术缺陷缺少有效预警），银行结算渠道不畅等。这些偏差由于缺少服务品牌内化的过程管理，长期未能发现或引起重视，导致“排队难”和“许霆案件”，从而影响了银行品牌形象。

为从根本上解决上述缺陷，金融企业应建立基于反馈系统基本原理（图 4.3–2）的信息前馈与反馈回路机制。通过设定服务品牌内化目标值 J，实施过程管理，产生输出结果 Y。输出结果 Y 回输到原输入端，经过一定的标准（比较器），与目标值 J 比较，得到偏差信号 U（如服务和品牌管理的缺陷等，U=J–Y），偏差信号 U 成为银行（或企业）下一轮服务品牌内化的输入值。前馈回路与反馈紧密耦合，构成服务品牌内化的前馈—反馈控制系统，增强抵抗服务品牌内化干扰因素的能力，提高服务系统稳定性，进而解决服务品牌管理中信息滞后等问题。

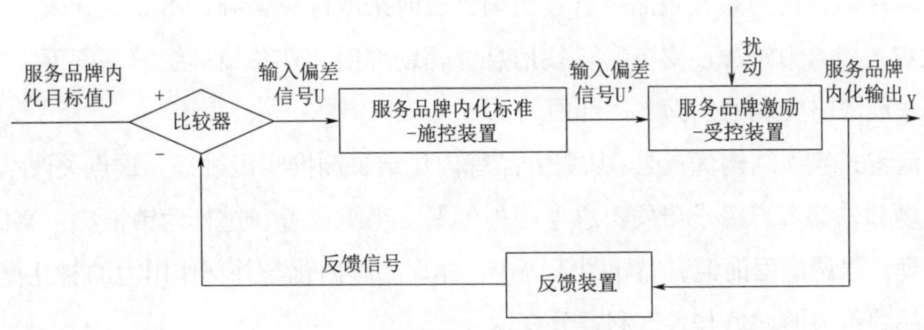

图 4.3-2　服务品牌内化信息前馈与反馈机制

建立信息前馈与反馈机制，及时纠正品牌内化各影响因素的偏差，建立品牌公关危机预警机制，跟踪排查可能的风险或漏洞，及时防范和弥补，确保服务品牌内化目标的实现。

（3）建立基于品牌价值链的流程式部门

为理顺管理体系，金融企业可构建基于品牌价值链的流程式部门架构（图 4.3–3）。

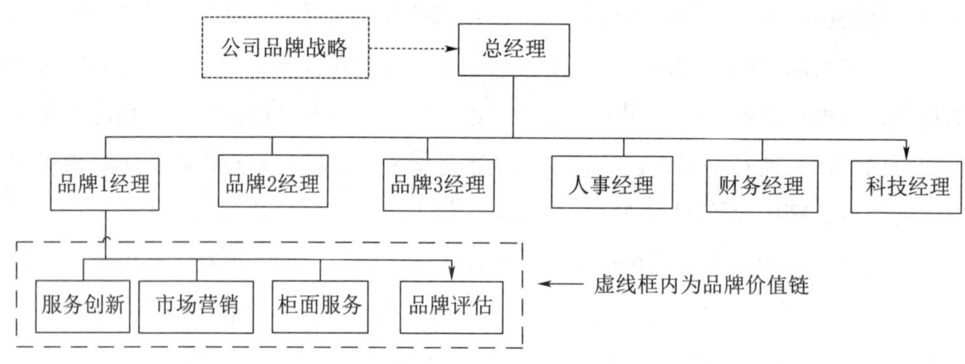

图 4.3-3　基于品牌价值链的流程式部门架构

如图 4.3–3 所示的流程式部门架构（以银行为例），体现了系统工程基本原理。这种部门结构中，总经理承担公司品牌发展战略实施，设立以各子品牌为核心的流程式部门和环节。各子品牌以其品牌经理为管理核心，集成各方面的资源，通过服务创新，建立适合客户需求的服务类别和产品组合，经过客户经理等市场营销和宣传推广，挖掘客户群体。通过优质服务实现品牌价值和增值服务的客户传递。在业务办理过程中和办理结束，应开展多方位的客户信息反馈（客户之声）和品牌评估，目的是发现品牌管理缺陷，及时采取优化措施，不断提升服务品牌内化水平。人力资源、财务、科技信息等辅助部门，在总经理统筹调度下，成为品牌发展战略实现的辅助支持部门。

流程式组织结构优点是：从服务品牌内化结果倒推实现过程，重点关注结果，从市场和外部客户需求出发，思考服务创新、组织设置，进行营销推广，突出品牌管理，强调流程简洁，倡导团队协作，体现品牌内化与外部作用力的相互促进，实现品牌价值的增值与各方利益分享。

4. 流程变革改善服务质量

服务品牌内化基于过程管理。业务流程、管理流程和决策支持流程等畅顺是实现服务品牌内化的基础。

上面提到的“银行排队难”和“许霆案件”等问题，从小的层面讲，暴露了案件（或服务质量）发生银行的信息渠道不畅。从大的层面讲，表明银行的业务流程、管理流程和决策流程等存在相互脱节的方面。银行部门隔离、职责重叠或缺失，资源不能得到有效整合，服务品牌战略实施存在障碍，在具体服务中则表现为客户排长队办理结算业务，以及自动取款机程序瘫痪等事故或现象。

为强化服务品牌的过程管理，改进部门协作和资源整合，发挥协同能力，银行或企业应借鉴本书的研究成果，遵循系统工程基本原理，以客户反馈等外部作用力为出发点，进行品牌战略规划，设计适合品牌战略的组织结构，进行人力资源和信息技术等要素配置与集成，构建“大成智慧（人—机—环境）”的服务品牌内化流程管理体系（图 4.3–4）。

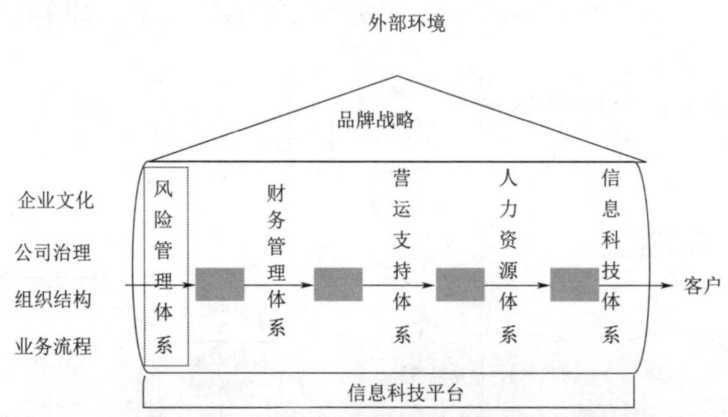

图 4.3-4　“大成智慧”的服务品牌内化流程管理体系

如图 4.3–4 所示中，横向水平贯通的连续箭头表示以业务流程为主线的客户价值传递。横向上，建立以客户增值为核心的业务流程，简化业务流程和服务环节，提高服务效率。纵向上，建立风险管理、财务管理、营运支持、人力资源和信息科技管理体系。

为确保横向和纵向相结合，以计算机智能和信息科技为核心，建立纵横融合的 IT 辅助支持平台，将其贯穿各个管理、业务流程当中，提高业务处理和决策质量，减少工作失误，规避各类风险和系统故障，减少或避免“银行排队难”等流程不畅现象。

为实现服务品牌内化目标，企业以外部环境为战略制定的基本依据，确立品牌战略。通过接受外部有效信息，确立品牌定位。围绕价值增值和客户服务中心，研究和梳理核心业务流程，相应建立流程式组织结构，完善以利益均衡为主的股东对高管层公司治理机制，倡导流程管理保证的，以强势品牌建设为目标的企业文化。通过资源整合，实现“人、机和环境”的“大成”，构建服务品牌内化集成体系，改善服务质量和效率，塑造强势品牌形象。

5. 建立惩戒出局约束机制

建立强势服务品牌，实现企业获利和股东（投资人）投资增值，是服务品牌内化的主要目标。建立惩戒出局的约束机制是确保品牌激励体系有效运行的保障。为此，建立以高管考核为目标的服务品牌内化出局惩戒约束机制，如图 4.3–5 所示。

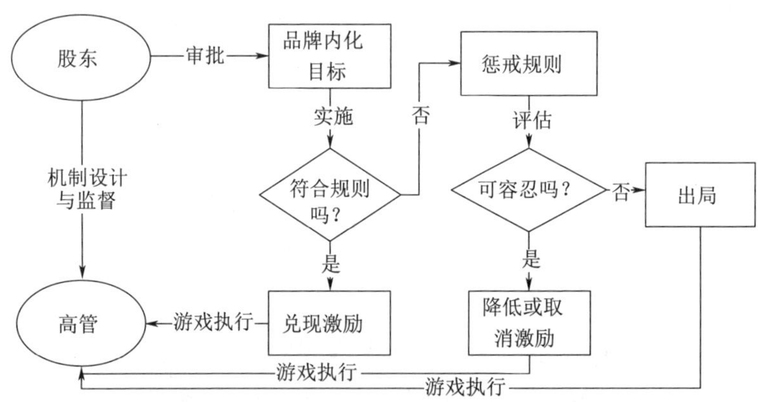

图 4.3–5　服务品牌内化出局惩戒约束机制

如图 4.3–5 所示的含义，如果银行或企业高管的行为符合激励机制，按照既定约束机制（游戏规则），兑现品牌激励；否则，根据容忍标准，启动惩戒约束机制，降低或取消品牌激励，或淘汰出局。

如果由于高管个人重大失误，使得公司品牌资产价值严重缩水，或品牌形象严重受损，企业股东或其他投资人将启动惩戒出局机制，按照规范的评估与执行程序，强制剥夺高管已有的品牌资产价值，并给予解聘等处罚，从而约束高管品牌参与和经营行为。

对于银行或企业一般员工的惩戒机制设计，可参照高管惩戒机制实施。股东或投资人可明确一定比例的品牌资产价值奖励额度，授权公司高管在既定的激励政策范围内，根据员工品牌贡献度等指标，确定个人品牌价值奖励额，并建立品牌资产价值兑现，以及惩戒出局游戏规则，将品牌资产价值作为虚拟的激励措施，与员工激励挂钩，融合到员工激励和品牌参与行为中。

6. 完善高管激励考核

惩戒出局重点在于正面引导，而不是惩罚。正面引导的核心是建立有效的高管激励机制。高管激励机制是惩戒出局约束规则的实施基础。企业高管（董事长、董事及总裁等核心层）处于服务品牌建设的核心，强化对其激励尤为重要。

激励机制设计必须满足参与约束和激励相容约束两个约束条件，在信息不完全对称的情况下，股东向管理层（代理人）支付的报酬取决于股东可观察的绩效（R），并且来自管理者（代理人）的参与约束和激励约束，即

预期绩效表达式可表示为：

$$R=f(P+I) \tag{4.3-1}$$

式中　R——预期绩效；

P——参与约束；

I——激励约束；

f——函数。

参与约束（P）指代理人从接受合同中得到的期望效用大于或等于不接受合同时的最大期望效用。企业高管（代理人）接受合同，通常存在放弃其他选择的机会成本。

激励约束（I）指代理人勤奋工作的效用不低于偷懒的效用。假定 a' 是委托人希望的行动，$a \in A$ 是代理人可选择的任何行动，那么，只有当代理人从选择 a' 中得到的期望效用大于从选择 a 中得到的期望效用时，代理人才会选择 a'。

获利（企业绩效）R' 是服务品牌内化的重要目标之一，它受行业政策、市场竞争和成本变动等因素影响。

企业绩效表达式

$$R' = \lambda_a + \upsilon_1 * X_1 + \upsilon_2 * X_2 + \upsilon_3 * X_3 + \theta \quad (4.3\text{-}2)$$

式中 R'——企业绩效；a——高管贡献产生的绩效；λ——高管贡献对绩效的影响系数；X_1、X_2、X_3——行业政策、市场竞争程度和成本变动因素；υ_1、υ_2、υ_3——行业政策、市场竞争程度和成本变动等对绩效的影响系数；θ——随机因素对效益的影响。式 4.3–2 可变换为：

高管努力的企业绩效影响程度表达式

$$\lambda_a = R' - (\upsilon_1 * \upsilon_1 + \upsilon_2 * X_2 + \upsilon_3 * X_3 + \theta) \quad (4.3\text{-}3)$$

式中 λ_a——高管努力对企业绩效的影响程度。

据此，设定股东对高管的激励合同为：

公式 2–4 股东对高管的激励合同表达式

$$S(a) = F + \beta(R' - \upsilon_1 * X_1 - \upsilon_2 * X_2 - \upsilon_3 * X_3 - \theta) = F + \beta * \lambda_a \quad (4.3\text{-}4)$$

式中 F——高管固定薪金；

β——高管分享绩效系数。

根据高管绩效确定考核和薪酬体系，可消除行业政策、竞争程度和成本变动等带来的绩效变动，体现高管在服务品牌内化中的贡献程度。

7. 试行品牌价值考核

品牌价值是衡量企业资产价值的重要指标之一，也是目前被大多数中国金融企业排除在薪酬考核体系外的重要指标。

为保持品牌长久的生命周期和较高的品牌价值，企业应转变经营理念，将品牌资产价值纳入高管薪酬激励。可采用 EVA（Economic Value Added，经济增加值）等计量工具，通过杜邦分析方法，将 EVA 指标在不同层级的员工之间分解，将品牌贡献、薪酬体系和个人收入紧密挂钩，建立完善的服务品牌内化品牌价值激励机制。要特别强调个人努力程度对品牌内化的绩效的作用，将其与品牌价值分享相结合，探索基于品牌价值分享的激励考核体系，可用公式简洁表示。

激励绩效表达式：

$$S'(a) = F + \beta(R' - \upsilon_1 * X_1 - \upsilon_2 * X_2 - \upsilon_3 * X_3 - \theta) + \gamma b \quad (4.3\text{-}5)$$

式中　$S'(a)$——调整的高管绩效（高管报酬）；

b——企业的品牌资产价值；

γ——分配给高管的品牌资产价值分成比例，也称品牌激励强度，$0 \leqslant \gamma \leqslant 1$。

γ 可表述如下：

品牌激励强度表达式

$$\gamma = P \times E \times \sum（每个员工心理目标潜能 * 目标激活程度） \quad (4.3\text{-}6)$$

式中　P——实现特定品牌目标的预期激励价值；

E——实现目标的预期概率。

为了切实发挥品牌资产价值的激励作用，企业可设定品牌激励的实施程序：股东大会聘请权威机构，进行品牌资产价值估值。股东或投资人根据当年品牌资产价值比上年度增加的幅度确定分享比例 γ（在 0 ~ 1 之间）。如果当年品牌资产价值低于上年，分享比例 γ 可核定为 0 或负值。品牌资产价值作为虚拟收益，暂时记入高管个人奖励名下，当年不兑现。企业确定兑现的时间和条件，在高管任期届满，或者经营业绩达到某种程度，可计算考核并兑现个人品牌资产价值奖励。如果高管在任期内品牌资产价值增长幅度达到或超过股东或投资人确立的目标，可给予较高比例的 γ 分享，并允许高管在特定条件下，套现获利。通过这种方法，将高管个人行为、长期激励与公司品牌战略紧密挂钩。

根据上述思路，可构建下面公式所示的包含品牌激励的员工薪酬体系（S）。

员工薪酬表达式：

$$S = F + Y + S + M + N + B - O \quad (4.3\text{-}7)$$

式中　S——员工薪酬；

F——固定工资；

Y——年度绩效；

S——特殊表彰奖励；

M——中长期激励计划；

N——非现金激励计划；

B——品牌价值激励；

O——出局惩戒。

通过实施出局惩戒约束机制，规范企业高管的经营行为，督促其按照公司品牌发展战略，主动优化组织结构，变革管理流程，完善品牌激励，强化品牌内化管理，全力提升品牌价值，塑造强势品牌，培养客户忠诚度，形成市场购买力，实现企业盈利，并使员工获得相应激励。

8. 注重中国情境研究

服务品牌内化概念模型实证研究表明，服务品牌内化有地域性和文化差异。

中国文化决定社会行为的主要因素不在于个体本身，而在个体之外的关系背景，人际关系所具有的压倒性影响力（即关系支配性）体现了儒家文化的社会行为模式，它与西方个人主义的行为模式构成对照（何友晖、彭泗清，1998年）。Hamilton（1989年）、Tse（1996年）等认为，中国消费者把品牌作为建立社会关系的一种工具，作为炫耀身份的一种象征。

纵观古今，中国是历史悠久的文明古国，中国东方文化倡导儒家文化。儒家思想孕育了中华民族礼让、友善、忠厚、质朴等优秀品质，其核心是仁与礼。“礼为先，和为贵”的儒家思想代表了崇尚社会成员间和谐的基本理念，它呼应了胡锦涛同志倡导的“和谐社会”核心思想。

鉴于中国传统文化的特殊性，服务品牌内化应体现中国情境，重点抓好以下方面：

（1）建立和谐发展的企业文化。使服务品牌内化的战略目标和措施得到员工的心理认同，并与个人价值观等协同一致。建立企业内部各层级相互宽容、相互支持、和谐发展的企业文化，提升人力资源管理的人性化，提升“软文化”对服务品牌建设的影响力。

（2）体现中国文化的公平与和谐等基本价值观。突出中国人文的“和谐”“仁爱”“公平”等理念，相对考虑团队成员的个人感受（爱好“面子”）以及部门内收入分配的相对公平，兼顾公平与效率，注重人际和谐和激励公平之间的平衡。注重考核的档次和方式，兼顾效率与公平。倡导团队协作精神，增加激励设计中团队绩效考核比重。完善考核机制，凸现品牌经理的核心价值，给予优秀的品牌经理以物质或精神激励。

（3）突出情感管理。遵循以人为本的原则，强化员工心理和行为研究，突出对企业高管和人力资源职能部门情感管理等“软指标”的实施、评估、考核与监控。突出中国特色，发挥国有企业等党团组织的战斗堡垒作用，强调领导干部和党团员的奉献精神，倡导新形势下的集体主义精神和社会责任。发挥工会等职工代言人的作用，激发员工的主人翁意识和责任心，促成员工品牌公民行为，高效传递企业品牌价值，获得客户信赖，从而形成强势品牌，实现企业盈利。

（4）运用非物质激励手段。立足中国国情，运用品牌绩效激励与情感交流、职位晋升、精神鼓励等物质和非物质激励相结合的手段，注重企业高管个人能力、领袖魅力和领导素质的培训与持续提高，确保科学配置和有效激励员工，使员工享受工作快乐和个人成就感，自觉投入服务品牌的建设当中。

基于中国人“爱面子”“重荣誉”等文化特征，对于那些违反机制设计规则，并给企业品牌建设带来较大负面影响的，可灵活运用惩戒出局规则，除了对其实施经济处罚，并解聘职务外，还应实施行业禁入等惩处，强令其不得再进入相关行业，以此引导和约束企业高管的品牌参与行为。

对于品牌管理成绩突出的高管和员工，运用精神鼓励（如为突出贡献的高管或员工过生日、颁发荣誉奖）、岗位轮换和职位提升等激励机制，评选劳动模范、优秀职工等荣誉称号，张榜公告、颁发证书、职位提升、带薪休假等正向激励，通过非物质激励，增强企业凝聚力和员工成就感，避免核心员工非正常流失，实现个人价值与企业价值的有机统一，实现服务品牌内化的品牌战略目标。

4.4 民族品牌塑造策略思考

民族品牌是政府和社会各界非常关注，并且大力扶持重要工作。民族品牌的培育挑战很大，需要持续投入和扶持。经过多年的发展，海尔、华为等民族品牌逐步形成。但是，从总量和影响力看，我国民族品牌总体偏少，企业在塑造自身品牌的过程中，存在不少的问题，有待研究和探索。以下是吴维海 2014 年撰写的“民族品牌处于发展的转折点”。

汇源果汁的投怀入抱，转嫁（卖给）可口可乐公司带来了人们的担忧和失落，无论汇源果汁公司的朱新礼董事长如何辩解，汇源果汁公司长期以来以民族品牌自居，而博得消费者市场和购买力，反过来又出卖民族品牌的行为使得不少百姓和媒体对这些民族企业的动机产生了怀疑，由此延伸到对其经营能力、诚信和其他行为的质疑。

蒙牛等劣质奶粉事件，使得人们对民族企业产品有了更多失望与怀疑；多年沉积的民族感情与消费者信任迅速贬值，人们不禁要问：民族企业家到底有几个？

国民（百姓）由此产生了矛盾的心理：爱国和民族情怀，与民族品牌画等号吗？哪些民族品牌值得信赖？

这类问题的出现，有诸多的原因，文化的、历史的、经济的……

许多人在议论民族产业、民族品牌和民族企业家的时候，给予了这类企业家过多的信任和期望。事实上，隐藏在华丽词汇下的个别企业，真实心态很难识别。只有到了牺牲关键利益，或者危难时，才会对比和发现事实的本质、个人和企业本质，才能识别是否爱国和是否有企业家情怀。

作为个体的企业经营者，牟取个人利益最大化是其本质，民族品牌是实现个人利益的主要手段，从这一点看，某些企业家的品牌出卖和经营的扭曲导致了汇源出卖公司、三鹿三聚氰胺毒奶粉等事件和失信的现象。

未来几年，民族品牌和知名企业被卖给外资机构的类似现象相信还会出现，并且可能数量会越来越多。为解决这类问题，地方政府和社会各界能做什么呢？有关部门采取的防范措施可能是复杂的，代价可能是昂贵的，这一话题的后续研究，可能是政府部门应该认真分析和主动应对的大事。①

4.5 服务品牌内化激励机制设计

服务品牌指在经济活动中，企业通过商品或劳务的服务过程来满足消费者的心理需求的一种特殊的品牌形式。服务品牌一般包括服务品牌理念、服务品牌行为、服务品牌形象、服务品牌传播、服务品牌管理等五大体系。

品牌内化指企业的品牌理念如何有效传递给员工，让员工快速掌握品牌理念，

① 来源：吴维海，新浪博客，2009 年 9 月 25 日。

统一认识企业的品牌核心价值，对品牌定位达成共识，牢记企业的品牌口号，并自觉贯穿到对内对外的行动中。

研究金融企业的品牌内化激励机制设计有助于总结实践经验，寻找一般规律，逐步形成适合金融企业管理实际、有效激励与约束的自觉行动。

金融企业服务品牌内化的激励机制研究①

当今世界，金融企业之间竞争已经从质量竞争进入到品牌竞争阶段。品牌成为人们对金融企业识别并产生信任的主要途径。实践证明，哪家银行品牌度强，它就能创造高附加值，进而主导市场，赢得消费者。品牌关系金融企业的市场空间，影响其参与市场竞争的利益分配。品牌战略已经成为卓越金融家的共识，成为我国金融企业增强核心竞争力、提高国际市场竞争能力的基本保障。

实践证明，品牌战略实施需从服务品牌内化抓起。服务品牌内化关键在于高级管理人员。因此，建立高管人员的品牌激励机制，成为金融企业塑造品牌形象，提高经营效益的关键。

1. 当前我国金融企业品牌内化的问题和现状

（1）起步晚，知名品牌少

服务品牌内化是服务品牌建设的核心。与西方品牌相比，我国金融企业起步较晚，世界级品牌少，品牌价值相对低，强势品牌和盈利能力强的金融企业不多。我国现代银行业品牌建设大致经历了三个阶段：

1）沉默期、觉醒期和快速发展期。20 世纪 80 年代银行业主要以工、农、中、建四大行为主，品牌意识非常淡漠；

2）90 年代中期开始现代商业银行改革后，银行的服务品种不断增加，开始有了品牌概念；

3）进入 21 世纪后，随着经济的快速发展和金融业开放，股份制银行和外资银行加入金融市场的竞争中，整个银行业的品牌意识开始增强，但整体水平较发达国家仍有较大差距。

① 吴维海．海南金融，2008.

（2）思想认识不到位，存在模糊和偏差

目前我国多数金融企业品牌战略不明确，重视法人品牌，轻视产品品牌。法人品牌缺乏核心价值，品牌宣传和价值诉求缺乏核心。许多金融企业不能有效区分服务品牌建设内化与外化关系，尚未建立服务品牌内化体系，品牌激励手段困乏，整体建设水平落后。

（3）品牌管理缺乏系统性支撑

银行形象品牌与产品品牌存在脱节，品牌之间相互干扰，重复营销、交叉营销和品牌管理混乱等问题普遍存在，导致客户对银行形象品牌认可度降低。

（4）品牌推广缺乏统一规划，各自推销品牌现象时有发生

从新闻媒体的反馈看，部分金融企业品牌承诺与实际执行存在巨大反差。如某银行推出贵宾服务，承诺提供理财、秘书服务、专享通道等，但实际执行中降低门槛，招揽客户。同时，银行内部准备不充分，没有足够的理财师为客户提供定制化服务，不能使客户得到贵宾客户的特殊服务，使得推出的高端品牌沦为了大众品牌，许多高端客户对此表示失望与不信任。银行/保险公司等企业内部信贷、保险、理财、结算、银行卡等不同部门，分支行等相互之间争夺客户和业务的现象也时有发生，这在一定程度上损害了金融企业的品牌形象。

2. 高管与激励机制在服务品牌内化中发挥重要作用

吴维海在 2008 年 4 ~ 6 月曾调查了北京、山东等地的 6 家银行和保险企业，对上述问题的根源做了问卷调查，实证分析发现：品牌领导、品牌识别、品牌激励、品牌承诺和品牌公民行为构成了品牌内化的主要变量。各变量相互之间存在相关性。分析结果可直观的用概念模型表述，如图 4.5-1 所示。

如图 4.5-1 所示，品牌领导是服务品牌内化的重要变量。

运用 SPSS13.0 计量工具分析表明，313 名被调查者对于本单位品牌激励评价均值均不高。其中，激励有效均值为 4.14（同意的数值为 4），激励机制为 4.04，管理过程为 3.96（低于同意的标准值 4），这反映出在品牌激励方面存在缺陷。

统计分析发现，被调查者中，女性对品牌激励的评价分值为 3.85 分，明显低于同意的分值 4，说明女性与男性员工相比，对所在单位品牌激励的认可度更低。

问卷分析还发现，职位高低对于品牌激励有显著差异。企业高管与低级别员

工相比，在品牌激励满意度、敏感性等方面更为强烈，高管可能更关注品牌价值对个人利益的影响，该实证结果应引起学者和企业决策层的共同关注。

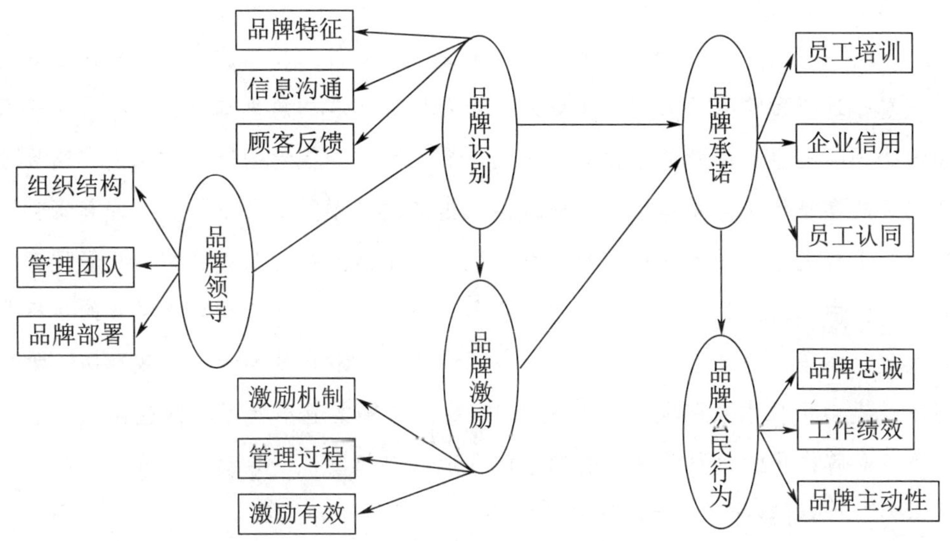

图 4.5-1 所示　服务品牌内化概念模型

3. 建立以高管激励为核心的出局惩戒机制的措施

为解决服务品牌内化过程中存在的问题，发挥金融企业高级管理者在品牌内化管理中的领导作用，应建立高管激励为核心的出局惩戒体系。

（1）运用系统工程平衡关系

服务品牌建设是一项系统工程，包括服务品牌内化和外化两个子系统，两者共同组成服务品牌建设的整体。同时，由于服务品牌内化涉及企业内、外部复杂多变的经营环境，服务品牌内化影响因素和测量指标也可能随着时间和行业环境变化而随时变化。企业服务品牌内化应运用系统工程理论，兼顾内化与外化协同，统筹考虑自身比较优势、内部流程、人力资源、企业文化、员工认同等内部因素，做好各方利益平衡，通过持续的品牌战略，建立有效激励相容体系，刺激和确保员工积极参与，通过员工参与行为，传递品牌价值，使客户感受到企业品牌承诺和服务价值，培育客户忠诚度，进而实现服务品牌内化的规范性和结构性。

服务品牌内化影响着服务品牌外化，服务品牌外化制约了服务品牌内化，两者相辅相成，缺一不可。企业灵活运用系统工程理论，不断优化资源配置，协调各方关系，才能收到事半功倍的效果。

（2）建立信息反馈机制

“知彼知己，百战不殆”。金融企业员工对本单位工作满意度、薪酬激励等均不满意，这将影响服务品牌内化效果。企业外部顾客的意见或者抱怨、员工士气和情感等影响也对品牌的内化管理至关重要。而这些信息的获得和识别，需要建立完善的信息传递与处理机制。最近网上披露的“银行排队难”和“许霆案件”，根源在于相关银行内部信息道路不畅，也暴露了商业银行服务品牌内化管理存在的缺陷。由于商业银行服务品牌内化管理的缺陷，导致员工行为与经营的目标背离或产生偏差，有关银行责任人员服务意识不强，潜在缺陷未能有效预防（如自助取款机由于技术缺陷缺少有效预警），银行结算渠道不畅等。这些偏差由于缺少服务品牌内化的过程管理，长期未能发现或引起重视，导致“排队难”和“许霆案件”，从而影响了银行品牌形象。

为了从根本上解决上述缺陷，金融企业应建立基于反馈系统基本原理（图4.5-2）的信息前馈与反馈机制。通过设定服务品牌内化目标值 J，实施过程管理，产生输出结果 Y。输出结果 Y 回输到原输入端，经过一定的标准（比较器），与目标值 J 比较，得到偏差信号 U（如服务和品牌管理的缺陷等，$U=J-Y$），偏差信号 U 成为银行（或企业）下一轮服务品牌内化的输入值。前馈回路与反馈紧密耦合，构成服务品牌内化的前馈-反馈控制系统，增强抵抗服务品牌内化干扰因素的能力，提高服务系统稳定性，进而解决服务品牌管理中信息滞后等问题（图4.5-2）。

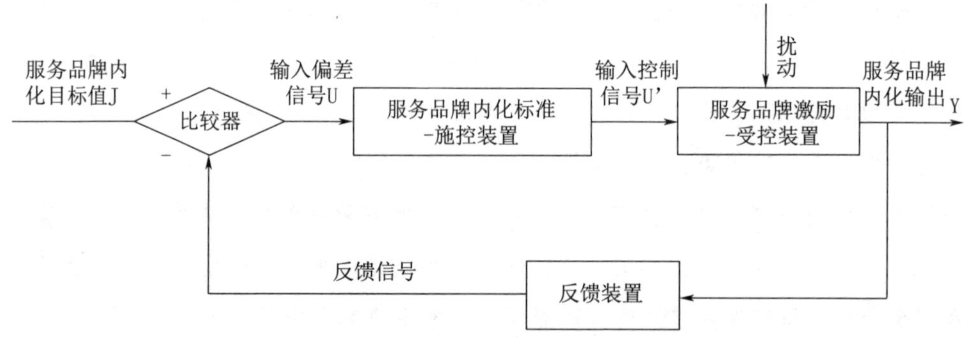

图4.5-2　服务品牌内化信息前馈与反馈机制

通过建立信息前馈与反馈机制，及时纠正品牌内化各影响因素的偏差，建立品牌公关危机预警机制，跟踪排查可能存在的风险或漏洞，及时防范和弥补，确保服务品牌内化目标的实现。

（3）建立基于品牌价值链的流程式部门

为理顺管理体系，金融企业可构建基于品牌价值链的流程式部门架构（图 4.5-3）。

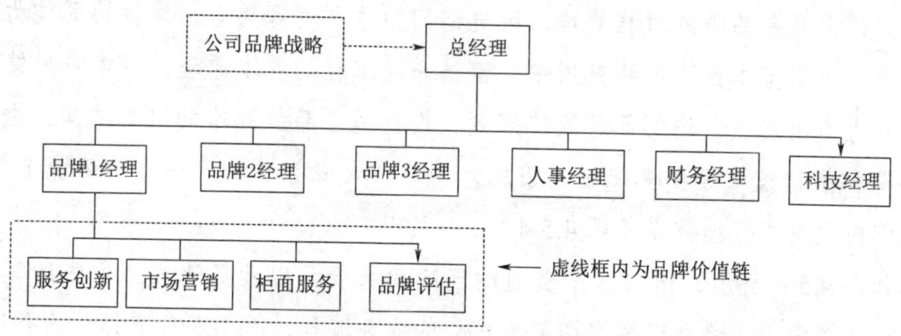

图 4.5-3　基于品牌价值链的流程式部门架构

如图 4.5-3 所示的流程式部门架构（以银行为例），体现了系统工程基本原理。这种部门结构中，总经理承担公司品牌发展战略实施，设立以各子品牌为核心的流程式部门和环节。各子品牌以其品牌经理为管理核心，集成各方面的资源，通过服务创新，建立适合客户需求的服务类别和产品组合，经过客户经理等市场营销和宣传推广，挖掘客户群体。通过优质服务实现品牌价值和增值服务的客户传递。在业务办理过程中和办理结束后，应开展多方位的客户信息反馈（客户之声）和品牌评估，目的是发现品牌管理缺陷，及时采取优化措施，不断提升服务品牌内化水平。人力资源、财务、科技信息等辅助部门，在总经理的统筹调度下，成为品牌发展战略实现的辅助支持部门。

流程式组织结构的优点是：从服务品牌内化结果倒推实现过程，重点关注结果，从市场和外部客户需求出发，思考服务创新、组织设置，进行营销推广，突出品牌管理，强调流程简洁，倡导团队协作，体现品牌内化与外部作用力的相互促进，实现品牌价值的增值与各方利益分享。

（4）流程变革改善服务质量

业务流程、管理流程和决策支持流程等畅顺是实现服务品牌内化的基础。前文提到的“银行排队难”和“许霆案件”等问题，从小的层面讲，暴露了案件（或服务质量）发生银行的信息渠道不畅。从大的层面讲，表明银行的业务流程、管理流程和决策流程等存在相互脱节的方面。银行部门隔离，职责重叠或缺失，资源不能得到有效整合，服务品牌战略实施存在障碍，在具体的服务中表现为，诸如客户排长队办理结算业务，以及自动取款机程序瘫痪等事故或现象。

为强化服务品牌的过程管理，改进部门协作和资源整合，发挥协同能力，银行或企业应借鉴本论文的研究成果，遵循系统工程的基本原理，以客户反馈等外部作用力为出发点，进行品牌战略规划，设计适合品牌战略的组织结构，进行人力资源和信息技术等要素配置与集成，构建“大成智慧（人—机—环境）”的服务品牌内化流程管理体系（图 4.5-4）。

如图 4.5-4 所示，横向水平贯通的连续箭头表示以业务流程为主线的客户价值传递。横向上，建立以客户增值为核心的业务流程，简化业务流程和服务环节，提高服务效率。纵向上，建立风险管理、财务管理、营运支持、人力资源和信息科技管理体系。

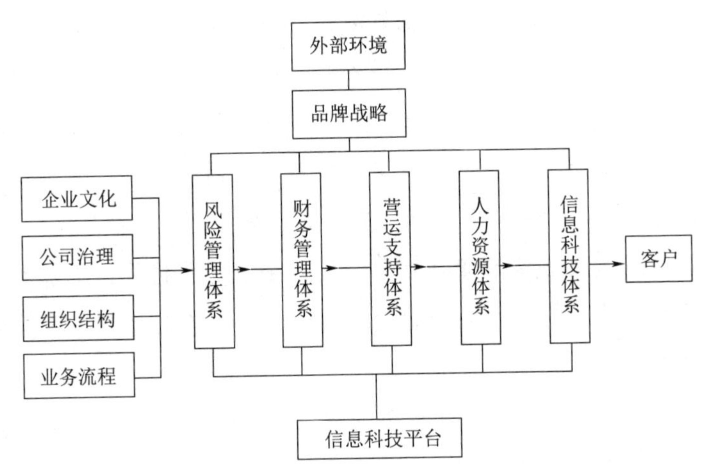

图 4.5-4 “大成智慧”的服务品牌内化流程管理体系

为确保横向和纵向结合，以计算机智能和信息科技为核心，建立纵横融合的 IT 辅助支持平台，将其贯穿各个管理、业务流程当中，提高业务处理和决策质量，减少工作失误，规避各类风险和系统故障，减少或避免“银行排队难”等流程不畅现象。

为实现服务品牌内化目标，企业以外部环境为战略制定的基本依据，确立品牌战略。通过接受外部有效信息，确立品牌定位。围绕价值增值和客户服务中心，研究和梳理核心业务流程，建立相应的流程式组织结构，完善以利益均衡为主的股东对高管层公司治理机制，倡导流程管理保证的、以强势品牌建设为目标的企业文化。通过资源整合，实现“人、机和环境”的“大成”，构建服务品牌内化集成体系，改善服务质量和效率，塑造强势品牌形象。

（5）建立惩戒出局约束机制

强势服务品牌，实现企业获利和股东（投资人）投资增值，是服务品牌内化的主要目标。建立惩戒出局的约束机制是确保品牌激励体系有效运行的保障。为此，建立以高管考核为目标的服务品牌内化出局惩戒约束机制，如图 4.5-5 所示。

根据如图 4.5-5 所示的含义，如果银行或企业高管的行为符合激励机制，按照既定约束机制（游戏规则），兑现品牌激励；反之，根据容忍标准，启动惩戒约束机制，降低或取消品牌激励，或淘汰出局。

如果由于高管个人的重大失误，使得公司品牌资产价值严重缩水，或品牌形象严重受损，企业股东或其他投资人将启动惩戒出局机制，按照规范的评估与执行程序，强制剥夺高管已有的品牌资产价值，并给予解聘等处罚，从而约束高管品牌参与和经营行为。

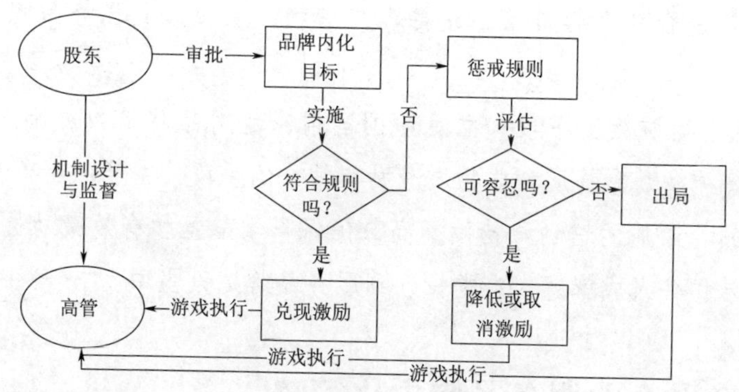

图 4.5-5　服务品牌内化出局惩戒约束机制

对于银行或企业一般员工的惩戒机制设计，可参照高管惩戒机制实施。股东或投资人可明确一定比例的品牌资产价值奖励额度，授权公司高管在既定的激励政策范围内，根据员工品牌贡献度等指标，确定个人品牌价值奖励额，并建立品牌资产价值兑现，以及惩戒出局游戏规则，将品牌资产价值作为虚拟的激励措施，与员工激励挂钩，融合到员工激励和品牌参与行为中。

（6）注重品牌内化的中国情境研究

1）建立和谐发展的企业文化。使服务品牌内化的战略目标和措施得到员工的心理认同，并与个人价值观等协同一致。建立企业内部各层级相互宽容、相互支持、和谐发展的企业文化，提升人力资源管理的人性化，提升“软文化”对服务品牌建设的影响力。

2）体现中国文化的公平与和谐等基本价值观。突出中国人文的“和谐”“仁爱”“公平”等理念，相对考虑团队成员的个人感受（爱好“面子”）以及部门内收入分配的相对公平，兼顾公平与效率，注重人际和谐和激励公平之间的平衡。注重考核的档次和方式，兼顾效率与公平。

倡导团队协作精神，增加激励设计中团队绩效考核比重。完善考核机制，凸显品牌经理的核心价值，给予优秀的品牌经理以物质或精神激励。

3）突出情感管理。遵循以人为本的原则，强化员工心理和行为研究，突出对企业高管和人力资源职能部门情感管理等“软指标”的实施、评估、考核与监控。突出中国特色，发挥国有企业等党团组织的战斗堡垒作用，强调领导干部和党团员的奉献精神，倡导新形势下的集体主义精神和社会责任。发挥工会等职工代言人的作用，激发员工的主人翁意识和责任心，促成员工品牌公民行为，高效传递企业品牌价值，获得客户信赖，从而形成强势品牌，实现企业盈利。

4）运用非物质激励手段。立足中国国情，运用品牌绩效激励与情感交流、职位晋升、精神鼓励等物质和非物质激励相结合的手段，注重企业高管个人能力、领袖魅力和领导素质的培训与持续提高，确保科学配置和有效激励员工，使员工享受工作快乐和个人成就感，自觉投入到服务品牌建设当中。

4.6 金融企业服务品牌内化策略

金融企业是经营货币资金这一特殊产品的服务类企业，其品牌塑造和品牌内化管理对于提升银行自身形象，获得更多业务和客户，凝聚员工共识，提高自觉服务意识等有重要的实践意义。品牌内化有诸多影响因素，吴维海创新性地提出服务品牌内化管理“六力”假设模型。

金融企业服务品牌内化研究①

服务品牌内化是指企业通过外部信息搜集和识别，确定服务品牌战略，建立系统性激励相容机制，完善品牌领导与执行能力，将服务品牌的核心理念和品牌承诺融入员工价值观和员工行为当中，通过员工主动地分享品牌理念、参与品牌培育、履行品牌承诺、实现品牌价值传递的整个过程。从国内外学者和企业实践成果看，服务品牌包括外化和内化两个层面。服务品牌内化是外化的基础保障，本书仅对金融企业的服务品牌内化管理做初步研究。

1. 服务品牌内化是金融企业市场竞争的需要

（1）金融企业品牌建设存在诸多亟待解决的问题

从国内外专业杂志、媒体报道和企业实践看，中国目前金融企业服务品牌建设普遍存在随意性、品牌管理缺乏系统性、品牌营销没有差异性、品牌建设缺乏深度等问题，制约了企业健康发展。

郝福和（2007 年）对银行业的品牌管理进行了研究，指出：培植强势品牌实际上是一种确保竞争优势的有力手段。没有品牌的产品和服务是没有生命力的，而没有良好品质的产品和服务支撑的品牌也是没有发展前景的，尤其是在银行业服务严重同质化的背景下，打造品牌优势就更显得刻不容缓。

美国学者调查表明：忠诚顾客每增加 50%, 产生的利润增幅可达到 25% ~ 85%。竞争力强、利润高的企业均拥有相当数量的忠诚顾客，并由于满意顾客的口碑传说，会不断为企业带来新顾客，使市场占有率提高和企业利润稳定增长（赵天娥，2004 年）。因此，金融企业如何建立客户忠诚度是事关整个产业发展的核心问题。

相比国际金融同行业，美国花旗、渣打等国际知名银行在品牌建设方面取得了极大的成功，这些国家已实现了包括中国市场在内的全球化竞争策略，其商业运营的成功主要得益于服务品牌内化管理的到位。这些国际知名金融企业普遍建立了公司品牌战略，企业文化能够支持公司建立强势服务品牌的基本理念，公司内部注重对员工服务品牌建设统一标准的思想灌输和监督，通过员工行为，传达

---

① 吴维海 . 上海金融，2008（5）.

给客户较好的服务价值，进而赢得客户忠诚和购买行为。

当前，金融市场已全部放开，国际金融公司纷纷进驻中国本土。中国金融企业面临着国内市场与国际金融巨头的竞争，国外金融市场因为品牌知名度不高带来的市场拓展困难。服务品牌内化管理对于我国金融企业品牌的树立和效益提升至关重要。

（2）国内外关于服务品牌及内化的研究

国内对服务品牌研究，搜索中国期刊网“服务品牌”关键词，截至2008年1月底共有1924篇带有“服务品牌”关键词文章。其中，时间最早的是1996年9月《中国市场》第59页刊登“出租行业的一匹黑骏马”，文章提到北京鑫钰出租车公司在《人民日报》举办的“1996年中国城市商品品牌（服务品牌）”的标志，并且在1996年4月份光明日报主办、十家新闻单位对全国服务行业问卷调查中，出租车行业以优质服务、乘客信任、安全及时等指标，鑫钰被评为十佳之一。这是中国期刊全文数据库、中国优秀硕士和博士论文全文库、中国重要会议全文数据库能够查阅到的最早记载。

美国著名营销大师菲利浦·科特勒（2006年）提出了品牌管理新观点：品牌不仅是针对消费者的，对企业有价值的也不仅是消费者，品牌定位不单是给所有利益相关者创造价值，同时也是企业给所有利益相关者的价值指示器。科特勒的品牌观体现了“利益相关者”各方利益，该思路与金融企业的行业特点联系密切。Keller、邓丽梅、范秀成等学者和企业管理者（Keller，1993年，1998年；邓丽梅、沈蕾，2002年；范秀成，2003年；沈乐，2004年；温锦英，2005年；郑春东，2007年；陈卓浩，2007年）对金融、通信、医院等服务企业服务品牌进行了不同视角的初步研究。

归纳以上学者的研究成果，服务品牌带来的顾客价值体验需要通过企业内部员工循环、员工和外部顾客互动交往，以及企业外部营销沟通三个维度共同实现。以上关系如图4.6-1所示。

如图4.6-1所示，公司（X轴）对客户（Z轴）外部营销能力M（Marketing）、员工对客户服务价值让渡S（Service），以及公司对员工（Y轴）能力循环A（Ability），构成了客户价值体验函数V（Value）的三个变量。

用公式表示为：

$$V（价值）=f（M, S, A）\tag{4.6-1}$$

式中　f——M、S、A 变量对函数 V 的影响系数。

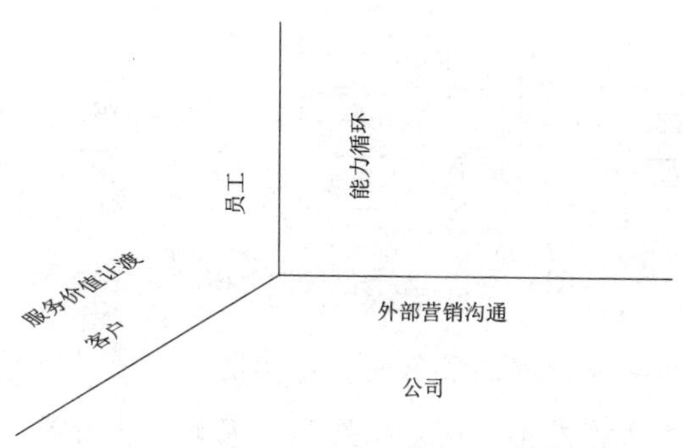

图 4.6-1　三维客户价值体验图

三维客户价值体验图从某个侧面反映了企业品牌建设由外部品牌建设和内部品牌建设构成的基本观点。从三维客户价值体验图来看，服务品牌内化的研究主要集中在公司和员工的能力循环及内部沟通等维度。

沈蕾等（2003 年）在研究了商业银行客户满意度之后认为：在利润、顾客忠诚度、顾客满意度、顾客让渡价值、员工工作效率、员工忠诚及员工满意间存在着直接与间接的相关联系。邓丽梅和沈蕾（2002 年）总结多年来服务品牌研究成果，提出了服务行业满意度测评的五个维度，即产品和服务范围；服务流程方面；服务人员方面；服务品牌与形象方面；服务设施、网点设置与分布方面。按照这些测量指标权重，采取顾客打分方式，进行顾客满意度测量。

目前国内外服务品牌内化研究主要集中在服务企业品牌内化的主要成功因素方面。Berry 等学者和企业管理者对品牌内化进行了不同视角的研究与实践探索[①]。陈晔、白长虹（2008 年）等对中国企业服务品牌内化概念进行了重新梳理，认为：服务品牌内化是指服务企业致力于将品牌理念和品牌承诺植入员工的意识里，让员工分享品牌理念、参与品牌培育，将企业的品牌承诺体现在每一个员工的工作上，最终在员工的意识和行为上表现出来的过程。该观点将服务品牌内化界定在了服务企业，认为：服务品牌内化由“品牌识别”“品牌培训”“品牌沟

① Berry,2000 年；For Ind,2001 年；Martin J.Eppler 和 Markus Will,2001 年；DeChernatony,L. 和 SunanSegal-Horn,2001 年；白长虹，2005 年；洪朗，2007 年。

通”“品牌贡献激励”“品牌内化员工参与”五个要素构成，并提出了服务品牌内化概念模型如图 4.6-2 所示：

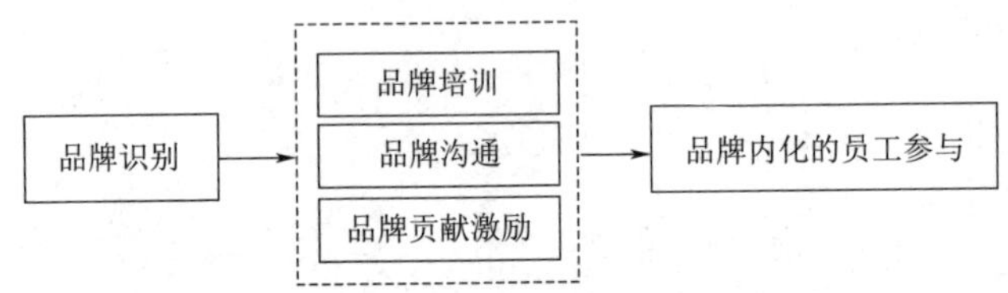

图 4.6-2　服务品牌内化概念模型

上述学术研究和实践提炼，目前处于起步阶段，还没有形成体系，特别是对于我国金融企业服务品牌内化，仅处在案例研究的初步阶段，这方面的实证研究基本处于空白状态。因此，探索我国金融企业服务品牌内化管理很有必要。

2. 我国金融企业服务品牌内化的实现路径

既然服务品牌内化管理对于我国金融企业有着重大的实践意义，企业决策者在日常经营管理中，应如何操作呢？结合国内外研究成果，提出如下实施路径：

（1）面向长远发展，制定服务品牌内化的实施路径

服务品牌内化管理是一项系统工程，需要金融企业从制定和实施品牌战略入手，提高思想认识，围绕公司核心价值，统一理念识别系统、行为识别系统、视觉识别系统、听觉识别系统和文本识别系统等形象识别系统，借鉴韩梅（2007 年）的品牌构建路径（图 4.6-3），推进金融企业的服务品牌内化管理。

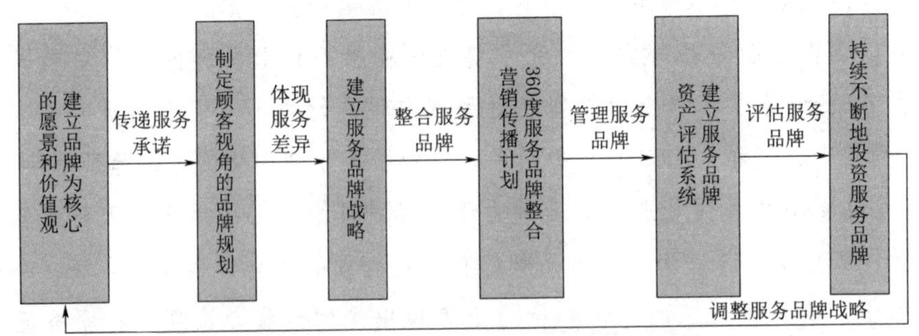

图 4.6-3　服务品牌构建路径（根据韩梅研究资料自制）

按照韩梅（2007 年）等的观点，服务品牌构建应以企业愿景和价值观为起点，通过体现社会责任的企业价值观建立、服务品牌承诺和信息传递，受到客户和社

会的尊重和信任。根据产业竞争环境，确定核心竞争力，从顾客视角出发进行品牌规划，建立服务品牌战略，实行服务品牌整合营销传播计划与执行。定期进行市场调研，建立服务品牌资产评估系统，了解服务品牌价值的变化情况，采取有效措施，不断提升该服务品牌的价值。持续不断地投资服务品牌，并注意服务品牌的阶段性调整和优化。

（2）建立以服务品牌战略为核心的愿景和价值观

金融企业目前最大的问题是品牌战略制定与实施问题。如何立足自身特色，建立客户信赖的金融企业品牌，体现社会责任，体现各方利益，是金融企业决策者和监管当局必须抓好的突出问题。为此，本着诚信经营的原则，体现社会责任，经过市场分析和行业研究，建立公司年度和未来5年品牌战略，围绕服务品牌战略，确立公司愿景和价值观，努力打造值得客户信赖的服务品牌，逐渐使金融企业成为国内有较强的影响力，并在国际同行业占据一定市场地位的国际性品牌企业。金融企业围绕“诚信为本”的经营哲学，通过服务品牌战略制定，向消费者和社会公众传递公司的服务承诺和社会义务。通过贯彻银监会主席刘明康提出的“流程银行”建设倡议，强化品牌战略和品牌管理，改进流程管理，建立体系性的业务流程、管理流程和考核激励机制，塑造中国金融企业良好的社会公众品牌形象。

（3）围绕公司战略和价值链核心，确立品牌规划和服务品牌定位

研究国内工商银行、农业银行、中国银行、建设银行、招商银行、民生银行、中国人寿保险公司、基金公司等不同类别和股东结构的金融企业，可以发现，尽管各家银行发展战略不同，经营模式有些差异，但是，基本目标是一致的，就是抓住发展机会，确定品牌形象，提高行业信誉，确立经营定位，构建价值链条，实现规模经济，提高经营效益。为此，金融企业应分析自己的价值链条，做好战略规划分析和核心竞争力研究，确定相应的服务品牌战略，进行品牌定位，体现品牌差异和产品特点，体现不同的服务风格，通过企业文化，贯穿品牌战略。通过建立基于目标客户和市场需求，调动服务链资源的服务管理系统，使服务链上的所有合作伙伴都能有效地服务目标客户，自觉地维护和打造服务品牌形象。

金融企业在目前的经营环境下，应特别注意做好与存款人、重点信贷和理财客户的信息沟通和合作机制构建问题。应针对各方利益关注点，在利益共享、诚信经营的原则下，展示金融企业服务社会，服务客户的品牌形象，传达各方共同

发展的经营理念。运用纳什均衡理论，体现信任与共赢的理念，突出工作效率，成立专门的客户满意度调查机构或专家团队，经常性地做好客户满意度调查，发现客户需求，解决客户普遍关注的问题。

（4）立足服务品牌内化维度，实行品牌整合和推广

金融企业服务产品多，机构网点分散，品牌形象容易相互矛盾，给客户造成感受的混乱，如目前工商银行等各家银行推出的个人住房贷款、个人理财产品，名称繁多，同一家银行不同地区在利率政策、品牌宣传、客户定位等方面的差异很大，缺少个性，很不规范，客户很难识别和确认银行品牌的特征。因此，应该了解服务品牌个性，进行相应品牌整合。美国学者 Jennifer Aaker（1997年）对 37 个品牌个性进行了调查，建立了品牌个性五维度量表，五个维度（图 4.6-4）分别为：真诚（Sincerity）、刺激（Excitement）、能力（Competence）、品位（Sophistication）和粗犷（Ruggedness），这一研究经实证能够解释美国 93% 的品牌个性差异。国内学者黄胜兵、卢泰宏（2003 年）结合本土文化提出了类似的五维度量表：仁、智、乐、勇、雅。金融企业应该借鉴国内外学者的品牌个性研究成果，进行服务品牌个性分析与研究，挖掘同一企业各子品牌与母品牌的关系，评估并整合自己的服务品牌，完善品牌延伸策略，做好品牌战略实施效果预评估，规范服务品牌宣传方案，建立服务品牌形象体系，挖掘服务品牌内涵，确立本企业服务品牌独特个性，体现品牌差异化。

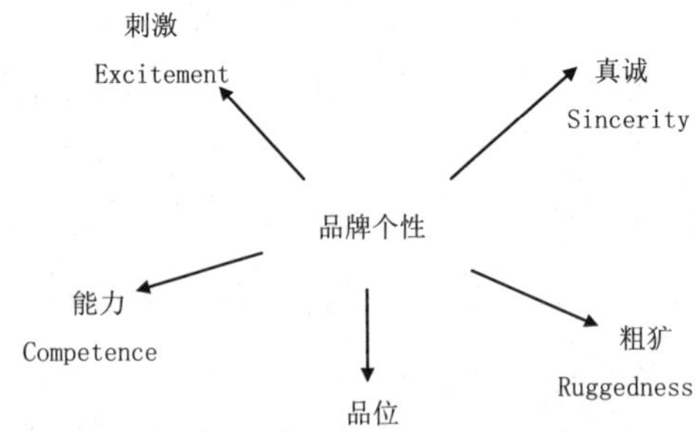

图 4.6-4　Jennifer Aaker 五维品牌个性构成

完善服务品牌内部实施体系，建立产品经理队伍，充分发挥产品经理在服务营销体系中的独特作用，加强品牌管理制定全辖统一、持续、有计划的品牌推广计划，加强重点品牌对内宣传与推广，将服务品牌建设全面融合到日常业务营销

和客户服务当中。

（5）建立服务品牌评估体系，分解落实服务品牌承诺责任

服务品牌内化主要研究如何面向企业内部，进行服务品牌管理与建设，其成功的关键在于公司有较高的领导能力、人力资源配置和考核，以及员工参与程度。通过这三个杠杆，辅之以企业文化和组织结构的契合，完成服务承诺（Christoph Burmann 和 Sabrina Zeplin，2005 年）。为此，金融企业应将企业文化与品牌建设纳入“一把手工程”，建立品牌建设组织体系，总经理亲自参与，明确职责到岗位、到人，制订具体的实施时间表，分解到各部门、各岗位，明确各层级的品牌建设层级责任，并将其纳入各级管理者和员工的责任目标考核。要建立并完善品牌经理的考核制度，改进产品经理的运行模式、绩效评估机制，并把品牌建设纳入企业的文化范畴，纳入公司发展战略当中，与企业文化同步设计，并融合到日常经营活动中，相互促进，共同提高。

（6）强化服务品牌的资金投入与员工服务品牌建设的责任考核

服务承诺是做好服务品牌内化建设的关键一步，但是单纯地制定了服务承诺措施，还远远不够。服务承诺需要通过员工技术，以及包括资金投入在内的资源配置才能推动员工公民行为，使员工自觉地履行自己的服务品牌建设责任，将服务理念融合到日常的每一项工作中，将服务价值传递给目标客户，赢得客户的忠诚和信赖，实现客户的产品购买行为（图 4.6-5）。

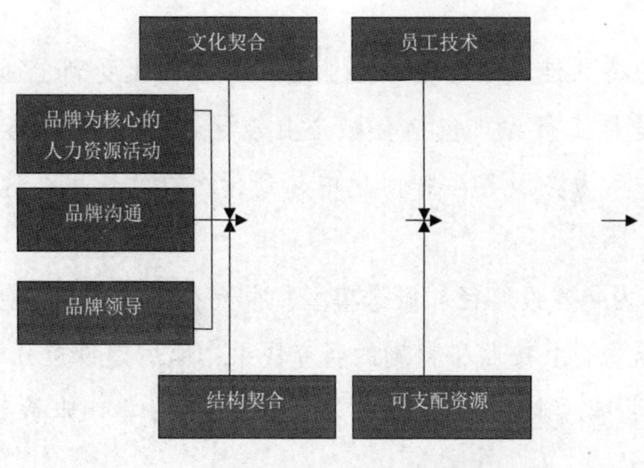

图 4.6-5　产品购买能力[①]

① Christoph Burmann and Sabrina Zeplin，2005.

为将品牌承诺转化为品牌公民行为，金融企业应强化员工的品牌意识，通过内部信息沟通和激励相容设计，引导员工的品牌意识，形成自觉行为，及时传达给客户品牌价值，培养客户的品牌认同与忠诚度。

（7）建立机制设计体系下的“六力”服务品牌内化体系模型

上述服务品牌内化步骤，能够初步解决金融企业品牌建设无序的表层问题，但是，由于金融企业服务品牌内化管理受到外部行业监管、客户偏好等因素影响，上面步骤主要面向公司内部各环节进行品牌信息传递与沟通，措施相对零散，体系性不强，没有彻底解决服务内化建设过程中企业经营层与员工间，企业内部与投资人、客户和行业监管等部门利益分配等深层次的关系。在目前的形势下，金融企业与金融监管当局的博弈问题突出存在，与客户的市场定价合理性问题一直困扰着企业品牌建设，企业与员工共同发展的目标如何实现，也是一个没有解决的突出问题。为此，吴维海在研究前人实践成果的基础上，创新性地提出服务品牌内化管理“六力”假设模型，并试图采用机制设计理论解决各方的利益分歧和博弈问题。

根据服务品牌内化“六力”假设模型的启示，金融企业管理者应充分考虑影响本企业服务品牌内化管理的外部作用力（银监会、存款客户、贷款企业、媒体和政府等对品牌的影响力），通过各层面的机制设计，实现各方博弈均衡，实现企业内部和外部的平衡，体现社会责任，体现员工个人价值，实现金融企业的长远发展目标。

考虑到金融企业的特殊性，尽管金融企业服务品牌内化受到上面“六力”影响，但其主导作用的是员工行为（包括金融企业领导者）。其中，各种作用力之间的关系如何，这些作用力在服务品牌内化中起到什么样的作用？这方面的研究尚未展开。

上面有关服务品牌内化建设路径和概念模型，很大程度上与科特勒品牌建设四步骤理论（图 4.6-6）相吻合。按照科特勒的研究成果，品牌建设应分为四个步骤：第一步是定义目标市场；第二步是定位；第三步是价值主张；第四步是品牌推广。

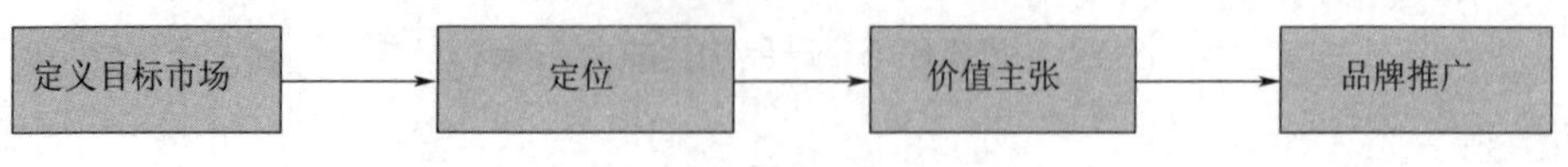

图 4.6-6　科特勒品牌建设四步骤（自制）

按照科特勒品牌建设四步骤的理念，剖析服务品牌内化的基本概念，借鉴陈晔（2008 年）博士等研究成果，提出基于机制设计的服务品牌内化概念模型（图 4.6-7）。

基于机制设计的服务品牌内化模型遵循了科特勒市场营销“四基石”基本原理，贯穿了 CCDVTP 营销新模式（创新、沟通、价值传递、目标市场和获利），将金融企业的服务品牌内化看作系统工程。服务品牌内化与外化是一个相互联系的有机整体，通过对客户需求、行业监管、社会责任等外部作用力的信息输入，进行品牌的识别，确定目标市场（品牌领导和品牌管理作为品牌识别的基本实现渠道），以品牌识别为基本特征的目标市场确定后，金融企业通过体现企业文化协同和激励相容的机制设计，进行定位。经过内部沟通和品牌培训，形成品牌承诺。以品牌承诺为载体的价值主张经过员工行为，达到品牌推广的目的，完成企业服务内化的基本过程，输出到客户忠诚的外化阶段。客户忠诚则以良好效益和强势品牌等指标为标志。

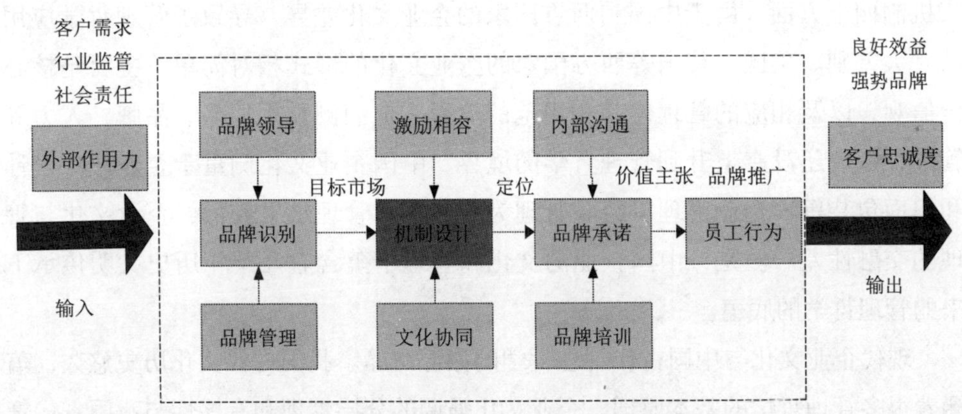

图 4.6-7　基于机制设计的服务品牌内化模型

金融企业通过机制设计理论，完成服务品牌内化流程，建立各方合作定位，实现利益分割与理性博弈，在各方认可的游戏规则下，形成服务品牌价值，促成员工的公民行为，实现对客户的有效价值传递，增强客户的品牌知名度、美誉度和忠诚度，全方位获利，进而建立强势服务品牌。

4.7 企业文化的管理哲学思考[①]

企业文化是企业为解决生存和发展的问题而形成的，被组织成员认为有效而共同遵循的基本信念和认知。不同企业的企业文化差异很大，但是有共同的功能，包括：导向功能、约束功能、凝聚功能、激励功能和辐射功能。[①]

企业文化是企业获得市场竞争优势，确保可持续发展的根本保障。

企业文化与管理哲学存在密切的关系。企业文化指企业全体员工共有的观念、信念、价值和行为准则，以及由此产生的行为模式。其实质是以企业管理哲学和企业精神为核心，凝聚员工归属感、提高积极性和创造性的人本管理理论。企业文化蕴含着管理哲学的精髓，是竞争对手不可模仿的，也是构成企业核心竞争的重要内容。

中西方企业文化差异及管理哲学的体现。中国和西方国家的企业文化具有典型的地域性思维差别，由此形成了价值观体系和评价标准的差异。作为企业文化核心内容的价值观体系，主要包括：价值基础、价值目标、实施途径和约束机制四个方面。由于中国和西方国家的企业文化差异，导致了管理哲学应用的巨大差别。美国、英国等西方国家的企业文化的形式相对简单，主要是核心价值观，以及相应的管理体系和规范的流程，他们侧重于战略、品牌、人力等管理，管理还没有上升到管理哲学的境界。中国企业文化侧重于企业形象设计和门面包装等，企业管理以经验管理为主，科学管理水平较低，企业文化与管理的交融性差。但是，中国企业的文化和管理中蕴含着几千年历史文明传承下来的管理哲学的底蕴。

现代企业文化与中国古代管理哲学的渊源深厚。我国古代文化历史悠久，蕴涵着很多管理哲学的基本原理。企业文化强调的分层管理和有序性与我国古代管理哲学理念有很深的渊源。《周易》的《序卦》中提到："有天地，然后有万物。有万物，然后有男女。有男女，然后有夫妇。有夫妇，然后有父子。有父子，然后有君臣。有君臣，然后有上下"，体现了《周易》认为社会中的人有不同的层次，分属不同等级和不同组织当中，在不同的组织中各负其责，各司其职。现代企业

---

① 吴维海 . 中国产经新闻报，2009-10-19.

文化和企业管理的有序性也与《周易》的有序性理念非常吻合。

企业文化目标与价值观与我国古代文化蕴涵的管理哲学具有渊源。《周易》主张管理要有特定的目标，要不断更新。《易传》的“富有之谓大业”可理解为经济富足。企业文化的价值观内涵与《周易》的道德追求吻合。《易传·系辞》指出“是故《履》，德之基也；《谦》，德之柄也；《复》，德之本也；《恒》，德之固也；《损》，德之修也；《益》，德之拾也；《困》，德之辨也；《井》，德之地也；《巽》，德之制也”，它对道德的基础，施行、修养和充裕道德的方法及巩固道德的途径，检验道德的标准进行了立体化探讨。中国“国学”兼容了管理哲学的丰富内涵，并与中西方企业文化存在着千丝万缕的联系。10 月 24 日中国人民大学与赛迪顾问组织的中国管理哲学创新论坛，将对管理哲学研究和实践应用起到积极的推动作用。

现代企业很多管理理念与中国文化、管理哲学相呼应。中国文化主要有三大思想来源：道家、儒家和法家。其中道家主张“无为而治”，提倡尊重客观规律，减少人为的干涉。儒家倡导“人之初，性本善”，强调教育和感化。法家则认为“人之初，性本恶”，强调法律的惩戒。现代企业管理的三个层级：高层、中层和基层管理者总体可对应我国古代文化的不同哲学管理理念，其中，企业高层应以道家思想管理下属，要善于发现并遵循客观规律；企业中层管理者要以儒家思想管理下属，善于进行道德教育和示范带动作用；基层管理者应以法家思想管理下属，严格执行规章制度，强调执行力。①

4.8　品牌内化机制缺失研究

随着金融企业或其他社会组织的规模扩大，企业的管理层级加大，管理效率有所降低，内部运行机制就会出现失灵现象。另一方面，一些金融机构过于关注自身利润指标，而忽视了企业的社会责任。具体表现在金融机构的结算、理财等中间业务收费上，带有随意性和信息不对称，这在某种程度上会损害银行的品牌和客户认可，导致银行员工在品牌内化等方面的机制缺失。

---

① 作者系中国电子信息产业发展研究院研究总监。

工行"涨价"折射服务品牌内化机制缺失

2008年美国次级债引发全球金融危机，世界范围的经济衰退目前还没有复苏的迹象。企业和城镇居民的生存压力剧增，一些产业和企业由于销售市场疲软、出口受限等出现了经营亏损，甚至大量破产的现象，世界范围的失业率剧增，普通百姓处在金融危机的焦虑和困惑当中，继而在各方面减少了日常的生活和消费开支，勒紧裤腰带过日子。各国政府也出台了放松银根，扩大财政投入，鼓励居民消费等刺激经济的政策和措施，以期共同努力，增加消费者和市场信心，希望能尽快走出经济衰退的阴霾。

对国内外金融行业的中间业务收费的未来变化趋势研究后发现：在当前经济形势下，中央政府积极倡导鼓励就业，稳定收入，刺激投资，引导消费等经济政策，广东等地方政府还采取了消费补贴等刺激经济复苏的激励政策。银行作为金融行业的主流和重要单元，如何响应政府号召，稳定社会各界对经济发展的信心，减少居民成本支出，增加居民收入和就业机会，就成为其最具时代特色的社会责任。中国工商银行作为国家投资为主的上市公司，拥有国有银行和国家信用"背书"的行业垄断优势，多年来获得财政和政策的扶持，如不良贷款剥离、国家资本金注入等，是最有责任、义务，以实际行动贯彻国家和政府号召，通过全方位履行"工商银行，您身边的银行，最信赖的银行"（工商银行的广告语）的公开承诺的。银行实施服务品牌内化，能够建立科学规范的内部培育、考核与传导机制，确保服务品牌战略与实践一致，确保服务品牌承诺的内部认可，确保服务品牌价值的有效传递，以及强势服务品牌的塑造。

从服务品牌内化的角度来看，国有商业银行作为经营货币资金的金融企业，在国家经济陷入困境的大环境下，具有超出一般商业银行的特殊作用。工商银行作为国内最大的国有银行，长期以来得到国家经济和金融政策的扶持，理应正确理解和全面贯彻其承担的社会责任，全面贯彻落实国家宽松的货币政策，不断夯实管理基础，改进运营水平，通过扩大资金投放，支持有合理需求和符合国家产业政策的企业进行投资和扩大生产，进而扩大社会就业，增加居民收入，增加我国经济发展的动力和信心。同时，应采取一切可能的措施，改善对外金融服务，降低经营成本，降低为企业和居民提供金融服务的边际成本，相应增加企业和居民的收入，增加其用于消费和生产的可用资金或收入，增加其投资或消费的信心，使得我国经济尽快走出低迷的状态。然而，工商银行却逆势而动，在 2009 年 6 月 22 日发布公告，调整 23 项个人金融业务的收费标准，共涉及个人客户的汇款、异地存取款、资信证明、综合对账单、外汇汇款等，部分业务收费上限涨幅 100%。

从服务品牌内化的实际效果来看，该行大幅度提高中间业务收费的做法，暴露出了服务品牌内化机制的缺失。该行提价的信息一经公布，立即在社会上引起了哗然。许多专家和消费者感到困惑和失望，甚至愤怒。有专家质疑：工行一向标榜注重社会责任和努力成为客户信赖的银行，在企业和居民为金融危机下的生存而痛苦挣扎的时候，他们就是通过成倍提高服务收费来体现的吗？对于来自专家和消费者的抗议，工行先是在网站上删除了相关帖子，并且做了声明：调价的出发点“是为了向客户提供更为优惠、优质的服务”“调整原则是加强服务、兼顾成本，使您能享用安全、方便、快捷的个人金融服务”。这些做法和声明引来了更大范围的质疑和不满，工行品牌和社会信誉在一定程度上受到了损害。这恐怕是工行收费业务匆忙推出时没有评估到的社会影响因素，也是他们不愿意看到的。

对客户调研与行业分析发现，工商银行“逆势收费”的背后，折射出了该行在服务品牌内化方面的机制缺失和空白。

首先，逆势收费与该行品牌战略的定位明显不符。该行一贯宣称打造“最优秀的银行、最赚钱的银行，最受尊重的银行，有国际一流的品牌形象和品牌价值，有社会责任感，在公众、客户、社会中享有崇高口碑的全球领先的银行。”在全球金融危机的深刻背景下，美国华尔街金融业人员在某种程度上已成为“贪婪”的代名词，麦道夫的“庞氏诈骗”给众多金融机构、企业和居民带来了难以估计的损失。面对这样的经营形势，工商银行作为最大的国有银行，最紧要的不是如何从消费者口袋里掏出更多的“票子”，而是如何合理合法地去赚钱，在什么时机下更好地去赚钱，这实际上是银行品牌塑造的策略和时机选择的问题。该行在错误的时期做出了不恰当的经营策略，忽视了肩负的社会责任以及可能给金融行业带来的效仿后果，在企业和老百姓希望其提供更加优惠的金融服务的时候，为了自己的虚幻的利润增加，采取了提高收费标准，增加中间业务收入的不恰当做法。这无疑对其一贯宣传的社会责任和希望得到社会、公众和客户良好口碑的一种否定。

其次，逆势收费的实施过程折射出该行服务品牌内化的机制缺失。逆势收费的社会报道和银行操作信息反馈可以发现，该行在内部没有做好充分沟通和社会共管的情况下，匆忙公布提高收费的信息，导致了社会各界的质疑和抵制。这一方面暴露出提价酝酿的不成熟和品牌公关的缺失（如果提前做些市场调研、民意访谈和放风，提前采取应对策略，效果可能大不相同），同时，也说明该行内部在零售业务部门、分支行运营部门以及相关部门之间也没有建立和实施有效的沟通和协调机制，导致了网站公布提高收费消息几天之后，仍有很大比例的基层操作人员对收费标准和执行与否尚不清楚。

再次，逆势收费的解释损害了该行的服务品牌。金融危机造成了全球性的经济衰退，企业和居民的信心深受打击。在这样的敏感时期，任何一项增加成本的政策出台，必须充分论证其给银行带来的可能性负面效应。工商银行在全球银行业隐蔽管理能力普遍降低的背景下，2009 年一季度仍然取得了不错的经营业绩：从一季度公布的数据看，工行净利润同比增长 6.03%，在 14 家上市银行中居第二位。一季度，工行手续费及佣金净收入达到 135 亿元，同比增长 9.66%。这些成绩的取得，并不是该行的管理能力高于国外商业银行，很大程度是该行享受了国家信誉和中国金融政策，以及中国经济发展的成果和外在体现。在政府和各界为恢复经济复苏的信心而共同努力的时刻，该行应首先考虑社会责任，考虑如何发挥自身优势，支持企业发展，提高居民金融服水平。结果，该行反其道而行之，为了自身的利润增加，擅自成倍提高收费，人为增加了消费者（储户）的开支。

作为商业银行社会服务职责的残缺污损货币清点业务，原来一直未列入收费项目，该行今后将对于按照人民银行有关规定界定的残缺污损货币 200 张（枚，不含）以下免费，200 张（枚，含）以上最低 5 元，每增加 100 张（枚）加收 1 元。这一方面加大了公交、公用事业收费等单位的成本支出，使得相关行业和单位将其成本转嫁给城镇居民；另一方面，不利于国家（中国人民银行）通过商业银行营业网点回收破、损、残人民币等政策性金融服务职能的实施。这对该行的品牌战略实施也是很大的不利影响。

消费者满意度调查发现，多数消费者认为，该行服务收费提价的解释显得非常不充分和苍白。该行关于提价是“为了更好的服务、更加安全”的理由引起了业内专家和消费者的诸多质疑。很多消费者提出疑问，难道高收费就等于优质服务？据市场调查发现，多数被调查者认为，收费提价与改善网点服务没有直接的对应关系。从营业网点的经营情况看，工行收费提价后银行排长队现象并没有明显的改善。

进一步研究了国家金融行业监管政策后认为，根据商业银行经营的国际管理，收费适当提价是国家法律政策允许的，因此，不是严令禁止才正确。不可否认，在当前国家多次调低利率、银行存贷差逐渐缩小的情况下，大力发展中间业务无疑是银行扩大利润来源、降低对存贷业务的依赖必然选择。是否提价？哪些业务品种需要提价？提价幅度是多少？这些都是相当复杂的系统工程，也是银行高层决策者应该慎重评估后予以决策的重要内容。一次业务收费调整是否成功，并不取决于提高了多高的比例，关键是看提价的审批流程是否合法、提价标准是否合适、价格组合是否科学、提价公共关系是否到位、提价时机选择是否妥当，以及提价宣传推广与品牌定位是否一致等。

银行收费提价，牵涉数千万银行个人客户的根本利益，应该非常谨慎，统筹规划。工商银行这次提价暴露出其在服务品牌内化方面的机制缺失，对其他银行从业者来说，既是一次经验学习，也是警示与经营理念的转变。该行无论在提价的战略制定与实施、品牌定位、时机选择、内部沟通、整合营销，还是在提价组合与比例、公众宣传与公关，提价后果评估与危机管理等方面，都存在某些不足或问题，值得银行决策者和专家、业内人士的深思。该行在服务品牌内化机制建设和规范管理方面的工作任重道远，该行中间业务收费提价对中国金融服务业未来的深远影响，以及对该行品牌战略实施和今后加强服务品牌内化管理的经验、教训，都有待于深入跟踪、剖析与反思。①

4.9　关于“和谐教育”的思考②

和谐是对立事物之间在一定的条件下、具体、动态、相对、辩证的统一，是不同事物之间相同相成、相辅相成、相反相成、互助合作、互利互惠、互促互补、共同发展的关系。“教育”一词来源于拉丁语 educare，意思是“引出”。社会根据

① 吴维海 . 新浪博客，2008-9-25.

② 吴维海 . 中国人民大学商学院 . 广西社会科学，2007（11）.

受教育程度选拔人才。人通过受教育实现社会地位的变迁。教育伴随着人类社会的产生而产生，随着社会的发展而发展，与人类社会共始终。在当前教育资源紧缺、城乡居民收入水平不高、贫困人口大量存在的环境下，教育的失衡现象突出，如何构建和谐的教育体制和路径，是需要认真研究的重大课题。

关于“和谐教育”建设的思考

党的十六届四中全会提出了构建社会主义和谐社会的伟大战略构想，教育作为社会系统中具有先导性、全局性和基础性的重要领域，在构建社会主义和谐社会中发挥着举足轻重的作用。一定程度上可以认为，教育和谐是社会和谐的基石。因此，构建社会主义和谐社会，也应大力倡导和推进“和谐教育”建设。本书试图对“和谐教育”建设提出一些思考。

1.“和谐教育”概念与现状

所谓“和谐教育”，是指紧密围绕社会主义教育方针，使教育的各种要素和资源合理配置，相互协调，处在最佳的功能状态，使受教育者在德、智、体、美多方面协调发展的教育。目前，我国经济发展中区域发展不平衡、社会资源分配不合理，以及教育制度设计缺陷所引起的教育领域的不公平已成为突出的社会问题，这影响了和谐社会目标的实现。在这种形势下，大力倡导和推进“和谐教育”建设是非常必要的。

（1）“和谐教育”建设是构建社会主义和谐社会

在教育领域的实际行动。胡锦涛在2006年2月中共中央举办的省部级主要领导干部提高构建社会主义和谐社会能力专题研讨班上强调：要在推进社会主义物质文明、政治文明、精神文明发展的历史进程中，扎扎实实做好构建社会主义和谐社会的各项工作。他指出，构建社会主义和谐社会，必须坚持以人为本，始终把最广大人民的根本利益作为党和国家工作的根本出发点和落脚点，在经济发展的基础上不断满足人民群众日益增长的物质文化需要，促进人的全面发展。这一讲话落实在教育领域，就是要维护社会各阶层公平接受教育的权利。

当前，教育问题已成为我国社会各阶层共同关注的问题，关系国家发展、社会进步。为此，建设“和谐教育”，必须加大资金投入和教育扶贫，以实际法律规定的公民享有平等的受教育权利，这需要通过政府的实际行动落实、推动。为解决教育不均衡问题，党和政府在这方面做了许多工作，比如国家制定了 2010 年教育工作目标。学前教育较好满足社会需求，全国普及九年义务教育的人口覆盖率达到 90% 以上，初中毛入学率达到 95% 以上。在城市和发达地区普及高中阶段教育，使高中阶段毛入学率达到 80% 以上，部分地区基本实现教育现代化。

（2）“和谐教育”建设体现了宪法精神

《宪法》第四十六条规定“中华人民共和国公民：享有受教育的权利和义务。”这就从立法角度明确了公民应享有受教育的权利。《教育法》规定“公民不分民族、种族、性别、职业、财产状况、宗教信仰等，依法享有平等受教育机会。”《义务教育法》规定：“国家、社会、学校和家庭依法保障适龄儿童、少年接受义务教育的权利。”“国家对接受义务教育学生免收学费，国家设立助学金，帮助贫困学生就学。”上述法律规定的公民享有平等的受教育权利需要通过政府的实际行动落实、推动。

再者，教育资源分配体制的缺陷造成了我国教育不和谐。

一是录取分数的地区差异大。以 2000 年的高考录取线为例：全国一批高考录取分数线，北京文科 462 分、理科 469 分，浙江则分别高达 560 分、573 分。就是说，同样的分数，北京考生可以上清华等名校，浙江等省考生连中专都很难读上。

二是教育资源城乡分配不合理。国家教育投资主要集中在城市。例如，2002 年社会各项教育总投资 5800 多亿元，其中占人口 60% 的农村只占 32%。教育资源分配上的制度缺陷，其造成的直接后果是，不同地区或群体子女在接受教育方面享受的政策有较大差距，从而造成了教育体制的不公平。

构建社会主义和谐社会，教育是基础，是根本保障。建立以人为本、和谐相处的社会，需要全民思想道德、科学文化水平的普遍提高，这就要求以和谐的教育作为最直接的手段。教育和谐是和谐社会的重要标志，没有教育和谐，就没有国民经济可持续发展。教育公平是社会公平的起点，没有均等教育机会，就难以有社会公平。所以，应建设“和谐教育”，让全体人民共享改革与发展的成果。

2. 教育的问题和原因

当前，我国教育领域出现了一些不和谐的现象，如城乡之间、区域之间教育发展不平衡。以浙江省为例，援引浙江省教育厅长刘希平公布的数据：2005 年浙江学前 3 年幼儿入园率最高的市达 96.194%，最低的市仅 69%，相差 27194 个百分点；初升高比例最高 95.153%，最低 86.198%，相差 8155 个百分点。2005 年，浙江省优质教育资源覆盖率最高的地区接近 100%，最低地区仅有 14.14%，相差 85.16 个百分点。教育机会不平等已成为社会各界高度关注的社会问题，如果不能有效解决，将会激化社会矛盾，这与政府提倡的和谐社会目标不相符。教育不和谐也体现在高等教育方面。例如，许多农村子女、贫困市民子女因无法支付高额的学费而辍学，高校在校生犯罪问题日益突出。此外，每年都有许多大学生无法找到工作。大学生就业难的问题已在一定程度上影响了高等教育的社会形象，制约了我国教育事业的可持续发展。

我国教育出现种种不和谐现象的原因是多方面的，地区和城乡收入的差别、社会各阶层经济水平的差异是重要原因，此外，人们思想认识上的偏差也是原因之一。对于一些家庭来说，子女接受教育仅仅是为了获取一张文凭以获得谋生的手段。而在另一些人眼里，教育是“一种消费”，大学教育更是“高消费”，不是人人都能读的。这种论调显然与宪法精神相违背，与构建社会主义和谐社会的宗旨格格不入。因为按照他们的逻辑，是否接受高等教育取决于人们的经济能力和社会地位，这就必然造成教育不平等。教育不平等将会拉大贫富差距，不仅影响社会主义和谐社会的构建，也会阻碍“和谐教育”的建设。因此，纠正少数人在教育问题认识上的偏差，需要全社会重视，需要政府各部门的实际行动。

再者，教育资源分配体制的缺陷造成了我国教育资源分配不均，我们要用行动维护最广大人民的根本利益，这样才能体现教育领域的社会公平，才能兼顾贫困人口和边远地区群众利益，才有可能消除因经济差距等原因所带来的教育不平等现象，确保社会稳定。

3. “和谐教育”的建议

为解决目前教育领域存在的深层次社会矛盾，各级政府应统一思想，提高认识，加大措施力度，全力推进“和谐教育”建设。

（1）全面落实《国家教育事业发展“十一五”规划纲要》

2006 年 12 月 27 日，温家宝总理主持召开国务院常务会议，审议并原则通过

《国家教育事业发展“十一五”规划纲要》(下称《规划纲要》)。“十一五”期间我国教育发展的目标是，巩固和普及九年义务教育，大力发展职业教育，提高高等教育质量，保持教育事业持续健康发展，教育体系更加完善，区域发展趋于协调，城乡差距逐步缩小，国民受教育水平进一步提高。《规划纲要》体现了“和谐教育”的基本思想，为此，各级政府、社会各界应采取积极的行动，全面落实规划纲要，切实解决教育领域存在的突出问题，建立公平就业的社会监督与保障体系，从而使社会各阶层享有充分的教育权利。

(2) 建立全方位的“和谐教育”保障机制

由于我国人口众多，教育资源稀缺，如何在不同阶段对教育资源进行合理分配，是社会各阶层利益博弈的焦点。在这种情况下，应建立“和谐教育”的保障机制，使全体人民能够享受平等的教育权。尽管我国已实施九年制义务教育，并从 2007 年起对全国农村义务教育阶段学生全部免除学杂费，但是，目前相当一部分农村和城镇低收入群体在子女教育方面仍面临许多其他方面的困难，如住宿费、家庭经济来源等方面的问题。这些问题是制约这类群体子女充分接受教育的重要因素，必须配套解决。目前国家推出的助学贷款，免除农村学生义务教育阶段学杂费等措施，在一定程度上缓解了教育中一些突出的矛盾，但是并没有从根本上解决问题。从各个地区的教育现状来看，一些教育机构和学校采取了变公办学校为民办、变相提高学生收费等手段，所以实际上很多地区学生的教育费用没有得到实质降低。因此，国家一方面应严格审查办学机构资格和收费标准，查处那些违规或变相收费的机构或学校，另一方面应全面免除贫困家庭子女的学费，推出贫困家庭教育扶持计划，从解决家庭经济收入渠道入手，解除其后顾之忧。鉴于大学本科教育已成为普通居民子女就业的基本保障，对这一层面的受教育群体，在社会救济和保障方面应采取实际行动来保证其公平性。此外，各级政府教育部门应加强监管，防止和杜绝学生录取、学业考核等方面的特权或内幕交易，确保教育的透明度、公正性和信用度。

(3) 建立适应“和谐教育”需要的教育补偿和就业公平机制

建设“和谐教育”，应建立适应“和谐教育”需要的教育补偿和就业公平机制，具体说来，可采取以下几个方面的措施：

1) 建立对农村和城市困难家庭等弱势群体的补偿机制，定期开展农民、城市失业人员义务技能培训，为受教育群体的家长提供谋生的基本手段。

2）建立农村和贫困落后地区基础教育经费财政转移支付制度，努力缩小地区间、城乡间教育发展水平的差距。加大教育经费投入，设立专门基金，运用税收、金融、行政等手段，优化国民收入分配格局，减小城乡、区域和不同社会群体间收入差距，完善失业、医疗及养老保障体系，加大社会救助、社会福利投入，使大多数社会成员能享受经济发展带来的利益。

3）完善各级政府监督部门的反腐倡廉机制，加强干部队伍建设，强化舆论监督。

4）规范招生办学收费秩序，完善政策法规，加强对招生、办学、收费行为的管理和规范。

5）推进初中、高中和大学招生制度改革。为解决目前优质教育资源短缺的问题，应对中学进行教育资源的均衡配置，逐步完善学生选送程序，增加透明度。同时，加大改革力度，逐渐减少或取消不同省份或地区的高考录取政策差别，减少地区间教育制度的不合理现象。

6）积极增加社会投资，繁荣地方经济，拓宽大学生就业渠道，完善大学生就业和干部选拔体系，使大学生就业和晋升真正实现平等竞争，为“和谐教育”目标的实现创造良好的氛围。

4.10 发展麓台文化提高幸福指数

编者按：文化产业是地方经济发展的重要支撑，也是国家部委智库研究的重点。国家发展改革委农经司原司长高俊才 2017 年在“麓台文化研究会”发表了专题演讲，题目是：“发展麓台文化，提高幸福指数”。以下是主要演讲内容。

1. 对“文化”的理解

“不虑全局者不足以谋一地，不虑千秋者不足以谋一时”。研究麓台文化，需要了解大的社会氛围和文化传承。我国从原始文明、农耕文明到工业文明、现代文明，创造出了丰富多彩的物质财富和精神财富，两种财富互为因果，文化特指精神财富，精神财富又分为思想文化、科学技术、教育、艺术等，这几个方面互相联系。近年来中央强调四个自信，即道路自信、理论自信、制度自信和文化自信，文化自信是其他自信的基础。我国的社会主义先进文化，是在中国几千年传统文化和近代红色革命文化基础上的创新和发展起来的。社会主义核心价值观的二十四个字“富强、民主、文明、和谐、自由、平等、公正、法治、爱国、敬业、诚信、友善”，也是中国特色社会主义文化的价值观，是我们研究和发展麓台文化的指南。

人的变化、物的变化与文化的变化，互为联系，互相促进。我们在小时候，不知道什么是电视机、电脑、手机。现在的小孩子，在幼儿园就会玩智能手机。我们青少年时期，晚上点油灯，用石磨和石碾制面粉，牛拉犁耕地，马车拉运东西，主要靠人力和畜力。现在电灯电话电视电脑，耕地不用牛，照明不用油，有些地方把当时的旧家具、旧农具收集起来展览，参观的人很多，不同年龄的人看了之后均会引发一番回忆或思考。麓台文化研究会也正在做这件事情，很有意义。

作者小时候农村的制度是大集体，当时是“三级所有，队为基础”的制度，到 20 世纪 80 年代才实行“联产承包责任制”，也叫“大包干”，土地实行承包经营，生产队不复存在，大队改成了村委会。现在还有不少人习惯性地把村委会叫“大队”，现在有些地方的饭店叫作“人民公社大食堂”，去吃饭的人回忆往昔岁月，感慨万千。

作者这一代所经历的事很多很多，是承前启后的一代，有责任把文化精华进行梳理和传承。从中央到地方都在提倡传承优秀文化，很多地方都取得了不少好经验，我们成立麓台文化研究会，可以参考借鉴外地的好经验，把文化研究和发展的事做得更好。

2. 对“麓台”区域的理解

“麓台”之名历史很久，在元朝张起岩《麓台望月》的诗中就引用过，他的诗写得很好：“银河洋洋净天街，碧月辉辉照麓台，台上读书燕太子，清光依旧向人来”。

“麓”是指浮烟山东麓，“台”是指公孙弘墓。浮烟山的“浮烟”二字，是指吉祥的烟云经常浮现缭绕在山的上空。

“麓台文化”的区域范围很大，浮烟山一带是核心地区，是“山左”文化的重要组成部分。“山左”是指太行山之左，人在太行山之上面南背北左侧的地区即“山左”，泛指太行山以东的地区，即指山东省的大部分地区。

历史上浮烟山一带的经济文化比较发达，孟子等大儒曾来讲学，当地的人希望孟子留下来多讲学，这就是麓台村以东的望留村村名来历的文化含义。

浮烟山、台、麓台村、望留街办和山左地区，这些地名都承载着丰厚的文化含义，这些文化含义一代代传到今天，也必将一代代传下去。研究和发展麓台文化，可把地名承载的文化含义编成故事，用适当的方式传播，以求雅俗共赏的效果。

传统文化是我们的精神之根，麓台区域的传统文化很有特色、很有影响。如果把中华文化被誉为百花园，麓台文化就是园中一朵亮丽的花。麓台文化从区域来说范围很大，不仅包括浮烟山周围附近的地区，还包括几十里以外甚至更远的区域，广义的麓台文化区域没有明显的边界。从区域文化来说，麓台文化是山左文化的重要组成部分。明清时期，山东人才辈出，清代更有“山左之诗甲于天下”的盛况，山左文化逐渐形成了与江浙文化不同的文化学术风格。我们所处的区域，属于麓台文化的核心区域。在这个核心区域内，历史上千百年来发生过很多文化故事流传至今，春秋战国时期孟子等大儒在此讲学，西汉时期公孙弘在此地求学，燕国太子在此读书，明清时期刘应节、高桂、阎循观、韩孟周、高守训等在此办学、讲学等。近现代，在传统文化基础上，与时俱进地引进消化吸收各种先进文化，形成了新时期的麓台文化，在革命时期和社会主义建设时期，涌现了很多杰出代表人物。我们这一代，有责任、有必要在进一步研究麓台文化的基础上发展麓台文化，使麓台文化精华在传承中创新，在创新中传承，在助力经济社会发展的同时，提高人们的幸福指数。

麓台文化乃至山左文化，是中国文化的一个缩影，麓台文化涉及的面很宽，千百年来变化很大，但在千变万化中，有一些跨越时空不变的价值观，要正确认识和处理变与不变的辩证关系，从变化的现象中找出相对稳定的“内核”，这就有必要从传统文化到现代文化、中华文化到麓台文化，进行系统梳理并联系起来深入研究，找出麓台文化的“内核”或者说“根源”和“灵魂”。

要按照历史唯物主义和辩证唯物主义的观点，研究传统文化和现代文化，要按照“去其糟粕、取其精华”的原则进行分析和传承。数千年来的文化精华，从纵向说，不同时期麓台文化的特色都在变化；从横向来说，社风、家风、政风、民风、学风、商风等文化风尚的表现形式也各不相同，这些都有必要分类进行研究。虽然有变化的、不同的一面，但也有相对稳定和基本相同的一面，对这一面的内涵也应该进行总结。我认为，麓台文化的文化风尚从社风、家风、政风、民风、学风、商风六个层面来说，其主要内涵或者说核心理念，可以概括为：文明、守法，孝悌、和睦，爱民、清廉，仁善、淳朴，尊师、勤奋，诚信、重义，这二十四个字就是跨越时空而不变的价值观。这只是我个人的建议，还需研究和推敲。

研究麓台文化的目的是为了创新和发展麓台文化精华，发展麓台文化的目的是为了提高人们幸福指数。在物质条件大为改善的今天，经济与文化出现了一定程度的不平衡，加快文化发展是促进平衡发展、满足人们精神需求的必然选择。

研究和发展麓台优秀文化，需要弄清几个问题：

1）要弄清为什么要研究麓台文化；

2）要弄清麓台文化的重点和核心；

3）要研究如何创新和传承麓台文化。

围绕这三个问题，下面谈几点粗浅的看法和建议。

（1）快乐文化

人活着的最终目的都是为了幸福快乐，这个道理很简单，但很重要，很现实。从一些发达国家的统计数字看，随着经济的发展，人均财富虽然增长了几倍，但幸福指数不但没有提高反而下降；从我国近年来的情况看，人与人、人自身、人与自然在一定程度上不和谐的问题，也应该引起进一步的重视，在作者写的《学国学谋幸福》中列举了一些数字可以说明这个问题。我们周围经常见到的人，也存在不少“虽不穷但不乐”的问题。如何使人变得更幸福快乐，是当前面临的一个重大现实问题，值得认真反思和对待，这就有必要从优秀的思想文化中找寻答案。

凡重要之大事，从渐悟到顿悟一般要经过多个层次。“读万卷书不如行万里路，行万里路不如阅人无数，阅人无数不如名师指路，名师指路不如大彻大悟”。对于中年以上的人特别是知识分子来说，这五个层次的前三个层次很多人已经达到，但一般人还需要第四个层次即“名师指路”，才能“大彻大悟”。“名师指路”

可以减少人生弯路，提高成功率和幸福感。下面粗略地分析一下古今中外多家学派思想大师的一些经典表述。

两千多年前，孔子周游列国到卫国去，在回答他的学生提的问题时说，首先要"富之"，即发展经济让人们富起来；然后要"教之"，即通过文化手段对百姓进行教化。通过"富之"和"教之"，使物质和精神"两个翅膀"都强起来，"幸福快乐之鸟"才腾飞。发生在两千多年前的故事和道理，在今天仍有很强的现实意义。

儒家经典《论语》中七十多处讲到"乐"。比如，"有朋自远方来，不亦乐乎""发愤忘食，乐以忘忧，不知老之将至""仁者不忧""贤哉，回也！一箪食，一瓢饮，在陋巷，人不堪其忧，回也不改其乐，贤哉，回也""知之者不如好之者，好之者不如乐之者""知者乐，仁者寿""饭疏食饮水，曲肱而枕之，乐亦在其中矣""君子坦荡荡，小人长戚戚"等，都是表达了对"乐"的赞美和追求。长寿到 95 岁高龄的哲学家梁漱溟先生认为，"乐为孔子生活当中最显著之态度"。孔孟二圣在当时能高寿到七十多、八十多岁，与他们对工作和生活的乐观态度，有着直接关系。

中医经典理论认为，"百病生于气而止于音（乐）"。就是说，多听音乐，不生气，有益于身心健康。《论语》中记载，"子在齐闻韶（舜的音乐'韶'），三月不知肉味"。孔子的精神境界高而且寿命长，与他的音乐修养有很大关系。现在农村的广场舞、拉二胡、表演文艺节目等，都是对快乐的追求，这是传统文化在新时代的表现形式，应大力提倡。

道家经典《道德经》中讲"知足不辱，知止不殆，可以长久"。庄子讲"至乐无乐"，这句哲理的一层重要含义就是说，最高层次的快乐就是不能过分地快乐，要防止"乐极生悲"；还有一层重要含义就是说，平平安安、普普通通，不过分地寻求刺激，才能持久的快乐。前几年我们到陕西省西安市的楼观台拜访任法融道长，他给大家讲道，主题就是"知足知止"，半个多小时他用国内外大量事例来说明"知足知止"的道理。各地的老百姓都常说"知足常乐"。从小时候认字到二十多岁，老家卧室门口的对联多年一直是写"知足心常乐，能忍身自安"，几十年来这副对联对我的影响很大。

佛家讲常戒"贪嗔痴"，而且把"贪嗔痴"比如为毒害人们心灵的"三毒"，只有戒“毒”、淡定，才能增长智慧和得到长久的幸福快乐。星云大师对快乐有很多妙言警句，他经常讲“满心欢喜”这个词，比如他说，不只把工作做好，而是要满心欢喜地做；不只满心欢喜，而是使大众皆欢喜；此即人间佛教的神圣性。星云大师还讲，求佛、拜佛更要行佛。有慈悲度众的情怀，快乐地工作生活，这就是行佛，就能实现利人利己的双赢。

实际上，儒释道三家无论在家出家，都在追寻快乐，没有人想生活在痛苦之中。虽然人生避免不了痛苦，但大家都在用各种方式寻找出路。前面讲到儒家，从不同角度论述快乐。佛家认为要想获得解脱之乐就要“空性”，放下“贪嗔痴”，走正道，通过常修“戒定慧”来“离苦得乐”。道家提倡顺应自然规律，追求逍遥自在、幸福快乐。儒释道三家理念各有特色，适应于不同群体的人或同一人的不同时段，可兼而思之，兼而行之。

马克思提倡“人的自由全面发展”。因为人做到自由全面发展才能得到真正的快乐。通过革命推翻旧制度，其目的也是为了人的自由全面发展，为了更多人得到幸福快乐。革命是手段但不是目的，人的自由全面发展和幸福快乐才是目的。红军在长征中，爬雪山、过草地，不怕牺牲，英勇奋斗，在相当艰苦的条件下，乐观主义精神是战胜困难的重要保障。毛主席讲，与天斗其乐无穷，与地斗其乐无穷，与人斗其乐无穷。“斗”的过程中，不仅可以改变客体，同时也需改变自己这个主体的知与行，在改变中带来成就感，乐就在其中，“乐”是“斗”的动力，斗争是为了实现和谐与幸福。

西方哲学有一种“快乐哲学”，被称为“快乐主义者”的英国哲学家罗素讲，“任何一种对他人不造成危害的快乐都应该得到珍视”。1950年78岁的罗素因积极参加世界和平运动、反对核战争，而获得诺贝尔文学奖。罗素长寿到98岁，快乐是他长寿的重要原因。

无论中国传统价值观，马克思主义价值观，还是其他各种价值观，古今中外价值观的共同点，或者说“最大公约数”，就是减少痛苦和烦恼，增加幸福和快乐。高尚的快乐不仅自己快乐，而且追求他人、众人的快乐。儒家讲的“修身、齐家、治国、平天下”，佛家的“普度众生”境界，道家讲的“以百姓心为心”等，都是为了他人“离苦得乐”。马克思讲的解放全人类实现共产主义，毛主席讲的“全心全意为人民服务”，也都是为社会大众谋幸福、增快乐。

无论老百姓朴素的认识，还是古今中外思想文化大师的经典理论，其共同点就是人生追求幸福快乐。

要做一个高尚的人就要追求高尚的乐趣，而不是低俗的乐趣。白求恩不远万里来到中国抗日前线，舍己为人救伤病员；雷锋助人为乐，把有限的生命投入到无限的为人民服务当中去；麓台区域也有很多好的典型人物、典型案例，都是把自己的乐趣建立在帮助他人的基础上。榜样的精神值得我们学习。

人生为了快乐，这个道理似乎简单，但并不是人人都能明白。一些有身份、有财富的人，看上去条件不错，但实际上并不快乐，其原因就是没有树立正确的人生观、快乐观。与之相反，一些人物质条件并不好，但却过得很快乐。

就个体的人来说，怎样才能有更多的快乐呢？打个比方，人心好像一个容器：装的满足多了，痛苦就少了；装的快乐多了，烦恼就少了；装的宽容多了，仇恨就少了。人活的是一种心情，贫富得失都是过眼烟云，正如《心经》所说的“色不异空，空不异色”。不管亲情、友情、爱情，都胜不过好心情，有了好心情才能巩固发展其他感情。人间万千事，淡然一笑间。只要快乐，就没有丢掉人生最重要的东西。

总之，应快乐地研究麓台文化，深入研究麓台文化中的快乐基因，给更多的人带来更多的幸福快乐。

（2）道德文化

不仅要自己快乐，还要他人快乐；不仅要少数人快乐，还要绝大多数人快乐；不仅要一时快乐，还要长久的快乐。如何才能做到多元而可持续的快乐呢，古今中外的优秀思想文化给出的智慧很多，下面谈谈具有共性的四种大智慧，也可以说是四种品德：仁、信、中、和。“人无德不立，国无德不强”。“仁、信、中、和”四德，是实现人的幸福快乐的重要思想保障。

1）“仁”德

“仁”从右边往左面读是“二人”，就是说，想事做事既要考虑自己，也要考虑别人，要把自己与他人的想法和利益统一起来，实现双赢。

儒家思想的核心理念是“仁”。古人为了让“仁”的理念深入人心，把很多物品的名字都加了“仁”字，比如“桃仁”“杏仁”等，人的名字中有“仁”字的也不少。

仁爱思想是儒家思想最重要的基石，是儒家思想的核心理念。如果把一个人、一个团体乃至一个国家的发展比为走路，那么如果缺乏仁爱之心，要么走不快，要么走不远。对人生旅途而言，仁德既是幸福之源，也是保福之要。

“仁”字在《论语》中出现一百多次。“仁”字由“二人”组成，其中“一人”代表自己或者自己一方的群体，“另一人”代表他人或他方群体，“仁”的理念要求把“二人”结合起来思考和做事，从自己和他人两个不同角度来考虑同一个问题，追求和实现双赢。

对“仁”的概念，孔子对不同人、在不同情况下提的问题，有不同的解答，其中“仁者，爱人也”这句话最简明扼要。实际上在孔子之前的《尚书》中就有“仁，爱也”的表述，“仁”的思想在我国已绵延数千年。

“孝”是“仁”的最基本体现，几千年来我国从上到下都特别强调“孝”，甚至提出“百善孝为先”，“孝”是带有普遍意义的感恩和报恩。“孝”是衡量一个人仁爱之心的基本标准。爱心是责任心之源，责任心是行为动力之源。古代好的官员都追求忠与孝的统一即“忠臣孝子”，民间百姓也把孝作为评价一个人品行最重要的标准。

2）“信”德

“信”的重要含义之一是表示言与行的关系。“信”与幸福的关系非常密切，一人或一方之善言，能给他人或他方带来好的期望、心情甚至实际利益。在《论语》中数十次讲到“信”。比如子贡问政，孔子回答了三条，“足兵、足食、民信”，即政府要有军事实力、有钱粮、有诚信，这三条中孔子认为诚信这一条比另外两条更重要，因为“民无信不立”，有诚信的政府才能得到民心，民心所向是政府价值的最高体现。

对于“信”，在道家思想中也有独到的精辟论述。《道德经》第四十九章讲“信者，吾信之；不信者，吾亦信之，德信”。有道德有能力的人，可预测不信、掌控不信、消化不信、转化不信，用“不信者，吾亦信之”的大度包容和感化“不信者”，争取使其转化为“信者”。古今中外清明、有为的政府，不仅用法制措施惩戒“不信”，而且用宣传、教育、舆论等德治措施预防不信，促使不信向诚信转化。

3）“中”德

智慧是幸福之源，古今中外人们的大智慧，大都包含有“中和”的理念。《易经》集中国智慧之大成，是中国传统文化的源头，儒、释、道、医等多家“流派”都以《易经》最基本、最重要的“阴阳中和”理念为指南，“阴阳中和”是深入浅出的大智慧，是中华优秀传统文化的核心理念。中国人明智的思维方式、行为方式、生活习俗、伦理道德、审美观念等，无不遵循“中和”理念。

中国数千年文明史汇集而成的智慧之河，“执中”思想源远流长。据传说，舜承继大位时，对尧做出“执中”的应允，即“允执其中”。孔子说：“执其两端而用其中于民，则斯以为舜乎！”“回（颜回）之为人也，择乎中庸”“我有知乎哉，无知也，有鄙夫问于我，空空如也。我叩其两端而竭焉”。尧舜禹三代授受权力均以保持中正之道为“心传”和“法宝”，在尧舜看来，只有具备中庸正直的德行才能治理好天下。为使“尚中之德”传至千秋万代，后世把“中”字用于国名，经过数千年传至今天，这既是远古先贤的智慧，也是历朝历代安邦治国者将“中”字作为国家精神的一个重要体现。

古希腊哲学家亚里士多德也推崇中庸之道，他认为：要获得美德就必须走中间道路，即中庸之道；性格可以分为三部分，两头为极端和缺陷，中间才是美德和优点；所以，怯懦和鲁莽之间是勇敢，吝啬与奢侈之间是大方，淡泊和贪婪之间是志向，自卑和高傲之间是谦虚，沉默和吹嘘之间是诚实，暴戾和滑稽之间是幽默，争斗和阿谀之间是友谊，犹豫和莽撞之间是自制。关键在于适度与平衡。两千多年前西方哲学与中国哲学，虽然表述各不相同，但道理是相通甚至相近的。

思维决定行为，思想文化要适中，要把握好动态平衡，不能走极端。北京大学楼宇烈教授讲，近代以来对文化的认识有两个显著的不平衡：一是中西文化比重的不平衡；二是人文文化与科学文化的不平衡。要增强中华文化的主体意识。社会主义核心价值观，就是为了解决和防止发展中的多元不平衡问题。研究和发展麓台文化，要深入认识和全面践行社会主义核心价值观。

4）“和”德

“和”与幸福的关系互为因果。和谐、和顺、和美、和鸣、和气、和悦、和平等词汇，凡用“和”字开头的，都与人的生活幸福和事业成功有着直接关系。要成为智慧的人、幸福的人、成功的人，其思维和言行都要符合“和”的理念。

无论什么场合，关系和谐非常重要。据有关资料介绍，汉相公孙弘每次上朝议论政事，开头总是先陈述种种情况并提出建议，供皇上参考，不肯在朝廷上当面争论。这样的工作态度和方法，最大限度地保持了与上级、平级和下级的和谐关系，这或许是他得到皇上重用并在当时长期发挥作用的重要原因。公孙弘在策对中讲“阴阳和、风雨时、甘露降、五谷登、六畜蕃（茂盛的意思）、嘉禾兴、朱草生、山不童、泽不涸，此和之至也”。策对从天气、农业、生态多个层面强调了“和”，可见“和”之重要。

实际上阴阳平衡、阴阳相和的理念，在中国已有数千年，无论是大自然还是政治、经济、外交、家庭、朋友等各种社会关系，以及人的肌体和心态，都需要阴阳动态平衡，才能正常运行。建设和谐社会，就是在人与自然、人与人、人自身三个层面，努力促进多种关系的和谐，和谐是幸福快乐的首要前提。即使有必要竞争甚至斗争，也应该适度而不能过度，而且要把和谐作为最终目的，以竞争促和谐、以斗争促和谐。

“礼之用，和为贵”，人与人的关系要想和谐，必须合乎感情、合乎礼法，“发乎于情，止乎于礼”。能否礼貌待人，是判断一个人素质高低的重要标准。

古今中外，凡有志于追求事业成功和个人幸福与他人幸福相统一的人，需要崇尚“和合”与“竞合”理念。不竞争就没有活力，但如果竞争者之间只讲争斗而不讲和谐，就不能双赢，弄不好会双输，“活力”就形不成“合力”，不仅整体不协调、不幸福，个体也难以得到真正的、持久的幸福。

在追求和谐的同时，也不能回避矛盾，要正视矛盾、分析矛盾，利用矛盾防范风险。比如，在我几十年的工作经历中，长期从事资金和项目审批，就是实行权力制衡，用“PK+OK”制度防范系统风险，保障资金安全、干部安全和工程安全。

3. 研究麓台文化的动力和影响力

深入持久地研究麓台文化，一是研究者要有兴趣，二是研究过程和成果要助力社会发展。

（1）把文化研究当成生活乐趣，激发研究团队的内在动力

对知识分子（古代叫作“儒”）来说，研究文化应该是一件很有乐趣、很有意义的事情，这一方面我们的前辈树立了榜样。

明代尚书刘应节与礼部按察司主事高桂共同策划，修建了麓台书院，并亲任主讲十余年。刘应节去世时，万历皇帝还遣使凭吊，追赠他为太子少保。清代乾隆年间，昌邑籍进士阎循观扩大书院；进士韩梦周也辞官前来讲学达27年之久。清代高守训，出身进士，曾担任过江苏宜兴县令，前几年我到宜兴县出差，请当地人查阅了高守训的历史资料，史志中记载高守训的百姓的口碑很好，评价很高。高守训也在潍阳书院（也是潍坊地区比较有名的书院）经常讲学。我们现在研究麓台文化，不能忘记从汉代名相公孙弘，到明清及其现代，对发展麓台文化做出贡献的人。

清代学者陈介祺，在研究金石学方面贡献很大。陈介祺是潍县城里人，工部礼部尚书陈官俊之子，32岁考中进士，在翰林院任编修近十年，41岁时返归故里为母处理后事之后，不再复出为官，专心致志从事金石研究三十多年，收藏器物特别是铜器，从商周算起前后跨越数三千多年。他收藏的器物和研究金石的著作，为后人进行历史和文化艺术的研究，提供了可靠的依据。陈介祺把文化研究作为一生的事业和乐趣，这种精神值得学习。

研究麓台文化，首先要在弄清文化之根、文化之源、文化之魂的基础上，增强文化自信和提高文化自觉，把文化与经济社会发展结合起来，提高发展质量，提高幸福指数。

麓台文化研究的团队是老中青结合，主体大多是老年人，老年人有时间、有经验、有兴趣。老有所为与老有所乐是正相关关系。人是高级动物，活着就要动，“动”才有“活”力，一是体动，二是脑动，都要适度运动，防止功能过早退化，“生

命在于运动”，要动静结合、动静平衡，健康在于平衡。

根据世界卫生组织对健康的定义，健康包括四个方面：肌体、精神、社交、道德。四个方面的要素互相影响。人有三宝“精气神”，精神健康与肌体健康互相作用，无论什么年龄、什么条件，都不能精神空虚，要防止“无事生非”。社交活动要虚实结合，因事交往是必要的，没有具体事交往也是很有益的，在交往中交流信息、增进感情，对身心健康都是很有益的。道德既是做人做事的底线，也是健康的重要保障，因为尚德之人不做坏事，利人利己，能产生“仁者寿”的效果。麓台文化研究会，从研究过程到阶段性成果，都是健康四要素的有机结合。肌体、精神、社交、道德四个方面的健康，其共同的基础就是“修心”。对文化研究者来说收获是多方面的，其中最大的收获莫过于“修心”，“修心”会在不知不觉中带来幸福和快乐。

（2）分层次研究传统文化，扩大正能量影响力

研究麓台文化乃至研究更大区域的文化，可参照国际著名社会人类学家马林诺夫斯基（英国人）的理论，将文化分为“器物、组织、精神”三个层次，在研究文化的过程中可先进行分类整理，再统筹研究和提炼。

1）器物层次。前述陈介祺就是从器物层次研究文化的典范。现在，民间有不同年代的很多器物，比如农具、工具、商具、家具、教具、学具、乐具、药具、婚葬用具等器具，以及各种艺术品，都是精神文化的载体，应该尽早收集并将其放入博物馆内，在妥善保管的同时，适度开放参观，也可以与其他地区的博物馆等文化组织进行交流展出，互利共赢。

2）组织层次。要研究历史上不同时期的各种组织，比如家庭组织，历史上有十几口人、几十口人的大家庭，名著《红楼梦》就是通过描述家庭成员之间、家族之间的关系来研究历史，毛主席提倡把读《红楼梦》当历史来读。再比如宗族组织，家谱、祠堂等都可研究，孔子的家谱两千多年连续不断。宗教组织，包括佛教、道教等，现在的洪福寺、朝阳观是历史寺庙的延续。教学组织，历史上有私塾、书院、学堂，现在的中小学校、大学城的多所大学，都是历史教学组织的延续。行政和经济组织，新中国成立后的前三十年，先后有互助组、低级社、

高级社、人民公社、生产大队、生产小队等，近三十多年来的组织体系大家都很清楚，可以把组织体系的变迁进行系统整理和研究。

3）精神层次。如果说上述器物和组织层次是形体，那么精神层次就是魂魄，形魂一体，但可分开研究。精神层面传统文化的源流和派别大致可分为：易经，儒家、墨家、道家、佛家、法家、兵家、阴阳家、纵横家、算数家、小说家、农家、医家、音乐家、艺术家、天文家等。千百年来多种流派既有特色，更有互相借鉴和融合。前面讲到的快乐文化和道德文化“仁、信、中、和”理念，是多家文化的共同点。与历史相比，现代的器物层次和组织层次变化很大，但精神层次特别是价值观、方法论，在相当程度上还延续着传统文化的精华。

以上三个层次，互相联系，互相渗透，应统筹研究。在对三个层次的研究中特别是对精神层面的研究中，应把跨越时空的理念研究放在突出位置。比如，从两千多年前孔子的“仁爱”观、孟子的“性善论”，到当今时代的社会主义核心价值观中讲“友善”，都强调“仁爱之心”，“与人为善”，这是做人的关键，是不同时期、不同文化的共同价值观。无论什么时候、在什么地方、什么身份、做什么事情，都不能忘记第一位的是做人，做人最重要的是要有“善愿”和“善行”。道家讲“天道无亲，常与善人”，佛家讲“诸恶莫作，众善奉行”“善有善报，恶有恶报”，这些名言警句闪耀的思想光辉，不仅照耀了过去千年万年，而且还将照耀人类的未来，这是人类发展道路上的长明灯，我们的人生要想持久幸福，就要牢记和践行。

举头三尺有神明，要有敬畏之心。所谓“神明”就是抑恶扬善的规律，不以人的意志为转移，人必须要敬畏和遵循客观规律，否则将受到惩罚。社会科学和自然科学都强调发现规律、遵循规律，我们每个人都要敬畏规律。进行文化研究，可以通过讲故事来说明规律，使人们在兴趣中认识规律、尊重规律。

千百年来流传下来的一些名言警句，比如“人在干，天在看”，人干善事早晚要得到天（规律）的奖励，做坏事早晚要得到天的惩罚，这是古人通过观察分析大量真人真事总结出来的，是科学规律。

从文字结构看，“儒”字是“人”加“需”，即人所需要的“仁义礼智信”“忠孝节义”等；“佛”字是“人”加“弗”，即人们不要“贪嗔痴”；“道”是喻义人生之路、人生做事要“走脑子”，要有辩证思维，要符合道理和规律。儒家侧重“拿得起”，佛家侧重“放得下”，道家侧重“想得开”，“三家”的“三得”其出发点和落脚点，都离不开一个“善”字。人的一生，无论拿得起、放得下、想得开，都要围绕一个“善”字，才能有智慧、有能力而且幸福快乐。

我国现代文化中包含很多历史文化的精华，比如马克思主义辩证法的“对立统一”规律与《易经》中的“阴阳平衡”法则，“解放全人类”“全心全意为人民”与“普度众生”的境界等，都有相近或相通之意。孙中山先生讲的“天下为公”出自《礼记》，毛主席倡导的“实事求是”出自《汉书》，邓小平同志讲的“小康”，出自《诗经》，习近平总书记讲的“不忘初心”等名句也出自于中国典籍。传统文化的精华，特别是“仁爱”“善良”的普世价值观，是当代的正能量，可多形式、多层次地研究其丰富内涵、实现途径和影响力，这种正能量的影响力由近及远地传播，潜移默化地影响着一代代无数的人。

（3）知行合一地发展麓台文化

研究文化是为发展文化服务的，只有与时俱进地发展麓台文化，才能不断提高幸福指数，这是研究文化的出发点和落脚点。

从明朝王阳明提出“知行合一”到现在，已有五六百年。习总书记在多次讲话中提到“知行合一”。所谓“知”就是要弄清事物的真实面目和发展规律；“行”就是要把规律用于指导行动。“知行合一”就是“知者行之始，行者知之成”。麓台文化研究会的主要意义是从大量事实中研究总结出文化精华和发展规律，供人们在未来的行动中参考借鉴。研究会不是为研究而研究，研究是方法而不是最终目的，最终目的是“古为今用”和“以文化人”。

如何“古为今用”和“以文化人”呢？举个实例。2014 年 11 月我们去孔子故里曲阜市调研时了解到，曲阜市实施以“修学、修心、修礼、修德、修政、修廉”为内容的“干部修身计划”，编写并免费发放 10 万册道德教育读本，实现了 64 万居民教育培训的全覆盖；市委、市政府联合发文并召开诚信建设动员大会，明确了政务诚信、企业诚信、司法诚信、个人诚信和学生诚信的基本内容，分类制定“不诚信标准”，将存有制假售假、拖欠工资、偷漏税收等行为之一的，定为不诚信企业或商户；对于失信行为，实行“黑名单”制度，采取惩戒措施；将“诚”作为招录公务员、招聘企事业单位人员的门槛限制，不诚信的人将不被录用。

曲阜还以“孝德之城”建设为重点，制定了干部、职工、农民每月给父母零用钱分别不少于200元、120元、60元的标准，并对全市8.4万名60岁以上的老人赡养费用及其生活物资进行公示，将“孝”作为干部提拔任用的重要标准，不孝的不提拔重用。曲阜市将上述做法总结为“不孝不提，不诚不进”。曲阜市将诚信、孝悌等道德标准具体化，收到了很好的效果。曲阜市将儒家精华思想与当前社会现实相结合的做法，值得研究借鉴。

再举个发展孝文化的例子。2012年全国老龄办等单位，参考古代“24孝”的提法，提出了新“24孝”行动标准：

①经常带着爱人、子女回家；

②节假日尽量与父母共度；

③为父母举办生日宴会；

④亲自给父母做饭；

⑤每周给父母打个电话；

⑥父母的零花钱不能少；

⑦为父母建立“关爱卡”；

⑧仔细聆听父母的往事；

⑨教父母学会上网；

⑩经常为父母拍照；

⑪ 对父母的爱要说出口；

⑫ 打开父母的心结；

⑬ 支持父母的业余爱好；

⑭ 支持单身父母再婚；

⑮ 定期带父母做体检；

⑯ 为父母购买合适的保险；

⑰ 常跟父母做交心的沟通；

⑱ 带父母一起出席重要的活动；

⑲ 带父母参观你工作的地方；

⑳ 带父母去旅行或故地重游；

㉑ 和父母一起锻炼身体；

㉒ 适当参与父母的活动；

㉓ 陪父母拜访他们的老朋友；

㉔ 陪父母看一场老电影。

前不久到安丘市调研，看到一些农村的文化墙上，用图文并茂地宣传上述“新24 孝”。这个例子也很值得研究。

为了突出研究重点并扩大内在动力和影响力，建议研究会在研究过程和成果表现形式方面，把方向性、趣味性、实用性和广泛性有机统一起来。方向性是原则，要与社会主义核心价值观相一致。趣味性是重要动力，如果枯燥无味就难以为继。实用性和广泛性既是目的，二者也互相联系。

提高人们的幸福指数，不发展经济不行，光重视经济也不行，物质文明和精神文明必须“两手抓，两手都要硬”。2017 年 6 月召开的中国共产党山东省第十一次代表大会提出“开创经济文化强省建设新局面”；潍坊市也提出建设经济文化强市，2015 年夏刘曙光书记来浮烟山和麓台书院做过调研，在文化与经济相结合等方面提出了方向性指导意见和工作要求；潍城区曾任书记王兆辉和当时的书记刘泮英等领导，多次来浮烟山调研麓台文化，提出了积极支持文化建设的意见和具体工作要求。近两年，作为潍坊市政府的顾问，作者向市政府及其有关部门谈过关于文化发展的看法和建议，回老家时两次遇到并参加了市、区领导来浮烟山调研的活动并与他们当面交流，也与望留街办的多任党政领导多次当面交流过对麓台文化建设的看法，感到望留街办对麓台文化建设的工作很重视，工作也很有成效。当前省、市、区提出了经济文化“两强”战略，相信各级政府一定能落实好。落实战略目标的具体措施很多，从可能性考虑，可以和旅游等产业结合，可以和养老休闲结合，可以和打造特色文化小镇结合，可以和大中小各类学校的文化研究、德育教育结合，也可以和企业价值观和员工教育结合等。总之，可将先进文化元素更多、更深地融入各行各业、各个角落。只有把研究和发展麓台文化与区域经济社会发展深度融合，使文化在经济社会发展中扮演更重要的角色，文化才更有价值和生命力。

就打造特色小镇来说，麓台文化的核心区域有着独特的优势。前几天到坊子区的坊茨特色文化小镇参观，他们正在打造省级特色小镇，其独特优势是1898 ~ 1945 年这一段四十多年的德日文化。望留街办如果打造特色小镇，有着两千多年传统文化的优势，特别是洪福寺、朝阳观、麓台书院这些文化载体非常集中，其他地方难以比拟，“望留”这个名字本身就是很有文化意义的非物质遗产。

文化与经济的深度融合与互相促进，文化消费快速增加，已是发展大趋势。2012 ~ 2016 年全国文化产业增加值年递增 13.7%，比经济（GDP）增速高出一倍，占 GDP 比重从 3.48% 提高到 4.07%。随着麓台文化研究的深入开展，对促进当地经济发展和提高相关企业效益的作用，必将日益增大。“物质变精神，精神变物质”，这个辩证规律值得进一步认识和实践。

研究和弘扬麓台优秀文化的群体，从两三岁的娃娃到八九十岁的老翁，范围越广泛越好。老年人发扬“活到老，学到老”的精神，注重学习新时代的新文化尤其是互联网文化。几十年前不识字叫“文盲”，现在如果不会上网、不会使用智能手机，就会被称作“网盲”。近年来“互联网 +”几乎覆盖到所有的领域，比如生活方面，微信支付、支付宝、网上购物、购车票机票、滴滴车、共享单车、高德导航、查阅资料等，方便、快捷、实用，老年人学会智能手机新技术，既可方便自己、快乐自己，也能为家人帮忙和减少负担。中青年学会“互联网 +”新技术，不仅方便生活，而且在务工经商等活动中大有用处。传承优秀传统文化，要从娃娃抓起，比如幼儿园的娃娃可以学习“弟子规”、练毛笔字等。在儿童时期学的东西记得最牢，受益终身，而且可代代相传。研究和发展麓台文化应充分利用互联网技术，“互联网 + 麓台文化”大有可为，作用和潜力都很大。

研究会是平台，研究成果现阶段以博物馆、书法展和刊物的表现形式展现出来，今后的表现形式必将更丰富。应该创造条件，使更多的人参观博物馆，中小学生、大学生和社会上各类人，参观的人越多影响越大，综合效益越好。刊物、书画、楹联等形式的文化活动，参与的人多多益善。通过多种方式，使麓台优秀文化，在研究中与时俱进地发展，在发展中去粗取精地传承。

研究过程和阶段性成果，都可产生不同程度的影响。作为研究人员，在研究客观世界的同时，也改造自己的主观世界。研究的院校文化、寺庙文化、民俗文化等，都可能产生积极的社会效果。今天到会的有关方面领导、宗教界人士和各位嘉宾，对研究麓台文化都很感兴趣、很有见地，也很支持，有不少是造诣很深的研究专家，在与他们的交流中我感到受益很多，相信他们在研究和发展麓台文化方面，都能起到积极而且重要的作用。

研究和发展麓台文化，总的来说是三个结合：专群结合、知行结合、文经结合。即专家研究、专门研究与群众参与相结合，研究文化与发展传承文化相结合，文化事业与经济社会发展相结合。只有广泛结合和深度融合，才能互相促进、相得益彰，才能使麓台区域的父老乡亲们，在物质生活日益富裕的同时，精神文化生活更加丰富多彩，社会更加和谐稳定。

4.11　“吴贾之争”谁赢了

关于征收房产税，国家部委、行业智库、科研院所等已经讨论了多年，国家发展改革委、税务总局、财政部等在研究和酝酿相关政策。2019 年全国两会和博鳌论坛又掀起了房产税征收的争论，其中最具代表性是财政部智库的贾康所长和中国人民大学吴晓求副校长对该话题的争辩，这里暂称为“吴贾之争”。

说起来，二位名家与我颇有渊源，他们是吴维海学习和敬佩的导师：贾康所长是财政部体系财税研究的领军人物，也是我微信好友和敬佩的专家。吴晓求教授是中国人民大学副校长、金融专家，我在人大读硕博士时，曾选修吴晓求教授的“资本市场”课。两位专家争论的焦点，主要是吴教授的“无理由”征房产税和贾所长的比照“国际经验”征房产税。

对于上述针对性观点，两位专家论述的理由很充分，也各自代表了相当一些部门或社会群体的意见，网上网下各界开始关注和讨论、争论，这对房产税的征收时间、征收方式、征收额度等后续讨论和法律修订必将起到酝酿、民情调研、问题剖析、法律规范和科学推进等积极的作用。

进一步分析，“吴贾之争”与去年社会上关注的“产业政策”之争有类似之处，但也有不同的背景和时代内涵。

“吴贾之争”各有表述，不管是法律视角，还是国际经验的维度，似乎忽略了房产税征收的本原，只是简单就法律依据还是欧美实践而辩论。由于争论的视角有待商榷，争论衡量的标准与依据也会出现更大偏差，更无从理性评定。

或许有人会问：征收房产税目的是什么？

回答这个问题，要回到我国经济社会的初心来重新审视这一争论。如果视角稍做变化，分析问题的方向对标，困惑就迎刃而解。

我们知道，习近平总书记提出，坚持以人民为中心是开展一切工作的根本指南和价值取向。这给“吴贾之争”的裁判工作指明了方向，要判断房地产税是否征收，什么时候开征，如何征等一系列问题，就有了衡量的尺子：围绕以人民为中心这一本原和初心，对征收房产税问题，层层剖析，系统评判。

人民的需求和关注点是什么？如何解决人民群众对美好生活的更高需求与经济社会发展不平衡不充分的矛盾是党的十九大提出的任务目标，也是房产税征收争论的判断标准。

征收房产税能否解决经济社会发展不平衡不充分问题？能否有效调整收入、投资和消费结构，促进供应侧结构性改革？能否实现稳投资、稳预期、稳外汇、稳外贸？是否有助于经济高质量发展等，国家各部委、智库学者就上述问题，对征收房产税这一变量进行模拟分析和预测，对未来特定时间开征进行情景模拟和假设，如果综合判断为正向作用，就可出台文件，全面征收。如果是负效应，显著降低投资者、居民投资、抑制外贸等预期，加重工薪阶层税负，加大房租价格，可能传导到人工成本，降低实体企业活力，增大中小微企业亏损面，就暂时不征。

至于吴校长谈到的无法律依据，我不是法律专家，不妄加评论。我只从评判征收房产税的本原予以研判。

至于贾所长提到的外国经验论述，可能因论坛发言时间受限他没展开自己的观点。单纯就外国经验看，依据并不充分，可以进行影响因素和情景模拟，充分考虑产业政策、消费文化、就业现状、收入结构和特殊环境等，进行批判性借鉴和汲取教训，做到“师夷长技以制夷”，部委出台政策避免生搬硬套，或简单拷贝。

房地产征税，是个复杂的问题，涉及不同法律界定，涉及各方利益。我国现行房产性质、估价、权属等类型众多，若处理不好，会带来负面效应，到时候除了财政部门“多收了三五斗”之外，可能损害社会公平正义和普通民众利益，也不符合征收的初心，征收的价值就另当别论了。

征，还是不征？是一个两难选择，不好估算。“吴贾之争”是社会两大观点的冲突，也是更为复杂的社会问题之忧。孰是孰非，难坏了判官！

但，案早晚要断！

判案的尺度应是“以人民为中心”，绝不只是财税“多收了三五斗”的表面化、简单化。

如何选择，对错功过，考验决策部门的智慧，其成效由人民和历史检验。

第 5 章　内部控制

内部控制指政府或社会组织为了实现经营管理目标，保护资产的安全完整，保证会计信息资料的正确可靠，确保经营方针的贯彻，保证经营活动的经济性、效率性和效果性而在本机构内部采取的自我调整、约束、规划、评价和控制的一系列方法、手段与措施的总称。内部控制是企业风险控制和业务运行的保障。内部控制需要构建完备的监督体系、业务流程、岗位责任和考核标准，进行重点岗位、重要业务和重点环节的监督与控制。

5.1 我国内控体系建设架构

1. 我国内部控制规范建设历程

我国有关内部控制的系统研究起步相对较晚，但在最近的十几年中，该问题逐渐成为政府、企业中各类管理者的关注热点，学习上的后发优势反而促使其与我国国情相关联的理论研究成果大量集中涌现。仅就中央各部委而言，财政部、国资委等多个部门都曾对此制定并颁布过相应的法律规范。讨论此次颁布的配套指引具备的政策实施意义，有必要首先对我国内控规范建设做一简要回顾。

（1）《会计法》中的有关规定

1999 年 10 月 31 日，第九届全国人民代表大会常务委员会第十二次会议修订通过《会计法》，将内部控制制度当作保障会计信息“真实和完整”的基本手段之一，其中第二十七条规定：“各单位应当建立、健全本单位内部会计监督制度。单位内部会计监督制度应当符合下列要求：记账人员与经济业务事项和会计事项的审批人员、经办人员、财物保管人员的职责权限应当明确，并相互分离、相互制约；重大对外投资、资产处置、资金调度和其他重要经济业务事项的决策和执行的相互监督、相互制约程序应当明确；财产清查的范围、期限和组织程序应当明确；对会计资料定期进行内部审计的办法和程序应当明确。”这些旨在加强单位内部会计监督的法律要求，为后续的内部控制研究指明了方向，这也是我国内控研究出现高潮的原动力，标志着我国系统的内部控制建设由此展开。

（2）内部会计控制规范体系

2001 年 6 月 22 日，财政部颁布了《内部会计控制规范——基本规范》《内部会计控制规范——货币资金》，指出：内部会计控制是单位为了提高会计信息质量，保护资产的安全、完整，确保有关法律法规和规章制度的贯彻执行等而制定和实施的一系列控制方法、措施和程序。其后，财政部还陆续颁布了《内部会计控制规范——销售与付款》《内部会计控制规范——采购与付款》《内部会计控制规范——工程项目》《内部会计控制规范——担保》和《内部会计控制规范——对外投资》及多个具体规范的征求意见稿。内部会计控制只是内部控制的一个有机组成部分，那些对会计业务、会计记录和会计报表的可靠性没有直接影响的内部控制同样重要，但这些内容在内部会计控制规范体系中无从体现。

（3）《中央企业全面风险管理指引》

中央企业具有较大规模和较强的综合实力，大都处于关系国家安全和国民经济命脉的重要行业和关键领域，是国有企业的骨干和中坚力量，对于发挥国有经济的主导作用具有控制力、影响力和带动力。

2006 年 6 月 6 日，国务院国有资产监督管理委员会制定了《中央企业全面风险管理指引》要求中央企业围绕总体经营目标，通过在企业管理的各个环节和经营过程中执行风险管理的基本流程，培育良好的风险管理文化，建立健全全面风险管理体系，包括风险管理策略，风险理财措施，风险管理的组织职能体系，风险管理信息系统和内部控制系统，从而为实现风险管理的总体目标提供合理保证的过程和方法。企业的风险管理属于战略层面，最终将落脚在内部控制。

（4）上市公司内部控制法规

上市公司是资本市场发展的基石。提高上市公司的内控质量是提高资本市场投资价值的源泉，对于增强资本市场的吸引力和活力，充分发挥资本市场优化资源配置功能，保护投资者特别是中小投资者的合法权益，促进我国资本市场健康稳定发展，具有十分重要的意义。2005 年 10 月 19 日，证监会出台了《关于提高上市公司质量的意见》，要求上市公司要加强内部控制制度建设，强化内部管理，对内部控制制度的完整性、合理性及其实施的有效性进行定期检查和评估，同时要通过外部审计对公司的内部控制制度以及公司的自我评估报告进行核实评价，并披露相关信息。通过自查和外部审计，及时发现内部控制制度的薄弱环节，认真整改，堵塞漏洞，有效提高风险防范能力。

2006年5月17日，证监会发布了《首次公开发行股票并上市管理办法》，首次对上市公司内部控制提出有针对性的具体要求，规定“发行人的内部控制在所有重大方面是有效的，并由注册会计师出具了无保留结论的内部控制鉴证报告”；同年6月5日，《上交所内部控制指引》发布，该指引和《萨奥法案》在达到内部控制目标方面是一致的，但比《萨奥法案》的控制过程更为复杂，增加了“目标设定”“事项识别”和“风险对策”，相应的要求也比《萨奥法案》更高；同年9月28日，《深交所上市公司内部控制指引》出台，要求深市主板上市公司自2006年9月28日～2007年6月30日期间建立起完备的内部控制制度，并从2007年年报开始披露内控制度制定和实施情况。

（5）金融企业内部控制法规

早在1997年5月16日，人民银行就颁布了《加强金融机构内部控制的指导原则》，该指导原则的适用对象包括了政策性银行、国有独资商业银行、其他商业银行、城乡信用社、信托投资公司、证券机构、保险机构、财务公司、融资租赁公司、典当行等非银行金融机构。同年7月30日颁布了《进一步加强银行会计内部控制和管理的若干规定》、12月30日颁布了《进一步完善和加强金融机构内部控制建设的若干意见》等关于内部控制的监管规章。这些法规现在虽已废止，但它们对于提高各类金融机构对内部控制重要性的认识、推动建立和健全内部控制、防范和化解经营风险发挥了重要作用。

1）证券公司类

2001年1月31日，证监会发布《证券公司内部控制指引》，该指引于2003年12月15日进行了修订。新的《证券公司内部控制指引》共5章142条，旨在引导证券公司规范经营，完善证券公司内部控制机制，增强证券公司的自我约束能力，推动证券公司现代企业制度建设，防范和化解金融风险。

2006年6月30日，为指导证券公司建立健全融资融券业务试点的内部控制机制，防范与融资融券业务有关的各类风险，证监会发布了《证券公司融资融券业务试点内部控制指引》，并定于2006年8月1日起施行。

2）保险公司类

1999 年 8 月 1 日，保监会发布了《保险公司内部控制制度建设指导原则》。2010 年 8 月 10 日，保监会颁布了《保险公司内部控制基本准则》，该准则以《企业内部控制基本规范》为基准，是保险业执行《基本规范》的实施细则。下一步，保监会还将在《准则》的框架下，针对保险经营的关键环节或主要领域制定若干个具体准则。

3）商业银行类

2002 年 9 月 18 日，人民银行在修订《加强金融机构内部控制的指导原则》的基础上颁布了《商业银行内部控制指引》，该指引已于 2007 年 7 月 3 日进行了修订。2004 年 12 月 25 日，银监会还出台了《商业银行内部控制评价试行办法》。

（6）我国内部控制法规体系的形成

1）企业内部控制标准委员会的成立

2006 年 7 月 15 日，财政部发起成立了“企业内部控制标准委员会”，中国注册会计师协会也发起成立了“会计师事务所内部治理指导委员会”。同一天，所有在美国上市的外国企业被要求开始必须执行《萨奥法案》。显然，这不是一个巧合，它预示着我国企业在内部控制方面将迎来一部类似于美国《萨奥法案》的标准体系。

企业内部控制标准委员会是中国企业内部控制标准体系的咨询机构，旨在为制定和完善中国企业内部控制标准体系提供咨询意见和建议。委员会主席由财政部副部长王军担任，成员包括来自监管部门、实务界、理论界的 31 位专家学者。

2）《企业内部控制基本规范》率先出台

2008 年 5 月 22 日，为了加强和规范企业内部控制，提高企业经营管理水平和风险防范能力，促进企业可持续发展，维护社会主义市场经济秩序和社会公众利益，根据国家有关法律法规，财政部会同证监会、审计署、银监会、保监会共同颁布了《企业内部控制基本规范》。《基本规范》是我国企业内部控制的纲领性文件，它的发布标志着我国取得了内控体系建设的重要阶段性成果。

《基本规范》规定企业可以依法委托会计师事务所对本企业内部控制的有效性进行审计，出具审计报告；国务院有关监管部门有权对企业建立并实施内部控制的情况进行监督检查；企业应实行内部控制自我评价制度，并将各责任单位和全体员工实施内部控制的情况纳入绩效考评体系。《基本规范》给中国所有的公司进行经营活动提供了一个通用的平台，国家希望通过该法律文件的实施提升公司财务状况的透明度，强化管理者的信托责任意识。《基本规范》的创新点在于该规范远远超越会计问题，从企业管理的视角来看待内控问题，而不是单纯像美国 404 条款那样局限于财务报表审计，这对于企业改善经营管理和提高风险防范能力意义重大。

《基本规范》自 2009 年 7 月 1 日起在上市公司范围内施行，鼓励非上市的大中型企业执行。

3)《配套指引》的颁布标志着我国内控规范体系初步形成

2009 年 4 月 16 日，财政部、证监会、审计署、银监会和保监会共同发布了《企业内部控制配套指引》。此次发布的《配套指引》包括了《企业内部控制应用指引第 1 号——组织架构》等 18 项应用指引、《企业内部控制评价指引》和《企业内部控制审计指引》。《应用指引》是对企业按照内控原则和内控“五要素”建立健全本企业内部控制所提供的指引，在配套指引乃至整个内部控制规范体系中占据主体地位；《企业内部控制评价指引》是为企业管理层对本企业内部控制有效性进行自我评价提供的指引；《企业内部控制审计指引》是为注册会计师和会计师事务所执行内部控制审计业务的执业准则。

《配套指引》与《基本规范》共同构成了一个既能适应我国企业实际情况，又能融入国际先进经验的内部控制规范体系。该体系架构成熟、体系完整、内容丰富、指导明确、方法科学，改变了以往内控法规政出多门、各辖一隅的混沌局面。对外接轨、对内统一的规范体系不仅能提高企业建立健全内部控制的效率和效果，还将大大节约企业的合规成本，其影响力之深远将超过之前我国颁布的所有内部控制类法律规范，是我国会计改革与发展史上一座新的里程碑。

《配套指引》既细化了基本规范的各项要求，又构建了健全统一的指引体系；

既具中国适应性，又具国际先进性；既适应了后金融危机时期社会对内部控制审计提出的新要求，又切实考虑了注册会计师风险责任的可承担性；既抓住有利时机推动内控规范实施，又区别对待做出积极稳妥地实施安排。其实施的目的不仅在于促进企业建立、实施和评价内部控制，规范会计师事务所内部控制审计行为，从宏观上看，还将有利于进一步夯实宏观经济形势回升向好的微观基础，有利于促进我国企业转变经济发展方式，有利于促进企业全方位参与国际经济竞争，有利于维护经济金融稳定和社会公众合法权益。

为确保企业内控规范体系平稳顺利实施，配套指引的实施是分步骤进行的：自 2011 年 1 月 1 日起在境内外同时上市的公司施行，自 2012 年 1 月 1 日起在上海证券交易所、深圳证券交易所主板上市公司施行；在此基础上，择机在中小板和创业板上市公司施行。同时，鼓励非上市大中型企业提前执行。

2. 中央企业内部控制建设的框架体系

研究我国内部控制基本规范和国家五部委的配套指引，结合企业管理实际，初步认为，构建规范、完善的中央企业内部控制体系，可以从内控环境、风险评估、控制活动、信息反馈、内部监督等要素开始，应至少包括以下的主要内容：

（1）内控环境

中央企业是我国经济发展的实施者和重要参与者，是推动国家经济活动健康发展的中流砥柱和经济实体。中央企业做好内部控制工作，首先要完善内部控制的环境。

1）中央企业内控环境建设的主要内容

中央企业的内部控制环境建设是内部控制管理的基础，主要包括发展战略、组织架构、人力资源、企业文化和社会责任等方面。

①发展战略建设的主要职责是：研究分析中央企业的当前状况、未来发展趋势，分析企业发展中的问题和难点，为不同的中央企业制定、筛选和实施中长期

发展目标，并进行战略定位，形成战略规划的实施策略等。发展战略有助于中央企业战略目标的确定，能够为中央企业内部控制目标体系的构建、设计与实施等提供决策依据。

②组织架构建设的主要职责是：研究分析中央企业应遵循的国家法律法规，贯彻执行的股东（大）会决议和企业章程，结合中央企业实际，通过组织架构和制度文件等形式，明确股东（大）会、董事会、监事会、经理层和企业内部各层级机构设置、职责权限、人员编制、工作程序和相关要求，确保企业经营活动的有序开展。组织结构管理是内部控制体系建设的组织保障，也是中央企业实现内部控制管理目标的运行基础。

③人力资源建设的主要职责是：以公司发展战略为参照和依据，以公司组织架构为基础，系统研究、引进和构建适合中央企业发展与管理需要的管理和运营团队，包括董事、监事、高级管理人员和全体员工。人力资源管理为中央企业构建内部控制体系提供了人力保障和智力资源。

④企业文化建设的主要职责是：研究和分析公司愿景与使命，结合发展战略和产业定位，整理、提炼和调整中央企业在生产经营实践中逐步形成的、为整体团队认同并遵守的价值观、经营理念和企业精神，以及在此基础上形成的行为规范，使其符合企业发展的基本需要。企业文化是中央企业内部控制的思想保障，中央企业应倡导和形成风险控制的企业文化。

⑤社会责任建设的主要职责是：研究和分析公司愿景、使命和价值观，结合国家和行业监管要求，立足自身特征，整理、提炼和确立中央企业应履行的社会职责和义务，主要包括安全生产、产品质量、环境保护、资源节约、促进就业、员工权益保护等。社会责任管理是中央企业内部控制体系的重要内容，也是体现中央企业合规目标，树立良好社会形象的重要手段和实施路径。

2）中央企业内控环境建设的要点与保障

中央企业构建适合内部控制要求的控制环境，应该研究和分析内控环境建设的要点，抓住内部控制的关键，并确立相应的工作保障。

①中央企业发展战略建设的要点与保障

中央企业发展战略建设是内部控制环境建设的核心，也是内部控制工作的基础，是中央企业的大股东（国资委）、董事会、监事会、总经理等行业主管、高层管理层应重点监督和推动做好的核心工作之一。

中央企业发展战略建设的要点在于：中央企业的投资人和高层决策者应全面履行相关责任，及时部署、研究、筛选、审议和监督战略规划的制定与实施，并确保战略规划的科学性、针对性、及时性、前瞻性，使战略规划成为中央企业重大决策的基本依据和日常运营的行动指南。

从内部控制监督和保障机制建设的视角来说，中央企业发展战略建设的工作保障在于：中央企业是否建立了战略管理的组织体系；中央企业是否建立了科学的公司发展战略；发展战略是否得到中央企业的贯彻执行；公司发展战略是否与中央企业的日常经营相结合；公司发展战略是否定期评估和调整；公司发展战略的执行情况是否纳入中央企业各管理层的业绩分级和监督考核等。中央企业的内部控制建设应遵循国家内部控制基本规范和配套指引的要求，立足中央企业的行业特点，从上述的分析维度，对特定的中央企业进行诊断与剖析，发现内部管理中存在的问题和缺陷，制定相应的管理制度、核心流程、纠改机制和控制措施，推动中央企业战略管理的规范化、体系化、制度化。

②中央企业组织架构建设的要点与工作保障

中央企业组织架构建设是内部控制管理的组织保障，也是中央企业董事会、总经理等重点研究、系统分析和持续优化的核心管理工作之一。

中央企业组织架构建设的要点在于：中央企业的董事会和高层决策者应研究本企业的发展战略和行业特点，立足市场竞争和可持续发展，及时研究、分析、评估、确定与调整公司的董事会、监事会、专业委员会及总经处理等设置，使其符合中央企业的发展需要和管理规范，预防潜在的管理风险和可能的机制性问题，确保中央企业经营决策的合规性、科学性和高效率。

从内部控制监督和保障机制建设的视角来说，中央企业组织架构建设的工作保障在于：中央企业组织架构是否执行了内部控制中不相容部门和岗位分离的基本原则；中央企业组织架构是否满足国家部委的内部控制监管要求；中央企业的组织架构设计是否得到有效执行；中央企业组织架构是否符合管理高效、运行顺畅的基本要求；中央企业的组织架构是否有利于内部控制体系的完善和执行等。中央企业应研究和分析内部控制基本规范和配套指引的要求，立足中央企业的行业特点，从上述的分析维度，对特定的中央企业进行组织架构的诊断与剖析，发现组织架构建设中存在的问题和缺陷，制定相应的制度、流程、机制和控制措施，推动中央企业组织架构管理的规范化、科学化、体系化。

③中央企业人力资源建设的要点与工作保障

中央企业人力资源建设是内部控制管理的人力保障，也是中央企业总经理和职能部门重点研究、系统分析和持续优化的核心工作之一。

中央企业人力资源建设的要点在于：中央企业的总经理、人力资源部等职能部门应研究本企业发展战略和行业特点，结合市场竞争和可持续发展需要，研究、分析、评估、确定与调整公司人力资源结构，培训、引进、优化和调整中央企业的人才结构和管理体系，使其符合中央企业的业务发展和市场竞争的需要，提高中央企业人力资本的配置效能、投入回报和管理效率，增强市场竞争力。

从内部控制和监督的视角来说，中央企业人力资源建设的工作保障在于：中央企业人力资源是否履行不相容部门和岗位分离的原则；中央企业人力资源是否满足公司战略的基本需要；中央企业的人力资源管理是否在同行业具有竞争力和活力；中央企业人力资源管理是否符合资源匹配、特长发挥的管理标准；中央企业的人力资源管理是否做到集体决策和公开透明等。中央企业应研究和分析内部控制基本规范和配套指引的要求，立足中央企业的行业特点，从上述的分析维度，对特定的中央企业进行人力资源诊断与剖析，发现人力资源建设中存在的问题和缺陷，制定相应的制度、流程、机制和控制措施，推动中央企业人力资源管理的规范化、科学化、扁平化。

④中央企业文化建设的要点与工作保障

中央企业文化建设是内部控制管理的思想基础，也是中央企业董事长、总经理和职能部门重点研究、系统分析和持续优化的核心工作之一。

中央企业文化建设的要点在于：中央企业的董事长、总经理、人力资源部等职能部门应经常研究本企业使命、愿景、发展战略和行业特点，结合市场竞争和管理需要，研究、分析、评估现有企业文化内涵，剖析企业文化管理中存在的问题和缺陷，进行企业文化的核心理念、内容与价值观等的调整，丰富、优化、持续推动企业文化的深层次建设，使其符合中央企业发展和竞争的需要，提高中央企业的企业文化对内部控制管理的推动作用。

从内部控制监督和保障机制建设的视角来说，中央企业文化建设的工作保障在于：中央企业文化建设是否与公司使命、发展战略相适应；中央企业文化建设是否明确了专业的部门和岗位的具体责任；中央企业的企业文化管理是否建立了完备的制度和流程；中央企业的企业文化建设是否建立并执行了相应的考核奖惩机制等。中央企业应研究和分析内部控制基本规范和配套指引的要求，立足中央企业的行业特点，从上述的分析维度，对特定的中央企业进行企业文化建设的诊断与剖析，发现企业文化建设中存在的问题和缺陷，制定相应的制度、流程、机制和控制措施，推动中央企业文化建设的科学化、体系化。

⑤中央企业社会责任建设的要点与工作保障

中央企业社会责任建设是内部控制管理的重要保障，也是中央企业董事会、总经理和职能部门重点研究、系统分析和持续优化的核心工作之一。

中央企业社会责任建设的要点在于：中央企业的股东（投资人、监管人）、董事长、总经理，以及职能部门应系统研究本企业社会责任的管理现状，结合法律法规和监管部门的基本要求，研究制定满足企业发展、品牌塑造和合规要求的社会责任管理体系与考核机制，并以适当的方式予以发布（如发布每年度的社会责任白皮书），使其符合中央企业社会责任管理的规范要求，提高中央企业的社会影响力和品牌形象。

从内部控制监督和保障机制建设的视角来说，中央企业社会责任建设的工作保障在于：中央企业是否建立了社会责任专项规划；中央企业社会责任指标体系（如环保、就业指标）是否符合内部控制和行业监管要求；中央企业的社会责任是否对本企业的品牌塑造和责任履行具有支撑能力；中央企业社会责任管理是否有专门的部门、制度和考核等。中央企业应研究和分析内部控制基本规范和配套指引的要求，立足中央企业的行业特点，从上述的分析维度，对特定的中央企业进行社会责任诊断与剖析，发现问题和缺陷，制定相应的制度、流程、机制和控制措施，推动中央企业社会责任管理的规范化、制度化和体系化。

（2）风险评估

风险评估是中央企业内部控制建设的重要内容，也是中央企业构建内部控制体系的核心环节和基本支撑。中央企业应当根据设定的控制目标，全面系统持续地收集相关信息，结合实际情况，及时进行风险评估。

1）中央企业风险评估体系建设的内容

中央企业的风险评估体系建设是内部控制管理的核心内容，它与中央企业的控制环境、控制活动等相互交叉，相互融合，密不可分。中央企业开展风险评估，应当准确识别与实现控制目标相关的内部风险和外部风险，确定相应的风险承受度。风险承受度是企业能够承担的风险限度，包括整体风险承受能力和业务层面的可接受风险水平。

中央企业应当根据风险分析的结果，结合风险承受度，权衡风险与收益，确定风险应对策略。中央企业应当综合运用风险规避、风险降低、风险分担和风险承受等风险应对策略，实现对风险的有效控制。

风险规避是中央企业对超出风险承受度的风险，通过放弃或者停止与该风险相关的业务活动以避免和减轻损失的策略。

风险降低是中央企业在权衡成本效益之后，准备采取适当的控制措施降低风险或者减轻损失，将风险控制在风险承受度之内的策略。

风险分担是中央企业准备借助他人力量，采取业务分包、购买保险等方式和适当的控制措施，将风险控制在风险承受度之内的策略。

风险承受是中央企业对风险承受度之内的风险，在权衡成本效益之后，不准备采取控制措施降低风险或者减轻损失的策略。

从中央企业内部监督和保障机制的视角来看，中央企业开展风险评估工作，应认真学习和执行全面风险管理制度、内部控制基本规范以及配套指引等制度文件，结合中央企业的业务特点，从组织、制度、机制等方面，系统确立风险搜集、识别、应对、转移、补偿等机制，并建立相应的组织体系、预警机制和信息化反馈与监督系统，确保风险管理与风险评估的可控、前瞻、科学和系统性。

2）中央企业风险评估体系建设要点与工作保障

风险评估是中央企业内部控制建设的管理核心，也是提高企业管理水平的重要手段。中央企业风险评估的要点在于：是否建立了风险管理的专业委员会和组织体系；是否制订了风险管理目标；是否对重大风险建立了预警机制；是否形成了风险转移和补偿等机制等。

中央企业识别内部风险，应当关注下列因素：

①董事、监事、经理及其他高级管理人员的职业操守、员工专业胜任能力等人力资源因素。

②组织机构、经营方式、资产管理、业务流程等管理因素。

③研究开发、技术投入、信息技术运用等自主创新因素。

④财务状况、经营成果、现金流量等财务因素。

⑤营运安全、员工健康、环境保护等安全环保因素。

⑥其他有关内部风险因素。

中央企业识别外部风险，应当关注下列因素：

①经济形势、产业政策、融资环境、市场竞争、资源供给等经济因素。

②法律法规、监管要求等法律因素。

③安全稳定、文化传统、社会信用、教育水平、消费者行为等社会因素。

④技术进步、工艺改进等科学技术因素。

⑤自然灾害、环境状况等自然环境因素。

⑥其他有关外部风险因素。

从内部控制监督和保障机制建设的视角来说，中央企业风险评估的工作保障在于：中央企业是否建立了风险管理专业委员会；中央企业风险评估体系是否符合全面风险管理和内部控制要求；中央企业的风险评估是否能够有效监测重大决策和重大经营风险事件；中央企业风险评估是否有专门的部门、制度和考核等。中央企业应研究和分析内部控制基本规范和配套指引的要求，立足中央企业的行业特点，从上述的分析维度，对特定的中央企业进行风险评估的诊断与剖析，发现问题和缺陷，制定相应的制度、流程、机制和控制措施，推动中央企业风险评估的规范化、体系化和前瞻性。

（3）内控活动

中央企业内控活动管理的内容：

中央企业的内部控制活动是内部控制管理的核心内容，主要包括资金、采购、资产管理、销售业务、研究与开发、工程项目、担保业务、外包业务、全面预算、合同管理等主要内容。中央企业应当立足企业发展实际，采取手工控制与自动控制、预防性控制与发现性控制相结合的方法，运用相应的控制措施，将风险控制在可承受范围之内。控制措施一般包括：不相容职务分离控制、授权审批控制、会计系统控制、财产保护控制、预算控制、运营分析控制和绩效考评控制等。

①资金活动的主要职责是：研究分析中央企业的发展战略和行业趋势，结合本企业的特征，制定和实施资金管理控制与监管制度，促进企业正常组织资金活动，防范和控制资金风险，保证资金安全，提高资金使用效益。

②采购活动的主要职责是：研究分析中央企业的发展战略和行业趋势，结合本企业的特征，制定和实施采购管理的控制与监管制度，促进企业合理采购，满足生产经营需要，规范采购行为，防范采购风险。

③资产管理的主要职责是：研究分析中央企业的发展战略和行业趋势，结合本企业的特征，制定和实施资产管理的控制与监管制度，促进企业提高固定资产、存货和无形资产等各类资产的使用效能，保证资产安全。

④销售业务的主要职责是：研究分析中央企业的发展战略和行业趋势，结合本企业的特征，制定和实施销售业务制度和控制流程，促进中央企业销售稳定增长，扩大市场份额，规范销售行为，防范销售风险。

⑤研究与开发业务的主要职责是：研究分析中央企业的发展战略和行业趋势，结合本企业的特征，制定和实施研究与开发业务的制度和控制流程，促进中央企业自主创新，增强核心竞争力，有效控制研发风险，实现发展战略。

⑥工程项目的主要职责是：研究分析中央企业的发展战略和行业趋势，结合本企业的特征，制定和实施工程项目的管理制度和控制流程，加强工程项目管理，提高工程质量，保证工程进度，控制工程成本，防范商业贿赂等舞弊行为。

⑦担保业务的主要职责是：研究分析中央企业的发展战略和行业趋势，结合本企业的特征，制定和实施担保业务的管理制度和控制流程，加强企业担保业务管理，防范担保业务风险。

⑧业务外包的主要职责是：研究分析中央企业的发展战略和行业趋势，结合本企业的特征，制定和实施外包业务的管理制度和控制流程，加强业务外包管理，规范业务外包行为，防范业务外包风险。

⑨全面预算建设的主要职责是：研究分析中央企业的发展战略和行业趋势，结合本企业的研发、生产、销售等趋势和特征，对一定期间内的经营活动、投资活动、财务活动等做出预算安排，促进中央企业全面落实发展战略，有效配置资源，提高中央企业全面预算管理作用，增强市场竞争力。

⑩合同管理的主要职责是：研究分析中央企业的发展战略和行业趋势，结合本企业特征，制定和落实合同管理的制度和流程，完善风险控制体系，促进企业加强合同管理，维护企业合法权益。[①]

5.2　上市公司内部控制步骤

上市公司内控体系建设是中国证监会对企业内部管理的要求，也是企业依法合规经营的重要保障。吴维海及研究团队对贵州轮胎等多家上市公司进行了案例诊断和内控体系设计咨询。以下是内控报告的部分内容。

1. 上市公司内部控制存在的突出问题

以国家内部控制基本规范和配套指引为标准，研究上市企业内部控制存在的主要问题：

（1）对内部控制重要性认识不足

这些年来，我国证券市场发生的许多丑闻，在相当程度上与内部控制缺陷有关。一些公司重经营、轻管理，认为内部控制不但不能直接产生经济效益，反而需要增加岗位设置、办事环节和程序，影响效率。这种思想和做法与我国的人治文化有关，我们长期习惯的是领导发号施令，领导带头干，群众响应，然后由领导评价。部分企业的管理者还不习惯应用现代管理的控制方法，不重视标准、规范、制度，对内部控制的重要性认识不足。

① 吴维海 . 新浪博客，2012 年 8 月 24 日。

（2）公司治理机制不健全、内控环境差

上市公司普遍存在“一股独大”的问题，控股股东或者实际控制人通过各种手段“掏空”上市公司的现象屡见不鲜；部分公司董事会的独立性不强，“内部人控制”现象严重；独立董事不尽职，只是沦为“花瓶”和“签字工具”，并且“独立董事不懂事”；审计委员会尚处于起步阶段，没有发挥其应有的功能和作用；监事会也没有起到应有的监督作用，存在监事会和监事缺乏独立性、监事会和经营管理层信息不对称、监事会成员缺乏激励和约束等问题。另外，经营者激励约束机制也需进一步完善。公司治理作为内部控制的重要组成部分，是内部控制体系赖以存在的土壤和有力保障。公司治理机制的不健全，严重影响到内部控制的建立健全和有效实施。

（3）内部控制体系不完善

目前我国许多上市公司虽然也建立了一定的内部控制，但不成系统、不全面，没有形成整体框架体系。今天这里出现漏洞，制定一个制度来堵塞，明天那里看到缺陷，制定一个制度来完善。采购、生产、销售等业务环节管理不规范，大额资金调度等重大财务事项监管不到位，内控责任、标准不明确，控制程序不严谨，缺乏有效的授权、监督约束机制。

（4）内部控制执行不力

目前，我国一些上市公司内部控制只注重制度的建立环节，却忽略了如何执行制度、判断和报告制度执行的状况、矫正制度执行的偏差等。内部控制“只是写在纸上、说在嘴上、挂在墙上的花架子”。甚至公司个别领导人故意绕过控制点和控制环节，带头破坏内部控制。以“中航油事件”为例，该公司已经制定了一套全面的《风险管理手册》，但并没有严格执行，最后因石油衍生品交易，总计亏损 5.5 亿美元，酿成石破天惊的大案。

（5）内部审计监督薄弱

国内许多上市公司目前缺乏对内部控制的监督评价体系，未明确内部审计机构在内部控制监督中的职责权限。内部审计作为一种独立、客观的确认和咨询活动，近年来在国内外理论与实务界受到广泛关注，越来越受到政府机构、监管部门和企业的重视。现代企业内部审计通过介入企业的风险管理和内部控制领域，提升企业的管理水平，完善业务流程控制，促进企业价值增加。

我国上市公司的内部审计普遍存在以下问题：

1）缺乏独立性且人员配置不足。思想重视不够及资源投入过少。

2）内部审计覆盖面不够，频率不高。普遍未能对公司的各个部门、各个业务流程进行内审监督。内审人员配置不足，对内部控制也缺乏持续性的有效监督。

3）内部审计主要侧重于事后监督，带有差错防弊特点。

4）年度审计计划的制定不能全面、系统地考虑公司的战略目标和经营风险，带有一定的主观性和盲目性。

5）内部审计程序和底稿系统化、规范化不足。

6）公司领导对审计建议重视不够，对审计建议缺乏后续整改措施，不利于审计意见的落实和改进。

针对上述问题和缺陷，企业应高度重视，并采取相应的规范措施，如构建内控专业部门，提高内控专业性，引进外部专业咨询机构等，尽快健全内控体系，达到上市公司和国资委等监管要求，避免内部管理失控。

2. 企业内部控制体系建设的基本步骤

根据国家内部控制要求和上市监管的基本需要，结合不同企业行业和业务特点，总结和提炼为不同企业和业务实施的内控体系建设的项目经验，初步确立内部控制体系建设的一般步骤：

（1）根据管理要求，明确控制目标

控制目标，既是管理经济活动的基本要求，又是落实和实施《内部控制配套

指引》所应达到的目的，也是评价内部控制的最高标准。因此，在设计内部控制时，我们首先将根据经济活动的内容特点和管理要求，提炼出内部的控制目标，然后据以选择具有相应功能的内部控制要素，组成该控制系统。

（2）结合业务流程，整合控制流程

控制流程，是依次贯穿于某项业务活动始终的基本控制步骤及相应环节。控制流程的确定，通常要与业务流程相吻合，主要由控制点串接而成。当企业的业务流程存在控制缺陷时，则需要根据内部控制目标和内部控制原则加以整合。当企业采用新的技术或手段，能够更简便和高效地完成控制目标时，可以对控制流程重新进行整合。

（3）鉴别控制环节，确定控制重点实现内部控制目标

这一环节重在控制容易发生偏差的业务环节。这些可能发生错弊，因而需要控制的业务环节，通常称为控制环节或控制点。控制点对于保证整个业务活动的控制目标具有重要的影响，甚至影响整个业务控制的成败。

（4）确定控制措施，实现控制目标

控制措施，指为预防和发现错弊而在控制点所运用的各种控制技术和手段等。控制点的功能是通过设置具体的控制技术和手段而实现的。由于其控制的业务内容不同，所要实现的控制目标不同，因而相匹配的控制措施也不相同，必须根据控制目标和对象设置相应的控制技术和手段。

（5）进行内控测试和定期评估，实现内控体系的动态优化

在内部控制体制建设完成之后，抽样进行部分制度、流程和业务等测试，检验内控体系的完备性和实用性，及时查找漏洞。同时，建立定期的内控评估和优化机制，对发现的问题和缺陷，及时进行制度、流程和业务的调整，提高内控体系的适应性和前瞻性，增强内控的规范性和科学性。①

5.3　中央企业社会责任报告体系

社会责任报告管理和报告编写，是国务院国资委对于中央企业经营管理的基本要求和重要内容，也是国务院国资委对企业开展监管的基础性工作。为此，中央企业应采取如下的工作措施：

1. 制定和执行社会责任规划，为社会责任实践提供正确的方向

中央企业社会责任报告的编写，绝不是简单的、常规性的事后文档工作，它是企业经营活动的重要组成部分，因此，应做好充分的调研和事前规划、措施落实等重点工作。

中央企业应制定三到五年适合本企业业务发展和管理需要的社会责任专项规划，确定本企业的愿景、使命、价值观和社会责任目标，制定具体的行动计划和实施路线，为社会责任管理和报告编制提供基本的行动方向。

2. 完善责任治理与责任融合机制，为社会责任提供组织与行动保障

中央企业社会责任管理应建立健全社会责任组织体系。不同类型的中央企业可结合自身业务实际，成立社会责任专业委员会或领导小组。可以在本企业社会责任专业委员会等领导体系内，设立环境、经济、员工、社会等专项工作推进小组，具体负责各专业领域的推进工作，大型中央企业集团应将各业务板块的社会责任落实与横向协调相结合，通过分类管理，分层推动，实现系统协同。

为了实现社会责任规划与经营活动的一体化，中央企业应将社会责任融入日

① 吴维海．新浪博客，2012 年 8 月 24 日。

常的经营管理和重大决策活动中。在进行重大决策时，综合考虑运营管理对社会、环境、员工等利益相关者或主要因素产生的重大影响，不断增加正面影响，减少负面影响。

中央企业应将社会责任融入企业运营全过程，制定并实施社会责任执行、监测、衡量和考核等一系列管理办法，确保社会责任理念和发展战略的无缝衔接，与运营全过程和日常管理的动态结合。中央企业应成立专门的社会责任部门或岗位，明确部门和岗位职责，明确工作推进步骤，有计划、有步骤地开展社会责任实践与报告撰写。

3. 强化社会责任的企业文化建设，带动社会责任的贯彻落实

企业文化的核心内容是价值观，也就是中央企业的社会责任感。中央企业的高层管理者要具有企业家精神，有较强的社会责任感。

中央企业应将社会责任融入企业文化建设中，通过建立健全社会责任的企业文化管理体系，确立明确的社会责任口号和发展目标，引导和培养有责任感的员工，使中央企业员工树立高度的社会责任感，全面、适时地贯彻和履行，关注客户、关注社区、关注民生的社会责任，为构建和谐社会、履行社会承诺做出积极的贡献。

4. 强化社会责任的业绩管理和考核，提升社会责任管理水平

中央企业应结合业务实际，不断建立和完善社会责任的市场绩效、环保绩效、社会绩效等指标体系，强化绩效指标分解和执行，强化社会责任绩效的统计与考核，不断推动社会责任的全面落实。

中央企业应制定和完善社会责任管理与考核细则，强化各部门和岗位考核，落实每年度的社会责任考核评估制度。每年由社会责任主管部门牵头，组织对本企业进行社会责任的年度考评。及时发现问题和不足，持续改进社会责任。中央企业应不断完善社会责任指标的评审、设定、数据跟踪、数据分析、报告撰写、报告评价和改进措施等，强化社会责任指标执行考核和奖惩，提高社会责任的管理水平。

5. 研究社会责任报告编写技巧，提高报告编写质量

为提高社会责任报告编写技巧和报告质量，中央企业应重点做好如下工作：

强化技巧研究。中央企业应系统研究国内外先进企业的社会责任报告，分析报告编写的基本特点，归纳报告编写技巧，提高本企业社会责任报告编写的质量和效率，改进社会责任管理能力，提高本企业的社会公信力和品牌形象。

完善编制标准。中央企业应结合国内外社会责任的管理要求和标准，规范和优化报告编写内容和框架体系，增强报告的规范性、系统性和权威性。

端正编写态度。中央企业应端正和优化报告编写态度与思维模式，以中立、客观的态度披露企业的社会责任绩效。加大社会责任管理、风险机遇分析和社会责任规划等内容的披露，增强报告的完整性。

强化综合比较。中央企业应强化社会责任的绩效可比性数据和内容披露与报告撰写，突出社会责任指标体系，加强纵向可比性，包括：跨年度绩效对比和绩效实现程度的描述；提高行业内乃至跨行业的可比性。既重视历史绩效指标，也要加强绩效指标预测和承诺，自觉接受社会监督。

丰富展示风格。中央企业在社会责任报告的撰写过程中，应不断增强报告的可读性，研究和完善报告设计，善于利用图片、表格、符号等简洁的展示方式，表达丰富、系统的社会责任报告内容。

引进多方参与。中央企业应讲求社会责任报告的严肃性和科学性，应制定明确的报告编写原则，倡导编纂报告的真实性、完整性，不断提高报告的可信性。具体可采用利益相关方评论、第三方评价或审验、数据来源声明等方式，增强社会责任报告的权威性、信用度。

强化撰写创新。中央企业在社会责任报告的编写过程中，应突出报告撰写和展示风格等创新性、简约性，具体可以从编写理念、报告结构、报告形式、报告框架等相关方面，发掘报告创新的潜力，增强社会责任报告的创新程度。

6. 强化资源投入和利益相关方参与，提高各方满意度

中央企业应加大资金和人力投入，完善社会责任管理的信息管理系统和报告

数据的统计、搜集与分析系统。要创新方式方法，拓展信息沟通渠道，形成社会责任专题会议、社会责任管理论坛、社会责任报告研讨、社会责任工作交流会、社会责任报告撰写经验交流会等多种形式，不断完善和丰富社会责任的沟通与反馈机制，逐步实现企业与利益相关方沟通的规范化、程序化，建立相互信任、深度了解和彼此支持。

中央企业每年都组织经营层与利益相关方探讨社会责任话题或邀请利益相关方参与社会责任议题、参与社会责任报告编写研讨等活动。通过加大社会责任的深度交流和多方参与，进一步明确社会责任报告的内容和核心议题，主动、积极、坦诚地反馈利益相关方的期望和核心要求，提升社会责任报告内容的针对性、信息披露的有效性、真实性，增强社会责任核心观点的史前交流、反馈和主要利益相关方的参与程度。

通过新闻发布会、座谈会等方式，邀请行业主管、股东、媒体单位对特定事件、特定敏感问题召开专门会议或研讨，澄清各方的模糊认识，提高对特定问题或影响的共识，消除不必要的误会和某些偏见等，化解外部不利影响以及澄清不实报道，为中央企业的社会责任管理提供良好的工作环境。

7. 加强与政府部门之间的合作和衔接

中央企业应主动做好与主要出资人如国资委主管部门的工作汇报，争取大股东的工作支持和参与，提高社会责任的实施与执行能力。

中央企业应利用各种渠道和交流工具，积极引导全国人大及相关机构出台国有企业承担社会责任标准的法律法规，在公司法的指导下，完善企业社会责任实施条例等，自觉承担和接受社会监督，全面履行社会责任，塑造行业品牌与公信力。

5.4 构建适合“和谐社会”的企业内部控制体系[①]

内部控制一般具有对立性和监督约束的性质。如何从和谐、互利的视角，审

① 吴维海.中州学刊，2007，7：4（总160）.

视和设计企业内部控制体系，实现双方基于共同的工作目标和价值认知，进行相关内控体系制度建设，有必要探索。

收入分配机制的公平有序是和谐社会的重要体现。然而，在现实经济生活中，存在着诸多社会不和谐的问题或现象，比较突出的是经济犯罪行为。经济犯罪分子通过不正当手段，敛取钱财、牟取暴利，扰乱了正常的收入分配机制，加大了社会贫富差距，也与建设和谐社会的宗旨相违背。强化企业内部控制建设，是确保企业合法经营，规避案件事故，实现“和谐社会”目标的保障之一。

为实现和谐社会的目标，必须构建社会安全网，而企业内部控制体系是社会安全网的重要组成部分之一。

基于“和谐社会”目标的内部控制组织结构建设和谐社会，体现的是一种社会公平正义，它类似于亚当·斯密的“利他主义”学说。亚当·斯密认为：“经济人”的本性是利己主义，是组织或个人从事某项活动的诱因和出发点。“经济人”强调了三种德行：处于明智的谨慎、处于道德的正义和超越正义之上的仁慈。亚当·斯密尤其强调了正义。正义在某种意义上，对企业和个人来讲，可以理解为一种规范，一种自我约束。在市场经济体制下，企业要达到获利目的就必须为消费者提供满意的产品或服务，首先满足他人需要，才能达到利己的目的。组织中的管理者或普通员工，作为股东的代理人或雇佣者，为了实现自己合法的经济收入或职务晋升，必须做出对组织有利的事情，尽到既定的责任。基于这一理念，企业必须建立起相应的内部控制组织结构。

（1）建立以公司制为主、各方利益共享的契约关系。建立以公司制为基本形式的法人治理结构，按照《公司法》和企业章程规定，赋予股东会、监事会、董事会和经理层不同的职责，明确不同权力，通过规范公司治理结构，完善内部控制体系，确保企业经营活动的“利他性”。通过构建“委托——代理”的契约关系，实行股东和经理层相对分离，以代理契约和奖惩为手段，规范和约束管理者和员工的“利己行为”，保障企业债权人的根本利益。股东作为公司所有权人，享有《公司法》规定的权利与义务，通过股东会或股东大会参与公司决策。股东会或股东大会由全体股东组成，是公司的最高权力机关。监事会是公司的内部监督机构，有权审查公司财务、纠正“利己性”的违规行为。董事会是股东会的执行机构，决定公司的经营计划和投资方案，执行股东会决议聘任或解聘公司经理等。经理由董事会任命，负责日常经营管理活动。

（2）强化纪检 / 党内（班子）监督。建立健全国有单位纪检监督机构，充分发挥其对董事和经理层的监督职能，落实民主生活会、领导干部重大事项报告等监督制度。通过高层交流会等方式，强化对高层的经营监督，促进内部控制制度落实。强化领导班子间权力监督机制，对重要事项如大额贷款、大额财务开支，实行集体审核制，杜绝一言堂。

（3）完善内部制衡与约束机制。以《公司法》赋予的职权为基本依据，通过明确资产所有人、资产管理代理人以及监督检查人员的职责权限，规范完善内部控制制度，实现董事长和总经理职能的真正分离。适当稀释现有股权，合理配置人员，增加外部股东，强化对董事会提交经营方案和利润分配方案的审核，发挥监事会对股东、董事会和经理人的监督职能。发挥董事会作为股东和债权人利益代言人的作用，协调股东和经理层利益，监督经理人员经营行为，推动公司经营目标的实现。

（4）深化内部审计监督机制。基于和谐社会的利益分配机制需要外部监督的约束。借鉴西方国家的管理经验，设立审计委员会和其他专门机构，作为董事会下设机构或代理人。审计委员会由外部董事组成，具体负责和独立审计师以及内部审计师的有效沟通，对董事会负责并报告工作，并与董事会和审计人员保持直线型关系。强化企业内部审计，确保企业经营管理活动符合公司章程和法规要求。

（5）改革内部激励机制。为减少所有者和经营者的利益冲突，减少案件事故的诱因，实行年薪制、股票激励和股票期权激励等有效的激励机制，将剩余支配权交给管理者，由市场决定经理人的人力资本价值，通过资本市场接管企业等途径，激发经理层的积极性，促进内部控制水平的提升，实现股东利益最大化。

（6）优化部门 / 岗位 / 流程。和谐社会体现在组织的经营活动中应该是有序运营，这就需要各尽其职，权责分明。通过优化企业组织结构，及时变更部门和岗位职责，全面修订管理制度，使其适应变化了的经营战略，真正解决部分企业组织机构混乱、岗位职责不清、业务流程僵化以及制度执行不到位等管理问题。

基于“和谐社会”目标的企业制度，进行制度建设是实现组织或个人经营活动中“利己”和“利他”目标相协调的保障。按照“先横后纵”的框架，将内部控制制度划分为管理制度和会计内部控制制度两大部分，对每项制度建设，按照价值理念、组织构架、人员优化、业务循环、持续改进和考核处罚 6 个层面展开。

1）构建先横后纵的体系

横向上，将各内部控制制度归并为综合管理、财务报告和业务管理三大类别。其中，综合管理部分细分为全面预算管理类、监督检查与责任类、人力资源管理类、电子信息控制类、会计基础控制类和其他类，6 小项；财务报告部分细分为核算类、报表类、财务分析类、信息披露类和其他类，5 个小项；业务管理部分细分为货币资金管理类、采购预付款类、销售与收款类、存货与成本费用类、固定资产与成本项目类、无形资产和递延资产类、投资管理类、筹资管理类、表外业务类、关联交易类、税收管理类和权益类，共 12 小项。

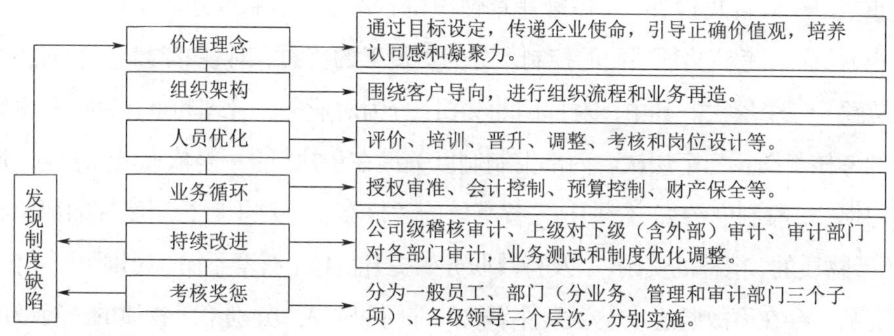

图 5.4–1　企业内部控制制度设计层次

纵向上，把每一项的具体制度分解为：价值理念、组织构架、人员优化、业务循环、持续改进和考核处罚 6 个层面（图 5.4–1），分 6 个层次展开，在每个规章制度里，灌输“以人为本”的理念。通过抓住关键控制点和关键环节，努力达到内部控制体系的全方位、立体化、综合化。

第一层面，价值理念层面的控制。主要是组织使命、企业文化和价值观方面的控制。通过这个层面，传递企业的使命和优秀的企业文化，引导正确的价值观，培养企业认同感和凝聚力，增强执行制度的自觉性和主动性。

第二层面，组织构架层面的控制。主要是围绕客户导向和组织战略目标，进行内部控制组织结构的再造。不同的内部控制循环有不同的组织构架。

第三层面，人员优化层面的控制。包括员工评价、招聘、培训、晋升、考核、岗位分离等。员工评价、招聘、培训、晋升和考核等要和人力资源等部门协作共同完成，岗位职责、职责分离控制应和具体业务循环和活动紧密融合。

第四层面，业务循环层面控制。包括授权批准控制、会计系统控制、预算控制、财产保全控制、风险控制、内部报告控制、电子信息技术控制等。重点做好流程设计和制度的细化工作。特别是关键控制点的选择和关键环节控制。

第五层面，持续改进层面的控制。包括公司级的稽核管理、上级对下级的稽核（含外部审计）、审计部门对会计部门的审计，以及由此进行的制度评估、测试、优化和流程再造。如对某一制度条款进行实际测试，发现问题，及时改进，发现制度中的缺陷，及时修订完善。同时，发挥内部稽核和审计部门的职能作用，做好定期和不定期的稽核检查。针对政府财政、审计、物价、税务、行业监督协会等的检查重点，开展自我检查，对违规违章情况进行纠正，对制度缺陷予以完善。

第六层面，考核奖惩层面的控制。分为对员工的奖罚、对各部门奖罚和对各级领导的奖罚，三个层次。其中，对部门的奖罚：分为对业务、管理和审计部门职责履行情况的考核奖罚，三个层次。内部控制制度关键在于执行：一是依靠员工自觉，形成好的习惯；二靠制度约束，特别是完善有效的考核奖惩。对于履行制度好的部门和个人，给予物质的、精神的奖励，以及行政职务的提升。对于有章不循、规章制度不健全、管理混乱、存在事故隐患或发生案件事故的部门和个人，分别给予物质的、行政的处罚，造成重大损失或者不良后果的，予以开除，违反刑律的，移交司法部门。

2）建立基于“和谐社会”的内部控制机制

为体现公平正义和以人为本的理念，本着“点（关键控制点）面（内部控制体系）结合”的原则，重点把握6个关键控制点，并将整个内部控制的组织结构和规章制度要点融入“部门行为规范”“部门/员工内部控制手册”和“违章处罚登记手册”中，通过实施事前、事中和事后管理，跟踪监督、查处纠正不规范的行为，构建适合“和谐社会”目标的企业内部控制管理体系：

重点把握6个关键控制点，是引导组织和个人实现“利他”目标的重要保证。

①强化企业文化建设。企业文化缺失，容易造成管理层和普通员工价值观的偏差，“利己”思想如果占主导，会导致内部控制失灵，进而引发案件事故。基于和谐社会的内部控制，应把企业文化建设作为关键控制点，培育积极、健康的企业文化，不断丰富基本内涵，增强员工职业道德意识，培养正确的价值观，约束日常的经营行为，规范业务发展。

②优化人员选拔体系。以绩效考核和内控规范为标准，对不同岗位和环节配备合适的人员，特别注重职业道德和品行考察，选拔那些有责任心、有业务能力的员工担任关键岗位，承担监督职责。通过做好员工绩效评价和控制管理，促使执行内部控制制度。

③合理划分事权。结合不同行业特点，建立健全分级管理、事权划分的内部控制体系。建立健全岗位责任制，明确不同的岗位职责，严格执行内部授权制度，加强对重要环节控制。通过实施岗位轮换、指定休假、离岗稽核制度，规范业务操作，形成自我监督、自我约束、相互制衡的内部控制体系。

④加强权力制约。加强对重大财务事项的监控。重大财务事项包括资本投入、增资扩股、股权转让、合并分立、兼并收购、清算、关闭、破产等。坚持分工负责制、民主制基础上的总经理 / 部门经理负责制，重大决策提交总经理会或职代会集体讨论通过，防止个人随意性和非理性行为对企业重大决策的影响。完善总经理 / 部门经理年审制度和离任审计制度。通过强制离岗、交接审计，排查和发现管理漏洞。树立业务主管部门对规章制度垂直管理的权威性，各级领导不得随意变通制度，不能越权行使。

⑤强化员工培训。对每一项新业务、新制度，都要组织进行培训，定期考核，使内控管理与业务发展同步进行。采取民主管理方式，完善规章制度，确保员工行为有规范，管理有依据。

⑥完善网络和 ERP 控制。建立以总会计、部门负责人、业务主管、事后监督为中心的账务监督检查网络，形成以总经理 / 分管经理和部门经理为中心的经营活动监督检查网络，完善以纪检 / 审计为中心的廉洁自律监督检查网络，落实以副总经理、保卫等为中心的“三防一保”监督检查网络，从而构成纵横交叉的内部控制监督检查体系。利用信息自动化和 ERP 内部控制管理系统，执行网上签字签批制度，优化核心业务流程，强化财务费用管理。使用 ERP 系统进行事前（预算、授权管理）、事中（会计科目、财务政策、会计报表）和事后控制（数据核对、风险评估、计划检查、制度执行）监督，确保内部控制制度执行到位。

3）建立控制规范 / 手册和违章必究的机制

和谐社会“以人为本”，同时兼顾公平正义等理念的实现，要落脚于完善的内部控制制度和规范化管理。为此，企业和其他组织可根据行业或单位特点，根据部门/岗位的职位说明书、岗位职责以及内控管理制度规定，建立“部门/员工行为规范”“员工内部控制手册”和“违章处罚登记手册”3个管理类行为规范/手册，作为对企业组织结构、内部控制制度建设的内容分解和监督执行。行为规范/手册规定了各部门、各岗位、各业务的职责、流程和关键控制点，明确了各自应承担的义务和责任，以及违反责任应受到的处罚（各规范/手册适用范围和相互关系，图5.4–2）。

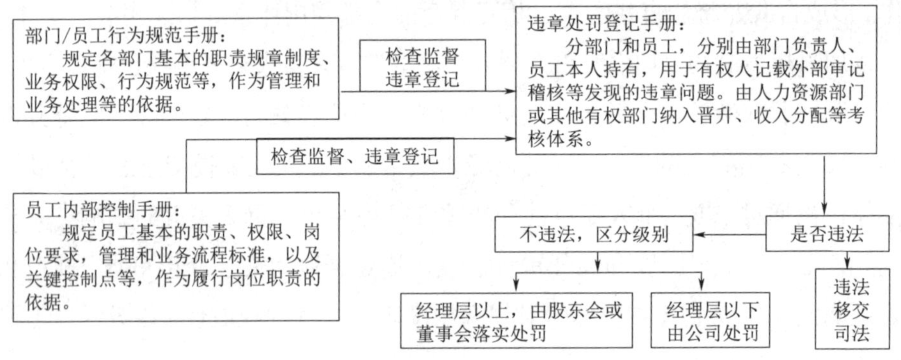

图5.4–2 规范/手册的适用范围和相互关系示意图

各监督检查部门和上级主管人员，按照《行为规范》和《控制手册》的要求，对经营行为进行检查和跟踪，发现不规范行为，及时登记“违章处罚登记手册”，并区分责任，与部门和个人职务晋升、工资收入挂钩。对于一般性行为或问题，给予批评教育或经济处罚，限期纠正；对违章违纪行为，严肃处理。同时，定期召开案件防范分析例会，研究内部控制的重点和苗头性问题，强化新业务管理，落实组织、调查、测试、评价和报告5个步骤，提出改进建议，形成多层次、多角度的内部控制体系，堵塞管理漏洞，杜绝案件事故，确保经济活动的有序、公平、正义，促进“和谐社会”目标的实现。

5.5 地方投融资平台风险管理

关于地方政府投融资平台的建设，主要操作是政府主导，通过构建专业化公司作为实施载体，实现专项基础建设或重大的资金融通和规范管理，并获得地方发展需要的资金。

目前，地方投融资平台出现很多问题和缺陷，并且孕育了很多风险和机制性障碍，已经引起了国家主管部门、行业监管和社会的关注，需要尽快规范和完善。

如何研究国家产业政策，创新投融资管理机制，引入国际先进的机制和体系，实现投融资平台的规范化建设，是需要研究和创新的管理课题。

总的思路：将地方投融资平台逐步打造成以政策为导向，市场化为主，多渠道融资、结构合理、良性运营、专业化管理、机制创新的运营模式。

重点解决七大管理问题：

（1）政策的一致性和匹配性。现有政策研究、政策的一致性调整、未来需要出台的政策等。

（2）市场化运作模式和体系、公司设置方式、股权结构、决策机制、偿债机制、问题追究、考核与惩罚等。

（3）渠道创新。资金来源、资金成本、资金流动、资金价值、渠道维护等。

（4）结构匹配。资金的比例和依据、资金的项目匹配、资金的时间结构、资金的成本结构，资金的变化和管理机制等。

（5）运营科学化。平台设立、平台模式、平台体系、平台权限、平台风险、平台激励、平台风险、平台服务等。

（6）专业化提升。平台机制科学化、平台管理科学化、平台运营评估、平台信息化等。

（7）机制创新。业务机制、管理机制、决策机制、竞争机制等。

上述关键问题是需要重点研究和关注的，也是确保地方可持续发展与风险控制的重要工作。

5.6　金融机构风险评估与管理

风险评估是对信息资产（即某事件或事物所具有的信息集）所面临的威胁、存在的弱点、造成的影响，以及三者综合作用所带来风险的可能性的评估。风险管理是社会组织或者个人用以降低风险的消极结果的决策过程，通过风险识别、风险估测、风险评价，并在此基础上选择与优化组合风险管理技术，对风险实施有效控制和妥善处理风险所致损失的后果，以最小的成本收获最大的安全保障。风险评估与管理是银行金融管理的重要内容，是确保银行信贷资金安全、结算和理财等中介业务风险可控的重要保证。对于基金、债券、保险等其他金融机构来讲，风险评估与管理具有同等重要的实践价值。

以银行为例，进行风险评估与管理的操作案例阐述。

银行风险评估与管理评估，可以设置总分为100分。包括信贷资产风险、贷款抵押、资金运营风险和效益风险等要素。具体如下。

1. 信贷资产识别和评估

是否对信贷资产风险进行严格的识别、计量、评估、监控并采取有效的风险规避措施（25分）。

评价方法：调阅各类贷款（包括流动资金贷款、项目贷款、住房、消费贷款和银行卡透支）五级分类汇总表、明细表、审批表和综合管理台账，不良贷款监测表（包括一逾两呆），风险资产管理部门的分析报告等。抽查5笔贷款档案（重点选择信用等级为AA级、A级、BBB级，五级分类中的关注、次级、可疑类，以及个人贷款中的违约、信用卡的透支类）、五级分类工作底稿及分析报告，会计部门贷款借据卡片，核查：①是否对全部信贷资产按风险程度进行五级分类（或一逾两呆）；②是否按照总、省行规定的程序和标准进行五级分类；③是否对信贷资产质量进行监测，对不良贷款变化趋势进行测算；④是否提出风险防范措施（认定、测算、评估、措施等均应有书面报告或材料）。

评定标准：每季（月）对信贷资产质量按风险程度进行五级分类（或一逾两呆）的认定，对不良信贷资产（五级分类后三类或一逾两呆）变化趋势进行测算，定期评估（判断）对信贷资产质量的影响程度，实时监控主要风险因素变化，制定风险规避措施的为一级；每少一步骤下降一个等级。

评价依据：《商业银行内部控制指引》《中国人民银行贷款风险分类指导原则》（银发［2001］416号）、银行不良贷款认定实施细则、银行信贷资产质量五级分类管理办法、银行卡透支资产质量五级分类管理办法等。

2. 抵押资产识别和评估

是否对无息资产中的抵贷资产风险进行严格的识别、计量、评估、监控并采取有效的风险规避措施（25 分）。

评价方法：通过与负责抵贷资产管理部门的有关人员进行座谈，了解抵贷资产的抵入、管理和处置三个环节的情况；调阅被评价单位抵贷资产汇总表、明细表、管理台账，以物抵贷业务处置资料（包括抵贷时的申请审批表、会议记录、产权证书、过户证明，抵贷后的管理记录，处置时的价值评估、记录等）及抵贷资产管理与盘活抵贷资产的计划安排等，抽查 5 笔（选择时要从企业的性质、抵贷债务类别、产权是否过户等多方面考虑），查看其对抵贷资产的主要风险因素（如产权、受偿及处置时的价值评估、实物管理、市值变化等）是否在抵贷前、抵贷后、处置时进行了认定并有记录；是否定期测算风险的大小（如因各种因素不能过户的抵贷物，风险程度有多大），评估判断抵贷资产的现值和对抵偿贷款本息的影响程度，是否有书面记录；监控管理措施是否到位，是否制定有效盘活抵贷资产措施（应有书面材料）。

评定标准：对影响抵贷资产的主要风险因素（如产权、受偿及处置时的价值评估、实物管理、市值变化等）进行认定，测算风险的大小，定期评估对抵偿贷款本息的影响程度，监控主要风险因素变化，制定有效措施盘活抵贷资产的为一级；每少一步骤下降一个等级。

评价依据：银行以物抵贷资产管理办法、银行会计核算制度、《财政部关于金融机构接收和处置抵债资产收入确认问题的通知》。

3. 资金运营风险识别和评估

是否对资金营运风险进行严格的识别、计量、评估、监控并采取有效的风险规避措施（25 分）。

评价方法：座谈了解被评价银行资金营运业务开展情况；调阅被评价单位资

金调拨操作规程及管理制度、资金营运计划、资金营运分析，上级银行下达的备付金计划指标、资金拆借业务的有关账簿、会计凭证及对账单，抽查5个时点的资料，确认是否按上级银行的规定制定资金调拨操作规程及管理制度，及时编报资金营运计划、资金营运分析报告；拆借资金是否经授权；账务核对是否及时；贷存比例及备付金比例（限额）是否控制在人民银行和上级行规定的比例以内；是否对资金营运、票据贴现等进行检查和总结；对资金营运风险是否进行全面监控，制定风险规避措施。

评定标准：对影响资金营运安全的主要风险因素（如备付金、对外融资等）进行认定，测算支付风险和融资风险的大小，定期评估对资金营运安全的影响程度，监控主要风险因素变化，制定风险规避措施的为一级；每少一步骤下降一个等级。

评价依据：《商业银行内部控制指引》《防范和处置金融机构支付风险暂行办法》等。

4. 效益风险识别与评估

是否对效益风险进行严格的识别、计量、评估、监控并采取有效的风险规避措施（25分）。

评价方法：座谈了解财务管理工作情况；调阅财务管理办法、年度或半年度经营及财务计划、季度财务收支分析报告、效益分析例会记录等有关资料，查看是否定期召开财务分析会议对财务计划执行情况及有关重要的会计事项进行分析研究，并进行财务预测分析；是否对影响利润的主要风险因素进行认定、分析、评估，认定（分析、评估）报告的内容是否全面、切合本行实际；是否制定风险规避措施。

评定标准：定期对影响利润的主要风险因素（如收息水平、中间业务收入、利率变化、投资业务收入、经营费用等）进行认定，测算各因素风险的大小，评估对利润的影响程度，监控主要风险因素变化，制定风险规避措施的为一级；每少一个步骤下降一个等级。

评价依据：《商业银行内部控制指引》、银行财务管理制度、银行中间业务管理办法等。

5.7　银行内部控制方案

内部控制是商业银行董事会、监事会、高级管理层和全体员工参与的，通过制定和实施系统化的制度、流程和方法，实现控制目标的动态过程和机制。2014 年 9 月 12 日，中国银监会以银监发〔2014〕40 号印发修订后的《商业银行内部控制指引》。该《指引》分为总则、内部控制职责、内部控制措施、内部控制保障、内部控制评价、内部控制监督、附则 7 章 51 条。

1. 商业银行内部控制的目标

（1）保证国家有关法律法规及规章的贯彻执行。

（2）保证商业银行发展战略和经营目标的实现。

（3）保证商业银行风险管理的有效性。

（4）保证商业银行业务记录、会计信息、财务信息和其他管理信息的真实、准确、完整和及时。

2. 商业银行内部控制遵循的基本原则

（1）全覆盖原则。商业银行内部控制应当贯穿决策、执行和监督全过程，覆盖各项业务流程和管理活动，覆盖所有的部门、岗位和人员。

（2）制衡性原则。商业银行内部控制应当在治理结构、机构设置及权责分配、业务流程等方面形成相互制约、相互监督的机制。

（3）审慎性原则。商业银行内部控制应当坚持风险为本、审慎经营的理念，设立机构或开办业务均应坚持内控优先。

（4）相匹配原则。商业银行内部控制应当与管理模式、业务规模、产品复杂程度、风险状况等相适应，并根据情况变化及时进行调整。

商业银行应当建立健全内部控制体系，明确内部控制职责，完善内部控制措施，强化内部控制保障，持续开展内部控制评价和监督。

3. 银行内部控制的总架构

银行内部控制体系包括：内控环境、风险识别与评估、业务规章制度与措施、合规性监督检查、独立的内部审计、信息沟通交流等六个基本要素（图 5.7–1）。

上述要素相辅相成，互相促进，形成了银行内部控制的整体框架。

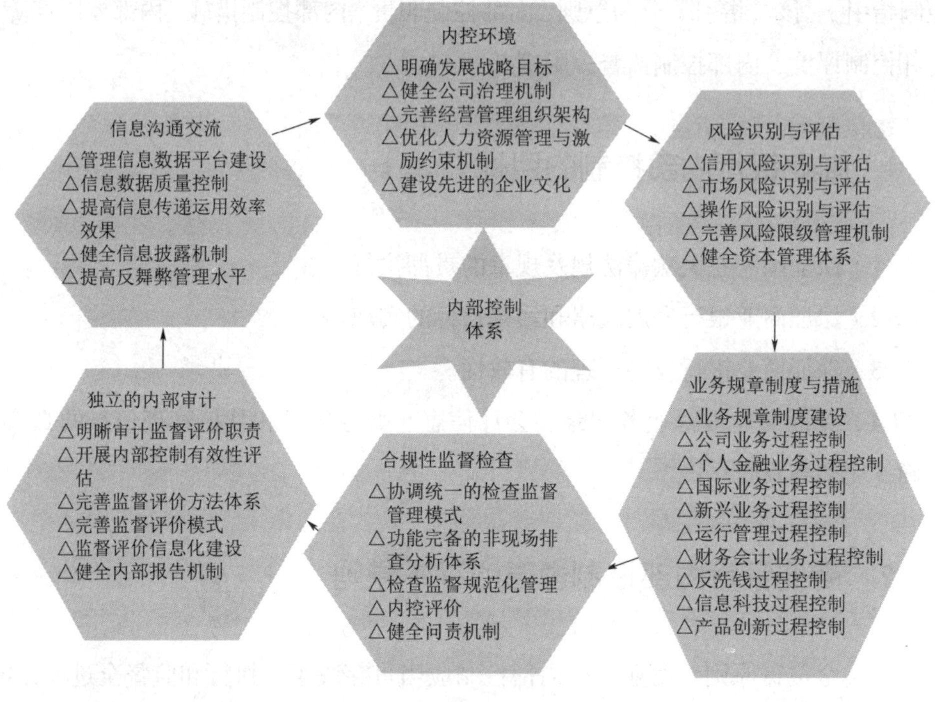

图 5.7–1　银行内部控制架构

4. 银行内部控制体系建设方案

地方银行内部控制体系建设实例：

（1）内控环境。明确银行战略目标与政策，完善银行公司治理结构和运行模式，完善组织架构，制定绩效考核机制和教育培训机制，培育先进的银行文化。

1）围绕银行愿景和目标，制定年度、三年或五年战略目标与具体政策。

①制定战略目标与实施计划，分阶段、分年度制订执行计划和实施措施，落

实各部门职责，建立检查监测机制，明确汇总和报告路线，完善协调机制和奖罚办法，保证各项任务措施得以贯彻落实（办公室牵头）。

②制定年度或三年内控实施计划，对各项任务分解落实，明确各部门在内控体系建设中的职责，探索内控管理的最佳实践，推动各项实施计划如期完成，为实现经营目标提供保障（内控合规部牵头）。

2）结合银行发展战略，优化组织机构建设，重点搭建责权明确、流程规范、运作高效的操作风险组织体系，为提高操作风险管理水平提供组织保障。

①加大创新管理力度，明确专人负责创新管理工作，负责各类创新项目的立项、评估、审定；完成信贷体制改革，改变信贷审批模式，推进信贷作业监督职能前移，有效控制信贷操作风险；根据银监会及总行要求，贯彻落实小企业专营机构设置及相关制度办法的执行（人力资源部牵头）。

②加快建立前、中、后台分离的操作风险管控架构，逐步形成前台负责客户营销与业务受理、中台负责业务处理与风险控制、后台负责综合管理与检查监督的操作风险管控模式；全面落实操作风险损失事件统计办法的各项要求，提高统计的时效性和准确性；加大操作风险事件和指标的监测分析力度，提高操作风险管理报告及监测报告质量；充分发挥秘书处职能，有效推动专业操作风险管理工作，完善督办、落实和报告机制（内控合规部牵头）。

3）完善员工序列岗位、职级管理体系，建立运作高效的用人机制，建立多层次员工教育培训体系，合理配置培训资源，增强人才竞争能力。

①加强劳动用工管理，完善相关制度办法、操作流程和预案措施。落实上级行相关制度和操作流程，加强现有操作流程的刚性约束；完善用工管理相关操作流程，建立沟通反馈机制，对现有操作流程中存在的不适应、不完善的地方及时反馈。修订完善预案措施，维护稳定大局。完善接待来访、劳动纠纷等处理机制，加强处理人员上访、解决劳动纠纷的能力；做好与信访部门的沟通联络，认真做好相关来访人员政策解答、思想教育等工作（人力资源部牵头）。

②加快完善岗位职级体系，拓宽员工职业发展通道。完善以岗位价值为核心的岗位职级体系，横向划分为管理、专业、销售和运行等岗位类别，对应划分岗位等级；纵向划分为不同的职务层级，作为设计员工职业发展的平台，促进全行价值体系的转变。完善员工晋升机制。逐步建立健全岗位任职资格体系，实现岗

位要求的明确化。按照《岗位任职资格管理办法》等规定，明确岗位任职资格标准，员工任职前必须进行岗位任职资格评定，了解本职岗位的职业发展路径，获取相应岗位任职资格或资质认证（人力资源部牵头）。

③以推行绩效合约管理为契机，建立基于岗位类别的差异化绩效考核机制。全面实施绩效合约签订，由员工与直线管理者签订书面协议，记录在一段时间内需要达成的工作结果。制定员工绩效考核指导意见、绩效合约管理指引，全面推行绩效合约管理。建立反映员工履职差异的岗位工资考核机制，对员工岗位工资考核与绩效工资考核体现区别，依托绩效合约进行考核，与岗位履职情况挂钩，结合员工的出勤、劳动纪律、工作态度、工作质量及风险控制等情况确定考核内容。建立基于岗位类别的差异化考核体系。从不同岗位类别员工的工作特点和考核重点出发，实施基于岗位类别的差异化考核。健全考核结果应用机制，完善考核结果与绩效工资挂钩机制，规范不同岗位类别员工绩效工资与个人考核结果及组织绩效的挂钩办法，明确业绩价值导向，发挥绩效考核结果对员工的全面激励和约束功能（人力资源部牵头）。

④建立多层次员工教育培训机制。组织集中轮训工作；选派中高级管理人员参加境内外培训。积极开展中高级专业人才培训。选拔业务骨干参加各类高级专业人才认证培训。加强各类客户经理培训，开展柜员岗前及中年员工职业技能培训，实施中年员工振兴培训，有序推进岗位资格认证培训。对已经开展的专业资格培训与认证进行整合、归并，与全行统一设置的序列进行衔接，逐步形成内外结合、规范有序的专业资格认证培训机制。大力整合培训资源（教育部牵头）。

4）实施企业文化建设三年实施计划，加强企业文化管理和宣传，明确员工关键行为准则，引导员工树立正确的人生观、价值观、道德观。

推广银行文化理念，采取多种渠道组织学习企业文化理念，解读文化理念。找准与全行工作的结合点。梳理管理理念、策略及行为；重新审视和修订原有的规章制度和操作流程，突出制度与流程建设的文化内涵；与业务宣传活动相结合，把开展优质服务宣传、企业形象展示、社会公益等活动作为宣传载体，展示良好形象。丰富员工文化生活。有计划、有重点地调整、补充、完善一批文化设施和场所。选择树立典型，发挥先进典型对员工的示范导向作用，营造“比学赶帮超”的文化氛围。建立企业文化联系点，调度和督导推动企业文化建设情况，通过抓点带面，促进全行企业文化工作（办公室牵头）。

（2）风险识别与评估。持续加强信用、市场和操作等风险的识别与评估，优化风险识别与评估的系统和工具，通过加强限额管理和健全资本管理体系，全面提高风险识别与评估水平，进一步实现资本、风险与收益的协调统一。

1）持续优化资产管理系统功能，推进内部评级法应用，加强贷款风险监测和管理，完善不良贷款管理机制，实现对信用风险的有效控制。

①优化信贷业务流程，完善作业监督前移和放款前提条件核准前移；优化法人客户信贷业务无纸化审批；全面启动个人无纸化审批操作；配合上级银行整合信贷审批、评级授信、押品评估等信贷业务系统操作流程。完善潜在风险贷款退出机制，优化潜在风险贷款认定标准；拓宽潜在风险贷款退出渠道，通过实施存量贷款转让、资产证券化等多种方式实现风险贷款的真实退出；强化退出激励约束机制，提高分支行潜在风险及贷款退出的自觉性、主动性。构建集中、垂直、高效的贷款大户信息搜集、反馈和处置体系，提高贷款大户风险监控层次。完善贷款大户风险监控考核考评体系，针对客户逐户明确风险类别和信贷政策。完善担保圈风险识别化解技术，包括完善担保圈风险识别技术和系统标识；解决存量担保圈风险，实现化解目标；构建完善的信用风险拨备制度，通过建立基于客户风险状况的拨备计提制度，实现拨备与贷款风险状况的有效匹配；优化拨备计提的技术手段和统计分析制度；及时跟踪、监测和分析信用风险资产损失和拨备提取情况，力争做到拨备对信用风险资产损失全额覆盖；确定完备的信用风险拨备的考核制度（信贷管理部牵头）。

②全面提升评级授信系统。积极应用评级授信系统，强化评级授信管理；优化评级授信流程，包括评级授信系统流程整合、关联客户自动识别、授信到期预警、报表输出等管理功能，以及资料上载、系统传递、流程审批等审批功能。优化授信调查审查模式；对授信调查、审查报告模板进行修订完善，突出要点，精简报告内容，加强重要事项核查，提升风险识别能力与计量水平。推进无纸化审批，实现授信业务无纸化审批流程，提高审批效率。针对试点中发现的问题，调整、完善相关系统功能。对客户经理、授信审批人员进行培训，确保全面实施无纸化审批，提高审批效率（授信审批分部牵头）。

③依托风险管理委员会平台，探索建立风险集中管理新型组织体系：将分散

在不同部门和业务线的各类风险信息进行汇集整理，充实风险管理信息储备。逐步建立和培养专业化的风险分析师队伍，对各类风险信息资源进行深入分析、深度挖掘，在此基础上形成具有价值的风险管理意见和建议。强化风险管理委员会对整体风险管理的统驭功能，重大风险管理事项提交风险管理委员会审议并形成决议后，由相关分支机构和部门贯彻落实。探索操作风险“大监督”模式，形成完整、独立的监督管理系统，统一行使操作风险监督职能。深化风险管理评价，评价结果与管理人员的绩效挂钩（风险管理部牵头）。

④将信用风险管理参数及量化结果应用到信贷政策、信贷审批、风险预警、绩效考核等信贷业务全流程和风险控制中去，促进全行信贷管理向信用风险管理的转变。加强对关联客户管理和对企业账户资金的监测（风险管理部牵头）。

2）强化市场风险限额管理，加强风险监测，逐步构建集团范围内多层次的市场风险报告体系。加强对风险报告工作的组织管理，拓展报告领域，优化报告流程，提高风险报告工作质量，增强风险报告的前瞻性、时效性、独立性、针对性和权威性。

①改进风险报告工作机制。将风险报告的管理触角延伸至基层银行和每一个部门，提高风险报告的时效性，实现风险报告工作的常规化、标准化和流程化。落实重点行联系制度，上下联动开展专题报告工作。持续跟踪研究本区域重点行业、重点产品的风险状况（风险管理部牵头）。

②实行课题调研制度，拓展专题报告领域。抓好调研课题的征集、筛选、确定、储备、更新和共享；将调研活动贯穿于风险管理报告编写的始终，排出年度、季度序时计划，分解落实任务，每季度选定专题研究。以课题调研为先导，增强风险报告的前瞻性和创造性；以课题调研为切入点，实现风险管理部门全员参与全面风险管理工作，提高专业人员的风险分析水平，尽快培养一批具备较高素质的风险报告专业人员。风险管理部门要主动与相关专业和部门配合，定期排查各业务线和各类产品的风险控制情况，评价风险防控的关键环节及其措施和效果，提出进一步改进风险管理的意见和建议，发挥专题报告发现风险、提示风险和辅助决策的作用（风险管理部牵头）。

3）以完善操作风险管控体系为基础，加强操作风险损失事件统计工作，提高监测水平，积极开展操作风险事件分析，健全合规风险预警机制，实现操作风险管理的系统化、流程化、日常化。

①加强操作风险损失事件统计工作。全面落实操作风险损失事件统计办法的各项要求，及时跟进损失事件的发展变化，强化损失事件统计责任制，努力提高操作风险损失事件统计工作的时效性和准确性。提高操作风险监测工作水平。改进操作风险监测方法，建立完善风险监测模型的创建管理机制和监测预警结果的报告机制，建立操作风险监测工作的考核机制，提高操作风险预警能力。开展操作风险事件分析工作。按照操作风险事件的分类标准，依托积分管理系统和合规检查问题库，对操作风险事件进行分析（内控合规部牵头）。

②加快风险管理的信息化建设。积极利用风险管理信息系统和风险控制与管理方法，在规范风险管理和操作流程的基础上提升风险预警、风险监测、风险控制和风险处置的能力，提高风险决策效率和准确度，增强风险控制和化解能力，提升全面风险管理的能力（风险管理部牵头）。

③全面推广应用合规管理手册，完善合规管理组织架构，理顺合规管理部门与各业务条线、各级机构的合规管理职能关系；开展合规风险监测工作，完善合规风险识别与监测、预警机制，全面提高合规风险识别能力（内控合规部牵头）。

④强化被诉案件监控，对被诉案件实行精细化管理。要求不论案件数额大小，及时上报，针对被诉案件的基本情况、发案特点、成因及风险进行分析，提出防范和化解法律风险的对策和建议。全面加强被诉法律风险揭示工作，有效落实被诉法律风险预警制度，对于每件被诉案件，均进行客观分析，确保案件诉讼质量；发生纠纷后力争采用协商、调解等非诉讼手段解决，以最低的成本把问题处理在萌芽状态。严格法律审查，将法律审查贯穿于整个经营过程。加强普法教育（风险管理部牵头）。

4）研究实施风险限额管理机制，健全限额管理指标体系，实现对主要风险的精确管理。

①落实行业信贷政策中部分领域信贷限额管理规定。探索细化品种限额、区域限额等结构类限额指标体系，完善信用风险限额体系；在风险限额管理框架内，尝试探索指标体系的建立，建立健全风险限额管理机制（信贷管理部牵头）。

②建立风险限额管理机制。明确风险管理委员会、专业风险牵头管理部门、限额指标主管部门在风险限额管理中的职责分工。细化、量化限额指标体系，将

限额分为信用风险限额、市场风险限额、操作风险限额和流动性风险限额。风险限额指标体系实行动态管理，一年一定。在风险限额范围内，按照经营计划和经济资本管理要求，开展业务和经营活动。按月统计和监测专业风险限额的使用、调整和超限额事件处理等情况，并定期报告和处理（风险管理部牵头）。

（3）业务规章制度与措施。完善业务规章制度体系，优化业务操作流程，实施有效的过程控制，切实提高制度执行力，促进各项业务有序健康发展。

1）完善业务规章制度，健全业务规章制度体系，建立业务全覆盖和流程全覆盖的《业务操作指南》体系（内控合规部牵头）。

①健全完善规章制度的形成机制和制度后评价机制，逐步规范业务规章制度的制定、发布及修订等行为；持续开展制度梳理整合工作，适时调度各专业对不适合业务发展、内控要求的制度及时进行修订、完善或废止，确保制度与业务发展一致，为依法合规经营和协调健康发展提供保障。

②做好业务操作指南的日常管理，借助业务操作指南电子发布平台，及时将更新的书页进行替换。组织各专业采取各种形式进行培训学习和考核。

2）完善信贷业务制度体系，推进信贷业务流程改造，控制信用风险。

①加强关联客户评级授信管理。强化客户关联关系调查、审查，规范集团客户关联关系管理，明确客户关联关系的调查、审查和系统管理方法及程序，落实相关环节和人员的工作职责。研究实行分类授信管理，采用不同的总量和结构控制方法；改进总部融资模式的授信管理，从严控制集团统一融资的授信核定。完善按行业类别、客户类型由主审查人专项审查的模式，加强同行业、同类型客户横向比较与分析，提高风险识别能力，优化信贷资源配置（授信审批部牵头）。

②推行项目贷款评估，优化中长期贷款审查审批环节。完成中长期项目贷款评估系统的开发，做好系统投产前的培训工作，采用系统完成项目贷款评估。进行流程整合的探索，在保持评估和审查两个环节相对独立性的前提下，在操作层面探讨和摸索合适的操作规程，提高中长期信贷业务审查审批效率（授信审批部牵头）。

③开展不良信用客户欠款扣收工作，全面培训业务人员，定期通报个人客户欠款扣收工作情况，不断促进资产质量提升（信贷管理部牵头）。

3）完善结算与现金管理业务制度体系，规范法人理财业务管理，加强结算与现金业务信息监测（结算业务科牵头）。

①提出业务需求，做好业务系统的提升，实现业务与数据的进一步优化；积极参与结算与现金管理统筹制度与各项现金管理业务使用手册的构建工作。继续履行好现金管理工作站的相关职责，建立高效完善的结算与现金管理业务信息监测体系。

②做好制度建设与风险防范。根据业务现状，提出业务控制的建议与意见。加大培训力度，以面授、视频与远程培训等方式，针对性地开展以业务操作、系统功能为重点的专业管理培训。

③针对全球现金管理系统投产与应用的情况，对相关业务流程、授权、规章落实与业务管理情况进行分析论证，提出我行业务控制的建议与意见；加大内控相关内容在培训中的比重；继续开展以制度规章、业务操作、系统功能为重点的多种形式的培训及考试。

④开展创新业务内部控制分析，严防漏洞，查漏补缺，杜绝潜在风险。对对公理财产品建立分段式标准化控制体系，规范对公理财产品协议签署工作、申购、赎回及收益分配。

4）健全机构业务控制机制，加强金融期货特别结算业务过程控制，实现机构业务的可持续发展（机构业务部牵头）。

①健全机构业务控制机制。梳理和明确机构业务各岗位职责，加强对系统风险和操作风险的防范；完善内部监控制度和考核评价制度，补充完善配套的各类规章制度，密切关注所在区域内保险公司的运营状况，建立风险事件快速反应报告机制。

②加强产品创新风险控制，新产品、新系统投产前必须经过严格的风险论证、制定严密的规章流程，确保风险可控；加强与相关部门的协作，强化计算机系统在防范风险，尤其是防范系统运行风险方面的作用。

③提升客户经理管理水平。充分利用银行内外培训资源，改变培训方式，增强学习效果，提升客户经理对各类规章制度的认知度；推广机构客户经理准入制，对现有客户经理，实施动态管理，出现违规、违纪的立即调整出机构客户经理队伍。

④建立第三方存管系统应急机制。制定和落实第三方存管系统应急预案，建立第三方存管系统应急机制；明确突发事件报告路线，确保出现紧急情况时，能

够及时启动预案、及时报告总行、及时协调券商采取应对措施。

5）健全个人金融业务制度，优化业务流程，提升系统的硬控制能力。

①健全个人金融业务制度体系。设置专职个人金融业务操作风险管理岗位，加强岗位人员的培训和履职教育，确保专职岗位人员发挥作用；按季对辖内操作风险事件情况进行统计。建立金融业务学习、交流平台，梳理存量制度办法，进行整合修订，逐步实现规章制度“随时更新，随时修订，随时发布”，最终实现规章制度交流平台的智能检索、在线交流等支持功能（个人金融业务部牵头）。

②抓好高风险业务环节和岗位管理。加快个人营销客户经理队伍建设，配齐个人客户经理，建立个人客户经理营销行为动态监督及客户回访机制，加强对个人客户经理营销行为的监督。探索实施个人客户经理强制休假制度，并按照个人客户经理管理职责进行离岗审计，强化对个人客户经理的责任约束，防范个人客户经理道德风险。做好对个人客户的风险揭示，依托业务运营风险管理系统，实现对个人金融业务操作风险的识别、监测、分析、预警和控制，将风险点纳入运营风险管理系统统一管理。组织个人金融业务操作风险监测模型的设计与开发，逐步完成个人金融业务操作风险的分析与自我评价功能的设计与开发（个人金融业务部牵头）。

③组织好个人金融业务流程再造。优化劳动组合，合理调配前、后台人力资源，充实前台营销人员，从人员质量和数量上保障个人金融业务前、后台分离工作落实。将个人客户信息维护、代理基金、保险等业务统一纳入后台集中处理；做好产品升级、存折磁条补写、批量代理业务数据传输系统等工作。将企业代发工资业务和批量代收代付业务全面纳入系统处理（个人金融业务部牵头）。

④加强对个人征信系统客户异议处理及个人不良客户欠款扣收工作，建立健全内控考评机制（财务会计部牵头）。

6）建立科学、有效、与业务发展良性互动的投行业务内控管理机制，全面提升投资银行业务内控管理水平（公司业务部牵头）。

①探索差别化授权管理模式。对投行业务开展情况调研，探索差别化授权的管理模式，提高授权管理的针对性和有效性。

②完善投行产品管理系统。完善、优化现有常年财务顾问管理系统、企业资信业务管理系统功能。建立投行业务管理信息系统，发挥系统在项目审批管理、

统计分析、客户信息共享等方面的作用，提高投行业务科技化、信息化管理水平。

③完善投行业务管理制度框架，适时更新主要投行业务产品的制度办法和操作细则，优化投行业务流程，提高投行业务处理效率，保障投行业务制度办法的时效性和实践指导意义。

7）构建完善的银行卡业务制度体系，加强银行卡业务系统控制和风险监控流程管理，有效防范各类风险（个人金融业务部牵头）。

①加强内控制度建设。明确对优质信用卡客户授信工作要求，做到规范授信、科学审批；通过制度建设及业务创新，增强业务风险防范能力。

②开发新产品，坚持量质并举，在风险可控的原则下继续做大资产业务的积极发展策略。继续加大市场推动力度，大力推广分期付款、社保卡、联名卡、公务卡、商务卡等业务和产品，寻找业务规模的新增长点，优化客户结构，增强业务的可持续增长能力。对不同层次的客户实行差异化管理，通过合理授信、主动调额等措施强化信用卡业务的市场竞争力。

③加强专业培训和监督管理。将信用卡中高端客户纳入客户经理服务，加强业务培训，提高客户经理及前台业务人员的维护能力和服务水平，加强对业务的监督管理，规范业务操作流程，防止违规、违纪现象的发生。加强对支行、网点人员的信用卡业务知识和操作流程的培训，将反洗钱操作规程、业务操作指南等纳入培训内容。通过举办形式多样的培训班，增强合规操作意识。将银行卡业务的检查辅导纳入检查辅导工作范围，落实督导员日常检查工作职责，细化日常检查内容，使银行卡业务的检查辅导经常化、制度化，确保检查效果。

④加强对不良透支的监管和异常交易的监控。强化信用卡透支资产质量管理，加大监控频率，定期对全辖透支资产质量情况进行预警，协助资产质量下降的分行分析原因、制定清收方案；提出“异常交易监控系统”业务需求，开发适合我行业务情况的监控系统，完善管理手段，在发卡量、特约商户数量和消费额持续快速增长的情况下，加大对持卡人和商户交易行为，特别是大额交易行为的监控力度，以降低风险、减少损失；加强与银联的沟通与合作，定期搜集、整理、报送违规商户信息，协助银联做好违规商户、高风险商户的清理整治工作，净化市场环境。

⑤加大不良透支清收力度，推广透支催收外包工作前移透支催收操作，加

大对逾期 90 ~ 180 天透支的清收，合理设置风险控制时点，有效控制递延风险。按照总行新的核销政策，优化核销流程，对符合条件的不良透支积极组织核销，及时消化历史包袱。积极推广催收外包，实行催收外包，建立与外部专业机构合作开展外包催收的合作机制，提高催收效率，缓解我行催收资源匮乏的情况。

8）完善电子银行业务制度体系，强化电子银行业务流程控制，加强电子银行业务系统硬控制（个人金融业务部牵头）。

加大推进电子银行风险管理体系建设力度。加强电子银行风险管理内部环境建设，加大基层行在风险管理方面的投入，加快电子银行业务风险管理的文化、理念和机制建设。开展业务监督检查工作，提升制度执行力。落实电子银行日常检查制度，组织开展多层次的业务培训。召开风险研讨会，加强风险信息交流。加强全行各层级之间的信息交流与沟通，促进全行风险管理水平的整体提升。

9）建立资产托管业务制度体系，提高运作水平和风险管理水平（机构业务部牵头）。

①加强制度建设和流程控制。根据资产托管的实际，落实管理办法、业务操作流程等，制定实施细则或实施方案。

②选配有敬业精神、业务素质高、协调和组织能力强的员工从事资产托管业务，制定详细的岗位设置和职责分工，建立管理和操作权限严格控制的二级操作、监督体系，确保不同级别岗位人员不可相互兼任，做到分工协作、职责分明。在开展业务前，对相关人员进行系统的业务培训。

③加强资产托管业务的监督和检查，制定年度检查计划和检查方案，对制度执行情况、业务操作情况、系统使用情况等进行全面检查，事后形成检查情况报告，对检查情况进行总结并对检查中发现的问题进行纠正，确保杜绝各类业务风险。

10）加强财务会计业务基础管理，优化经营资源配置，完善经营绩效考评体系（财务会计部牵头）。

①利用财务管理综合系统提供的控制手段，加强对资金支付、账务反映等重要事项进行审查。统一操作标准、统一信息共享，使财务核算更加规范、及时，财务信息更加准确，提高可比性，更好地服务于财务决策分析。

②组织全行认真核实、维护固定资产综合管理系统中相关资产信息，确保固定资产分类准确，做好老系统中异常或错误字段信息的核实和修改工作，确保银

行数据源的准确性；加强投产后新系统运行的日常管理，确保新系统的正常运行，修订完善基建管理办法。

③强化管理，防范风险为重点。全面梳理，完善集中采购管理制度，优化采购流程，提高工作效率；积极扩大采购范围，整合采购项目，逐步将全辖主要采购项目纳入集中采纳管理，提升采购层次，发挥规模效益；规范业务操作，严格授权管理，加大执行力度，强化风险控制，推进集中采购集约化、规范化、精细化管理水平。

11）建立反洗钱和反恐怖融资组织机构、制度体系和工作机制（内控合规部牵头）。

①完善反洗钱政策和工作程序。制定和完善反洗钱操作规程，将各项反洗钱工作要求嵌入业务操作流程；制定反洗钱客户信息维护计划，加强新增客户开户管理和存量客户信息补录，落实反洗钱客户身份识别要求；完善客户风险分类管理办法和客户尽职调查制度，建立健全反洗钱客户风险管理体系；制定反洗钱保密、反洗钱协查管理制度等制度程序。

②做好客户身份识别和可疑交易报告工作。实行系统筛选和人工识别、客观标准和主观判断相结合，综合考虑客户情况识别异常交易和异常行为，特别加强对高风险业务和领域交易的识别工作。建立反洗钱可疑交易报告分析识别团队，明确反洗钱可疑交易报告员，建立由反洗钱报告员、营业经理和网点负责人组成的反洗钱分析识别团队，对可疑交易进行综合分析和判断。建立可疑交易报告甄别、分析和判断登记制度，对反洗钱监控系统每天展现的可疑交易报告，每日登记可疑交易甄别分析登记簿，确保人工分析识别全过程留有记录和痕迹，有效保存客户身份识别和交易资料，为后续分析提供资料信息积累。对符合重点可疑交易特征的交易，适时进行集体审核分析，按照规定格式和程序及时报告。

③组织反洗钱客户风险分类工作。制定反洗钱客户风险分类管理实施细则，对存量客户情况进行全面摸底，分阶段、分层次实施风险分类工作，全面掌握辖区内高风险客户，为深入反洗钱工作提供基础信息。

④健全反洗钱组织体系和专业队伍。健全完善反洗钱专业组织机构、报告路线和专业人才队伍，设立反洗钱专业岗位序列，持续开展反洗钱和反恐怖融资培训和宣传，建立由基础人才和专家团队共同组成的反洗钱专业队伍。

12）完善科技管理制度体系，加强对客户端的安全防护。建立成熟稳定的生产运行管理体系，提高系统自动化水平，有效控制信息系统风险（信息科技科牵头）。

①优化分行信息科技管理制度，完善科技指标体系，完善安全管理方法和流程。结合安全等级保护推广，以客户端安全管理等项目的实施、开放平台安全管理技术规范实施等工作为基础，对目前的管理方法和流程进行梳理，提高开放平台安全管理水平，保证办公环境中机密信息的保密性。

②完善全行系统、网络、设备、应用等监控管理体系，做到对生产系统的端到端监控，实现对信息系统运行的全方位管理。健全信息系统生产管理平台，提高运行操作和管理的自动化水平。

③健全生产系统的应急管理体系。优化现有的信息系统应急管理流程，建立业务应急处置预案，增强全面应急管理能力。

④继续完善我行信息系统性能和容量的指标体系，定期对性能和容量管理情况进行评价，制定改进计划，对性能和容量管理的实施过程进行持续改进。继续加大技术研究力度，完善系统维护与监控管理的架构体系，提高系统维护管理应用水平。

⑤启动信息系统风险评估模型的研究，实现对生产系统各环节的风险因素进行量化分析，提出风险改进或规避措施与目标，有效降低系统运行风险。

13）完善产品创新制度和流程，健全新产品风险控制机制，加强创新产品多级风险评估，增强产品的核心竞争力（办公室牵头）。

建立健全创新工作体系和工作机制，将创新工作的风险管理纳入全行风险管理体系，创新项目主管部门对项目风险进行初评，形成风险评估报告，制订与项目相配套的章程、制度、操作规程、协议、产品手册等文件，履行报批报备手续。创新项目投产后，创新项目主管部门应通过有效的手段，充分识别、计量、监测和控制各类创新项目带来的风险。

14）完善守押社会化业务监督机制，完成网点、金库、自助设备安全防范设施的全面评估，推行监控联网工程，实现网点设施建设的全面达标（保卫科牵头）。

积极推动守押社会化改革，全面实现守押社会化和零配枪的工作目标，从根本上消除守押操作风险。贯彻落实新守押改革管理办法和守押合同格式文本，凡新签、续签合同，严格按新版本执行。完成网点、金库、自助设备安全防范设施进行全面评估，力争全面达标。梳理、整合有关规章制度，细化操作流程，提高制度的操作性。完善处置突发事件应急预案，构建以组织领导、信息收集（反馈）、教育、防范、监督检查、处置为主要内容系统化外部风险应急体系。

15）建立并完善全行应急预案管理体系，健全突发事件预警预防机制，有效应对并控制突发事件（办公室牵头）。

①完善应急预案管理体系。制定实施具体的实施细则，明确重大突发事件报告流程、事件和方式，落实应急值守、信息报告和处置工作分工责任，增强突发事件应急处置能力。

②健全突发事件预警预防机制。明确各基层机构、组建应急管理领导小组，建立应急预案领导责任制、工作责任制和奖惩机制，将应急事件处置工作纳入考核，对报告不及时、处置不力，造成工作延误和严重后果的，给予考核扣分并给予处罚。做好与所在地政府部门、监管机构等的沟通衔接，争取协助和支持，最大限度降低风险损失、消除不良影响。

③做好突发事件应急常识的普及工作。把应急知识、应急技能纳入相关专业培训内容，认真组织学习培训工作，提高全行依法处置突发事件的能力。认真开展好各类应急预案演练，每年至少组织一次针对各预案的应急演练。

（4）合规性监督检查。完善合规性检查机制，初步实现对合规检查资源的有效整合，不断提高内控评价工作水平，营造全行依法合规经营氛围。

1）通过整合检查监督体系，实现对各项业务的及时、连续、全覆盖的合规性检查，促进各项业务的持续健康发展。

①推进各类检查监督资源的有效整合。加强检查监督流程的标准化和规范化管理，借助审计作业控制系统，实现对检查项目资源分配和项目实施的程序化控制；积极厘清各部门检查监督职责关系，实现检查监督力量的优化配置，充分发挥检查监督资源的协同效应，逐步解决重复检查、多头检查现象，有效避免检查监督空白点，降低检查集中度，全面提高检查监督资源的运用效率（内控合规部牵头）。

②实现新旧监督体系转换。实现业务的集中监督，组建运行风险督查中心，承担原对账中心职责及组织对网点或机构开展常规检查（运行管理部牵头）。

③实现总会计、运行督导员、监督中心等监督资源的整合。整合运行督导员队伍，向远郊县支行派驻运行督导员（运行管理部牵头）。

④将信贷作业监督职能由贷款发放后前移到贷款发放前，建立包含抵押担保核实、贷款前提条件核准、信贷档案入库前管理的新型集中化信贷作业监督体系，增强对信贷操作风险的防范和控制能力；对行业信贷风险进行监测分析，建立全面覆盖信贷大户的风险监测分析机制；对贸易融资、小企业、票据、个贷、房地产贷款等重点业务进行现场检查和非现场监测分析，有效控制重点业务风险；建立规范的业务风险控制机制，将业务风险控制由事后控制前移到业务营销、审批和业务操作环节，有效提高操作质量，减少贷后监督检查占用的人力、物力（信贷管理部牵头）。

2）完善非现场工作机制，加强非现场监测分析手段的运用，系统地收集、监测和挖掘各类风险或异常经营管理信息，及时进行全面、连续、快速的日常监控和非现场排查分析，并为现场检查监督提供导向（内控合规部牵头）。

①建立非现场工作机制，对业务检查、非现场监测以及各专业监督检查发现的主要操作风险隐患和重大操作风险事件，及时进行风险提示和风险预警，推动非现场工作模式，实现质的飞跃，全面提高非现场监测分析水平。

②加强非现场监测分析与现场检查工作的全面融合。组织开展非现场监测分析项目，加大实时监控和重点排查力度。全面推动非现场监测分析对现场检查工作的有效支持。对适合非现场完成的审计或检查项目，通过非现场手段来组织完成。

3）研究制定合规性检查质量考核标准和尽职标准，提高合规性检查的质量和效率（内控合规部牵头）。

统筹合规性检查监督工作，建立联席制度和联动机制，加强合规性检查的计划管理，加大事前防范和过程控制力度，加强对新产品、新业务等重点领域的合规性检查。对合规检查项目立项、方案制定、资源分配以及工作进度、发现问题、整改情况跟踪和项目评价的程序化控制，加强合规性检查的标准化和规范化管理；加强对合规性检查工作的监督，提高专业合规性检查工作质量，确保发现问题上报及时、准确和完整，提高合规性检查的独立性。

4）实现现场评价与非现场评价相结合、一次性评价与全年度综合评价相结合的内控评价方式的根本转变，全面提高内控评价工作水平（内控合规部牵头）。

修订完善内控评价指标体系，强化指标内涵的深度和覆盖的广度，保持指标体系的科学性和先进性。改进内控评价方法和手段，统筹安排内控评价与各项合规检查工作，建立内控评价与合规检查的联动机制，将全年专业部门检查和内、外部审计检查信息，以及现有的风险监测结果纳入评价中来，把一次性的评价工作转为年度性的工作，使评价结果更加准确、全面地反映内控管理的整体状况。将内控评价中的部分指标与专业部门联合评价，充分发挥部门之间协调配合的合力，共同促进全行内控管理水平的提高。做好现场评价工作，完善规范化的内控评价手册，实现评价工作的标准化、流程化和程序化，采取多种措施加强对现场评价过程的监督力度，提高内控评价效率和效果。

5）建立健全违规即问责的长效机制，实现制度化、常态化管理，提高员工风险意识和责任意识，营造依法合规的经营氛围。

①贯彻实施违规积分管理规定，明确与积分管理相关的检查监督职能，按规定将违规问题信息、违规积分信息等及时录入问题库系统，建立健全工积分管理档案，发挥应有的惩戒警示作用。加大对员工履职的考核力度，推广应用检查监督综合信息系统，初步建立不良贷款管理责任认定和追究机制（内控合规部牵头）。

②将防范案件与执行力建设合并考核。加大党风廉政建设、防范案件工作责任制考核力度，对执行不利或考核不到位的，扣有关单位、部门的绩效考核分数。对发生重大案件的实行引咎辞职制。发生案件的，当年年度考核不得评为优秀、良好，不能评选个人先进及享受各种荣誉（监察室牵头）。

（5）提高常规审计工作水平，巩固和加强经营管理的第三道防线，为经营管理提供增值服务。

将内部审计作为内部控制体系的重要组成部分，客观、独立地发挥监督评价作用，全面推进合规检查与常规审计工作模式转型与创新，提高检查监督工作规范化、标准化水平，进而提高监督效能和工作质量（内控合规部牵头）。

（6）信息沟通交流。构建以高效稳定的信息科技系统和企业级数据仓库为基础的信息管理平台，提高数据质量，加强信息的共享与应用，完善信息披露机制，健全反舞弊机制，形成及时顺畅、公开透明的内外部信息交流机制。

1）全面实现管理信息大集中，逐步完成从数据集中到信息集中和业务管理集中的转变，为经营管理信息的沟通与交流提供基础保障（信息科技科牵头）。

2）实现信息标准化管理与信息系统的有效整合，强化系统数据的硬性控制，显著提高全行管理信息数据质量（财务会计部牵头）。

3）拓展信息系统覆盖范围，为高管层决策提供有力支持，健全重要信息传递机制，确保信息顺畅沟通。

4）推进惩治和预防腐败体系建设，形成比较健全的反腐倡廉制度体系和权力运行监控机制，努力消除案发隐患（监察室牵头）。

①抓好防范案件工作责任制的落实。进步细化责任，切实抓好管理人员尤其是部门负责人、支行行长、网点负责人、营业经理的履职，加强检查、考核，确保落到实处。建立谈话和窗口指导制度，对内控管理薄弱、风险隐患突出、问题高发多发、履行职责不力、执行力建设工作滞后的，给予指导。同时，派员现场督导，将整改情况作为对其高风险业务停（复）牌的依据。

②抓好重要风险点的治理。根据案件规律和特点，结合全行内外的发案形势，每年确定案件高发风险点和风险环节，分解到责任部室，消除发案隐患。

③健全违法违纪案件举报处理制度，加强对信访举报的案件线索和瞒案不报问题的核查处理工作，严格做到事实清楚、证据确凿、定性准确、程序合法。

④改进党风廉政工作责任制量化检查办法，增强对各级机构负责人和部门负责人履行暗访职责检查的可操作性，并将检查结果纳入支行行长经营绩效考核；坚决查处违法违纪案件，深入治理商业贿赂，提高办案水平，发挥查处案件的综合效应。

⑤强化员工行为动态管理。加大对员工不良行为的排查力度。重点做好对员工违规经商办企业的排查登记。加强对员工配偶、子女及其他直系亲属经商办企业情况的了解，发现异常果断处理。加强对高级管理人员和重要岗位人员“工作圈”“生活圈”“消费圈”“社交圈”的全面监管。

⑥开展防范教育。采取上法制课、现身说法、参观监狱看守所等行之有效的方式，提高教育效果。把教育活动与专业工作结合起来，针对易发多发违规环节，认真查找风险隐患，堵塞管理漏洞。同时，让制度落实到每个岗位和员工，促进业务健康发展。将防范案件教育作为专业培训的重要内容，改进培训方法，提高培训效果，增强员工的防范意识。

⑦严格按照“双线问责”的要求追究案件直接责任人和管理责任人的责任。对发生重大案件的，严格按照规定，实施行长引咎辞职和扣罚银行领导个人年终绩效奖金制度。

5.8　盐城爆炸事件的深思与追忆

化工厂爆炸、泄露是近年各地安全生产的最大隐患之一，也是国家大力管控的事项。全国各地化工厂危化品泄漏，爆炸等事件屡禁不止。

2019 年 3 月 21 日下午，我们应邀到江苏开展园区调研。14 点 48 分，惊闻盐城市响水陈家港化工园发生爆炸，据报道，死亡 6 人，重伤 40 余人。22 日上午 11 点，报道 47 人遇难，32 人危重，58 人重伤，周边 1 公里多有幼儿园。

据报道，该镇 2007 年、2011 年、2013 年多次发生化工厂爆炸或氯气泄漏事件。为什么国家主管部门三令五申，发生重大事故严肃追责，全国山东、天津等多地和江苏省盐城市仍然多次发生化工厂爆炸事故呢？

其原因主要是：

（1）政绩和逐利行为。化工产业对地方经济贡献较大，化工企业盈利较多。无论地方政府，还是化工企业，尽管知悉化工生产与经营的风险，为了政府业绩或企业获利，都愿意投产和从事化工产业。

（2）安全不达标却不愿改正。危化安全和设施建设投资大，影响生产，不少化工企业难以承受，不想花巨资进行达标改造，埋下事故隐患。

（3）个别政府和企业存在侥幸心理。从盐城这次化工厂的爆炸看，尽管原因尚不明确，但前几年多次爆炸、火灾和漏气等，反映了设备不达标，流程不规范，管理不到位等，屡犯不改，依旧存在侥幸心理。

（4）管理有漏洞。本次爆炸暴露了当地政府监督和化工厂管理可能存在漏洞或违规，企业生产经营不达标等，相关原因相信很快就会公布。

每一次化工厂爆炸，都给当地的生产生活和生态环境带来威胁或破坏，本次对当地水资源和生态环境的破坏程度尚不明确。其次是对人民群众，包括产业工人带来生命、财产和精神的损害，盐城化工厂爆炸，估计死亡人数超过 50 人，财产损失也很大，令人痛心。

如何防范与规避高频的化工事故呢？

（1）科学评估。优化化工产业和厂间等空间布局，提高达标率。

（2）重点严惩。给有关干部、企业经理等责任人更加严厉的行政、刑事和经济处罚，倒逼其从严监管，从严治厂，时刻绷紧安全弦。

（3）加强监督与培训。特别是运用大数据、物联网等手段，对关键环节、核心流程、重要岗位和主要风险点进行监控与预警。

（4）强化案例教育。用血淋淋的火灾、爆炸等事例，对政府领导、监管部门、企业股东、业务主管和关键岗位进行监督与教育，做到警钟长鸣。

（5）探索并落实实时风险提示和现场监督。缺少重点环节和现场操作监测，其风险巨大，这也是多数事故发生的重大原因。

（6）严格执行化工行业安全生产制度、重点风险监测制度和现场盯防制度，不走过场，不糊弄、敷衍，一旦失职，从重处罚。

天津滨海化工爆炸，盐城 100 多人或死或伤，一个个鲜活的生命就这样走了，他们亲人的痛，如何化解？

离开江苏之际，心情无比沉痛。

由于人为等原因，各地化工厂爆炸事故一再发生，一个个生命瞬间逝去，留下的是满目疮痍和亲朋的悲伤。

逝者已去，应沉痛反思。

愿从此再无重大化工爆炸事故，呼吁有关部门和企业珍重责任，珍爱生命。愿化工两字，不要成为人人担惊受怕的恶魔，愿生产事故不再吞噬人们的生命和财产。

愿盐城化工爆炸这类事件不再屡屡发生，生命是最珍贵的。

春天，是充满幻想的季节，应有更多的希冀和新生，而不是清明节的眼泪和追思。

后　记

中国进入了社会主义现代化强国建设的新时代。追踪全球政治和经济形势，坚定道路自信、理论自信、制度自信、文化自信，制定适合我国经济发展和国际化的强国战略，解决人民日益增长的美好生活需要和不平衡不充分发展之间的矛盾，提高国际竞争力，是智库学者义不容辞的责任，也是各级党委、政府和城市决策者完善和发展中国特色社会主义制度、推进国家治理体系和治理能力现代化，实现未来 30 年宏伟目标的重要支撑。

《新时代大国战略》系列专著之《新时代企业竞争战略》，紧紧围绕十九大“两个阶段性安排”，以建设小康社会、社会主义现代化强国为目标，汇集了吴维海及国家部委、国内一流智库等领导和学者的国家政策、企业战略、行业研究、高峰论坛、政府培训和媒体文稿，参考借鉴了国内外案例与研究成果，系统分析了全国各地区、各行业国家政策、企业战略、运营管理、人力资源、品牌文化和内部控制等重点领域，为政策解读、企业转型、智库研究、战略定位、运营管理、薪酬激励、品牌策划和内部控制等提供了前瞻、系统、可操作的参考。

受作者水平和精力之限制，本书可能存在缺陷，敬请批评指正。

吴维海

2019 年于北京